D1925967

deutsch.ideen

Text- und Arbeitsbuch **S II**

Schroedel

deutsch ideen

Text- und Arbeitsbuch **S II**

Erarbeitet von

Winfried Bauer
Hans Jürgen Busch
Rainer Brieden
Marina Dahmen
Rolf Hasche
Katrin Jacobs

Unter Mitarbeit der Verlagsredaktion

Illustrationen von

Alyoscha Blau
Marion Goedelt
Barbara Schaaf

ISBN 3-507-**69800**-5

© 2000 Schroedel Verlag GmbH, Hannover

Alle Rechte vorbehalten. Dieses Werk sowie einzelne Teile desselben sind urheberrechtlich geschützt. Jede Verwertung in anderen als den gesetzlich zugelassenen Fällen ist ohne vorherige schriftliche Zustimmung des Verlags nicht zulässig.

Druck A 5 4 3 2 / Jahr 04 03 02 01

Alle Drucke der Serie A sind im Unterricht parallel verwendbar, da bis auf die Behebung von Druckfehlern untereinander unverändert. Die letzte Zahl bezeichnet das Jahr dieses Druckes.

Gedruckt auf Papier, das nicht mit Chlor gebleicht wurde. Bei der Produktion entstehen keine chlorkohlenwasserstoffhaltigen Abwässer.

Satz: More*Media* GmbH, Dortmund
Druck: KLR, Lengerich

Inhaltsverzeichnis

Aufklärung – Vorurteile und Toleranz — Projekt

Anhang

Methoden lernen

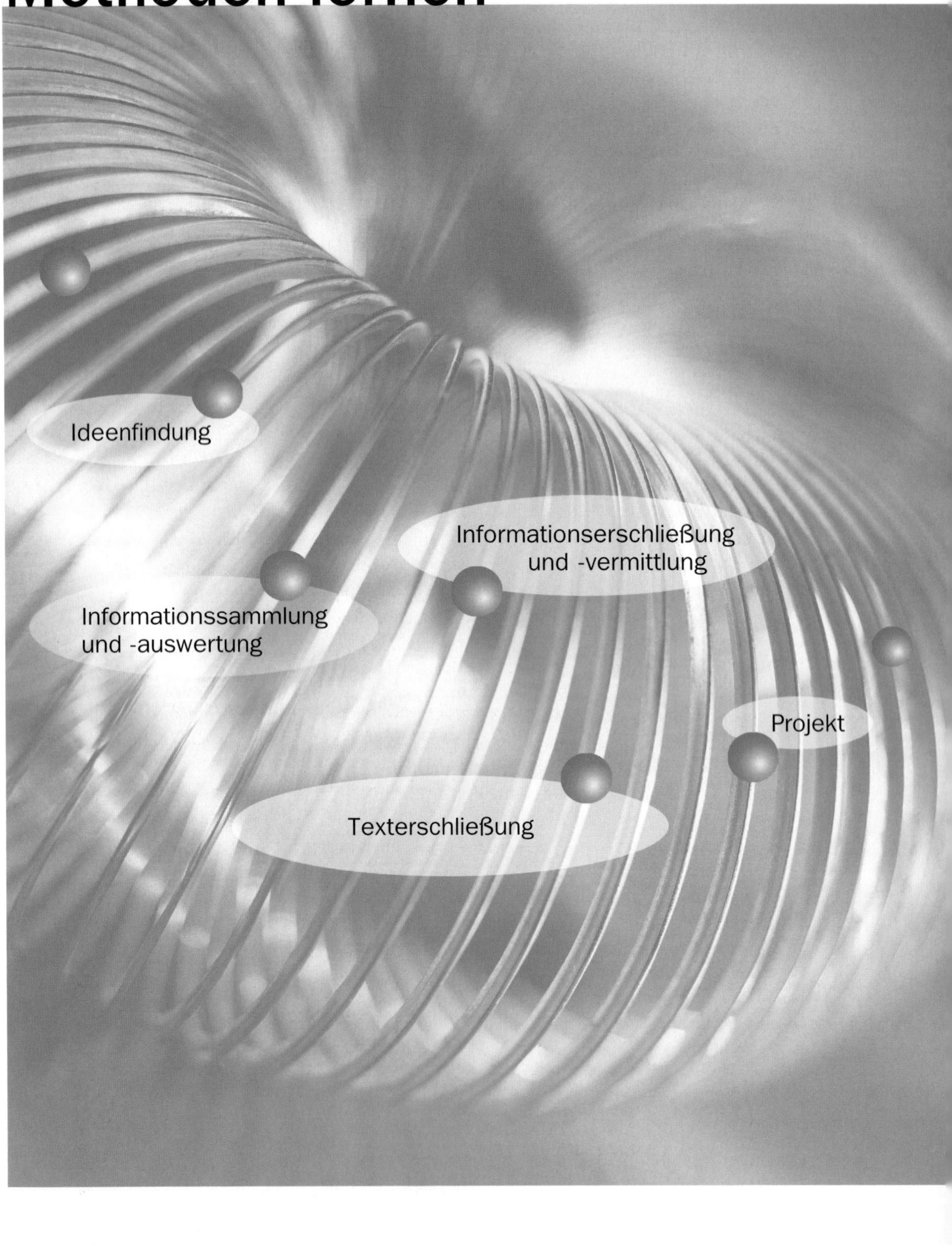

Das Text- und Arbeitsbuch deutsch.*ideen* versteht sich als Leitmedium für den Deutschunterricht in der Sekundarstufe II. Es entspricht den Anforderungen an einen modernen Deutschunterricht unter verschiedenen Aspekten:

deutsch.*ideen* vermittelt inhaltliche und methodische Grundlagen, die Schülerinnen und Schüler in der Jahrgangsstufe 11 erwerben müssen, um effektiv in der gesamten Oberstufe arbeiten zu können.

deutsch.*ideen* verfügt über ein Text- und Methodenangebot, das einen effektiven Deutschunterricht im Rahmen der gesamten Sekundarstufe II ermöglicht. Dabei liegt dem Werk ein erweiterter Literaturbegriff zugrunde, der neben den bekannten Textsorten sowohl den Film als auch die neuen Medien einbezieht.

deutsch.*ideen* nimmt den Gedanken ernst, dass das Fach Deutsch die Funktion eines Leitfachs im Fächerkanon der Oberstufe erfüllt. So werden in Erweiterung fachspezifischer weitere wesentliche fachübergreifende bzw. fächerverbindende Methoden vorgestellt und erarbeitet.

deutsch.*ideen* konzentriert sich bei der Text- und Methodenauswahl auf praktikable Einsatzmöglichkeiten eines Text- und Arbeitsbuchs im Deutschunterricht der Sekundarstufe II. Es will die Lektüre von Ganzschriften inhaltlich begleiten und methodisch vorbereiten.

Die fünf Kapitel des Text- und Arbeitsbuchs haben jeweils einen inhaltlich-thematischen und einen methodischen Schwerpunkt, die miteinander verzahnt sind. Dabei werden in jedem Kapitel alle Lernbereiche thematisiert, sodass ein integrativer Unterricht geplant und durchgeführt werden kann.

Die inhaltlich-thematischen Bereiche orientieren sich an den für die Arbeit in der Sekundarstufe II relevanten Schlüsselthemen des Deutschunterrichts. Dabei werden die Beschäftigung mit literarischen Gattungen und Textsorten unter besonderer Berücksichtigung von Epochenumbrüchen, die exemplarische Auseinandersetzung mit einer Epoche anhand von fiktionalen Texten und Sachtexten sowie die Analyse von Gegenwartsliteratur ebenso angesprochen wie die Bereiche Sprache und Kommunikation.

Die methodische Schwerpunktsetzung der einzelnen Kapitel ist im Sinne einer Methodenspirale angelegt. Anhand von fünf Arbeitsfeldern, die aufeinander aufbauen, wird gezielt Methodenkompetenz vermittelt. Die methodischen Arbeitsfelder beginnen mit der Ideenfindung, greifen Methoden zur Informationssammlung und -auswertung auf, zeigen Verfahren, mit deren Hilfe man sowohl Sachtexte als auch fiktionale Texte erschließen kann. Die verschiedenen Arbeitsformen werden schließlich im Rahmen eines Projekts zusammengeführt. In allen Kapiteln ergänzen sich analytische und produktionsorientierte Aufgabenstellungen.

Die einzelnen Kapitel verfügen über immer wiederkehrende Module. Die Modulseiten ›Projektideen‹ und ›Über die Fachgrenzen...‹ geben Anregungen zu verschiedenen in der Praxis erprobten Projekten und zeigen thematische Verknüpfungspunkte mit anderen Fächern im Sinne eines fachübergreifenden bzw. fächerverbindenden Deutschunterrichts auf. Die Modulseite ›Klausurtraining‹ hilft bei der Vorbereitung auf die Klausuren bzw. auf die im Abitur geforderten Aufgabenstellungen.

Der Aufbau des Text- und Arbeitsbuchs erlaubt einen vielseitigen Einsatz im Deutschunterricht der Sekundarstufe II. So ist es möglich, thematisch-inhaltliche Zusammenhänge schwerpunktmäßig zu erarbeiten, sich auf das Erproben und Einüben bestimmter Methoden zu konzentrieren, beide Bereiche miteinander zu vernetzen oder auf das Text- und Arbeitsbuch als Nachschlagwerk für inhaltliche und methodische Fragen zurückzugreifen.

Ich-Botschaften – Ideenfindung

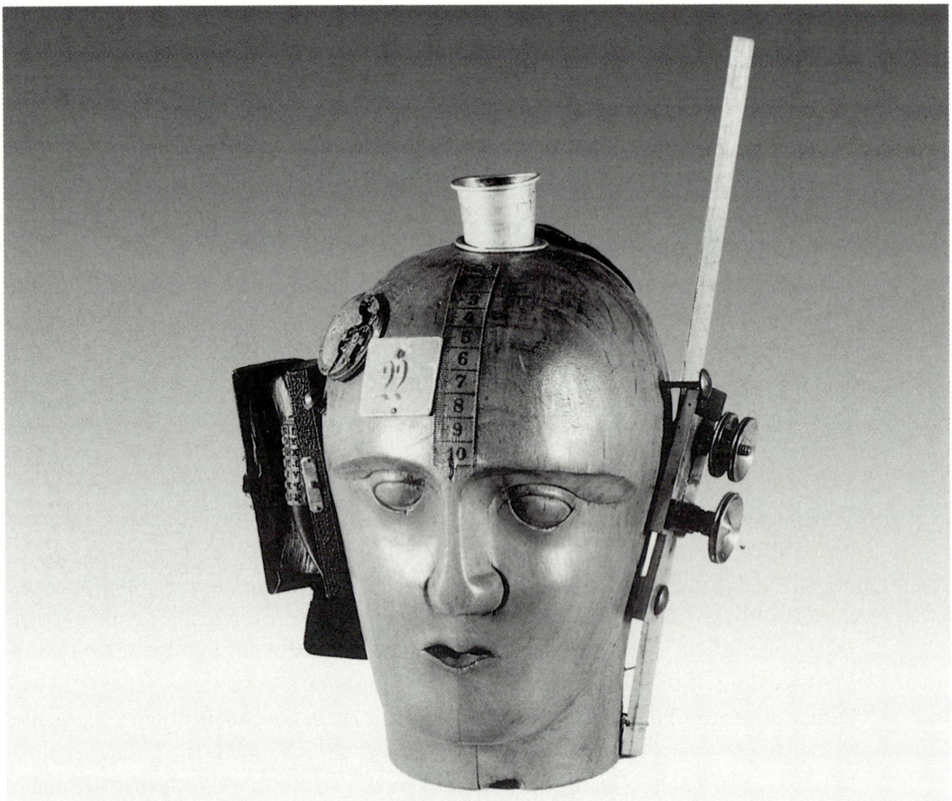

Raoul Hausmann: *Der Geist unserer Zeit, Assemblage 1919*

Max Ernst **Nähmaschine und Regenschirm**

Die zufällige Begegnung von Nähmaschine und Regenschirm auf einem Seziertisch ist heute ein altbekanntes, fast klassisch gewordenes Beispiel für das von den Surrealisten entdeckte Phänomen, dass die Annäherung von zwei (oder mehr) scheinbar wesensfremden Elementen auf einem ihnen wesensfremden Plan die stärksten Zündungen provoziert. [...] Es zeigte sich dabei, dass, je willkürlicher die Elemente zusammentreffen konnten, um so sicherer eine völlige oder partielle Umdeutung der Dinge durch den überspringenden Funken Poesie geschehen musste.

Klopfwörter – Einstieg in den Schreibprozess

Lassen Sie sich in Ihrer Gruppe auf ein Experiment ein: Jeder von Ihnen ist mit einem Stift und einem Blatt Papier ausgerüstet. Während des Schreibspiels wird nicht gesprochen.

Ein Gruppenmitglied klopft auf den Tisch. Jeder schreibt das Wort auf, das ihm gerade durch den Kopf geht. Das nächste Gruppenmitglied übernimmt die Rolle des Klopfers. Wieder schreibt jeder das Wort auf, an das er beim Signal gedacht hat. Je nach Gruppengröße verfügt jeder nach kurzer Zeit über eine bestimmte Anzahl »Klopfwörter« (es sollten nicht mehr als 10–12 sein).

Schreiben Sie innerhalb von zehn bis fünfzehn Minuten einen Text, in dem alle Wörter Ihrer Liste vorkommen. Sie können auch versuchen, alle Wörter in nur einem Satz unterzubringen.

Wenn Sie wollen, tauschen Sie Ihre Wörterlisten mit Ihrem Nachbarn und verfassen Sie einen Text zu der Wörterliste des jeweils anderen.

Lesen Sie Ihre Texte vor und sprechen Sie über Ihre Erfahrungen, die Sie bei diesem Schreibspiel gemacht haben.

Drei Beispiele für Klopfwörterlisten

Auto	Tor	Himmel
Besen	Wal	Mager
Frau	Kartoffeln	Spiel
Und	Einer	Heute
Kasper	Machen	Dann
Wirklich	Spinner	Kanu
Eisenstange	Rot	Regal
Bis	Cabrio	Eisblume
Herrlich	Laterne	Essen
Gleich	Endlich	Oder

Beispielsätze zur ersten Klopfwörterliste

Und wirklich – die Frau verlängerte sogleich den Besen mit einer Eisenstange, bis sie die herrliche Kasperpuppe unter dem Auto hervorgeangelt hatte.

Und wenn gleich ein Auto anhielte, Kasper würde die herrliche Frau verteidigen, egal ob mit einem Besen oder einer Eisenstange, bis ihr wirklich keine Gefahr mehr drohte.

Den Gedanken freien Lauf lassen

Wolfdietrich Schnurre Worüber ich gern einmal schriebe

Über Spiegel. Der Spiegel als Lügner: Er zeigt nicht mehr, als man ihm zeigt. Der Spiegel als Spender: Es blickt mehr heraus als hinein. Der Spiegelbildreparierer. Wie sieht mich ein anderer im Spiegel. Was spiegelt der Spiegel, wenn er sich selbst widerspiegelt. [...]

Über »die Farbe« Weiß. Als Herausforderin des Todes: Weißes Laken, weiße Hochzeit, weiße Weihnacht. Als Handlangerin des Todes: Im Kalk. Die weiße Weste. Der Arzt und sein Weiß. Kreide und Tafel: Licht und Nacht. Der weiße Bruder. Aufstand der Bäcker. Industrieschnee. Weiß – weise? [...]

Über Bäume. Den Wald vor Bäumen nicht sehen: Der Sägewerker ein Fachidiot? Ohne Bäume kein Schiff. Ohne Schiff keine Entdeckung. Eine baumlose Welt wäre eine Welt ohne Kriege: Lanzen, Bogen, Pfeile, Kohle –: Fehlanzeige. [...] Weihnachtsbaum, Friedenspalme, Donar-Eiche. Eiche und Schwert. Kiste und Sarg. Das Brett. Baum der Erkenntnis.

Brainstorming

Beim Brainstorming geht es darum, in der Gruppe oder einzeln für ein bestimmtes Problem eine Lösung zu finden. Das Brainstorming arbeitet mit dem Prinzip des aufgeschobenen Urteils. Es kommt zunächst darauf an, in einem vorgegebenen Zeitrahmen so viele Ideen wie möglich zu äußern, so abwegig und fantastisch sie auch sein mögen. Jede Äußerung ist akzeptiert. Kritik ist untersagt. Die einzelnen Beiträge müssen nicht aufeinander Bezug nehmen. Eine kritische Sichtung der Äußerungen (sortieren, gliedern, aussondern etc.) erfolgt erst im Anschluss.

- Worüber möchten Sie gern einmal schreiben? Wählen Sie einen Begriff oder Satz. Folgen Sie dem Vorgehen von Wolfdietrich Schnurre. Machen Sie ein Brainstorming. Setzen Sie sich einen Zeitrahmen und notieren Sie, was Ihnen zu dem von Ihnen gewählten Thema einfällt: Worte, Satzfetzen, Fragen, feststehende Ausdrücke etc. Grundsätzlich gilt: Es gibt kein Richtig oder Falsch, alle Gedanken sind willkommen; schalten Sie »die Schere im Kopf« aus.
  Nach Abschluss des Brainstormings ordnen Sie Ihre Gedanken nach Schwerpunkten. Wählen Sie einen Aspekt aus und verfassen Sie dazu einen Text. Entscheiden Sie sich, ob es ein fiktionaler oder nicht-fiktionaler Text sein soll und wählen Sie eine Textsorte.

Clustern – Gedankennetze spinnen

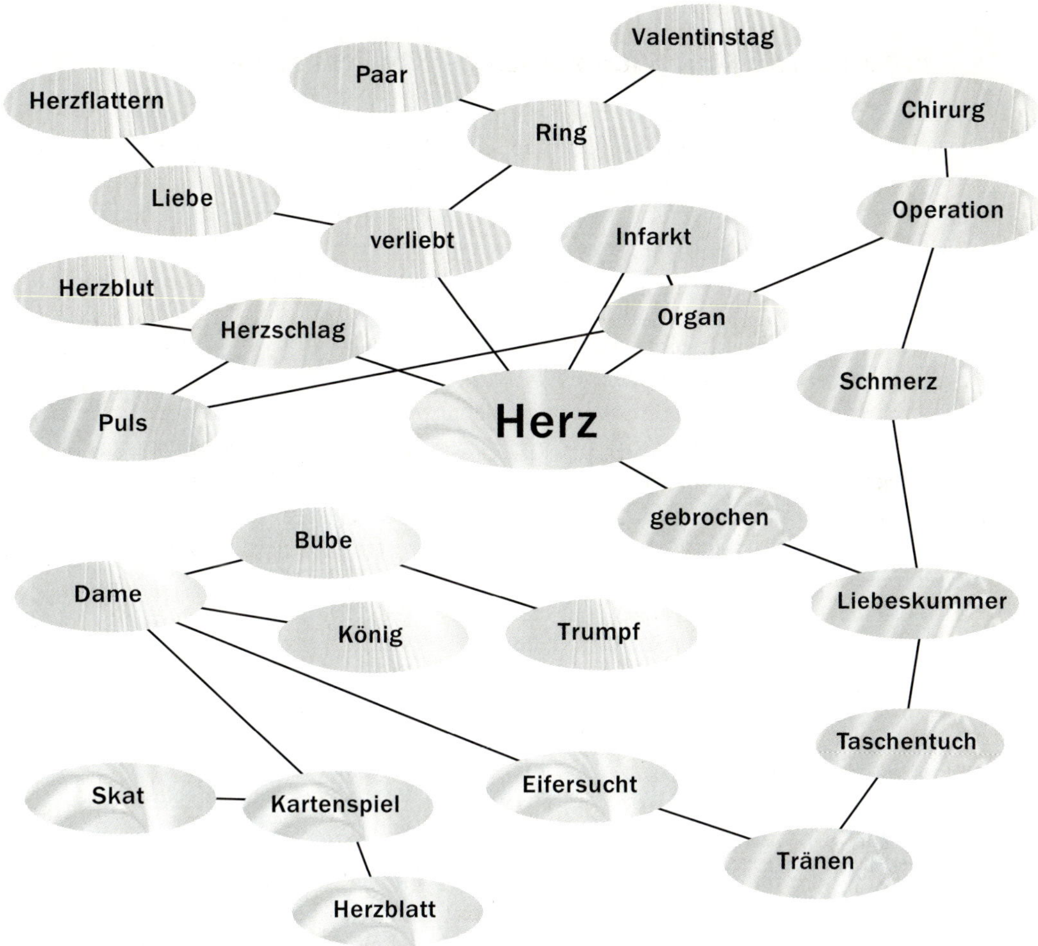

- Schreiben Sie in die Mitte eines Blattes ein Wort, eine Formulierung, einen Satz, etwas, das Sie interessiert, etwas, dem Sie mit Ihren Gedanken nachgehen wollen. Ziehen Sie um diese Formulierung einen Kreis. Setzen Sie sich einen Zeitrahmen von ca. fünf Minuten. Lassen Sie Ihren Gedanken freien Lauf. Schreiben Sie Ihre Gedanken auf, sowie Sie Ihnen in den Sinn kommen. Umkreisen Sie die weiteren Formulierungen und ziehen Sie Verbindungslinien. Wenn Ihnen ein vollkommen neuer Gedanke kommt, setzen Sie wieder am Ausgangskreis an.
  Nutzen Sie Ihr Cluster, um einen Text zu schreiben. Die Wahl der Textsorte steht Ihnen frei.
  Sprechen Sie darüber, ob Ihnen das Cluster bei Ihrer Arbeit geholfen hat.
  Clustern können Sie auch in Gruppen. Dabei sollten Sie folgende Aspekte beachten: Wählen Sie ein ausreichend großes Papier. Platzieren Sie das Papier so, dass alle Gruppenmitglieder es von allen Seiten erreichen können. Vermeiden Sie, während des Clusterns miteinander zu sprechen.

Automatisches Schreiben

André Breton Erstes Surrealistisches Manifest

Lassen Sie sich etwas zum Schreiben bringen, nachdem Sie es sich irgendwo bequem gemacht haben, wo Sie Ihren Geist so schnell wie möglich auf sich selbst konzentrieren können. Versetzen Sie sich in den passivsten und rezeptivsten[1] Zustand, dessen Sie fähig sind. Sehen Sie ganz ab von Ihrer Genialität, von Ihren Talenten und denen aller anderen. Machen Sie sich klar, dass die Schriftstellerei einer der kläglichsten Wege ist, die zu allem und jedem führen. Schreiben Sie schnell, ohne vorgefasstes Thema, schnell genug, um nichts zu behalten oder um nicht versucht zu sein, zu überlesen. Der erste Satz wird von ganz allein kommen, denn es stimmt wirklich, dass in jedem Augenblick in unserem Bewusstsein ein unbekannter Satz existiert, der nur darauf wartet, ausgesprochen zu werden. [...] Immerhin, die Interpunktion wird sich zweifelsohne der absoluten Kontinuität unseres Wortflusses widersetzen, wenngleich sie so unerlässlich erscheint, wie die Existenz von Knoten auf einer vibrierenden Saite. Fahren Sie so lange fort, wie Sie Lust haben. Verlassen Sie sich auf die Unerschöpflichkeit dieses Raunens. Wenn ein Verstummen droht, weil Sie auch nur den kleinsten Fehler gemacht haben: einen Fehler könnte man sagen, der darin besteht, dass Sie es an Unaufmerksamkeit haben fehlen lassen – brechen Sie ohne Zögern bei einer zu einleuchtenden Zeile ab.

René Magritte: *Die unerwartete Antwort, 1933*

- Wählen Sie als Ausgangspunkt für das »Automatische Schreiben« das Bild von Magritte oder einen selbst gewählten Bildimpuls. Betrachten Sie zunächst das Bild eine Weile und beginnen Sie dann mit dem automatischen Schreiben nach der Vorgabe von André Breton. Schreiben Sie fünf Minuten ohne Unterbrechung. Wenn die Gedanken stocken, »krakeln« Sie auf dem Papier weiter. Vernachlässigen Sie die Zeichensetzung. Nutzen Sie Ihr Material als Ausgangspunkt für einen kurzen Prosatext oder ein Gedicht.
  Tauschen Sie Ihre Erfahrungen über den Schreibprozess aus. Diskutieren Sie Vor- und Nachteile dieser Methode mit Blick auf die Ideenfindung.

- Informieren Sie sich über die Bedeutung des »Automatischen Schreibens« im Surrealismus.

[1] rezeptiv: aufnehmend

Friedrich Schiller in einem Brief an Theodor Körner

»Der Grund deiner Klagen liegt, wie mir scheint, in dem Zwange, den dein Verstand deiner Imagination auflegte. Ich muss hier einen Gedanken hinwerfen und ihn durch ein Gleichniß versinnlichen. Es scheint nicht gut und dem Schöpfungswerke der Seele nachtheilig zu seyn, wenn der Verstand die zuströmenden Ideen, gleichsam an den Thoren schon zu scharf mustert. Eine Idee kann, isolirt betrachtet, sehr unbeträchtlich und sehr abenteuerlich sein, aber vielleicht wird sie durch eine, die nach ihr kommt, wichtig; vielleicht kann sie in einer gewissen Verbindung mit anderen, die vielleicht ebenso abgeschmackt scheinen, ein sehr zweckmäßiges Glied abgeben: – Alles dies kann der Verstand nicht beurtheilen, wenn er sie nicht so lange festhält, bis er sie in Verbindung mit diesen anderen angeschaut hat. Bei einem schöpferischen Kopfe hingegen, däucht mir, hat der Verstand seine Wache von den Thoren zurückgezogen, die Ideen stürzen pêle-mêle[2] herein, und alsdann erst übersieht und mustert er den großen Haufen. – Ihr Herren Kritiker, und wie ihr euch sonst nennt, schämt oder fürchtet euch vor dem augenblicklichen, vorübergehenden Wahnwitze, der sich bei allen eigenen Schöpfern findet, und dessen längere oder kürzere Dauer den denkenden Künstler von dem Träumer unterscheidet. Daher eure Klagen über Unfruchtbarkeit, weil ihr zu früh verwerft und zu strenge sondert.«

Max Ernst Automatische Schreibweise

Aus ist's natürlich mit der alten Auffassung vom Talent, aus auch mit der Heldenverhimmelung und mit der für Bewunderungslüsterne willkommenen Sage von der ›Fruchtbarkeit‹ des Künstlers, welcher heute drei Eier legt, morgen eines, am Sonntag keines. Da jeder normale Mensch (und nicht nur der ›Künstler‹) bekanntlich im Unterbewusstsein einen unerschöpflichen Vorrat an vergrabenen Bildern trägt, ist es Sache des Muts oder befreiendes Verfahren (wie der automatischen Schreibweise) von Entdeckungsfahrten ins Unbewusste unverfälschte (durch keinerlei Kontrolle verfärbte) Fundgegenstände (›Bilder‹) ans Tageslicht zu fördern, deren Verkettung man als irrationale Erkenntnis oder poetische Objektivität bezeichnen kann, nach Paul Eluards[3] Definition: »Die poetische Objektivität besteht einzig in der Verkettung aller subjektiven Elemente, deren Sklave – und nicht Herr – der Dichter bis auf weiteres ist«.

Vergleichen Sie die Positionen von Friedrich Schiller und Max Ernst im Hinblick auf ihre Auffassung vom Künstler. Entfalten Sie argumentativ Ihre eigene Haltung.

[2] pêle-mêle: durcheinander
[3] Paul Eluard: französischer Schriftsteller (1895–1952), Vertreter des Surrealismus

Dieter Wellershoff Wie literarische Motive entstehen

Das Leben im Rohzustand ist noch etwas anderes als ein literarischer Text. Machen wir es also kurz. Auf dieser Reise an die belgische und nordfranzosische Küste war die Erinnerung an die gerade erst durchgestandene Ehekrise wieder aufgetaucht und hatte sich in unsere Gespräche gedrängt. In der Normandie gingen wir bei windigem Wetter auf einem Küstenfelsen spazieren. Ich hielt mich, da ich schwindelig bin, in deutlichem Abstand von dem Abgrund. Meine Frau ging, wie üblich, dicht heran, um hinunterzublicken, nicht ungefährlich bei dem böigen Wind. Ich bat sie, von der Felskante wegzugehen. Sie ließ sich Zeit. Und dann, als sie sich umdrehte, sagte sie: »Alle würden dich für meinen Mörder halten, wenn ich da runterfiele.« Das durchfuhr mich bis ins Mark. Aber ich war Schriftsteller genug, um sofort zu denken, das sei ein Thema für mich. Ich würde einmal darüber schreiben müssen.

Solche Initialreize, die die schriftstellerische Fantasie in Bewegung bringen, haben in der Regel einen doppelten Aspekt: Man weiß oder man spürt, dass da etwas ist, das einen persönlich angeht, und erkennt zugleich, dass die Bedeutung des Motivs über die eigene Existenz hinausreicht und einen viel weiteren Resonanzraum hat. Auch andere Menschen können sich darin erkennen. Oder, um es vom Autor aus zu formulieren: Man weiß, dass man auf ein Motiv gestoßen ist, das plastisch und entwicklungsfähig ist und in sich die Möglichkeit trägt, eine Brücke zu schlagen von der eigenen Erfahrung zum Leben anderer Menschen.

Der Weg läuft in der Regel aber umgekehrt. Man stößt am Rande der eigenen lebenspraktischen Erfahrung auf ein Motiv, das zum Leben anderer Menschen gehört. Man hat es in seiner Umgebung beobachtet. Oder es ist einem erzählt worden. Vielleicht hat es als eine kurze Meldung in der Zeitung gestanden, anonym genug also, um zu sagen, das geht mich nichts an. Aber jeder Zeitungsleser kennt das flüchtig aufflammende Interesse, das ihn nötigt, einen Bericht, eine Meldung zu lesen. Man will sehen, wie es zugeht im Leben, weil man selbst ein Teil davon ist. [...]

Meistens wird das eine entfernte Möglichkeit sein, von der man vielleicht träumt oder die man fürchtet, oder die man überhaupt noch nicht gesehen hat, weil sie bisher außerhalb der eigenen Erfahrungen und auch jenseits der eigenen Vorstellungsgrenzen lag. Jetzt plötzlich rückt sie näher heran. Sie war vielleicht schon immer nah, aber unterhalb der Schwellen der eigenen Aufmerksamkeit. Nun auf einmal erfahren wir sie als eine in unserer Person oder in bestimmten Situationen unseres Lebens liegende Tendenz. Und wie erschreckend diese Möglichkeiten auch sein mögen: Man fühlt sich versucht hinzusehen.

Das wäre also die umgekehrte Inspirationsrichtung. Statt in einem persönlichen Erfahrungsmoment den Übergang und Zugang zu dem nur oberflächlich bekannten Leben anderer Menschen zu suchen, erkennt man, dass im anderen Leben auch das eigene mögliche Leben zu entdecken wäre. Und das ist besonders häufig dann der Fall, wenn das Material, das sich einem anbietet, rudimentär und lückenhaft ist. Denn Lücken sind fantasieanregend, da Fantasie unser Vermögen ist, Informationslücken mit eigenem Erfahrungsmaterial hypothetisch auszufüllen.

Dieter Wellershoff Augenblicke der Vergangenheit

Ein Ehepaar macht Urlaub am Meer. Die Frau überredet ihren Mann bei ungemütlichem Wetter zu einem längeren Spaziergang an der Steilküste.

Drei Schritte vor ihm geht sie, ein dunkelblauer Kegel unter dem Regencape. Sie haben die Hochfläche überquert und klettern vorsichtig über felsigen Grund abwärts auf eine fjordartige Kluft zu. Da ist die schwarze Felsnadel mit den Wasserfächern der zersprühenden Wellen. Er sieht es über Lena hinweg, die vor ihm abwärts steigt, ohne sich umzublicken. Sie sind da. Noch zehn, zwölf Schritte, und sie stehen am Rand. Er will nicht ganz herantreten, nicht so dicht wie Lena. Wieder zerstiebt eine Welle an der Felsnadel, lautlos von hier aus, ein Schleier, der in sich zusammensackt, während ringsum ein Sprühregen niedergeht. [...]

Warum da hinunterblicken? Er weiß es nicht, will es nicht wissen, kann nicht denken in diesem Rauschen, kann sich nicht davonmachen. In Schrittstellung steht er da, vorsichtig vorgebeugt. Sie, schräg vor ihm, ist jetzt noch näher an die Felskante herangetreten. Sie sieht so allein dort aus vor dem Abgrund, aber er spürt, dass sie mit ihm verbunden bleibt. Sie weiß, dass er sie ansieht. In diesem Augenblick weiß sie alles: wie sein Herz klopft, wie der Horizont schwankt im Rhythmus seiner schweren Atemzüge und sich alles in Nebel auflöst, außer ihrem blauen Rücken, den er mit ausgestreckter Hand berühren kann. Ja, sie wartet, dass er es tut, dass er sie hinunterstößt. Deshalb hat sie ihn hergeführt und auf dem ganzen Weg kein Wort mehr gesprochen. Sie ist nicht geheilt, sondern auf unauffällige Weise verrückt. Sie will durch ihn sterben. Er soll sie hinabstoßen. Es sind ihre Gedanken, die in seinem Kopf flüstern: Geh noch einen Schritt näher heran! Strecke deine Hand aus! Stoß zu! Jetzt! Jetzt! Das Brausen und Donnern kommt von unten herauf. Hinter geschlossenen Lidern sieht er, wie sie fällt, langsam, mit ausgebreiteten Armen, als umarme sie die Luft. Das Bild ist lautlos und unabänderlich, aber er steht noch immer hinter ihr, die Hände gegen seine Schenkel gepresst. Sie starrt unbeweglich dort hinunter. Oder senkt sie nur den Kopf? Senkt demütig den Kopf. Jetzt endlich! Stoß zu! Umdunkelt von Schwäche macht er eine Bewegung – ein wattiges Stapfen wie im Traum. Er ist einen Schritt zurückgetreten, noch einen und noch einen. Und nun, von hier aus, kann er rufen.

»Komm da weg, Lena! Lass uns gehen!«

Wie abwesend, oder ist es vorsichtig, dreht sie sich um. Seine Stimme hat sie nicht hinabgestürzt.

- Untersuchen Sie das Verhältnis von Selbsterfahrung und literarischer Fiktion in den beiden Texten von Dieter Wellershoff.

- Experimentieren Sie mit Wellershoffs Methode der Ideenfindung. Achten Sie bei der nächsten Fahrt mit der Straßenbahn, in der Einkaufsschlange an der Kasse eines Supermarkts etc. auf Gesprächsfetzen oder Gesprächsteile. Entwerfen Sie ausgehend vom Rohmaterial Handlungsgerüste für eigenständige Geschichten.

Sarah Kirsch Gedichte schreiben

Wenn ich mich gut fühle, fällt mir viel ein, ich seh irgend etwas, das kann auf der Straße sein, kann im Fernsehen sein, irgend etwas, es gibt einen Anstoß, es hat sich etwas gespeichert, und auf einmal kann ich damit was anfangen, das sieht spontan aus, ist aber eigentlich ein Trainiertsein.

Bei mir geht es meistens mit einem optischen Eindruck los, es kann sein, ich geh durch die Stadt, und irgendwer pflanzt Stiefmütterchen, aber ich denke mir zum Beispiel: »Bei den weißen Stiefmütterchen«, erste Zeile; die zweite heißt: »im Park, wie er's mir auftrug«, die dritte: »ich steh unter der Weide...«

Der Anfang ist geschenkt, nachher muß man einfach arbeiten, das immer wieder verbessern. So ein Anfang hat seine eigenen logischen Gesetzmäßigkeiten, man kann damit nicht machen, was man will, das hat Konsequenzen. [...]

Eigentlich bin ich ein bißchen faul, würde das gerne gleich stehen lassen, wie es beim ersten, zweitenmal steht, aber ich habe trainiert, daß man altes wieder und wieder angucken muß, daß es eben Arbeit ist.

Sarah Kirsch Bei den weißen Stiefmütterchen

Bei den weißen Stiefmütterchen
Im Park, wie er's mir auftrug
Stehe ich unter der Weide
Ungekämmte Alte blattlos
Siehst du sagt sie er kommt nicht

Ach sage ich er hat sich den Fuß gebrochen
Eine Gräte verschluckt, eine Straße
Wurde plötzlich verlegt oder
Er kann seiner Frau nicht entkommen
Viele Dinge hindern uns Menschen

Die Weide wiegt sich und knarrt
Kann auch sein er ist schon tot
Sah blass aus als er dich untern Mantel küsste
Kann sein Weide kann sein
So wollen wir hoffen er liebt mich nicht mehr

Suchen Sie sich bei einem Spaziergang Motive als Ausgangsmaterial für ein Gedicht. Formulieren Sie wenige Sätze. Bearbeiten Sie zu Hause Ihr Material: Entscheiden Sie sich für Ihr Lieblingsmotiv. Verdichten Sie Ihre Notizen, streichen Sie alles heraus, was nicht unmittelbar zum Motiv gehört. Brechen Sie Ihre Notizen in Verse um, sodass die Aussage, die Sie machen möchten, besonders deutlich wird. Glätten Sie die Verse durch Umstellungen, kleine Veränderungen im Satzbau oder in der Wortwahl. Finden Sie einen Titel.

Peter Handke Notate aus dem Alltag

Ich übte mich nun darin, auf alles, was mir zustieß, sofort mit Sprache zu reagieren, und merkte, wie im Moment des Erlebnisses gerade diesen Zeitsprung lang auch die Sprache sich belebte und mitteilbar wurde; einen Moment später wäre es schon wieder die täglich gehörte, vor Vertrautheit nichtssagende, hilflose »Du weißt schon, was ich meine«-Sprache des Kommunikations-Zeitalters gewesen. [...]

Die notwendige Fast-Gleichzeitigkeit der Reflexe und ihrer Aufzeichnung brachte es mit sich, daß sie in allen Lebenslagen gemacht wurden, nur nicht am Schreibtisch; bis in den Schlaf hinein zwang ich mich, sofort zu reagieren, zum Zustandekommen mancher Aufzeichnungen könnte man Geschichten erzählen, wie man sie erzählen hört zu Bildern, die jemand von einer Expedition mitbringt; nur vielleicht komischer.

November 1975
Eine Frau, die eine Arbeit verrichtet und sich gleichzeitig unablässig die Tränen abtrocknet.

Etwas auspacken und statt des Papiers den Inhalt in den Abfall werfen.

Großer Streit; aus einem Blumentopf zu Häupten der Streitenden fließt plötzlich Wasser; die Beteiligten hören auf zu streiten und vertiefen sich in das fließende Rinnsal.

Jemand geht vor einem anderen auf und ab, bis dieser endlich aufschaut; da verabschiedet sich der erste stumm und verschwindet.

Leise sein wollen und dabei mit jeder der äußerst vorsichtig ausgeführten Bewegungen doch im Abschluß wieder Lärm machen. [...]

12. März 1976
Staubzucker auf den Schuhen vom Krapfenessen. [...]

Leute, die für alle Fälle immer alles bei sich haben: Regenschirm, Aspirin etc.

Ein Mädchen, das einmal nicht auf diese wohlerzogene Art Tränen schwitzt, sondern mit nach unten verzogenem Mund einfach nur lauthals plärrt.

Die Verkäuferin in dem über Mittag offenen, leeren Geschäft kaut träumerisch an einem Sandwich. (Ich schrieb das vor einer offenen Ladentür, die daraufhin geschlossen wurde)

- Erproben Sie Handkes Methode als Möglichkeit, Material für eigene Texte zu finden. Notieren Sie über den Zeitraum einer Woche besonders beeindruckende Alltagswahrnehmungen. Formulieren Sie möglichst knapp und feilen Sie so lange an Ihren Formulierungen, bis Sie Ihrer Wahrnehmung so weit wie möglich entsprechen. Nutzen Sie Ihre Notate als Skizzenbuch und gestalten Sie ausgewählte Eintragungen zu längeren Texten aus.

- Vergleichen Sie die Äußerungen von Dieter Wellershoff, Sarah Kirsch und Peter Handke im Hinblick auf die Bedeutung von Alltagserlebnissen bei der literarischen Motivsuche. Welche dieser Formen literarischer Motivsuche erscheint Ihnen die für Sie geeignetste zu sein?

Ideensuche in der eigenen Geschichte

Jürgen Dahl Ich erinnere mich

Erinnerungen an das Jahrhundert – an Begegnungen, Szenen, Geräusche, Gerüche, Ängste, Momente der Freude, aus denen sich das Bild des Jahrhunderts zusammensetzt.

Ich erinnere mich an den Duft von Terpentinöl im Atelier meines Vaters.

Ich erinnere mich an mein erstes Mikroskop; es war ziemlich alt, klein, aus Messing, Onkel Heinrich schenkte es mir. Ich stellte es neben das Bett und machte in der Nacht mehrmals das Licht an, um zu sehen, ob es noch da war.

Ich erinnere mich an den Straßenbahnschaffner Heinrich, an die Gummikappe auf seinem rechten Zeigefinger, mit Noppen. So riss er die Fahrscheine vom Blöckchen. Dann lochte er sie.

Ich erinnere mich an das Freibad, an die Herrschaft des missmutigen Bademeisters. Es tat seiner Autorität keinen Abbruch, dass ich erleben musste, wie er winters in unseren Keller stieg, um die Gasuhr abzulesen.

Ich erinnere mich an den Geruch in diesem Freibad: eine Mischung aus Wasser, Algen, Karbolineum und Mensch.

Ich erinnere mich an den Schäfer und seine große Herde. Wenn sie durchgezogen waren, gingen mein Vater und ich Köttel suchen – um damit den Garten zu düngen.

Ich erinnere mich an das Rosinenbrötchen, ein Rosinenbrötchen, das wir in der Schule zu Führers Geburtstag bekamen.

Ich erinnere mich an meine Angst vor den Bomben.

Ich erinnere mich an die Flaksplitter, die wir sammelten und an die Bruchstücke von den Plexiglaskuppeln der abgeschossenen Bomber. Das Plexiglas brannte mit gelber Flamme und roch aromatisch.

- Welcher Zusammenhang besteht zwischen der Ich-Aussage und der historischen Information in den Erinnerungsformulierungen?
- Greifen Sie das Schreibmuster von Jürgen Dahl auf und skizzieren Sie Ihre Kindheit anhand von Erinnerungsaussagen. Beziehen Sie soweit möglich zeitgeschichtliche Ereignisse in Ihre Ausführungen ein. Ziehen Sie Geschichtsbücher als mögliche Orientierungshilfen heran.

Harry Rowohlt Ru(h)m für Bären + Poeten

Kinderbücher, die mich prägten? Gehen wir mal für die Dauer dieses Beitrags davon aus, dass ich geprägt wäre –: Doch, doch. »Pu der Bär«, das schönste Kinderbuch der Welt, das schönste Buch der Welt, das hat mich durchaus geprägt. Und auch sonst. Ich konnte nämlich, bis ich drei Jahre alt war, nicht sprechen. Meine Mutter hatte sich schon damit abgefunden, dass ich ein bisschen doof bin, aber Kind ist Kind, und da wollen wir mal nicht so sein. Damals waren nämlich die meisten Kinderbücher in Versen abgefasst, und ich nahm an, es würde allgemein so gesprochen, und solange ich das noch nicht beherrschte, hielt ich lieber die Klappe. [...] Als ich dann doch etwas sagte, war das nicht »Mamma« oder »Pappa« (das schon gar nicht, denn so was Feines hatten wir damals noch nicht), sondern, und das glaubt mir zwar niemand, es stimmt aber trotzdem, es war die Zeile: *Ich habe gelogen, betrogen, gestohlen; meine Hände sind schmutzig.* Meine Mutter ist nämlich Maria Pierenkämper, die weltberühmte unbekannte Schauspielerin, und diese memorierte damals die »Medea« von Anouilh und stürmte dabei im Zimmer auf und ab, und ich sah ihr von meinem Laufställchen beim Memorieren zu, immer auf und ab, wie beim Tennis. Und wenn sie nicht memorierte oder weg war, las sie mir vor, mit Betonung und allem Drum und Dran, und war viel besser als viel später, als ich sie in Gelsenkirchen als Maria Stuart auf der Bühne sah, aber diese Enttäuschung kam daher, dass der Darsteller des Mortimer mir vorher verraten hatte, die beiden Königinnen würden zum Schluss von links und rechts auf die Bühne reiten, meine Mutter auf einem Rappen, die miese Elisabeth auf einem Fuchs, und sich mit Pistolen duellieren, was aber gar nicht stimmte, sondern meine Mutter wurde geköpft, und auch davon wurde nur geredet, und man sah es gar nicht, zum Glück.

Im Kindergarten war dann Prosa Verkehrssprache, und das Sprechen mit Endreim, das zu Hause niemanden gestört hatte, ließ ich schon am ersten Tag sein, weil Veronika, die eine Brille hatte, das affig fand. Veronika hieß mit Nachnamen Scholz, wie der Kinderbuchverlag in Mainz, und dadurch gab es wieder ganz andere Kinderbücher und die Kinderzeitschrift »Die bunte Kiste«, und all das fand ich nun wieder affig, was ich aber nie zugegeben hätte, weil Veronika eine Brille hatte. Veronika wanderte dann mit ihrem Vater nach Amerika aus, während ihre jüngere Schwester Katharina mit der Mutter in Wiesbaden blieb (oder wie oder was), sodass ich, weil Katharina ebenfalls eine Brille hatte, erst mal versorgt war. Ach, Katharina. Sie passte auch altersmäßig viel besser zu mir, weil sie nur anderthalb Jahre älter war als ich, und sie konnte – wir nannten das »Verliebungsmahl« – Nudelsuppe auf dem Puppenherd kochen. Aber dann ging sie auf die Schule und konnte plötzlich lesen und schreiben, sodass ich praktisch kein Umgang mehr für sie war, und da habe ich meine Mutter so lange angemault, bis ich auch auf die Schule durfte, was später ganz günstig war, weil ich, als ich sitzen blieb, immer noch der Jüngste in der Klasse war (Der »Zweitjüngste«, sagt Christiane Bender an dieser Stelle immer). Nun konnte ich also lesen und machte die zweite wichtige Entdeckung: Es hieß »Pu der Bär« und nicht Puderbär. Das ging ja noch, aber außerdem entdeckte ich, dass auf Englisch alles anders geschrieben als gesprochen wird.

Christa Wolf Zurück in die Kindheit

Die Erzählerin reist mit ihrem Mann und ihrer Tochter in den Ort, an dem sie ihre Kindheit verbracht hat. Dabei forscht sie akribisch in ihren Erinnerungen an die eigene Vergangenheit.

Nein. Kein fremder Zeuge, der so viele unserer Erinnerungen an die frühe Kindheit, die wir für echt halten, in Wirklichkeit überliefert hat. Die Szene ist legitimiert. Die Steinstufe (es gibt sie ja, du wirst sie nach sechsunddreißig Jahren wiederfinden, niedriger als erwartet: Aber wer wüßte heutzutage nicht, daß Kindheitsstätten die Angewohnheit haben zu schrumpfen?). Das unregelmäßige Ziegelsteinpflaster, das zu des Vaters Ladentür führt, Pfad im grundlosen Sand des Sonnenplatzes. Das Spätnachmittagslicht, das von rechts her in die Straße einfällt und von den gelblichen Fassaden der Pflesserschen Häuser zurückprallt. Die steifgliedrige Puppe Lieselotte mit ihren goldblonden Zöpfen und ihrem ewigen rotseidenen Volantkleid. Der Geruch des Haares dieser Puppe, nach all den Jahren, der sich so deutlich und unvorteilhaft von dem Geruch der echten, kurzen dunkelbraunen Haare der viel älteren Puppe Charlotte unterschied, die von der Mutter auf das Kind gekommen war, den Namen der Mutter trug und am meisten geliebt wurde. Das Kind selbst aber, das zu erscheinen hätte? Kein Bild. Hier würde die Fälschung beginnen. Das Gedächtnis hat in diesem Kind gehockt und hat es überdauert. Du müßtest es aus einem Foto ausschneiden und in das Erinnerungsbild einkleben, das dadurch verdorben wäre. Collagen herstellen kann deine Absicht nicht sein. [...]

Das Kind, Nelly, biegt um die Ecke, steigt die drei Stufen hoch und verschwindet hinter seiner Haustür, Sonnenplatz 5.

Da hättest du es also. Es bewegt sich, geht, liegt, sitzt, ißt, schläft, trinkt. Es kann lachen und weinen, Sandkuchen bauen, Märchen anhören, mit Puppen spielen, sich fürchten, glücklich sein, Mama und Papa sagen, lieben und hassen und zum lieben Gott beten. Und das alles täuschend echt. Bis ihm ein falscher Zungenschlag unterliefe, eine altkluge Bemerkung, weniger noch: ein Gedanke, eine Geste, und die Nachahmung entlarvt wäre, auf die du dich beinahe eingelassen hättest.

Weil es schwerfällt, zuzugeben, daß jenes Kind da – dreijährig, schutzlos, allein – dir unerreichbar ist. Nicht nur trennen dich von ihm die vierzig Jahre; nicht nur behindert dich die Unzuverlässigkeit deines Gedächtnisses, das nach dem Inselprinzip arbeitet und dessen Auftrag lautet: Vergessen! Verfälschen! Das Kind ist ja auch von dir verlassen worden. Zuerst von den anderen, gut. Dann aber auch von dem Erwachsenen, der aus ihm ausschlüpfte und es fertigbrachte, ihm nach und nach alles anzutun, was Erwachsene Kindern anzutun pflegen: Er hat es hinter sich gelassen, beiseite geschoben, hat es vergessen, verdrängt, verleugnet, umgemodelt, verfälscht, verzärtelt und vernachlässigt, hat sich seiner geschämt und hat sich seiner gerühmt, hat es falsch geliebt und hat es falsch gehaßt. Jetzt, obwohl es unmöglich ist, will er es kennenlernen.

Erinnerungshilfen. Die Namenslisten, die Stadtskizzen, die Zettel mit mundartlichen Ausdrücken, mit Redewendungen im Familienjargon (die übrigens nie benutzt wurden), mit Sprichwörtern, von Mutter oder Großmutter gebraucht, mit Liedanfängen. Du begannst Fotos zu sichten, die nur spärlich zur Verfügung stehen, denn das dicke braune Familienalbum wurde wahrscheinlich von den späteren Bewohnern des Hauses an der Soldiner Straße verbrannt. Nicht zu reden von der Unzahl von Zeitinformationen, die einem, wenn man darauf achtet, aus Büchern, Fernsehsendungen und alten Filmen zufließt: Umsonst war das alles sicher nicht. Wie es nicht umsonst sein mag, gleichzeitig den Blick für das, was wir »Gegenwart« nennen, zu schärfen.

Tagebuch

Auch Tagebuchschreiben ist autobiografisches Schreiben und kann als Grundlage für die Ideenfindung genutzt werden.

Lesen Sie in den Tagebüchern bekannter Autoren, z. B. in den Reisetagebüchern Johann Wolfgang von Goethes, in den eher politisch bestimmten Tagebüchern von Viktor Klemperer oder Thomas Rosenlöcher, in den literarischen Tagebüchern von Max Frisch oder in den eher persönlichen Tagebüchern von Anne Frank, Sylvia Plath oder Anaïs Nin.

- Welche Form des Tagebuchschreibens passt am besten zu Ihrer Persönlichkeit? Probieren Sie es aus.

- Harry Rowohlt und Christa Wolf greifen bei ihren Schreibideen auf ihre eigene Geschichte zurück. Untersuchen Sie ihre unterschiedlichen Zugriffsweisen. Entscheiden Sie sich für einen der beiden Ansätze und machen Sie einen eigenen Schreibversuch. Sie können dabei folgendermaßen vorgehen: Stöbern Sie in Ihrer Vergangenheit. Suchen Sie nach altem Kinderspielzeug, Kinderbüchern, Plüschtieren oder Fotos. Wählen Sie einen Gegenstand als Ausgangspunkt für Ihre biografische Erzählung aus.

- Vergleichen Sie diese literarischen autobiografischen Schreibweisen mit anderen autobiografischen Texten: z.B. Johann Wolfgang von Goethe: »Dichtung und Wahrheit«, Carl Zuckmayer: »Als wär's ein Stück von mir«, Therese Giehse: »Ich hab' nichts zum Sagen«.

Strukturierung von Ideen

Mind-Map

Mind-Maps visualisieren im Unterschied zu linearen Aufzeichnungen die Vernetzungen von Gedanken. Dabei bedienen Sie sich der flächigen Darstellung von Landkarten. Im Zentrum jeder Mind-Map steht ein Thema, das erarbeitet werden soll. Das können ein Begriff, ein Satz oder auch ein Bild sein. Von diesem Mittelpunkt gehen einzelne Äste ab, die das Thema nach Schwerpunkten unterteilen. Jeder Ast wird mit einem prägnanten Schlüsselwort, einem Bild oder einem aussagekräftigen Symbol versehen. Die einzelnen Äste verzweigen sich weiter und werden möglichst knapp beschriftet oder bebildert. An jeder Stelle können weitere Ideen ergänzt werden. Auf diese Weise entsteht eine vernetzte Gedankenlandkarte. Mind-Maps können sowohl im Rahmen der Ideenfindung als auch zur Erarbeitung von Texten sowie bei der Anfertigung von Mitschriften eingesetzt werden. Mind-Maps können in Einzelarbeit wie auch in Teams erstellt werden.

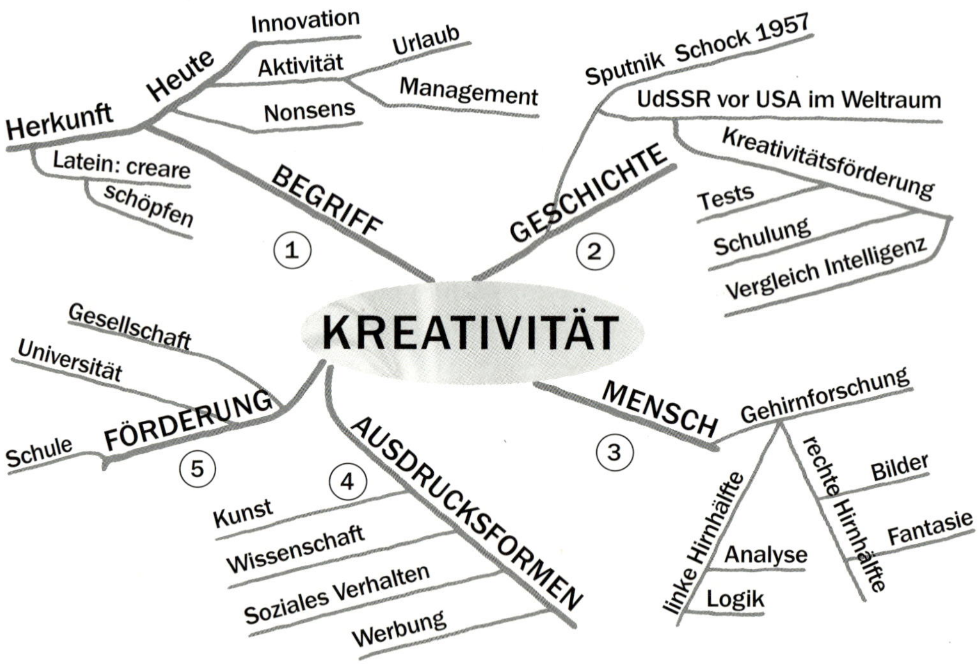

- Welche Informationen enthält die Mind-Map zum Begriff Kreativität? Beginnen Sie bei dem Ast mit der Zahl 1.
- Gestalten Sie eine eigene Mind-Map, z. B. zu einem der folgenden Themen: *Selbstverwirklichung, Träume, Spiegel, Die Farbe Rot.* Stellen Sie Ihrer Lerngruppe das Thema anhand Ihrer Mind-Map vor.

Projektideen

Schreiben vor Ort – Alltagsbeobachtungen fiktionalisieren

Vorgegeben ist die Projektidee, auf seine Umwelt mit eigenen Texten schreibend zu reagieren und dabei verschiedene Möglichkeiten der Ideensammlung sowie der Textproduktion zu erproben. Zusätzlich können die Texte durch Fotografien ergänzt werden.

Einigen Sie sich in Ihrem Kurs auf einen Ort, an dem und zu dem Sie gern schreiben möchten, z. B. zu einem bestimmten Gebäude, einer Straße oder einem Platz. Verständigen Sie sich – wenn nötig – über die Arbeitsaufträge und kopieren Sie diese, sodass bei der folgenden Arbeit vor Ort jeder im Besitz der Arbeitsaufträge ist. Vereinbaren Sie einen Zeitrahmen, in dem Sie vor Ort arbeiten wollen. Jeder von Ihnen sollte mindestens drei verschiedene Möglichkeiten, Ideen und Material zu sammeln, ausprobieren. Sie können neben den auf dieser Seite vorgestellten Ideen auf zahlreiche Impulse aus diesem Kapitel zurückgreifen.

Impuls I: Einen Lesegang machen

Erkunden Sie Ihren Ort. Achten Sie auf alles Lesbare (z. B. Verkehrsschilder, Graffiti, Reklame etc.) und notieren Sie es untereinander.

Impuls II: Mit fremdem Blick beobachten

Suchen Sie sich einen Platz, von dem aus Sie gut beobachten können. Stellen Sie sich vor, Sie wären eine Ameise, ein Vogel, ein Außerirdischer, ein Schaufenster etc. Beschreiben Sie Ihr Beobachtungsobjekt aus der Sicht dieses fremden Blicks.

Arbeiten Sie Ihr Rohmaterial entsprechend der Aufgabenstellungen aus. Führen Sie zur Überarbeitung Ihrer Erstentwürfe eine **Schreibkonferenz** durch. Bilden Sie Kleingruppen. Kleben Sie Ihren Erstentwurf auf einen DIN A3-Bogen. Jedes Gruppenmitglied darf zwei Notizen an den Rand schreiben: »Das gefällt mir besonders gut« oder »An dieser Stelle würde ich den Text folgendermaßen ändern«. Die Verfasser lesen die Anmerkungen und überarbeiten – soweit sie es selbst für sinnvoll erachten – ihre Texte.

Die fertigen Texte können – ergänzt durch entsprechende Fotos – zu einem kleinen Buch über den ausgewählten Ort zusammengestellt oder im Rahmen einer Lesung vor einem anderen Kurs, evtl. kombiniert mit einer Diashow, präsentiert werden.

Klausurtraining

Kreative Weiterführung eines Textes

Botho Strauß Ihr Mann

In einem Restaurant erhebt sich eine größere Runde von jungen Männern und Frauen. Es ist bezahlt worden und alle streben in lebhafter Unterhaltung dem Ausgang zu. Doch eine Frau ist sitzen geblieben am Tisch und sinnt dem nach, was eben an Ungeheuerlichem einer gesagt hat. Die anderen stehen bereits im Windfang des Lokals, da kommt ihr Mann zurück. Er hat kurz vor dem Ausgang bemerkt, dass ihm die Frau fehlt. Aber da steht sie auch schon auf und geht an ihm vorbei durch beide Türen.

- Was könnte »an Ungeheuerlichem« gesagt worden sein? Machen Sie ein Brainstorming oder fertigen Sie ein Cluster an.
- Wählen Sie eine Idee aus und erzählen Sie die Geschichte unter Einbeziehung Ihrer Idee aus der Sicht einer der beteiligten Personen (z. B der Frau). Achten Sie darauf, dass die Innenwelt der erzählenden Person verdeutlicht wird.

Texterarbeitung mit weiterführendem Schreibauftrag

Hans Magnus Enzensberger Optionen für einen Dichter

Mit anderen Worten
Dasselbe sagen,
Immer dasselbe.
Mit immer denselben Worten
Etwas ganz anderes sagen
Oder dasselbe ganz anders.
Vieles nicht sagen,
Oder mit nichtssagenden Worten
Vieles Sagen.
Oder vielsagend schweigen.

- Umschreiben Sie mit eigenen Worten, welche Ausdrucksmöglichkeiten einem Dichter zur Verfügung stehen.
- Nutzen Sie die »Optionen für einen Dichter« als Schreibanregung. Wählen Sie eine der folgenden Formulierungen: »Es tut mir Leid«, »vor Sehnsucht vergehen«, »das Wort ergreifen« und erproben Sie mit eigenen Worten verschiedene Ausdrucksmöglichkeiten in Form eines kurzen Textes.

Methodenlexikon

Verfahren zur Ideenfindung: Einzelverfahren

Zettelkasten

Jeder legt für sich einen Zettelkasten (Karteikasten) an, in dem er nach einem persönlichen Ordnungssystem Materialien sammelt. Diese Materialien können sich auf ein bestimmtes Thema beziehen, das es zu erarbeiten gilt; sie können zunächst jedoch auch als Fundgrube angelegt werden, die als Basis für die Ideenfindung dient. Gesammelt werden können interessante Aussagen von anderen Personen, Zitate aus der Literatur, Fotos und Bilder, Statistiken und Zahlen. Bekannte Autoren wie Walter Kempowski, Arno Schmidt und Thomas Mann nutzen bzw. nutzten den Zettelkasten als Material für ihre Texte.

Verfahren zur Ideenfindung: Gruppenverfahren

Kartenabfrage

Vorgegeben ist ein bestimmtes Problem, das gelöst, oder ein bestimmtes Thema, zu dem gearbeitet werden soll. Jedes Gruppenmitglied erhält eine bestimmte Anzahl von Blättern (Karten). Jeweils ein Lösungsvorschlag bzw. ein Gedanke, der zu dem Thema gehört, wird auf jeweils einer Karte notiert. Die Gruppenmitglieder präsentieren ihre Überlegungen. Die Karten werden im gemeinsamen Gespräch zu Schwerpunkten sortiert und neu gruppiert. Karten mit denselben Inhalten können aussortiert werden. In der Plenumsdiskussion wird entschieden, wie die Arbeit an den einzelnen Schwerpunkten aussehen soll.

Gerd Brenner Zettellawine

Das zu lösende Problem wird in eine möglichst präzise Frage gegossen. Jedes Gruppenmitglied notiert diese Frage auf einem hinreichend großen Blatt. In einem vereinbarten Zeitraum (ca. fünf Minuten) denkt dann jeder für sich über die Frage nach und entwickelt – auch gewagte – Neo-Ideen, die das Problem lösen helfen. Dann werden die Blätter eingesammelt, gemischt und neu ausgegeben. Jeder hat nun vorläufig entfaltete Ideen eines anderen vor sich. Immer mit Blick auf die Fragestellung werden die Ideen nun weiterentwickelt, ergänzt, oder es werden – angeregt durch das Gelesene – Gegenideen notiert. Dieser Arbeitsschritt wird noch einmal wiederholt. [...] Die auf den Blättern notierten Vorschläge können in der Gruppe noch einmal erörtert oder gleich dem Gruppenmitglied, zu dessen Text(entwurf) die Zettellawine stattgefunden hat, weitergegeben werden.

Blickpunkt Mythos – Informationssammlung und -auswertung

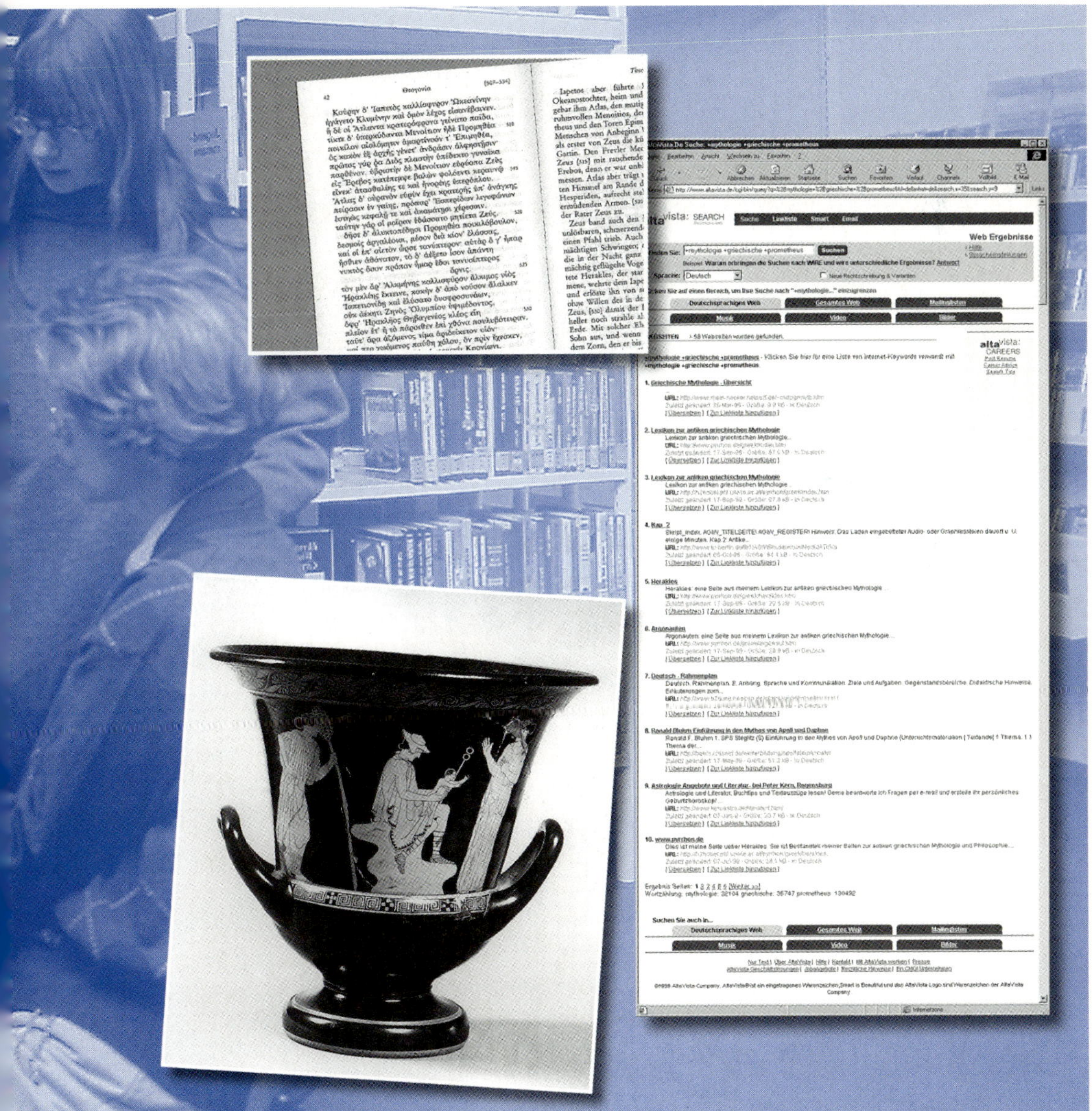
altavista: SEARCH
Web Ergebnisse
Deutschsprachiges Web
Gesamtes Web
Musik
Video
Bilder

Annäherung an ein Phänomen

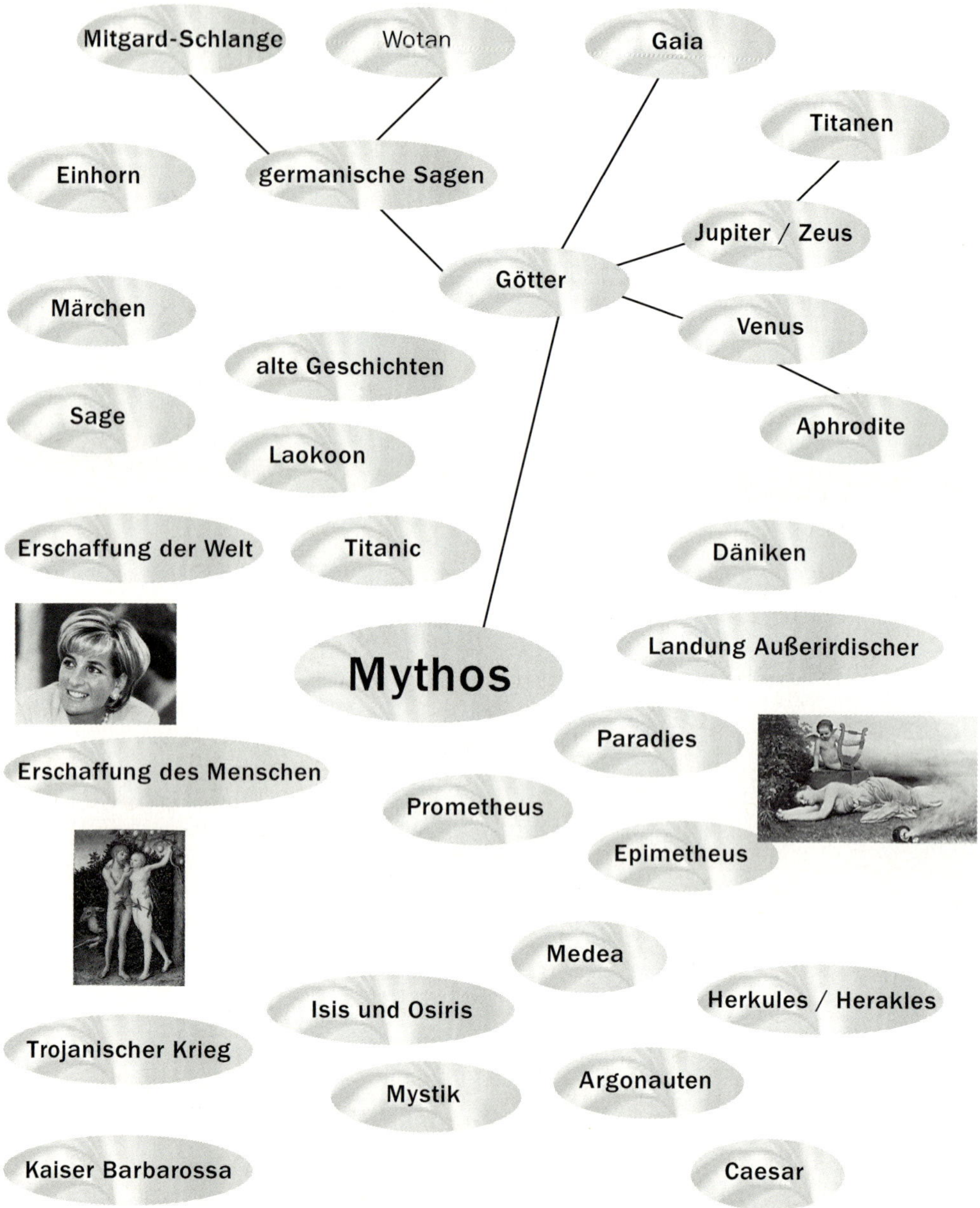

- Kopieren und ergänzen Sie das Cluster. Streichen Sie die Begriffe, die Ihrer Meinung nach nicht zum Thema gehören.
- Von welchen Begriffen und Namen möchten Sie mehr erfahren?
- Versuchen Sie eine erste Hypothese zum Begriff »Mythos«.

Mögliche Informationsquellen

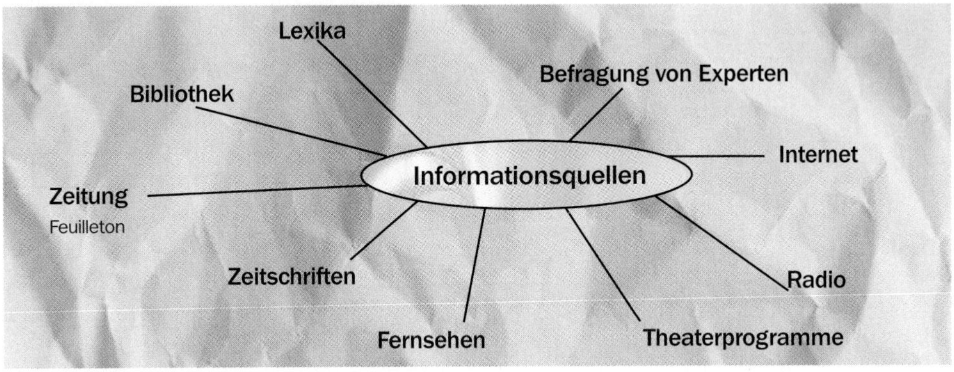

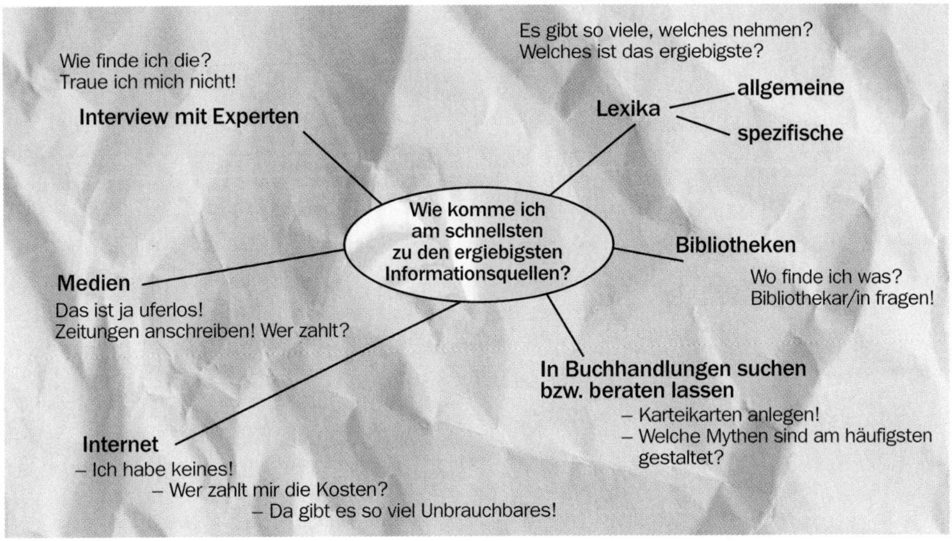

- Geben Sie Ihre Einschätzung der genannten Informationsquellen hinsichtlich ihrer Informationsvielfalt und Kompetenz. Halten Sie Ihre Ergebnisse in einer Tabelle fest, indem Sie den einzelnen Quellen Werte zuordnen.

	Lexika		**Internet**	
	Vielfalt	Kompetenz	Vielfalt	Kompetenz
sehr gering				
gering				
durchschnittlich				
hoch				
sehr hoch				

- Welche Konsequenzen haben Ihre Ergebnisse im Hinblick auf die Informationsbeschaffung?

Volker Hagedorn Amerikanische Atriden

Mit dem Flugzeugabsturz Kennedys erhebt sich ein Mythos – warum nur?

Er hat weder im Einhandsegler den Atlantik überquert noch unsterbliche Melodien erdacht, nicht in Hungerzonen beim Brunnenbauen geholfen oder das Rätsel der Primzahlen gelöst. Warum also bricht Amerika in Tränen aus, wenn ein wohlhabender 38-Jähriger mit seinem Flugzeug und zwei Angehörigen in den Atlantik stürzt? Weil er ein Kennedy ist. [...] In einer frühen Phase des Patriarchats, in der sich latent die USA befinden, sind gekrönte Häupter, wenn sie fallen, sozusagen noch Blitzableiter für die höheren Mächte. Man folgt da, Freud zufolge, »Mythen, in welchen der Gott selbst das Tier tötet, das ihm heilig ist«. Den gemeinen Mann wird es demnach nicht erwischen, solange nur ab und an ein Prinz oder Präsident auf der Strecke bleibt und durch sein Opfer die Stabilität des Systems garantiert. Mit öffentlichen Tränen besiegeln die Untertanen diesen Pakt. Umgekehrt ließe sich folgern, dass bei drohender Instabilität des Systems die Zahl der Flugzeugabstürze mit prominenten Opfern zunehmen müsste. [...] Die in den Vereinigten Staaten grassierende Fluch-Theorie lässt jedenfalls argwöhnen, dass man die Kennedys als Opfer jener höheren Mächte sehen möchte, für und als deren Hätschelkinder man sie zugleich hält. Und die Medien, die jeden Tag die Unberechenbarkeit der Welt verkünden müssen, sind dankbar, wenn ein Unglück mal so überschaubar ist.

So sieht man denn den Rettungshubschrauber in der atlantischen Abenddämmerung wie in der von Hornrufen untermalten Schlusstotale einer Hollywoodverfilmung, hinter der noch ein Homer murmelt vom Untergang des Atridengeschlechts. Damals genügten allerdings Verse, um die Menschen anzurühren. Heute muss es eine Leichensuche live sein.

Roger de Weck Mythos als Ware

Sie wollte »Königin der Herzen« sein, aber außer dieser Wendung, die ihr ein Berater in den Mund legte, wird wenig bleiben von dem, was Prinzessin Diana gesagt oder geschrieben hat. Bilder jedoch sind stärker als Worte, und sie war durch und durch Bild – Abbild, Vorbild, Inbild. Dafür gibt es eine modische Bezeichnung: Ikone. Andere Worte verweisen ins Altertum, Archetyp, Idol, Legende und natürlich: Mythos.

In der Moderne – ihrem aufklärerischen Anspruch zum Trotz – ist das Urbedürfnis nach dem Mythos nicht geschwunden. Im Gegenteil, heute sind wir erst recht unersättliche »Verbraucher von Mythen«, wie der französische Essayist Roland Barthes schrieb; die Nachfrage nach dem Irrationalen steigt von Jahrzehnt zu Jahrzehnt. [...]

Nicht anders als die Götterschar der alten Griechen lebt die neue Mythologie zunächst von Bildern und Geschichten, mit denen sich – fernab jeglicher Theorie und gänzlich ohne Begriffe – die Welt deuten lässt. Wir sind im Zeitalter des Fernsehens, das nach Bildergeschichten giert und mithin erfüllt ist vom audiovisuellen

Hass auf alles Begriffliche, weil Begriffliches nicht darzustellen ist. Die Epoche und das Medium brauchen, erschaffen und verkaufen deshalb Mythen, es ist eine Mythen-Branche entstanden. [...]

Viele Medien sind überfordert, auch unwillig, die immer komplexer werdende Wirklichkeit zu durchleuchten, sie richtig wiederzugeben. Die Mythen-Fabrikanten bieten statt dessen nach dem Ebenmaß und Ebenbild von Diana eine schlichte, attraktivere Ersatz-Realität, die sie gestalten oder sich sogar aneignen; nach und nach verwirkte die Prinzessin von Wales das Recht an ihrem eigenen Gesicht.

»Der große Feind der Wahrheit ist oft nicht die Lüge – überlegt, erfunden und unehrlich – sondern der Mythos – beständig, überzeugend und unrealistisch«, sagte einer, der es wissen musste, John F. Kennedy, selber längst zur mythischen Gestalt erhoben. Alles, was Historiker über seine Unarten und seine Misserfolge inzwischen ermittelt haben, kann dem Mythos JFK nichts anhaben, wie ja auch im Fall Dianas zeitlebens alle Versuche der Entmythologisierung scheiterten. Wie ein Wassertropfen perlt die Wahrheit am Mythos ab, verleiht ihm allenfalls mehr Glanz. Kult-Bilder verklären, sie lassen sich nicht trüben.

Das wahre Trugbild; die wirkliche Irrealität; die ferngesehene Intimität; die überfüllte Menschenleere; der Unsterblichkeit spendende Tod: Die Mythen leben von ihren Widersprüchen. Über Diana haben wir weit mehr erfahren als über Leute, die wir tatsächlich kennen und denen wir im Leben nahe stehen. Die Medien- und Mythen-Maschine hat so viele Bilder von ihr und viele Geschichten über sie zusammengetragen, dass am Schluss nichts mehr bloß äußerlich war. Die Grenze zwischen Voyeurismus und Respekt verwischte, zwischen Bild und Wesen. Diana wollte selber »die Schlagkraft der Bilder nutzen«, die in unendlicher Zahl von ihr aufgenommen wurden, um zumal ihrem Herzensanliegen, dem Verbot der Landminen, zum Durchbruch zu verhelfen.

Der Mythos ist Sinn und Form zugleich, und jeder von uns entziffert ihn auf seine Weise. Im Mythos findet jeder ein Stück dessen, was ihn persönlich bewegt. Das macht die Leidenschaft aus, die Mythen zu wecken vermögen.

Anders als die Ideologie, die ein Raster bietet, um alles und jedes einzuordnen, lädt der Mythos dazu ein, selber nach Erklärungen zu suchen, nach Klärungen. Meist aber begnügen wir uns damit, die Ware Mythos zu konsumieren, das Märchen und die Bilder zu genießen. Der Mythos passt in unsere Zeit, die nicht mehr viele Gewissheiten kennt, und er passt den Zeitgenossen, die zwischen Suche nach Orientierung und Sucht nach Ablenkung schwanken.

Diana ist tot, doch die Mythen-Verkäufer ficht das nicht an, denn sie haben weiter Stoff für Jahrzehnte. Immer wieder wird ihre Schlagzeile lauten: Diana lebt.

- Erkundigen Sie sich über die im Text genannten Personen. Warum werden sie mit dem Begriff »Mythos« in Verbindung gebracht? Vergleichen Sie Ihre Ergebnisse mit der Hypothese.
- Suchen Sie weitere Personen, um die sich schon zu Lebzeiten oder nach ihrem Tod »Mythen ranken«.
- Wieso spricht der Journalist vom »Mythos als Ware«?

TIPPS für die Gruppenarbeit

Die Aufgabenstellung sollte zunächst präzisiert und schriftlich festgehalten werden. Es ist sinnvoll, dass jedes Gruppenmitglied ein Exemplar des formulierten Auftrages in Händen hat.

Bei Gruppenbesprechungen sollten alle Mitglieder so sitzen, dass gegenseitiger Blickkontakt hergestellt ist und dass man sich gut besprechen kann.

Die Arbeit im Team sollte nach Fähigkeiten und Interessen aufgeteilt werden. Dabei sollte auf eine gleichmäßige Belastung aller Teilnehmer geachtet werden: Bestimmen Sie die Rollen, die Einzelne übernehmen, z. B.
- eine/n Diskussionsleiter/in zur Steuerung der Gruppenarbeit (Leitung der Treffen, Kontrolle über die Aufträge);
- eine/n Protokollantin/Protokollanten, die/der das von der Gruppe Erarbeitete festhält und die Arbeitsergebnisse auch vorstellt;
- eine/n Sprecher/in als Ansprechpartner/in für den/die Lehrer/in oder andere Arbeitsgruppen;
- eine/n Zeitwächter/in.

Bei einer länger dauernden Gruppenarbeit können Sie die Rollen wechseln.

Stellen Sie einen Zeitplan auf. Planen Sie dazu die einzelnen Arbeitsschritte gemeinsam in der Gruppe und reflektieren Sie, wie viel Zeit für die einzelnen Arbeitsschritte investiert werden muss oder kann. Die Ergebnisse der einzelnen Arbeitsschritte sollten immer in der Gruppe vorgetragen und im Protokoll/Arbeitstagebuch festgehalten werden. Machen Sie einen Zwischenstopp, d. h. reflektieren Sie Ihre Zwischenergebnisse. Vielleicht sind Änderungen im gedachten Arbeitsplan notwendig.

Jedes Teammitglied trägt sowohl für sich als auch für die Gruppe Verantwortung, d. h. jedes Mitglied sollte sich und seine Meinung einbringen. Gruppenkonflikte müssen vor jeder Weiterarbeit ausgetragen und beigelegt, Entscheidungen müssen von allen Gruppenmitgliedern getragen werden.

Zeigen Sie unterschiedliche Standpunkte bei der Präsentation auf und setzen Sie sich damit auseinander.

Evaluieren Sie am Ende (für sich und in der Gruppe) den Arbeits- und Gruppenprozess:
- Was hat mir an der Gruppenarbeit gefallen?
- Was hat mich gestört?
- Welche Schwierigkeiten sind aufgetaucht?
- Wie wurden sie behoben?
- Was würden wir in Zukunft anders machen?

Begriffserklärung in verschiedenen Schritten

1. Worterklärung
   – Aus welcher Sprache kommt es?
   – Was heißt es ursprünglich?
   – Wie wird es heute verwendet?
2. Kurzdefinition
3. Bestimmende Merkmale des Begriffs
4. Historische Einordnung
5. Einordnung in ein Begriffsfeld (Visualisierung)
   – Synonyme
   – Gegenbegriffe
   – Über- und Unterbegriffe
6. Theorien
   – Welche unterschiedlichen Auslegungen gibt es zum Begriff?

Schreiben Sie zu den einzelnen Schritten Stichwörter oder kurze Sätze auf. Unbedingt notwendig sind die Schritte 1–3. Vertiefung bringen die Schritte 4–6. Vergleichen Sie Ihre verschiedenen Definitionen.

Präsenzbibliothek

Damit alle Schülerinnen und Schüler möglichst effektiv an verschiedenen Aspekten des Themas arbeiten können, ist es notwendig, die wichtigsten Bücher stets griffbereit für alle aufzustellen. Eine solche Sammlung der wichtigsten Bücher für ein bestimmtes Thema nennt man »Präsenzbibliothek« oder »Handapparat«.
In diesem Handapparat sollten stehen: verschiedene Duden (Fremdwörterbuch, Herkunftswörterbuch), ein Konversationslexikon, ein Literaturlexikon, mehrere Literaturgeschichten, ein Stoff- und Motivlexikon, ein Sachwörterbuch, ein Autorenlexikon, Textsammlungen und Gedichtanthologien sowie (historisch-kritische) Werkausgaben.

Ein Handapparat entsteht sukzessive, entsprechend der vertieften Recherche. In unserem Falle sollten bald auch die wichtigsten Verarbeitungen des Prometheus- und Antigone-Stoffes zugänglich sein, z. B.:
– Aischylos: Der gefesselte Prometheus
– Sophokles: Antigone
– Anouilh: Antigone
– Brecht: Antigone-Modell

Ergänzen Sie den Handapparat mit Büchern aus der Schulbibliothek und öffentlichen Bibliotheken.

Erkundigen Sie sich bei Theatern nach Aufführungen der Stücke.

Erstorientierung in geeigneten Lexikonartikeln

Eine erste Orientierung über einen Begriff erhalten Sie in einem allgemeinen Nachschlagewerk, einem so genannten Konversationslexikon oder einer Enzyklopädie. In ihnen wird versucht, den Gesamtbestand des Wissens einer Zeit für weite Leserkreise in allgemein verständlicher Sprache mit Stichwörtern in alphabetischer Reihenfolge darzustellen. Wegen der unterschiedlichen Schreibweise sind allerdings manche Begriffe nur schwer zu finden. Wo im Alphabet steht z. B. Aischylos, Äschylos, Aeschylos oder (latinisiert) Aeschylus? Solche, anfangs thematisch aufgebauten und gegliederten Wissenskompendien gab es schon in Altertum und Mittelalter (Plinius der Ältere, Isidor von Sevilla, Hrabanus Maurus).

Die ersten Lexika in alphabetischer Anordnung der Begriffe entstehen Mitte des 18. Jahrhunderts in Frankreich und England. Berühmt wurden die »Encyclopédie ou Dictionnaire raisonné des sciences, des arts et des métiers« (1751-1780), herausgegeben von Diderot und d'Alembert unter Mitarbeit der französischen Aufklärer, insbesondere Voltaires, und die »Enzyclopaedia Britannica« (1768-1771).

Enzyklopädische Lexika heute:

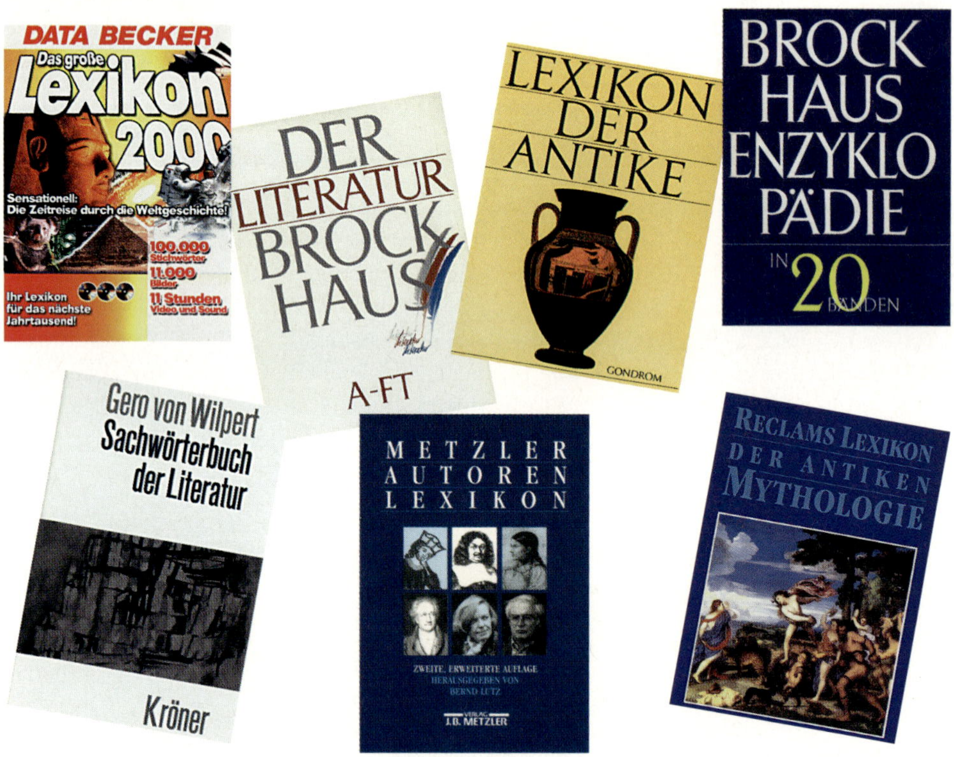

- Suchen Sie Gründe, warum Enzyklopädien in der Epoche der Aufklärung entstanden sind.
- Stellen Sie fest, welche allgemeinen Lexika und Fachlexika in Ihrer Schule stehen und beziehen Sie diese in Ihre Recherche ein.

Arbeitsmappe

Eine Arbeitsmappe besteht aus Materialien, eigenen Beiträgen und aufbereiteten Unterrichtsmitschriften.

1. Festlegung des Aufbaus einer Arbeitsmappe
2. Einteilung der Rechercheergebnisse in Sparten, z. B.: allgemeine Information, literarische Texte, Sachtexte, wissenschaftliche Texte, Primär- und Sekundärliteratur, multimediales Material
3. Fachübergriff, z. B. mit: Kunst (Kunstwerke zum Thema), Musik (Hörbeispiele), Philosophie (Analysen), Religion/Ethik/Geschichte/Latein/Griechisch (vergleichende Interpretation), Theater-AG (Vergleich verschiedener Aufführungen)
4. zunächst nicht brauchbares Material

Brockhaus Enzyklopädie **Die Begriffe »Mythos« und »Mythologie«**

Mythologie [griech.] *die*, -/-n: 1. die Gesamtheit der Mythen (→ Mythos) eines Volkes. 2. die Sagenkunde; ihr obliegt die wissenschaftl. Sammlung, Erforschung, Erklärung der Mythen.

M'ythos [griech., »Erzählung, Sage«], lat. Mythus der, -/...*then,* fälschlich die Mythe: 1. die Götter- und Heldensagen, die Weltschöpfungs- und die Weltuntergangssagen (→ griech. Religion, → röm. Religion, → german. Religion, → Babylonien). In der Mythologie wird der M. als primitive Welterklärung, als Ausdruck eines archetypischen Stadiums der Bewusstseinsentwicklung oder als stets mögliche, auf frühen Kulturstufen besonders fruchtbare Art der Weltbetrachtung verstanden. 2. *evang. Theologie:* der zeitgebundene Ausdruck der neutestamentlichen Verkündigung, von der die eigentl. bibl. Botschaft (Kerygma) nach Auffassung vieler Theologen abgelöst werden muss *(Entmythologisierung).* 3. das legendäre Bild einer welthistor. Persönlichkeit oder eines welthistor. Ereignisses. 4. zur Massenbeeinflussung geeignete, meist undefiniert gelassene (»mythisierte«) Begriffe, bes. die polit. M. (im Faschismus: Nation, im Nat.-Sozialismus: Reich).

- Wie ist der Artikel inhaltlich und sprachlich aufgebaut? Vergleichen Sie ihn mit Ihrer Hypothese. Auf welche der vier Bedeutungen wollen Sie sich beschränken? Welche weiterführenden Stichwörter (→) wollen Sie verfolgen?
- Schlagen Sie den Begriff »Mythos« in weiteren Lexika nach. Welcher Lexikonartikel bringt für Ihre Aufgabe die ergiebigste Information?
- Suchen Sie in den Lexika Ihrer Schule das Stichwort »Prometheus« und vergleichen Sie den Informationsgehalt und die sprachliche sowie gestalterische Darstellung mit dem obigen Artikel und untereinander.

Lexikonname	Information	Art der Gestaltung	Wertung

Recherche im Internet

Um eine Recherche im Internet durchzuführen, bieten sich Suchmaschinen oder Verzeichnisse an. In den Verzeichnissen findet sich eine thematische Struktur, die meist nach Sachgebieten geordnet ist und bei der Suche nach einem allgemeinen Thema oftmals sehr schnell eine erste Übersicht über interessante Webseiten bietet. Demgegenüber liefert die Volltextrecherche der Suchmaschinen schnelle Ergebnisse bei der Recherche nach ganz speziellen Themen. Die zahlreich angebotenen Suchmaschinen unterscheiden sich zum einen in der Möglichkeit, die sie bieten, zum anderen durch die Anzahl der von ihnen indizierten Seiten. Einige Suchmaschinen bieten die Möglichkeit, die Recherche auf bestimmte Länder bzw. Sprachen oder auf Bilder oder Tondateien zu beschränken. Andere bieten spezielle Suchen ausschließlich in Newsgroups, Mailinglisten, FAQs (Frequently Asked Questions) oder Onlineforen an. Das World Wide Web (WWW) ist jedoch so groß, dass jede einzelne Suchmaschine nur einen Bruchteil des gesamten Netzes abdeckt. Möchte man sichergehen, möglichst keine Seite im Netz zu übersehen, so sollte man so genannte Meta-Suchmaschinen (Metacrawler) bemühen, die vollautomatisch mehrere Suchmaschinen gleichzeitig befragen und deren Ergebnisse anzeigen. Allerdings bieten Meta-Suchmaschinen häufig nur eingeschränkte Suchoptionen.

TIPPS für eine erfolgreiche Suche:

– Machen Sie sich die Mühe, die Online-Hilfe der benutzten Suchmaschine zu lesen. Oftmals erhalten Sie hier wertvolle Informationen über mögliche Suchoptionen, z. B. ob und wie sich Groß- und Kleinschreibung auswirken. Außerdem bieten die meisten Suchmaschinen dort zahlreiche Such-Beispiele.

– Optimieren Sie Ihre Eingaben. Auf zahlreichen Suchmaschinen findet man z. B. mit der Eingabe »mythologie griechische prometheus« etliche Seiten, die sich zwar mit griechischer Mythologie, nicht aber mit Prometheus beschäftigen. Will man dies verhindern, so hilft es, Wörter zu »erzwingen«, d. h. dass diese dann auf der betreffenden Seite enthalten sein müssen. Ebenso kann es sinnvoll sein, bestimmte Wörter auszuklammern. Auf vielen Suchmaschinen gelten folgende Parameter:

Eingabe	Funktion
Thema	»Thema« wird gesucht
+ Wort	»Wort« muss auf der Seite enthalten sein
– Wort	»Wort« darf nicht auf der Seite enthalten sein
Diesen Text suchen	»Diesen Text suchen« wird gesucht
Mythos*	Suche von allen Wörtern, die mit Mythos beginnen

Grenzen Sie Ihre Suche durch Hinzufügen oder Ausklammern zusätzlicher Begriffe nicht zu früh ein, sonst finden Sie unter Umständen zu wenig oder gar nichts.

– Suchen Sie insbesondere bei internationalen Themen auch in englischer Sprache, da der englischsprachige Teil des Webs um ein Vielfaches größer ist als der deutsche. Beispiel (»Altavista« im Januar 2000):
»+mythologie +griechische +prometheus« in deutscher Sprache: 58 Treffer
»+mythology +greek +prometheus« in englischer Sprache: 2793 Treffer
– Achten Sie auf korrekte Rechtschreibung. Heißt es z. B. »Plato« oder »Platon«? Gibt es mehrere gängige Schreibweisen, so benutzen Sie die in der Wissenschaft anerkannte. Dadurch erhöhen Sie in der Regel die (wissenschaftliche) Qualität der gefundenen Seiten. Ansonsten probieren Sie alle Varianten.
– Legen Sie interessante Seiten sofort als Lesezeichen in Ihrem Browser ab oder schreiben Sie die erforderlichen Angaben auf.
– Oftmals finden sich auf den Webseiten Linklisten zu anderen thematisch ähnlichen oder weiterführenden Seiten. Es lohnt sich daher häufig, auch auf Seiten, die den gesuchten Begriff nicht genau treffen, kurz nach eventuell vorhandenen Linklisten zu schauen.

Wichtige Hinweise:
– Im Netz schreiben oder veröffentlichen kann jeder. Es gibt keinerlei Kontrolle über den Wahrheitsgehalt von Informationen und Webseiten. Bewahren Sie deshalb die kritische Distanz zu den Informationen, die Sie im Internet finden und überprüfen Sie nach Möglichkeit die Seriösität der Quelle.
– Vergewissern Sie sich immer wieder des eigentlichen Ziels Ihrer Recherche. Allzu leicht verliert man sich in der Fülle der Informationen, gelegentlich findet man Interessantes und gerät auf neue Wege, oft aber auch auf zeitraubende Abwege.
– Selbstverständlich müssen Sie auch die WWW-Seiten als Quellen angeben. Achten Sie daher auf eine genaue Angabe in Referaten und Facharbeiten: URL (Uniform Ressource Locator), Autor, Titel, ggf. Datum der letzten Änderung bzw. Datum des Seitenaufrufs.
– Webseiten können manchmal von heute auf morgen verschwinden, z. B. weil ein Autor keine Zeit mehr hat, seine Inhalte zu pflegen und deshalb seine Homepage löscht. Drucken Sie daher ggf. wichtige Stellen sofort aus, wenn Sie die Möglichkeit dazu haben.

»Ich hab´ mir nur gerade die 280-bändige Enzyklopädie runtergeladen und ausgedruckt!«

Recherche in der Bibliothek

Kloster Sankt Gallen, Klosterbibliothek

In der Bibliothek/Bücherei gibt es drei Möglichkeiten der Recherche, nach Stichwort, Titel, Verfasser. Je genauer Ihre Vorinformationen sind, desto schneller lassen sich ein bestimmtes Buch oder sonstiges Medium finden.

Vorüberlegungen:

Da der Begriff »Mythos« in verschiedenen Bereichen und in sehr unterschiedlicher Bedeutung verwendet wird, ist es notwendig, sich zunächst Klarheit über das Ziel der Recherche zu verschaffen und den Begriff möglichst genau einzugrenzen, z. B. »Mythos«→»griechischer Mythos«→»Prometheus«→ ...

Eine Gefahr bei der Recherche besteht darin, dass man sich leicht in einem Meer voller Sekundärliteratur verliert. Daher ist es von Anfang an wichtig, immer wieder auf das Ziel der Recherche zu schauen und sich bei jedem Buchtitel bzw. jeder Kapitelüberschrift die Frage zu stellen, ob eine direkte Verbindung zum Thema bestehe.

Hilfsmittel für eine rasche Erstorientierung in Büchern:

Klappentext oder Einleitung/Vorwort: Hier werden häufig wichtige Hinweise auf die Eingrenzung des Themas, die Arbeitsmethode und die Zielsetzung der Untersuchung gegeben.

Inhaltsverzeichnis: Die hier angegebene Gliederung des Buches ermöglicht eine rasche Orientierung und einen direkten Zugriff auf themenrelevante Kapitel oder Buchabschnitte.
Personen- und Sachregister: Hier wird auf Stellen im Buch verwiesen, die sich mit einer bestimmten Person oder einem bestimmten Begriff beschäftigen. Die Zahl der Fundstellen gibt einen Hinweis auf die Bedeutung des Begriffs für den Autor und seine Ausführungen.

TIPP: Notieren Sie sich genaue Angaben zu der gefundenen bzw. in Frage kommenden Literatur sofort und möglichst rasch nach einem einheitlichen System (Liste, Karteikarte, Computer-Organizer), nach dem Sie diese leicht wiederfinden und eventuell auch zitieren können. Halten Sie, vor allem wenn es sich um eine Kopie aus einem Buch oder um ein ausgeliehenes Buch handelt, sofort die notwendigen bibliografischen Angaben fest. Zusätzlich empfiehlt es sich, die Signatur des Buches zu notieren. Dies ist die erste Voraussetzung für wissenschaftliches Arbeiten und erspart Ihnen später, wenn Sie diesen Text nochmals für Ihre Ausführungen brauchen, langwieriges Suchen.

TIPPS zur Ordnung von Literaturangaben:
- Buchveröffentlichungen: Verfasser (Familienname, Vorname): Titel mit Untertitel. Ort: Verlag Jahr (ggf. mit Auflage).
- Aufsätze in Sammelbänden: Verfasser: Titel mit Untertitel. In: Titel des Sammelbandes, hrsg. von N.N. Ort: Verlag Jahr (ggf. mit Auflage). Seitenangabe.
- Aufsätze in Zeitschriften: Verfasser: Titel mit Untertitel. In: Name, Nummer oder Jahrgang der Zeitschrift. Ort: Verlag (ggf. Heft). Seitenangabe.

Es gibt verschiedene Möglichkeiten der Zeichensetzung in Literaturangaben, achten Sie jedoch unbedingt darauf, dass Sie Ihre Angaben einheitlich gestalten.

Bringen Sie die folgenden Literaturangaben in die richtige Reihenfolge, achten Sie dabei auf eine einheitliche Zeichensetzung:
- Johann Wolfgang von Goethe: Prometheus. In: Goethes Werke, Bände 1–14, hrsg. von Erich Trunz. Hamburger Ausgabe, Band 1. Beck 15. Auflage München: 1993. S.44 – 46.
- Peters, Günter: In: Der Deutschunterricht. Vereinigt mit »Diskussion Deutsch«. Beiträge zu seiner Praxis und wissenschaftlichen Grundlegung. Prometheus oder Epimetheus? Der Titanenmythos in Goethes Dichtung. Jg. LI, Heft 1, Februar 1999, S.6 – 19.Friedrich Verlag: Seelze.
- In: Geschichtliche Grundbegriffe. Historisches Lexikon zur politisch-sozialen Sprache in Deutschland, Stuttgart: Klett-Cotta 1972 (Nachdruck 1979), hrsg. von Otto Brunner, Werner Conze, Reinhart Koselleck. Band 1: A–D. Stucke, Horst: Aufklärung. S.243 – 342.

Prometheus: Schöpfer und Rebell

Orientierendes Lesen: Überfliegen des Textes

Ziel des orientierenden Lesens ist ein rascher, grober Überblick in möglichst kurzer Zeit. Oft wissen Sie anfangs nicht, ob ein Text für Ihre Fragestellung ergiebig sei. Um dies festzustellen, genügt meist ein Überfliegen des Textes, ein orientierendes oder diagonales, ein so genanntes kursives oder selektives Lesen (Survey-Lesen).

Vorteil: Sie können in kurzer Zeit viel Material sichten und eine Vorauswahl treffen. Sie ermüden nicht so schnell wie beim konzentrierten Wort-für-Wort-Lesen.

Nachteil: Man übersieht leicht den nicht sofort auffallenden Informationsgehalt eines Textes, vor allem dann, wenn er nicht gegliedert oder optisch aufbereitet ist.

Orientierendes Schnell-Lesen kann trainiert werden. Sie können sich selbst für ein Buch, einen Aufsatz oder ein Buchkapitel ein eigenes Zeitlimit setzen.

Um einen Überblick über den folgenden Text zu gewinnen, hat jeder 5 Minuten Zeit. Hinweis: Bei dieser Art des Lesens kommt es nicht darauf an, dass alle Einzelheiten verstanden oder dass unklare Begriffe nachgeschlagen werden müssen.
Mögliche Vorüberlegungen:
- Wie erfahre ich, ob der Text in unserem Zusammenhang hilfreich ist?
- Wie erhält man am schnellsten die wichtigsten Informationen des Textes?
- Was fällt im Lay-out des Textes auf?
- Wer ist nach Aufbau und Sprache der Adressat des Textes?

Robert von Ranke-Graves Der Begriff des echten Mythos

»Schimärisch« ist die Adjektivform des Wortes Chimaira, das »Ziege« bedeutet. Vor viertausend Jahren konnte die Chimaira nicht seltsamer als irgendein religiöses, heraldisches oder kommerzielles Emblem unserer Tage erschienen sein. Sie war eine Tierdarstellung, die – so berichtete HOMER – eines Löwen Kopf, den Körper einer Ziege und einen Schlangenschwanz besaß. Ein Abbild der Chimaira, gemeißelt in die Wand eines hethitischen Tempels, wurde in Karkemisch gefunden. Wahrscheinlich war sie, wie auch andere Mischwesen, z. B. die Sphinx oder das Einhorn, ursprünglich ein Symbol des Kalenders: Jeder Teil stellte eine Jahreszeit des der Königin des Himmels geweihten Jahres dar – ebenso wie, laut DIODORUS SICULUS, die drei Saiten ihrer Schildplattleier. Dieses alte »Drei Jahreszeiten-Jahr« wird von NILSSON in seinem Buch »Primitive Time Reckoning« (1920) beschrieben.

Indes kann nur ein kleiner Teil des riesigen und unzusammenhängenden Komplexes der griechischen Mythologie, die ja auch kretische, ägyptische, palästinensische, phrygische, babylonische und andere Elemente enthält, wie die Chimaira als wirklicher Mythos bezeichnet werden. Man könnte den echten Mythos als erzählerische Kurzschrift kultischer Spiele, wie sie bei öffentlichen Festen aufgeführt wurden, definieren. Ihre Darstellung ist auf vielen Bildern auf Tempelmauern, Vasen, Siegeln, Schüsseln, Spiegeln, Truhen, Schildern, Wandteppichen und Ähnlichem zu finden. Die Chimaira und die anderen Kalendertiere haben wahrscheinlich bei diesen Vorführungen, die mit ihrer Ikonografie und ihren mündlichen Berichten zur autoritären Instanz oder Grundlage der religiösen Institutionen eines jeden Stammes, einer jeden Sippe oder Stadt wurden, eine bedeutende Rolle gespielt. Ihre Themen waren uralte Beschwörungen im Dienste der Fruchtbarkeit oder der Stabilität eines geheiligten Königinnentums oder auch Königtums (es scheint, dass im griechischen Sprachbereich das sakrale Reich der Königinnen dem der Könige vorausging), wie sie, den Umständen entsprechend, in den Kult aufgenommen wurden. [...]

Echter Mythos muss unterschieden werden von

1. philosophischen Allegorien, wie in HESIODS Kosmogonie;
2. »ätiologischen« Erklärungen heute nicht mehr verstandener Mythen, wie Admetos' Zusammenjochen eines Löwen und eines Bären vor seinen Wagen;
3. Satiren oder Parodien, wie in Silens Bericht über Atlantis;
4. sentimentalen Fabeln, wie die Geschichten von Narkissos und Echo;
5. ausgeschmückten Erzählungen, wie Arions Abenteuer mit dem Delphin;
6. Minstrelromanzen, wie die Geschichte von Kephalos und Prokris;
7. politischer Propaganda, wie Theseus' Einigung Attikas;
8. moralischen Legenden, wie die Geschichte von Eriphyles Halsband;
9. Anekdoten, wie die Schlafzimmerfarce von Herakles, Omphale und Pan;
10. theatralischem Melodrama, wie die Geschichte Thestors und seiner Tochter;
11. Heldenepen, wie der Großteil der »*Ilias*«;
12. realistischer Dichtung, wie der Besuch des Odysseus bei den Phaiaken.

Andererseits lassen sich echte mythische Elemente in den unwahrscheinlichsten Geschichten versteckt finden. Selten ist die vollständigste oder klärende Fassung einer bestimmten Sage nur von einem Verfasser überliefert; man darf auch bei der Suche nach der ursprünglichen Form nicht als sicher annehmen, dass die ältere schriftliche Quelle die authentischere ist. [...] Wenn man den prosaischen Sinn einer mythologischen oder pseudomythologischen Erzählung erforscht, so sollte man immer auf Namen, Stammesursprung und Geschicke der einzelnen Personen achten; bringt man dann das Ganze wieder in die Form des dramatischen Rituals, so werden zufällige Elemente manchmal Analogien zu einer anderen Sage, die aber einen ganz anderen anekdotischen Charakter hat, aufkommen lassen. Dies kann nun Licht auf beide werfen.

- Wo liegt der Schwerpunkt des Artikels? Markieren Sie die Schlüsselwörter des Textes. Achten Sie auf die Abschnittsanfänge und die Hervorhebungen.

- Welche Informationen helfen weiter? Welche sind unwichtig? Inwiefern könnte der Text für weitere Recherchen fruchtbar sein?
Vergleichen Sie untereinander die Ergebnisse!

Gezieltes Lesen: Die Besonderheiten des Textes kennen lernen durch Fragenstellen

Erscheint Ihnen ein Text auf den ersten Blick ergiebig, sollten Sie viele Fragen an ihn stellen, um seine Besonderheiten zu erkennen. Hierzu eignen sich die so genannten W-Fragen: Wer? Was? Wann? Wo? Wie? Warum? Auf welche dieser Fragen gibt der Text Antwort, auf welche nicht? Besonders sinnvoll ist die Arbeit mit einem solchen Frageraster, wenn Sie Texte zu einem Thema von verschiedenen Autoren aus unterschiedlichen Zeiten miteinander vergleichen wollen.

Hesiod Theogonie

Iapetos aber führte das Mädchen Klymene heim,
Die fesselschöne Okeanostochter,
Und teilte droben im Gemach
Mit ihr das gemeinsame Lager.
Und sie gebar ihm Atlas, den Sohn von starkem Sinn,
Und gebar den überaus stolzen Menoitios
Und Prometheus [Vorbedacht],
Vielfältig, beweglich im Geist,
Und den mit dem Sinn vorbeitreffenden Epimetheus [Nachbedacht]. [...]

Mit unzerbrechbaren Klammern aber band er [Zeus] Prometheus,
Den vielfältig planenden,
Und trieb einen Pfosten
Mitten durch die schlimmen Fesseln
Und sandte ihm dazu den schwingenbreitenden Adler;
Und der fraß nun die Leber, die unvergängliche,
Die aber wuchs nach, nach allen Seiten, in der Nacht,
In gleichem Maß, wie sie über den langen Tag hin
Der flügelbreitende Vogel gefressen hatte.
Ihn aber tötete dann der schlankfüßigen Alkmene
Wehrhafter Sohn Herakles,
Wehrte ab vom Iapetossohn die schlimme Plage
Und erlöste ihn von diesen Leiden,
Nicht ohne den Willen des Zeus, des Olympiers,
Des Herrschers der Höhe,
Auf dass des Theben entstammten Herakles Ruhm
Größer noch sei als vordem auf der vielnährenden Erde.
Indem er hierin ihm freie Hand gab,
Ehrte er seinen vornehmen Sohn;
Und, obwohl ergrimmt, ließ er von dem Groll,
Den er vorher gehabt,
Weil jener streitend sich messen gewollt
Im klugen Planen mit dem übermächtigen Kronossohn.

Zu der Zeit nämlich, als sich Götter
Und sterbliche Menschen schieden, in Mekone,
Damals teilte er [Prometheus], gerne bereit,
Ein mächtiges Rind auf und legte es vor,
Gewillt, Zeus' Sinn zu hintergehen.
Vor ihn nämlich legte er die Fleischstücke
Und die fettumgebenen inneren Teile in die Rindshaut

Werner Tübke: *Zeus und Prometheus*

Und bedeckte sie mit dem Magen des Rinds,
Für die Menschen aber schichtete er, in listiger Kunst,
Die weißen Rindsknochen hoch
Und bedeckte sie mit glänzendem Fett.
Damals sprach nun zu ihm
Der Vater der Menschen und Götter:
»Sohn des Iapetos, ausgezeichneter
Unter all den Fürsten;
Bester, wie parteiisch hast du die Teile verteilt.«
So sprach tadelnd Zeus,
Er, der unvergängliche Ratschlüsse weiß. [...]
Er kannte wohl und verkannte nicht den Trug;
Aber ahnend schaute er im Innern
Übel für die sterblichen Menschen,
Die denn auch vollendet werden sollten.
Ja, mit beiden Händen hob er hoch das weiße Fett.
Und er ergrimmte drinnen am Zwerchfell,
Erbittert ward er im Sinn,
Als er sie sah, die weißen Knochen des Rindes,
In listiger Kunst gelegt.
Seit jenem Tag verbrennen
Die Völker der Menschen auf der Erde
Den Unsterblichen die weißen Knochen
Auf duftenden Altären.
Und zu ihm sprach voller Unwillen
Zeus, der Versammler der Wolken:
»Sohn des Iapetos,
Der du vor allen dich auskennst im Planen,
So hast du, mein Bester, also auch jetzt nicht
Listiger Künste vergessen.«
So sprach voller Grimm Zeus,
Er, der unvergängliche Ratschlüsse weiß.
Und seit dem Tag nun
War er stets dieses Trugs gedenk
Und gab den Eschen nicht
Die Kraft des unermüdlichen Feuers
Zum Nutzen der sterblichen Menschen,
Die am Boden ihre Wohnstatt haben.
Aber es hinterging ihn
Der treffliche Sohn des Iapetos
Und stahl des unermüdlichen Feuers
Weitblickenden Schein
Drinnen im Mark eines Narthexrohres.
Es biss ihm drinnen den Sinn, dem hochdonnernden Zeus,
Er ergrimmte in seinem Herzen,
Als er bei den Menschen sah
Des Feuers weitblickenden Schein. [...]
So ist es nicht möglich, Zeus' Sinn zu hintergehen
Oder zu überholen.
Denn auch des Iapetos Sohn, der gewitzte Prometheus,
Entkam des Herrn lastendem Grimm nicht,
Sondern mit Zwang hält ihn, so vielkundig er ist,
Die mächtige Fessel gebunden.

Aischylos **Prometheus in Fesseln**

Prometheus.
Glaubt nicht, dass ich aus Stolz und Eigenwilligkeit
schweige; im Nachdenken verzehr ich mir das Herz,
wenn ich mich selbst so sehr entwürdigt sehe.
Doch diesen neuen Göttern da die Vorrechte –
wer anders als ich hat sie letztlich abgegrenzt?
Doch davon schweig ich; denn was ihr schon wisst, würde ich
euch sagen. Die Leiden bei den Menschen hört
euch an, wie ich sie, die zuvor unmündig waren,
zum Denken und zur Herrschaft über ihre Sinne brachte.
Ich werde sprechen ohne Vorwurf für die Menschen,
nur deutend, was ich bei den Gaben Gutes dachte:
Am Anfang schauten sie zwar, doch schauten sie ins Leere,
sie hörten und vernahmen nicht, wie Traumgestalten
warfen sie das ganze Leben lang
beliebig alles durcheinander; keine Backsteinhäuser,
zur warmen Sonne hin, kannten sie, kein Holzbauwerk,
vergraben hausten sie wie wimmelnde
Ameisen in sonnenlosen Höhlenwinkeln.
Es gab für sie kein sicheres Merkmal, nicht für Winter
und nicht für blütenreichen Frühling, nicht für
fruchtbringenden Sommer, nein, ganz ohne Einsicht war
ihr Handeln, bis ich sie auf die Aufgänge der Sterne
hinwies und die Untergänge, schwer zu sichten.
Und dann die Zahl, hervorragendsten Wissenskunstgriff,
erfand ich für sie und Zusammensetzungen der Buchstaben,
Erinnerung an alles, als Mutter der Musen wirkend.
Ich spannte ins Joch als erster wilde Tiere,
im Jochring dienend, und dass sie mit ihren Leibern
den Sterblichen die größten Arbeitslasten abnähmen,
und vor den Wagen führte ich die Pferde,
zügelvertraut, ein Prunkstück überreichen Stolzes;
über das Meer zu treiben, erfand kein anderer außer mir
leinenbeflügelte Fahrzeuge der Schiffer.
Der ich solche Mittel für Sterbliche erfand, ich Dulder,
habe selbst nicht einen Wissenskunstgriff, mit dem
ich von dem Leid, das jetzt da ist, Befreiung fände.

Chorführerin.
Erlitten hast du ungebührliches Leid; von deinen Sinnen
abgekommen, gehst du irre – wie ein schlechter Arzt,
der in Krankheit fiel, bist du mutlos und kannst nicht
finden, mit welchen Arzneien du selbst zu heilen bist.

Prometheus.
Hörst du das Weitere von mir, wirst du dich noch mehr
wundern, welche Techniken und Wege ich erdacht habe.
Als größtes dies: Wenn einer in Krankheit fiel,
gab es kein Abwehrmittel, nicht eins zum Einnehmen,
nicht zum Salben und nicht zum Trinken, sondern Mangel an
Arzneien ließ sie zum Skelett werden, bis ich sie
auf Mischungen von milden Heilmitteln hinwies,
mit denen sie die gesamten Krankheiten bekämpfen;
und viele Arten Seherkunst brachte ich in eine Ordnung
und sichtete als erster aus den Träumen, was wirklich
werden soll, und Stimmen, schwer zu schneidende,
machte ich ihnen kenntlich, Zeichen auch am Weg;
den Flug der Vögel mit den krummen Krallen
bestimmte ich genau, welche günstig von Natur sind
und welche ungünstig, und welche Lebensweise
sie jeweils haben, und welche gegenseitige
Feindschaft, Zuneigung und Geselligkeit besteht,
und die Glätte der Eingeweide, und von welcher Farbe
die Galle wohlgefällig ist den Göttern,
und die schillernd schöne Form der Leber;
die mit Fett umhüllten Glieder und die lange Hüfte
gab ich ins Feuer und brachte die Sterblichen auf den Weg
zur schweren Deutungskunst, flammenblickende Zeichen
enthüllte ich dem Auge, dem sie vorher dunkel waren.
Soweit nun hiervon; dann unter dem Erdboden
verborgene Schätze, nützlich für die Menschen,
Erz, Eisen, Silber, Gold – wer könnte
behaupten, sie vor mir entdeckt zu haben?
Niemand, gewiss – will er nicht leeres Zeug daherreden.
In kurzer Rede erfahr alles zusammengefasst:
Alle Technik haben die Sterblichen von Prometheus her.

- Suchen Sie passende W-Fragen zur Erschließung der Texte, z. B.:
  – Welches Thema, welcher Themenschwerpunkt wird behandelt?
  – Welches ist die (Haupt-)Aussage des Textes?
  – Wie versucht der Autor, seine Intention zu erreichen?
  – Wie werden die handelnden Personen charakterisiert?
  – Welche Zusatzinformationen wären für das Textverständnis hilfreich?
- Diskutieren Sie Prometheus' Bedeutung für die Menschen und ihre Kultur nach Hesiod und Aischylos.

Johann Wolfgang von Goethe Prometheus

Bedecke deinen Himmel, Zeus,
Mit Wolkendunst!
Und übe, dem Knaben gleich,
Der Diesteln köpft,
An Eichen dich und Bergeshöhn!
Musst mir meine Erde
Doch lassen stehn,
Und meine Hütte,
Die du nicht gebaut,
Und meinen Herd,
Um dessen Glut
Du mich beneidest.

Ich kenne nichts Ärmer's
Unter der Sonn' als euch Götter.
Ihr nähret kümmerlich
Von Opfersteuern
Und Gebetshauch
Eure Majestät
Und darbtet, wären
Nicht Kinder und Bettler
Hoffnungsvolle Toren.

Da ich ein Kind war,
Nicht wusst', wo aus, wo ein,
Kehrte mein verirrtes Aug'
Zur Sonne, als wenn drüber wär'
Ein Ohr, zu hören meine Klage,
Ein Herz wie meins,
Sich des Bedrängten zu erbarmen.

Wer half mir wider
Der Titanen Übermut?
Wer rettete vom Tode mich,
Von Sklaverei?
Hast du's nicht alles selbst vollendet,
Heilig glühend Herz?
Und glühtest, jung und gut,
Betrogen, Rettungsdank
Dem Schlafenden dadroben?

Ich dich ehren? Wofür?
Hast du die Schmerzen gelindert
Je des Beladenen?
Hast du die Tränen gestillet
Je des Geängsteten?
Hat nicht mich zum Manne
Geschmiedet
Die allmächtige Zeit
Und das ewige Schicksal,
Meine Herrn und deine?

Wähntest du etwa,
Ich sollte das Leben hassen,
In Wüsten fliehn,
Weil nicht alle Knabenmorgen
Blütenträume reiften?

Hier sitz' ich, forme Menschen
Nach meinem Bilde,
Ein Geschlecht, das mir gleich sei,
Zu leiden, weinen,
Genießen und zu freuen sich,
Und dein nicht zu achten,
Wie ich.

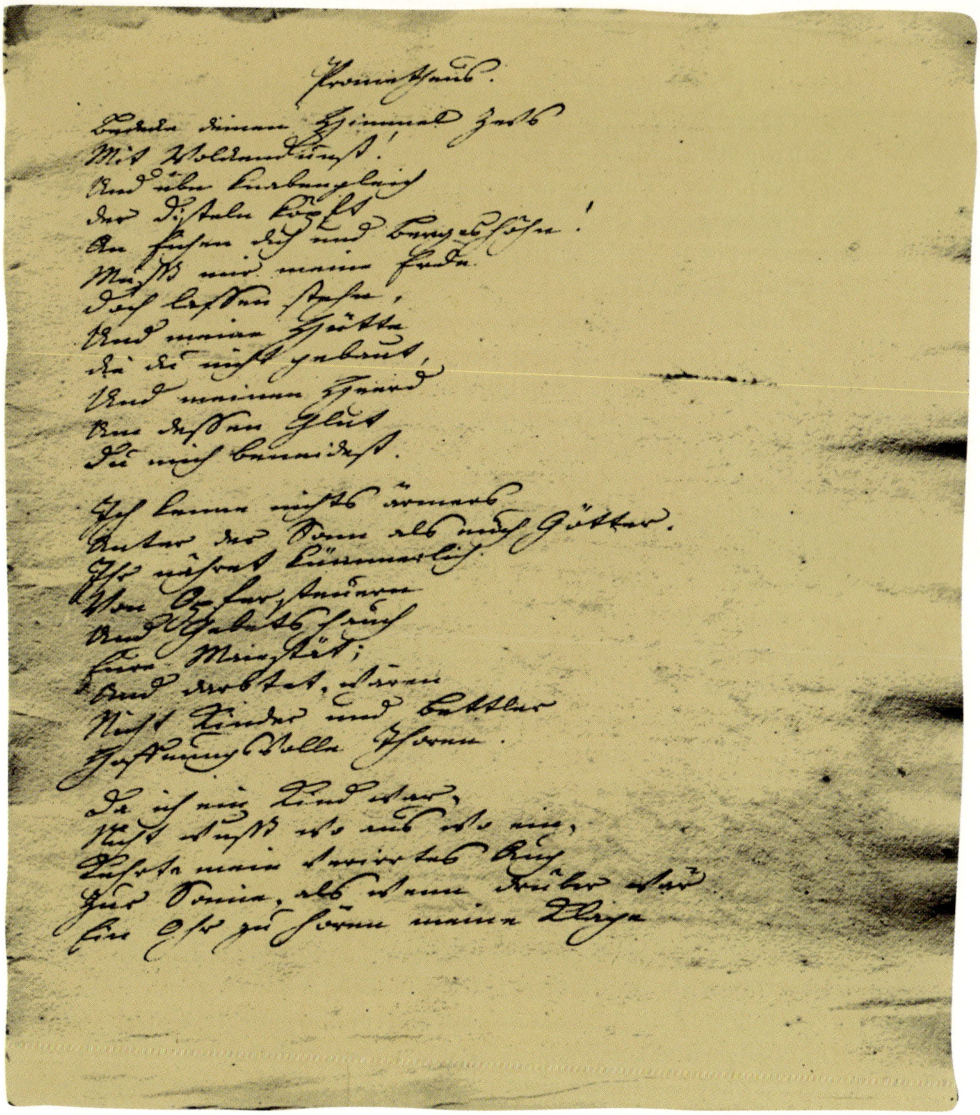

- Welche Begriffe und Bilder sprechen Sie besonders an? Nutzen Sie die Auffälligkeiten in Form und Sprache für eine Interpretation.
- Welchen Charakter zeigt Prometheus hier im Unterschied zu Hesiod und Aischylos?
- Gestalten Sie in Anlehnung an Goethes »Prometheus« Autoritätskonflikte in der heutigen Gesellschaft (z. B. Lehrer/Schüler, Eltern/Kind, Frau/Mann).

Christian Meier Die politischen Gegensätze

Zeus wird gezeichnet mit allen Zügen, die nach griechischer Erfahrung zur Willkür-Herrschaft gehören. [...]

Entsprechend geht Zeus' Wille dahin, Prometheus nicht nur zu strafen, sondern zu zähmen. Das Vokabular weist die Fesseln als die Instrumente aus, mit denen man Pferde bändigt und vor seinen Wagen schirrt oder Ochsen unters Joch bringt. Am Ende wird die überlieferte Strafe zur Folter, mit deren Hilfe Zeus Prometheus sein Wissen abpressen will.

Wo immer man hinblickt in diesem Stück, es hat sich eine Herrschaftsordnung etabliert, die unterwirft, der man sich beugt. Die Züge einer Rechtsordnung aber hat sie – nach griechischem Verständnis – nicht, im Gegenteil.

Prometheus selbst versteht folgerichtig die Strafe, die ihn trifft, nicht als Sühne für Unrecht. Wohl, er hat gefehlt, und zwar im Gegensatz zu den menschlichen Tragödienhelden aus freien Stücken und offenbar bewußt. »Freiwillig, freiwillig«, so erklärt er, »habe ich gefehlt, ich leugne es nicht. Indem ich Sterblichen half, erfand ich mir selbst Leiden«.

Aber wenn er dafür »Buße zahlen« muß, so unterliegt er damit nur der Macht des Strafenden, nicht dem Recht. Das wird ganz deutlich, wenn er später fordert, Zeus müsse ihn, bevor er sein Geheimnis preisgäbe, erst aus den Fesseln befreien und seinerseits »Buße zahlen für diese Mißhandlung«. Hier steht also nicht das Recht gegen den Missetäter, sondern der politische Sieger gegen den Unterlegenen, Feind gegen Feind. Prometheus urteilt in rein politischen Kategorien, Zeus scheint entsprechend zu handeln, und da die Sache noch nicht ausgestanden ist, geht es weiter um Freundschaft und Feindschaft, nicht aber um das Recht.

Die Feindschaft ist radikal. Vieles erscheint bei Zeus und Prometheus spiegelbildlich, etwa das Handeln oder Denken ganz aus eigenem Gefallen, die Anmaßung. Prometheus erklärt, man müsse mit frevelhaftem Hochmut den frevelhaft Hochmütigen begegnen. Seine aufrührerischen Reden verschärfen den Gegensatz.

Dabei spielt eine besondere, für Prometheus sehr kränkende Rolle der Undank, den er erfährt. Denn Zeus hat nur mit seiner Hilfe gesiegt. Der Gefesselte behauptet sogar, er allein und kein anderer habe den neuen Göttern ihre Ehren »zugemessen«. Während man nicht recht sieht, was er damit meint – war er vielleicht auch darin Zeus' vornehmster Ratgeber? –, wird seine Rolle beim großen Götterkampf ganz deutlich. Er berichtet darüber den Okeaniden. Von Haus aus gehörte er zur alten Dynastie, neigte also den Titanen zu, den Paladinen des Kronos. Aber er wußte, daß es vorbestimmt war, der Sieg sollte nicht mit roher Kraft, sondern mit einer List erfochten werden. Und seinen Vettern wollte das – kraftstrotzend wie sie waren – nicht eingehen. So wandte Prometheus sich Zeus zu, und der war schlau genug, seine Botschaft zu begreifen. Er ließ Prometheus den Plan entwerfen und führte ihn aus.

Aischylos hat den Feuerdieb und Opferbetrüger des alten Mythos so weit wie nur irgend möglich aufgewertet, damit er der Gegenspieler des Zeus sein konnte. Er hat Prometheus genealogisch neu plaziert, indem er ihn zum Sohn der Gaia machte, der Erdmutter, die er mit Themis, der Gottheit der Weissagung und des Rechts, gleichsetzte. Damit wurde er unmittelbar zur wichtigsten anfänglichen Gottheit, war nicht mehr der Sohn irgendeiner beliebigen Okeanos-Tochter; und wer sein Vater ist – normalerweise galt der Titan Iapetos dafür –, bleibt im Stück ganz offen. Damit hört Prometheus auf, bloß ein menschenfreundlicher Einzelgänger zu sein, er wird zum Exponenten einer elementaren Macht. Je grundlegender eine Gottheit für das Leben ist, um so urzeitlicher pflegten die Griechen sie einzuordnen. Das kann man in diesem Fall auch umkehren: Je urzeitlicher, um so grundlegender. Prometheus wird zum zentralen Agenten der Verursachung der menschlichen Welt, zum Teil aber auch der göttlichen Ordnung. [...]

Der Chor des zweiten Stücks, »Prometheus' Befreiung«, wird von den Titanen gebildet, die Zeus inzwischen also aus dem Tartaros, wohin er sie verbannt hatte, entlassen haben muß. Eine erste Veränderung! Prometheus selbst aber mußte weiter leiden. Als Herakles vorbeikommt, gibt er ihm Auskünfte über verschiedene Völker, deren Gebiet er zu durchqueren hat. Herakles befreit Prometheus dann vom Adler des Zeus, Apollon scheint seinen Pfeil gelenkt zu haben; jedenfalls hatte Herakles deswegen seine Hilfe erbeten. Und er scheint Prometheus auch die Fesseln gelöst zu haben: denn der spricht im ersten Stück davon, daß er ihn befreien werde. Da Zeus zu diesem Zeitpunkt noch Prometheus' Feind war und Herakles die Angriffe des Adlers nur dadurch abwenden konnte, daß er ihn erlegte, riskierten Apollon und er also eine kleine Revolte. Sie fanden – gegen den Vater –, daß der Grausamkeit nun genug geschehen war. Das muß ein Teil des Lernprozesses gewesen sein, der zur Veränderung des obersten Gottes und seines Regimes führte. [...]

Aischylos bietet im »Gefesselten Prometheus« also die heftigsten Gegensätze, das Musterbild einer radikalen politischen Parteiung, und diese ist insofern ins Extrem getrieben, als der eine längst gesiegt hat und und der andere so weit unterlegen ist, daß wohl wirklich die Vernunft für ein Nachgeben hätte sprechen müssen. Vielleicht nicht so automatisch, wie Hermes es verlangte, sondern eher zögernd hätte doch wohl jeder Sterbliche die äußerste Strafe abzuwenden gesucht; oder er wäre gestorben. Nur dadurch, daß er einen Unsterblichen zum Helden der Tragödie machte und ihm zugleich ein Wissen gab, das nach Jahrtausenden den Gegner zum Einlenken nötigte, konnte Aischylos diese extreme Asymmetrie einer so heftigen Parteiung überhaupt ermöglichen.

- Auf welche W-Fragen gibt der Text Antwort, auf welche nicht?
- In welchem Zusammenhang stehen Aussage und Sprache des Textes? Beachten Sie insbesondere die Satzformen, die Stilfiguren sowie die Argumentationstechniken.
- Notieren Sie die Zeilen, die Ihnen besonders wichtig für die Aussage des Autors erscheinen, und fertigen Sie ein Exzerpt (s. S. 83) an.
- Diskutieren Sie den Zusammenhang zwischen Promethie und griechischer Politik bzw. Geschichte in der Interpretation Meiers.

Konzentriertes Lesen: Einen Text markieren und Informationen festhalten

Besonders wichtige oder schwierige Texte muss man ganz konzentriert lesen, um sie geistig zu durchdringen, zu verstehen und optimal auswerten zu können. Achten Sie bei diesem Schritt der Informationsgewinnung darauf, dass Sie durch nichts gestört werden. Legen Sie sich Stifte zur farbigen Markierung von Schlüsselwörtern zurecht. Unbekannte Begriffe sollten in entsprechenden Lexika nachgeschlagen werden. Legen Sie nach der Lektüre einzelner Textabschnitte kleine Pausen ein, um das Gelesene gedanklich noch einmal zu rekapitulieren und auf seinen Bezug zur Leseabsicht hin zu prüfen.

Heinz Czechowski **Prometheus**

Götter
Die Götter lieben die Kunst:
Lorbeer und Preise
Artisten/
Künstler
Für Feuerschlucker,
Seiltänzer,
Tenöre,
Gar nicht daran zu denken,
Dass leer ausgeht,
Wer bereit ist, zu singen
Doppel-
deutigkeit
Jegliches Preislied.

Lyrisches Ich
Umkehrung
(Goethe)
Also schuf ich dieses Geschlecht
Nach ihrem Bild:
Atmend
Bis in den Tod
Anapher
Und redend
In allen Zungen
Bis an das Grab.

Sie brannten mir dankbar
All ihre Orden auf meine Brust,
Dann riefen sie:
Kreuziget ihn!

Anspielung
(Sündenbock)
Hier stehe ich nun, beladen
Mit ihrer Schuld, und seh,
Wie sie, uneins geworden,
Gierig trinken
Aus Pandorens Büchse.

Nicht sehend geworden,
Spotten sie mit
Ihren Erfindungen
Auch noch des Tods:
Der sie, wie mich,
Nicht erlöst, denn er
Ist nicht Feuer und Asche, er,
Der jenseits von sich
Und dem Ruhm steht.

Ich möcht
Meine Spuren verwischen und,
Auf den Tod zu,
Versöhnt mit ihm sterben.

Es ist November. Die Zeit,
Ein kippender Spiegel,
Erhellt den Mittag
Mit seinem Licht
Aus Feuer und Angst.

Der Rest
ist Hoffnung, ein kleines
Flämmchen, das mich verbrennt
Zu Asche und abermals Asche,
In alle Winde
Verstreut. Wer
Wird mich sammeln? Ich gehe
Den Weg allen Fleisches.

Mit mir
Nimmt es ein Ende,
Ein Ende
Vom Anfang.

Dieter Mucke **Panik im Olymp**

Sisyphos erprobt sich als Prometheus

Sisyphos hat es satt, den Stein zu rollen.
Bergan. Liegen lässt er ihn, wo er liegt.
Freihändig und leichten Fußes steigt er
Empor. Schon nach den ersten Schritten
Vernimmt er hinter sich ein obszönes
Schmatzen und lacht über die dreckigen
Laute, mit denen der Sumpf den Stein frisst
Und verschluckt. Wohl bekomm' s, alte Sau!

Auf dem Gipfel glotzen die Götter ungläubig
Aus den Wolken beziehungsweise der Wäsche.
Einen zieht er sanft an sich am Schlipse
Und haut mit der Linken hart einen Haken
In dessen Visage, dass der wirklich nicht weiß
Wie ihm geschieht und kollert, holterdiepolter
Kopfüber den Hang hinunter, den steilen
Bis er verschwindet an Stelle des Steines.

Willi Sitte: *Prometheus 1982*

Also Götterspeise als Nachtisch, damit der
Stein dem Sumpf nicht in dem Magen liegt
Wie ein Stein! lacht Sisyphos hinterher und
Geht seines Wegs nun sehr unbeirrt weiter
Quer durch die rasch sich verflüchtigende
Heerschar der Götter, der die Berge ein
Doppelt und dreifaches Echo nachwerfen, als
Lösten donnernd sich überall die Lawinen.

- Markieren Sie mit farbigen Stiften die handelnden Subjekte, zentralen Begriffe und sprachlichen Besonderheiten der Texte, z. B. Doppeldeutigkeit, Anspielung, Umkehrung.
- Notieren Sie sich aus jedem der Texte den Ihrer Meinung nach wichtigsten Satz. Begründen Sie Ihre Wahl.
- Wie werden bei Czechowski Prometheus und seine Lehren gesehen? Informieren Sie sich, wie der Prometheus- und der Pandora-Mythos zusammenhängen.
- Interpretieren Sie Titel und Untertitel des Gedichtes von Mucke.
- Wie zeigt sich der Entmythologisierungsversuch Muckes auch sprachlich? Achten Sie auf Wortspiele und die Sprachebenen.
- Vergleichen Sie die beiden Gedichte mit Goethes »Prometheus«.

Zusammenfassen: Sinnzusammenhänge und Ergiebigkeit erkennen

Texte sind schwer zu lesen, wenn sie nicht gegliedert und aufgelockert sind. Um die Ergiebigkeit eines Textes und den Sinnzusammenhang einzelner Abschnitte erkennen zu können und sich auch nach längeren Arbeitspausen rasch das Gelesene wieder zu vergegenwärtigen, ist es sinnvoll, den logischen Gedankengang des Textes sowie Ihre eigenen Assoziationen festzuhalten und in Worte zu fassen.

Franz Kafka **Prometheus**

Von Prometheus berichten vier Sagen:

Nach der ersten wurde er, weil er die Götter an die Menschen verraten hatte, am Kaukasus festgeschmiedet, und die Götter schickten Adler, die von seiner immer wachsenden Leber fraßen.

Nach der zweiten drückte sich Prometheus im Schmerz vor den zuhackenden Schnäbeln immer tiefer in den Felsen, bis er mit ihm eins wurde.

Nach der dritten wurde in den Jahrtausenden sein Verrat vergessen, die Götter vergaßen, die Adler, er selbst.

Nach der vierten wurde man des grundlos Gewordenen müde. Die Götter wurden müde, die Adler wurden müde, die Wunde schloss sich müde.

Blieb das unerklärliche Felsgebirge. – Die Sage versucht das Unerklärliche zu erklären. Da sie aus einem Wahrheitsgrund kommt, muss sie wieder im Unerklärlichen enden.

Armin Münch: *Prometheus*

Franz Kafka **Der Geier**

Heinz Zander: *Prometheus*

Es war ein Geier, der hackte in meine Füße. Stiefel und Strümpfe hatte er schon aufgerissen, nun hackte er schon in die Füße selbst. Immer schlug er zu, flog dann unruhig mehrmals um mich und setzte dann die Arbeit fort. Es kam ein Herr vorüber, sah ein Weilchen zu und fragte dann, warum ich den Geier dulde. »Ich bin ja wehrlos«, sagte ich, »er kam und fing zu hacken an, da wollte ich ihn natürlich wegtreiben, versuchte ihn sogar zu würgen, aber ein solches Tier hat große Kräfte, auch wollte er mir schon ins Gesicht springen, da opferte ich lieber die Füße. Nun sind sie schon fast zerrissen.« »Dass Sie sich so quälen lassen«, sagte der Herr, »ein Schuss und der Geier ist erledigt.« »Ist das so?«, fragte ich, »und wollen Sie das besorgen?« »Gern«, sagte der Herr, »ich muss nur nach Hause gehn und mein Gewehr holen. Können Sie noch eine halbe Stunde warten?« »Das weiß ich nicht«, sagte ich und stand eine Weile starr vor Schmerz, dann sagte ich: »Bitte, versuchen Sie es für jeden Fall.« »Gut«, sagte der Herr, »ich werde mich beeilen.« Der Geier hatte während des Gespräches ruhig zugehört und die Blicke zwischen mir und dem Herrn wandern lassen. Jetzt sah ich, dass er alles verstanden hatte, er flog auf, weit beugte er sich zurück, um genug Schwung zu bekommen und stieß dann wie ein Speerwerfer den Schnabel durch meinen Mund tief in mich. Zurückfallend fühlte ich befreit, wie er in meinem alle Tiefen füllenden, alle Ufer überfließenden Blut unrettbar ertrank.

- Welchen Zusammenhang sehen Sie zwischen Kafkas Gestaltung in seinem »Prometheus« und der Technik des zusammenfassenden Lesens? Inwiefern hilft dies bei der Interpretation des letzten Abschnittes?
- Zeigen Sie, welches Prometheus-Bild hinter den Kafka-Texten steht, und erläutern Sie die Intention des Autors.
- Wie ist das Wort »befreit« im Schlusssatz von Kafkas »Geier« zu verstehen?

Heiner Müller Befreiung des Prometheus

Prometheus, der den Menschen den Blitz ausgeliefert, aber sie nicht gelehrt hatte, ihn gegen die Götter zu gebrauchen, weil er an den Mahlzeiten der Götter teilnahm, die mit den Menschen geteilt weniger reichlich ausgefallen wären, wurde wegen seiner Tat beziehungsweise wegen seiner Unterlassung im Auftrag der Götter von Hephaistos dem Schmied an den Kaukasus befestigt, wo ein hundsköpfiger Adler täglich von seiner immerwachsenden Leber aß. Der Adler, der ihn für eine teilweise eßbare, zu kleineren Bewegungen und, besonders wenn man von ihr aß, mißtönendem Gesang befähigte Gesteinspartie hielt, entleerte sich auch über ihn. Der Kot war seine Nahrung. Er gab ihn, verwandelt in eigenen Kot, an den Stein unter sich weiter, so daß, als nach dreitausend Jahren Herakles sein Befreier das menschenleere Gebirge erstieg, er den Gefesselten zwar schon aus großer Entfernung ausmachen konnte, weißschimmernd von Vogelkot, aber, zurückgeworfen immer wieder von der Mauer aus Gestank, weitere dreitausend Jahre lang das Massiv umkreiste, während der Hundsköpfige weiter die Leber des Gefesselten aß und ihn mit seinem Kot ernährte, so daß der Gestank zunahm in dem gleichen Maße wie der Befreier sich an ihn gewöhnte. Endlich, von einem Regen begünstigt, der fünfhundert Jahre anhielt, konnte Herakles sich auf Schußweite nähern. Dabei hielt er mit einer Hand die Nase zu. Dreimal verfehlte er den Adler, weil er, von der Welle des Gestanks betäubt, die auf ihn einschlug, als er die Hand von der Nase nahm, um den Bogen zu spannen, unwillkürlich die Augen geschlossen hatte. Der dritte Pfeil verletzte den Gefesselten leicht am linken Fuß, der vierte tötete den Adler. Prometheus, wird erzählt, weinte laut um den Vogel, seinen einzigen Gefährten in dreitausend Jahren und Ernährer in zweimal dreitausend. Soll ich deine Pfeile essen, schrie er und, vergessend, daß er andere Nahrung gekannt hatte: Kannst du fliegen, Bauer, mit deinen Füßen aus Mist. Und erbrach sich vor dem Stallgeruch, der dem Herakles anhing, seit er die Ställe des Augias gesäubert hatte, weil der Mist zum Himmel stank. Iß den Adler, sagte Herakles. Aber Prometheus konnte den Sinn seiner Worte nicht begreifen. Auch wußte er wohl, daß der Adler seine letzte Verbindung zu den Göttern gewesen war, seine täglichen Schnabelhiebe ihr Gedächtnis an ihn. Beweglicher als je in seinen Ketten beschimpfte er seinen Befreier als Mörder und versuchte, ihm ins Gesicht zu spein. Herakles, der sich vor Ekel krümmte, suchte währenddem die Fesseln, mit denen der Tobende an seinem Gefängnis befestigt war. Zeit, Wetter und Kot hatten Fleisch und Metall voneinander ununterscheidbar gemacht, beides

Peter Schnürpel: *Ich, – Prometheus?*

vom Stein. Gelockert durch die heftigeren Bewegungen des Gefesselten wurden sie kenntlich. Es stellte sich heraus, daß sie von Rost zerfressen waren. Nur am Geschlecht war die Kette mit dem Fleisch verwachsen, weil Prometheus, wenigstens in seinen ersten zweitausend Jahren am Stein, gelegentlich masturbiert hatte. Später hatte er dann wohl auch sein Geschlecht vergessen. Von der Befreiung blieb eine Narbe. Leicht hätte sich Prometheus selbst befreien können, wenn er den Adler nicht gefürchtet hätte, waffenlos und erschöpft von den Jahrtausenden wie er war. Daß er die Freiheit mehr gefürchtet hat als den Vogel, zeigt sein Verhalten bei der Befreiung. Brüllend und geifernd, mit Zähnen und Klauen verteidigte er seine Ketten gegen den Zugriff des Befreiers. Befreit, auf Händen und Knien, heulend in der Qual der Fortbewegung mit den tauben Gliedmaßen, schrie er nach seinem ruhigen Platz am Stein, unter den Fittichen des Adlers, mit keinem andern Ortswechsel als dem von den Göttern durch gelegentliche Erdbeben verfügten. Noch als er schon wieder aufrecht gehen konnte, sperrte er sich gegen den Abstieg wie ein Schauspieler, der seine Bühne nicht verlassen will. Herakles mußte ihn auf den Schultern vom Gebirge schleppen. Weitere dreitausend Jahre dauerte der Abstieg zu den Menschen. Während die Götter das Gebirge aus dem Grund rissen, so daß der Abstieg durch den Wirbel der Gesteinsbrocken eher einem Absturz glich, trug Herakles seine kostbare Beute, damit sie nicht zu Schaden kam, wie ein Kind an seine Brust gebettet. An den Hals des Befreiers geklammert, gab Prometheus ihm mit leiser Stimme die Richtung der Geschosse an, so daß sie den meisten ausweichen konnten. Dazwischen beteuerte er, laut gegen den Himmel schreiend, der vom Wirbel der Steine verdunkelt war, seine Unschuld an der Befreiung. Es folgte der Selbstmord der Götter. Einer nach dem andern warfen sie sich aus ihrem Himmel auf den Rücken des Herakles und zerschellten im Geröll. Prometheus arbeitete sich an den Platz auf der Schulter seines Befreiers zurück und nahm die Haltung des Siegers ein, der auf schweißnassem Gaul dem Jubel der Bevölkerung entgegenreitet.

- Scannen Sie den Text ein und setzen Sie ihn in Abschnitten und Absätzen neu, sodass er leichter verständlich ist.
- Notieren Sie am linken Rand des Textes den Inhalt in Stichworten. Nutzen Sie den rechten Rand für weiterführende Bemerkungen, Fragen, Assoziationen und Siglen zur Ergiebigkeit, z. B. ! !! ? | ≀ ↴ ↥.
- Gliedern Sie den Text durch Zwischenüberschriften. Beschreiben Sie die Funktion der einzelnen Abschnitte im Textganzen, z. B. Ursache, Folge, Beispiel, Argumentationskette.
- Inwiefern verändert Heiner Müller den Prometheus-Stoff? Wo zeigen sich Entmythologisierung, Desillusionierung und Pervertierung?
- Versuchen Sie eine Wertung von Müllers Sicht des Prometheus, seiner Tat und des Endes der Götter.

Wiederholen: Behalten des Informationsgehaltes

Da es sich bei den folgenden Texten um philosophische Texte handelt, erschließt sich der Inhalt nicht bei einem überfliegenden Lesen. In solchen Fällen ist sogar ein mehrfaches konzentriertes Lesen nötig, das alle bisherigen Schritte einschließt. Es ist sinnvoll, am Ende noch einmal die wichtigsten Aussagen und Informationen des Textes zu wiederholen. Dies kann sowohl in mündlicher als auch in schriftlicher Form erfolgen.

Albert Camus Die Söhne Kains

Die ersten Theogonien zeigen uns Prometheus an eine Säule gekettet, ein ewiger Märtyrer am Ende der Welt, für immer ausgeschlossen von jeder Vergebung, die zu erbitten er sich weigert. Aeschylus erhöht noch die Gestalt des Helden, begabt ihn mit hellsichtiger Vernunft (»kein Unglück wird über mich kommen, das ich nicht vorausgesehen«), lässt ihn seinen Götterhass laut hinausschreien, taucht ihn in »ein stürmisches Meer unseliger Verzweiflung« und setzt ihn am Schluss allen Blitzen und Wettern aus: »O seht die Ungerechtigkeit, die ich erdulde.«

Man kann also nicht behaupten, dass die Alten die metaphysische Revolte nicht gekannt hätten. Sie haben, lange vor Satan, ein schmerzenreiches und edles Bild des Rebells aufgestellt und uns den größten Mythos des Geistes im Aufstand gegeben. Das unerschöpfliche Genie der Griechen, das den Mythen der Zustimmung und Bescheidenheit vor Götterwillen so viel zugestand, gab dennoch dem Aufstand sein Vorbild. Unstreitig leben heute noch einige prometheische Züge in der Geschichte der Revolte, in der wir leben: der Kampf gegen den Tod (»ich habe die Menschen von der Besessenheit des Tods befreit«), der Messianismus (»ich habe ihnen die blinde Hoffnung eingepflanzt«), die Menschenliebe (»Feind des Zeus... weil er die Menschen zu sehr geliebt hat«).

Aber man kann nicht vergessen, dass der letzte Teil von Aeschylus' Trilogie »Prometheus der Feuerbringer« die Herrschaft des begnadigten Rebellen ankündigt. Die Griechen treiben nichts auf die Spitze, auch in der äußersten Kühnheit bleiben sie jenem Maß treu, das sie vergöttlicht hatten. Ihr Empörer steht nicht gegen die ganze Schöpfung auf, sondern gegen Zeus, der nur einer ist unter den Göttern und dessen Tage gezählt sind. Prometheus selbst ist ein Halbgott. Es handelt sich um eine private Abrechnung, um einen Besitzstreit und nicht um einen allumfassenden Kampf des Guten mit dem Bösen.

Das deshalb, weil die Alten, wenn sie auch ans Schicksal glaubten, zuvörderst an die Natur glaubten, an der sie teil hatten. Sich gegen die Natur auflehnen, heißt, sich gegen sich selbst auflehnen, mit dem Kopf gegen die Wand. Die einzige folgerichtige Auflehnung ist dann der Selbstmord. Das griechische Schicksal ist eine blinde Macht, die man erleidet wie eine Naturgewalt. Der Gipfel der Maßlosigkeit für einen Griechen ist, das Meer mit Ruten zu peitschen; Wahnsinn der Barbaren. Der Grieche stellt zweifelsohne die Maßlosigkeit dar, da sie eine Tatsache ist, aber er weist ihr einen Platz zu und damit eine Grenze. Achilles' Herausforderung nach dem Tod des Patroklus, die Verfluchungen der tragischen Helden, die sie gegen ihr Schicksal ausstoßen, ziehen nicht die völlige Verdammung nach sich. Oedipus weiß, dass er nicht unschuldig ist. Er ist schuldig wider Willen, auch er hat teil am Schicksal. Er beklagt sich, spricht jedoch nie die nicht gutzumachenden Worte aus. Selbst Antigone revoltiert nur im Namen der Tradition, damit ihre Brüder im Grab die Ruhe finden und die Riten befolgt werden. In gewisser Hinsicht handelt es sich bei ihr um eine reaktionäre Revolte. Das griechische Denken mit seinem doppelten Gesicht lässt fast immer im Gegengesang, nach den verzweifeltsten Melodien, Oedipus' ewiges Wort folgen, der blind und elend erkennt, dass alles gut ist. Das Ja findet das Gleichgewicht zum Nein. Selbst wenn Platon in Kallikles den vulgären Typus des Nietzschedenkers vorwegnimmt, selbst wenn dieser ausruft: »Wenn aber, mein' ich, ein Mann ersteht, der die genügende natürliche Kraft dazu hat... dann entflieht er, tritt unser Buchstabenwerk, unsere Hypnose, Suggestion und die sämtlichen naturwidrigen Gesetze und Bräuche mit Füßen, unser bisheriger Sklave tritt auf einmal vor uns hin und erweist sich als unser Herr« – auch wenn er das Gesetz verwirft, spricht er von der Natur.

Ernst Bloch **Der unaufgeblühte Glaube an Prometheus und die tragische Liturgie: Äschylos**

Auch wenn Prometheus dadurch selber untergeht: Er vertritt etwas, das besser ist als die griechischen Götter. Unter den Olympiern galt bedeutsamerweise nur Pallas Athene, die Göttin Vernunft, als Freundin des Prometheus; und sie ist die einzige Potenz, die hier mit ihm zusammenpasst.

Trotzdem ist es überraschend, dass die Griechen diesen Nothelfer nicht höher geehrt haben. Es wurden ihm auch dichterisch keineswegs so viel Weihen gegeben, wie sein Rang erwarten ließ. Äschylos zelebrierte den tragischen Kult des Prometheus, aber für Hesiod wie Pindar, auch für Vergil und Horaz ist er ein ränkevoller Empörer und die Entziehung des Feuers durch Zeus eine Maßregel vorschauender Weisheit. Selbst die Kyniker, sonst keine Freunde des olympischen Wesens, gingen gegen Prometheus an; freilich als gegen den Kulturbringer. Sie deuteten, wie Dio überliefert, die Strafe des Prometheus als einen gerechten Hinweis auf die menschliche Selbstvernichtung infolge ihrer Begierde nach äußeren Gütern und Genüssen. Platon aber erzählt im »Protagoras«, dass Prometheus den Menschen keineswegs alle Künste vom Himmel gebracht hätte, sicher nicht die zur Gesittung wichtigste unter ihnen: die Staatskunst. Prometheus, der den ganzen Himmel auf die Erde legen wollte, konnte nicht einmal den halben bringen: »So erhielt zwar der Mensch das Wissen, das zum täglichen Leben erforderlich ist, des staatlichen aber wurde er nicht teilhaftig; denn das war bei Zeus, und Prometheus war es nicht gestattet, des Zeus Behausung zu betreten, auch waren dort ja seine furchtbaren Wachen« (Protagoras, 321 D). Recht und Sitte, lehrt Platon, als der Utopist regimentshafter, ja uranischer Ordnung, sind bei Zeus, und erst Hermes, der Bote, nicht Prometheus, der Rebell, hat sie an alle gebracht. Und als Urbild der Tragödie wurde in der Sklavenhaltergesellschaft nur der leidende Dionysos empfunden, nicht – wie doch rechtens – der rebellische Prometheus. Beim Ausgang der Antike wurde der Rebell sogar völlig vergessen, er verschwand vor den weit mehr gesuchten Heil- oder Asklepiosgestalten;

Prometheus ist nur noch Lehmbildner, nicht mehr Lichtbringer. Ja, er wird bei Plotin zu einer Art von niederer Weltseele insgesamt, dergestalt, dass er auch Pandora mitgebildet und sie dem Epimetheus geschickt hat. Plotin kehrt die Rolle von Zeus und Prometheus sogar um; wenigstens im Fall Pandoras, die, wie Plotin behauptet, ebenfalls von Prometheus gemacht worden war: »Wenn es heißt, Epimetheus habe das Geschenk des Prometheus verworfen, bedeutet das nicht, die Wahl eines Lebens in der geistigen Welt sei besser? Der Schöpfer der Pandora wird gefesselt, weil er gewissermaßen durch sein Werk (die irdische Weltbildung) an dasselbe gebunden ist; aber dieses Band ist äußerlich, er wird durch den Herakles befreit, und das bedeutet, dass er trotz seiner Fesseln noch die Macht hat, sich zu befreien« (Enneaden IV, 3, 14). Der ursprüngliche Kämpfer gegen den Weltherrn wird so schließlich, in tollem Umschlag, zum Weltschöpfer insgesamt und zum Weltherrn selber; was bald danach, in gnostischer Wendung, dasselbe bedeutet wie der – Teufel. Nur die Kirchenväter haben, von der Verneinung des Zeus, vom neuen Weltalter her, den Lichtbringer dadurch geehrt, auch abgesetzt, dass sie ihn vor dem neuen Herrn überflüssig werden ließen: »Der wahre Prometheus«, sagen Lactantius wie Tertullian, »ist Gott«. Also ist wenigstens bei den Christen Prometheus – ein ganzer Gott geworden, statt des Halbgotts der Tragödie und ihres Kults; er hatte ja zuerst geheißen, die falschen Götzen zu verbrennen. Indem Prometheus gegen den obersten Heidengott opponierte, schien er das nur gegen diesen Götzen zu tun, nicht gegen Jahwe: Der Menschengott Prometheus stand den Kirchenvätern für gut gegen Zeus. Bis er allerdings seine Künste auch gegen den neuen Herrn weitertrieb, auch *gegen den Kirchen-Jahwe, nicht nur gegen den Zeus.* Das aber geschah, nachdem endlich ein sozialer Auftrag gegen die Obrigkeit begann, auch gegen ihr Maximum im Jenseits. Prometheus, der der Antike ein Halbgott geblieben war, wurde der Neuzeit ein desto volleres religiös-atheistisches Symbol. Sodass am Ende der gesamten bisherigen Religionsgeschichte der Satz von Marx entstehen konnte und stehen bleibt: »Prometheus ist der vornehmste Heilige und Märtyrer im philosophischen Kalender«.

- Markieren Sie unbekannte oder unklare Begriffe bzw. Passagen. Wie können Sie diese klären? Vergleichen Sie Informationsgehalt und Aussage der Texte von Camus und Bloch.
- Fassen Sie den spezifischen Gedanken der beiden Texte in zwei bis drei Sätzen für die Gruppe zusammen.
- Halten Sie in Ihrem System, z. B. auf einer Karteikarte, den Kernsatz des Textes im genauen und vollständigen Wortlaut fest. Notieren Sie sich weitere wichtige Zitate. TIPP: Zur Zusammenfassung eines schwierigen Textes eignet sich auch die so genannte »10-Wörter-Methode«: Markieren oder notieren Sie sich die 10 Wörter, die in Ihren Augen für die Erschließung des Textes relevant sind.

Die Fünf-Schritt-Lesemethode
(nach Heinz Klippert)

1. Orientierendes Lesen: Überfliegen des Textes
- Achten Sie auf die Überschrift und auf Zwischenüberschriften, auf die Abschnitts- und Absatzanfänge, Hervorhebungen und sonstige Auffälligkeiten.

  Ziel: grober Überblick über Themenrelevanz und Informationsgehalt

2. Gezieltes Lesen: Besonderheiten des Textes kennen lernen durch Fragenstellen
- Auf welche Fragen (W-Fragen) gibt der Text Antwort, auf welche nicht?
- Welche Informationen sind neu?
- Warum lese ich diesen Text?

  Ziel: gezieltes Suchen nach bestimmten, zuvor festgelegten Aspekten

3. Konzentriertes Lesen: Markieren des Textes und Festhalten von Informationen
- Achten Sie darauf, dass Sie beim Lesen des Textes durch nichts gestört werden.
- Legen Sie sich Marker, Bleistift, Radiergummi und verschiedenfarbige Stifte (Kugelschreiber oder dünne Filzstifte) zurecht.
- Markieren Sie die Ihnen unbekannten Wörter und klären Sie diese mit einem Fremdwörter- oder Fachwörterbuch.
- Unterstreichen Sie die Schlüsselbegriffe des Textes.
- Denken Sie zwischendurch immer wieder an Ihr Leseziel und rekapitulieren Sie gedanklich in dieser »Sekundenpause«, was Sie gerade gelesen haben.

  Ziel: den besonderen Informationsgehalt des Textes für die eigene Fragestellung (Leseabsicht) erkennen

4. Zusammenfassen: Erkennen der Sinnzusammenhänge und Werten der Ergiebigkeit des Textes
- Notieren Sie nach jedem Sinnabschnitt den Inhalt mit eigenen Worten in einer Zwischenüberschrift.
- Beschreiben Sie die Funktion des Abschnitts im Textganzen (z. B. These – Begründung – Beispiel – Entkräften eines Gegenarguments – Schlussfolgerung).

  Ziel: Erkennen des Sinnzusammenhanges der einzelnen Abschnitte

5. Wiederholen: Behalten des Informationsgehaltes
- Wiederholen Sie die wichtigsten Aussagen des Textes, am besten anhand der W-Fragen oder der von Ihnen vorgenommenen Unterstreichungen mündlich (Vortrag) oder schriftlich.
- Ggf. müssen Sie den ganzen Text oder einzelne Passagen wiederholt lesen. Dies gilt vor allem für einen schwierigen fachwissenschaftlichen oder philosophischen Text.
- Machen Sie sich rechtzeitig genaue Quellenangaben zum Text.
- Notieren Sie wichtige Zitate in der Originalfassung.

  Ziel: Festhalten der Kernaussage für Einbau in die eigene Gedankenführung

Gewissen und Widerstand: Antigone

Sophokles Antigone

KREON: Wobei hast du sie denn erwischt, und wie?
WÄCHTER: Sie war's, die ihn begrub. Nun weißt du alles.
KREON: Bedenkst du, was du sagst? Ist das auch wahr?
WÄCHTER: Die sah ich gegen dein Verbot den Toten
Begraben – sprech ich klar und deutlich jetzt?
KREON: Und wie ward sie gesehn und überrascht?
WÄCHTER: Die Sache war so: Wir gingen eben hin,
Du hattest uns ja fürchterlich gedroht,
Und fegten von der Leiche allen Staub,
Bis sie ganz frei lag – sie verweste schon –,
Und saßen auf dem Hügelrand, im Wind,
Dass uns der Moderduft von ihr nicht traf,
Und einer weckte mit Geschimpf den andern,
Wenn er im Dienste säumig werden wollte.
Das ging so lange, bis das Feuerrad
Der Sonne in des Äthers Mitte stand
Mit schwüler Glut. Da hebt auf einmal sich
Ein Wirbelsturm vom Boden, o Himmelsgraus!
Fegt übers Land, zerzaust dem Wald den Scheitel
Und schwillt in alle Lüfte. Wir ertrugen
Die Gottesnot mit zugekniffnen Augen,
Und erst nach langer Zeit war's überstanden.
Da sehen wir das Mädchen! Und es schreit
Hellauf und jammert bitter wie ein Vogel,
Der seine Jungen nicht mehr find't im Nest.
So klagt sie laut, wie sie den nackten Leichnam
Erblickt, und sie verflucht mit bösem Fluch,
Die das getan. Gleich trägt sie durstigen Staub
Herbei mit ihren Händen. Dreimal hebt sie

Den schöngetriebnen Erzkrug hoch empor
Und weiht dem Toten heilige Grabesspende.
Wir sehen's, stürzen hin und fangen sie
Im Nu – sie zeigt nicht die geringste Furcht.
Wir überführen sie der ersten Tat
Und auch der jetzigen, nichts stritt sie ab.
Das war mir lieb und war mir leid zugleich,
Denn selbst der Not entronnen sein macht Freude,
Und die ins Unglück bringen, die man gern hat,
Ist traurig. Doch das alles nehme ich
Natürlich nicht so wichtig wie mein Leben.
Kreon (*zu Antigone*): Dich frag ich nun, du senkst den Blick zu Boden:
Gestehst du oder leugnest du die Tat?
Antigone: Ich sage, dass ich's tat, und leugne nicht.
Kreon (*zum Wächter*): Du mach dich fort, wohin es dir beliebt,
Von einem schweren Vorwurf bist du frei!
Wächter ab.
Du aber sag mir – ohne Umschweif, kurz:
Hast du gewusst, dass es verboten war?
Antigone: Ich wusst' es, allerdings, es war doch klar!
Kreon: Und wagtest, mein Gesetz zu übertreten?
Antigone: Der das verkündete, war ja nicht Zeus,
Auch Dike in der Totengötter Rat
Gab solch Gesetz den Menschen nie. So groß
Schien dein Befehl mir nicht, der sterbliche,
Dass er die ungeschriebnen Gottgebote,
Die wandellosen, konnte übertreffen.
Sie stammen nicht von heute oder gestern,
Sie leben immer, keiner weiß, seit wann.
An ihnen wollt' ich nicht, weil Menschenstolz
Mich schreckte, schuldig werden vor den Göttern.
Und sterben muss ich doch, das wusste ich
Auch ohne deinen Machtspruch. Sterbe ich
Vor meiner Zeit, nenn ich es noch Gewinn.
Wes Leben voller Unheil ist, wie meines,
Trägt der nicht, wenn er stirbt, Gewinn davon?
Drum schmerzt mich nicht, dass sich mein Schicksal nun
Erfüllt. Ja, hätt' ich meiner Mutter Sohn,
Den Toten, unbestattet liegen lassen,
Das schmerzte mich, doch dies tut mir nicht weh.
[Mag ich dir nun auch eine Törin scheinen –
Vielleicht zeiht mich der Torheit nur ein Tor.]
Chor: Des Vaters trotzige Art verrät das Kind,
Dem Unglück sich zu beugen weiß sie nicht.
Kreon: So merke dir: Der allzu starre Sinn
Zerbricht am ehsten, und der stärkste Stahl,
Wenn man ihn überhart im Feuer glühte,
Zersplittert und zerspringt zuallererst.
Ich weiß, mit kleinem Zügel bändigt man
Die wilden Rosse. Überheblichkeit
Ist nicht am Platz, wo man gehorchen muss.
Die war im Frevelmut schon Meisterin,
Als sie erlassene Gesetze brach.
Und ihrem ersten Frevel folgt der zweite:

Hohnlachend prahlt sie noch mit ihrer Tat.
Wenn sie sich ungestraft das leisten darf,
Bin ich kein Mann mehr, dann ist sie der Mann!
Nein – sei sie meiner Schwester Kind und näher
Als alle Blutsverwandten mir verwandt –,
Sie wird der schwersten Buße nicht entgehn,
Samt ihrer Schwester! Die ist gleichfalls schuldig
An dem Begräbnis, hat es mitgeplant.
Ruft sie mir her! Noch eben sah ich sie
Wie eine Rasende im Hause toben.
Meist spielt das Herz schon vorher den Verräter,
Wenn einer krumme Wege geht im Dunkeln.
Erst recht verhasst ist mir, wer sein Verbrechen
Verschönern will, bei dem man ihn ertappt.

ANTIGONE: Willst du noch mehr, als dass ich sterben muss?

KREON: Sonst nichts. Damit hab ich vollauf genug.

ANTIGONE: Was zögerst du? Wie alles, was du sagst,
Mir nicht gefällt und nie gefallen soll,
Muss meine Art auch dir zuwider sein.
Und doch, wie hätt' ich rühmlicheren Ruhm
Gewonnen, als dass ich den eignen Bruder
Begrub? All diese sprächen freudig ja
Dazu, verschlösse Furcht nicht ihren Mund.
[Auch darin hat es herrlich der Tyrann:
Frei darf er tun und sagen, was er will.]

KREON: Das siehst nur du von Kadmos' ganzem Volk.

ANTIGONE: Die sehen's auch, nur kneift ihr Mund vor dir.

KREON: Schämst du dich nicht mit deinem Eigensinn?

ANTIGONE: Die Blutsverwandten ehren schändet nicht.

KREON: Den er erschlug, war er nicht auch dein Bruder?

ANTIGONE: Ja, gleichen Vaters, gleicher Mutter Kind.

KREON: Und kränkst ihn so mit deinem Liebesdienst!

ANTIGONE: Das wird der Tote niemals dir bezeugen!

KREON: Wo du ihn gleich wie diesen Frevler ehrst!

ANTIGONE: Sein Bruder, nicht ein Sklave war's, der starb!

KREON: Der schirmte Theben, der verheerte es.

ANTIGONE: Und dennoch fordert Hades gleiches Recht.

KREON: Man ehrt nicht gleich den Edlen und den Schlechten.

ANTIGONE: Wer weiß, ob drunten das geheiligt ist?

KREON: Nie, auch nicht wenn er starb, lieb ich den Feind.

ANTIGONE: Mitlieben, nicht mithassen ist mein Teil.

KREON: So geh, und muss geliebt sein, lieb die drunten!
Mich wird im Leben nie ein Weib regieren.

Jean Anouilh Antigone

KREON *und* ANTIGONE *sind allein.*

KREON: Hast du jemand von deinem Vorhaben erzählt?

ANTIGONE: Nein.

KREON: Hast du jemand unterwegs getroffen?

ANTIGONE: Nein, niemand.

KREON: Bist du sicher?

ANTIGONE: Ja.

KREON: Dann höre. Du gehst jetzt augenblicklich auf dein Zimmer und legst dich ins Bett. Du sagst, du wärst krank und hättest das Haus seit gestern nicht mehr verlassen. Deine Amme wird das Gleiche sagen. Ich lasse die drei Männer verschwinden.

ANTIGONE: Warum? Du weißt ganz genau, dass ich es dann morgen nochmals versuchen werde.

KREON: Warum wolltest du deinen Bruder beerdigen?

ANTIGONE: Weil ich es muss.

KREON: Du weißt, dass ich es verbot.

ANTIGONE *ruhig*: Und trotzdem musste ich es tun. Du weißt, dass die Unbeerdigten ewig herumirren, ohne jemals Ruhe zu finden. Wenn mein Bruder noch lebte und von einer Jagd nach Hause gekommen wäre, hätte ich ihm die Schuhe ausgezogen, hätte ihm zu essen gegeben und ihm sein Bett bereitet. – Heute ist Polyneikos am Ende seiner Jagd angelangt. Er kehrt in das Haus zurück, wo mein Vater, meine Mutter und auch Eteokles ihn erwarten. Es ist sein Recht, sich auszuruhen.

KREON: Er war ein Anführer und Verräter.

ANTIGONE: Er war mein Bruder.

KREON: Hast du gehört, was ich auf allen Straßen und Plätzen verkünden ließ? Hast du die Anschläge an allen Mauern der Stadt nicht gelesen?

ANTIGONE: Doch.

KREON: Wusstest du auch, welches Schicksal jeden erwartet, der es wagen sollte, ihn zu beerdigen?

ANTIGONE: Ja, ich wusste es.

KREON: Oder glaubst du vielleicht, weil du die Tochter des Ödipus bist, des hochmütigen Ödipus, dass du deshalb über meinen Gesetzen stündest?

ANTIGONE: Nein, daran dachte ich nicht.

KREON: Du als Königstochter hast als erste das Gesetz zu achten.

ANTIGONE: Selbst wenn ich ein ganz gewöhnliches Dienstmädchen gewesen wäre und gerade beim Geschirrspülen von der Anordnung gehört hätte, so hätte ich mir das schmierige Wasser von den Händen gewischt und wäre hinausgelaufen mit meiner Schürze, um meinen Bruder zu bestatten.

KREON: Das ist nicht wahr! Wenn du ein Dienstmädchen gewesen wärst, hättest du sehr gut gewusst, dass du dann sterben müsstest. Du hättest deinen Bruder beweint, aber du wärst zu Hause geblieben. So aber dachtest du, ich könnte es niemals wagen, dich töten zu lassen, weil du von königlichem Blute, meine Nichte und die Verlobte meines Sohnes bist.

ANTIGONE: Du täuschst dich. Im Gegenteil, ich wusste sehr wohl, dass du mich töten lassen musst.

KREON *sieht sie an und murmelt*: Der Hochmut des Ödipus! Ja, du bist der Hochmut des Ödipus. In deinen Augen sehe ich es. Ich glaube dir jetzt. Du dachtest wirklich, ich ließe dich sterben. Du hättest das sogar für ein ganz natürliches Ende gehalten. Auch deinem Vater schien menschliches Unglück sehr unzulänglich. Vom

Glück ganz zu schweigen. Das Menschliche, das sich um euch herum abspielt, ist euch unbehaglich. Ihr wollt immer gleich dem Schicksal oder dem Tod gegenüber stehen. Den Vater umbringen, mit der Mutter schlafen, das hört sich fein an. In euren Ohren sind sie Musik, die Worte, die euch anklagen. Wie gierig nimmt man sie auf, wenn man Ödipus oder Antigone heißt! Und wie einfach das alles ist für euch! Man kratzt sich die Augen aus, geht mit seinen Kindern auf die Landstraße und bettelt. Aber diese Zeiten sind vorbei. Theben braucht einen König ohne lange Vorgeschichte. Ich heiße nur Kreon, Gott sei Dank. Ich stehe fest mit beiden Füßen auf der Erde, die Hände in den Taschen. Und nachdem ich nun einmal König bin, habe ich mich entschlossen, allerdings mit etwas weniger Ehrgeiz als dein Vater, die Weltordnung hier etwas vernünftiger zu gestalten – soweit das möglich ist. Für mich ist das kein Abenteuer, sondern ein Beruf wie jeder andere auch, der nicht immer leicht ist, aber den ich sehr ernst nehme. Und wenn irgendwo im Lande so ein schmutziger Wahrsager auftaucht, der behauptet, meine Herkunft sei auch nicht ganz einwandfrei, dann jage ich ihn zum Teufel. Deswegen werde ich mir aber deine Tante auch nicht genauer betrachten und in den Papieren wühlen, um die Daten zu vergleichen. Ein König hat wahrlich anderes zu tun, mein Kind. *Er geht auf sie zu und nimmt sie am Arm.* Nun höre mir gut zu. Du bist Antigone, die Tochter des Ödipus. Aber du bist erst zwanzig Jahre alt, und es ist noch gar nicht so lange her, da wäre die ganze Geschichte mit Hausarrest und ein paar Ohrfeigen abgetan worden. *Er sieht sie lächelnd an.* Dich töten lassen! Sieh dich doch erst einmal an, du Spatz. Mein Gott, wie bist du mager! Du musst etwas dicker werden, damit du Hämon einen kräftigen Jungen geben kannst. Das hat Theben nötiger als deinen Tod, glaub mir. Du gehst jetzt auf dein Zimmer, tust, was ich dir gesagt habe, und erzählst niemandem ein Wort. Ich sorge dafür, dass auch die anderen schweigen... Ich weiß, du hältst mich für einen Rohling und denkst, dass ich sehr prosaisch bin. Aber trotz deines schlechten Charakters habe ich dich sehr gern. Weißt du nicht mehr, dass ich es war, der dir deine erste Puppe schenkte? Das ist noch gar nicht so lange her. [...]

KREON *betrachtet sie schweigend*: Möchtest du denn so gerne sterben?

ANTIGONE: Nein; aber ich weiß, dass ich nur so meine Pflicht erfüllen kann.

KREON: Deine Pflicht! Du bist ja noch ein ganz kleines Mädchen, das schmächtigste von Theben. Bis jetzt verlangt man nur von dir, dass du schön bist und lachst. Wer hat sie dir denn auferlegt, diese Pflicht?

ANTIGONE: Niemand, ich mir selbst.

KREON: Du hast etwas zu viel Empfindsamkeit und Fantasie. Wahrscheinlich erschien dir in der Nacht der verzweifelte Schatten des Polyneikos mit seinen klaffenden Wunden. Und in der Dunkelheit sagtest du dir immer wieder vor: Ich bin seine Schwester, ich bin seine Schwester, ich muss, ich muss es tun. Bis du dir selbst genügend Mut gemacht hattest. Und jetzt stehst du vor mir, die Nerven angespannt, blickst mich mit deinen schwarzen Augen wild an und willst mir trotzen. Deine ganzen Kräfte, die noch viel zu schwach sind, verwendest du auf dieses Spiel. Aber wenn nachher meine

Wächter kommen und dich mit ihren großen derben Händen ergreifen, dann wirst du zusammenbrechen und bitterlich weinen.

ANTIGONE: Das ist möglich. Aber was tut das? Dann muss man mich eben weinen lassen.

KREON: Du siehst jetzt schon aus wie ein kleines gehetztes Reh.

ANTIGONE: Werde nur nicht rührselig. Mach es so wie ich. Tu, was du für notwendig hältst. Und wenn du menschlich fühlst, dann tu es schnell. Mehr will ich gar nicht von dir. Ich kann nicht immerfort so mutig sein.

KREON *nähert sich ihr*: Ich will dich retten, Antigone.

ANTIGONE: Du bist König und vermagst alles, aber das – nein – das kannst du nicht.

KREON: Glaubst du!

ANTIGONE: Du kannst mich weder retten noch zu etwas zwingen.

KREON: Dieser Hochmut! Ödipus' Tochter!

ANTIGONE: Mich töten lassen ist das einzige, was du kannst.

KREON: Und wenn ich dich foltern ließe?

ANTIGONE: Warum? Damit ich weine, damit ich um Gnade bitte, damit ich alles schwöre, was man von mir verlangt, um dann doch wieder zu tun, was ich will, sobald die Schmerzen vorbei sind?

KREON *drückt ihr den Arm*: Höre gut zu. Ich bin in die böse Rolle gedrängt, während du die gute spielst. Du fühlst das sehr genau. Aber nütze das nicht zu sehr aus, du kleiner Teufel. Wenn ich ein gewöhnlicher Rohling oder Tyrann wäre, hätte ich dir schon längst die Zunge herausreißen oder dir die Glieder ausrenken und dich in ein finsteres Loch werfen lassen. Aber du siehst mir an den Augen an, dass ich noch zögere, dass ich mit mir reden lasse, anstatt sofort meine Soldaten zu rufen. Deswegen verhöhnst du mich und greifst mich an. Was bezweckst du damit, du kleine Furie?

ANTIGONE: Lass mich los, du tust mir weh.

KREON *drückt fester*: Nein – so bin ich der Stärkere, und das nütze ich aus.

- Klären Sie mithilfe von Nachschlagewerken die Bedeutung Antigones.
- Recherchieren Sie den historischen Hintergrund von Sophokles' und Anouilhs Antigone-Bild.
- Vergleichen Sie die Texte im Hinblick auf das zugrunde liegende Welt- und Menschenbild, den zentralen Konflikt, die Personenkonstellation und die Dialogführung.
- Untersuchen Sie die Rolle des Chors in dem Textausschnitt von Sophokles. Informieren Sie sich über seine Funktion und Bedeutung in der griechischen Tragödie.

Bertolt Brecht Die Antigone des Sophokles

Vorspiel

Berlin. April 1945
Tagesanbruch
Zwei Schwestern kommen aus dem Luftschutzkeller zurück in ihre Wohnung.

DIE ERSTE: Und als wir kamen aus dem Luftschutzkeller
Und es war unversehrt das Haus und heller
Als von der Früh, vom Feuer gegenüber, da
War's meine Schwester, die zuerst es sah.
DIE ZWEITE: Schwester, warum steht unsre Türe offen?
DIE ERSTE: Der Feuerwind hat sie von drauß getroffen.
DIE ZWEITE: Schwester, woher kommt da im Staub die Spur?
DIE ERSTE: Von einem, der hinauflief, ist es nur.
DIE ZWEITE: Schwester, was ist das für ein Sack im Eck?
DIE ERSTE: Besser, 's ist etwas da, als etwas weg.
DIE ZWEITE: Ein Brotlaib, Schwester, und ein ganzer Speck!
DIE ERSTE: Das ist nicht etwas, wovor ich erschreck.
DIE ZWEITE: Schwester, wer war da hier?
DIE ERSTE: Wie soll ich's wissen?
Einer, der uns vergönnt den guten Bissen.
DIE ZWEITE: Ich aber weiß! O wir Kleingläubigen! O Glück!
O Schwester, unser Bruder ist zurück!
DIE ERSTE: Und wir umarmten uns und waren frohgemut
Denn unser Bruder war im Krieg und 's ging ihm gut.
Und schnitten in den Speck und aßen von dem Brot
Das er gebracht für unsres Leibes Not.
DIE ZWEITE: Du nimm dir mehr, dich schinden sie in der Fabrik.
DIE ERSTE: Nein, dich.
DIE ZWEITE: Mir fällt es leichter, tiefer schneid!
DIE ERSTE: Nicht ich.
DIE ZWEITE: Wie konnt er kommen?
DIE ERSTE: Mit der Truppe.
DIE ZWEITE: Wo
Mag er wohl jetzt sein?
DIE ERSTE: Wo die Schlacht ist.
DIE ZWEITE: Oh.
DIE ERSTE: Wir konnten aber keinen Schlachtlärm hören.
DIE ZWEITE: Ich hätt nicht fragen solln.
DIE ERSTE: Ich wollt dich nicht verstören.
Und als wir schweigend saßen, da an unser Ohr
Kam von jenseits der Tür ein Laut, daß unser Blut gefror.
Ein Brüllen von außen.
DIE ZWEITE: Schwester, da schreit wer; laß uns nachsehn gehen.
DIE ERSTE: Bleib innen, du; wer sehn will, wird gesehn.
So gingen wir nicht vor die Tür und sahn
Nicht nach den Dingen, die da drauß geschahn.
Doch aßen wir nicht weiter, und wir blickten
Uns nicht mehr an und sprachen nicht und schickten
Zur Arbeit uns zu gehen, so wie allmorgendlich
Und meine Schwester nahm das Eßgeschirr, und ich
Erinnerte und trug des Bruders Sack zum Spind
Wo seine alten Sachen sind.

Und dort, es war, als ob mein Herzschlag stock
Dort hing vom Haken sein Soldatenrock.
Schwester, er ist nicht in der Schlacht
Er hat sich aus dem Staub gemacht.
In dem Krieg ist er nicht mehr.
Die Zweite: Andre sind's noch, doch nicht er.
Die Erste: Haben ihn zum Tod bestellt.
Die Zweite: Aber er hat sie geprellt.
Die Erste: Denn da war ein kleines Loch...
Die Zweite: ... und das war's, aus dem er kroch.
Die Erste: Andre sind noch drin, nicht er.
Die Zweite: In dem Krieg ist er nicht mehr.
Die Erste: Und wir lachten, waren frohgemut:
Aus dem Krieg war unser Bruder. 's ging ihm gut.
Und wir standen noch, da an unser Ohr
Kam ein Laut, daß unser Blut gefror.
Ein Brüllen von außen.
Die Zweite: Schwester, wer schreit vor unsrer Tür?
Die Erste: Sie quälen wieder Leut in ihrer Willkür.
Die Zweite: Schwester, sollen wir nicht nachsehn gehn?
Die Erste: Bleib innen, du; wer sehn will, wird gesehn.

So warteten wir eine Weil und sahn
Nicht nach den Dingen, die da drauß geschahn.
Dann mußten wir zur Arbeit gehen und da
War ich es, die das vor der Türe sah.
Schwester, Schwester, geh nicht hinaus.
Unser Bruder ist vorm Haus.
Er ist aber nicht aus der Sach
Am Fleischerhaken hängt er, ach.
Doch sah meine Schwester aus dem Haus
Und einen Schrei stieß sie selber aus.
Die Zweite: Schwester, sie haben gehänget ihn
Drum hat er laut nach uns geschrien.
Das Messer gib, das Messer gib her
Daß ich ihn abschneid und er hängt nicht mehr.
Daß ich hereintrag seinen Leib
Und ihn ins Leben zurücktreib.
Die Erste: Schwester, laß das Messer liegen
Wirst ihn nicht mehr lebend kriegen.
Wenn sie uns mit ihm stehn sehn
Wird es uns wie ihm ergehn.
Die Zweite: Laß mich, bin schon nicht gegangen
Wie sie ihn uns aufgehangen.
Die Erste: Und als sie wollt vor das Haustor
Ein SS-Mann trat hervor.
Herein tritt ein SS-Mann.
SS-Mann: Drauß ist der und hier seid ihr?
Aus eurer Türe trat er mir.
So rechn' ich aus, daß ihr am End
Den Volksverräter draußen kennt.
Die Erste: Lieber Herr, mit uns geh nicht ins Gericht
Denn wir kennen den Menschen nicht.
SS-Mann: Was will die mit dem Messer dann?
Die Erste: Da sah ich meine Schwester an.
Sollt sie in eigner Todespein
Jetzt gehn, den Bruder zu befrein?
Er mochte nicht gestorben sein.

Bertolt Brecht **Antigone**

Komm aus dem Dämmer und geh
Vor uns her eine Zeit
Freundliche, mit dem leichten Schritt
Der ganz Bestimmten, schrecklich
Den Schrecklichen.

Abgewandte, ich weiß
Wie du den Tod gefürchtet hast, aber
Mehr noch fürchtest du
Unwürdig Leben.

Und ließest den Mächtigen
Nichts durch, und glichst dich
Mit den Verwirrern nicht aus, noch je
Vergaßest du Schimpf und über der Untat wuchs
Ihnen kein Gras.
Salut!

Bertolt Brecht Neuer Prolog zur Antigone

Auf die Bühne treten die Darsteller der Antigone, des Kreon und des Sehers Tiresias. Zwischen den beiden anderen stehend, wendet sich der Darsteller des Tiresias an die Zuschauer:

Freunde, ungewohnt
Mag euch die hohe Sprache sein
In dem Gedicht, tausende Jahre alt
Das wir hier einstudiert. Unbekannt
Ist euch der Stoff des Gedichts, der den einstigen Hörern
Innig vertraut war. Deshalb erlaubt uns
Ihn euch vorzustellen. Das ist Antigone
Fürstin aus dem Geschlecht des Ödipus. Das hier
Kreon, Tyrann der Stadt Theben, ihr Oheim. Ich bin
Tiresias, der Seher. Dieser da
Führt einen Raubkrieg gegen das ferne Argos. Diese
Tritt dem Unmenschlichen entgegen, und er vernichtet sie.
Aber sein Krieg, nun unmenschlich geheißen
Bricht ihm zusammen. Die unbeugsam Gerechte
Nichtachtend des eignen geknechteten Volkes Opfer
Hat ihn beendet. Wir bitten euch
Nachzusuchen in euren Gemütern nach ähnlichen Taten
Näherer Vergangenheit oder dem Ausbleiben
Ähnlicher Taten. Und nunmehr
Werdet ihr uns und die anderen Schauspieler
Ein um den andern den kleinen Schauplatz
Im Spiele betreten sehn, wo einst unter den
Tierschädeln barbarischen Opferkults
Urgrauer Zeiten die Menschlichkeit
Groß aufstand.

Elisabeth Langgässer **Die getreue Antigone**

Das Grab lag zwischen den Schrebergärten, ein schmaler Weg lief daran vorbei und erweiterte sich an dieser Stelle wie ein versandetes Flussbett, das eine Insel umschließt. Das Holzkreuz fing schon an zu verwittern; seine Buchstaben R.I.P. waren vom Regen verwaschen, der Stahlhelm saß schief darüber und war wie ein Grinsen, mit welchem der Tod noch immer Wache hielt. Gießkanne, Harke und Rechen lagen an seiner Seite, das Mädchen Carola stellte den Spankorb mit den Stiefmütterchenpflanzen, die es ringsherum einsetzen wollte, ab und wandte sich zu seinem Begleiter, der ihr gelangweilt zusah und unter der vorgehaltenen Hand das Streichholz anrätschte, um seine Camel im Mundwinkel anzuzünden.

Kein Lüftchen. Der Frühling, an Frische verlierend, ging schon über in die Verheißung des Sommers, der Flieder verblühte, die einzelnen Nägelchen bräunten und begannen, sich aus Purpur und Lila in die Farbe des Fruchtstandes zu verwandeln, der Rotdorn schäumte gewalttätig auf, die Tulpenstängel, lang ausgewachsen, trugen die Form ihrer Urne nur noch diesen Tag und den nächsten – dann war auch das vorbei. Eine hässliche alte Vase und zwei kleine Tonschalen dienten dazu, den Blumenschmuck aufzunehmen – jetzt waren Maiglöckchen an der Reihe, Narzissen, die einen kränklichen Eindruck machten, und Weißdorn, der das Gefühl einer Fülle und Üppigkeit zu erwecken suchte, die zu dem unangenehmen Geruch seiner kleinen, kurzlebigen Blüten in seltsamem Gegensatz stand.

»Wenn der Rot- und Weißdorn vorüber ist, kommt eine Zeit lang gar nichts«, sagte Carola, bückte sich und leerte das schmutzige Wasser aus beiden Schalen aus, füllte sie wieder mit frischem Wasser und seufzte vor sich hin.

»Rosen«, sagte der Bursche. »Aber die sind noch nicht da. Du hast Recht: Dazwischen kommt gar nichts. Ein paar Ziersträucher höchstens, rosa und gelbe, aber die Zweige müsste man abreißen, wo man sie findet« –, er blinzelte zu ihr hin.

»Nein«, sagte sie rasch.

»Nicht abreißen? Nein? Dann muss der da unten warten, bis wieder Rosen blühen.« Er lachte roh und verlegen auf; das Mädchen begann das Grab zu säubern, die herabgefallenen Blütchen sorgfältig aufzulesen und die Seitenwände des schmalen Hügels mit Harke und Händen gegen den Wegrand genauer abzugrenzen. [So hat sie wohl schon als kleines Mädchen auf dem Puppenherd für ihre Ella und Edeltraut Reisbrei gekocht, Pudding und solches Zeug, schoss es ihm durch den Sinn.] Wieder musste er lachen; sie blickte misstrauisch auf und unterbrach ihr Hantieren; wirklich war es, als ob auf dem Grab, das die Weißdornblüten bedeckten, Zucker verschüttet wäre, oder spielende Kinder hätten vergessen, ihr Puppengeschirr, als die Mutter sie rief, mit in das Haus zu nehmen.

»Gib den Korb mit den Pflanzen her«, sagte Carola. »Ich will sie jetzt einsetzen. Auch den Stock, um die Löcher in die Erde zu machen, immer in gleichem Abstand« –, sie war vor Eifer ganz rot. »Hol ihn dir selber«, sagte der Bursche und drückte an einem morschen Pfahl die Zigarette aus. »Ein Blödsinn, was du da treibst.« »Was ich treibe?«

»Na – dieses Getue um das Soldatengrab. Immer bist du hierher gelaufen. September, Oktober: mit Vogelbeeren; November, Dezember: mit Stechpalmen,

Tannen, hernach mit Schneeglöckchen, Krokus und Zilla. Und das alles für einen Fremden, von dem du nicht einmal weißt –.«

»Was weiß ich nicht?«

»Was er für einer war.«

»Jetzt ist er tot.«

»Vielleicht ein SS-Kerl.«

»Vielleicht.«

»Ja, schämst du dich eigentlich nicht?«, brauste der Bursche auf. »Deinen ältesten Bruder haben die Schufte in Mauthausen umgebracht. Wahrscheinlich hat man ihn –.«

»Sei doch still!« Sie hielt sich mit verzweifeltem Ausdruck die Hände an die Ohren; er packte sie an den Handgelenken und riss sie ihr herunter, sie wehrte sich, keuchte, ihre Gesichter waren einander ganz nahe, plötzlich ließ er sie los.

»Tu, was du willst. Es ist mir egal. Aber ich bin es satt. Adjö –.«

»Du gehst nicht!«

»Warum nicht? Du hast ja Gesellschaft. Ich such mir andere.«

»Die kenne ich«, sagte das Mädchen erbittert. »Die von dem Schwarzen Markt.«

»Und wenn schon? Der Schwarze Markt ist nicht schlimmer als deine Geisterparade. Gespenster wie dieser da... Würmer und Maden.« Er deutete mit dem Kopf nach dem Grab, das nun, vielleicht weil Harke und Rechen, während sie beide rangen, quer darüber gefallen waren, einen verstörten Eindruck machte und ein Bild der Verlassenheit bot. »Komm«, sagte der Bursche besänftigt. »Ich habe Schokolade.«

»Die kannst du behalten.«

»Und Strümpfe.« Schweigen. »Und eine Flasche Likör.«

»Warum lügst du?«, fragte das Mädchen kalt.

»Nun, wenn du weißt, dass ich lüge«, sagte der Bursche gelassen, »kann ich ja aufhören. Oder meinst du, das Lügen macht mir Spaß?«

»Dann lügst du also aus Traurigkeit«, sagte Carola kurz.

Sie schwiegen, die Nachmittagssonne brannte, in der Luft war ein Flimmern wie sonst nur im Sommer, ein flüchtiges Blitzen, der leise Schrei und das geängstigte Seufzen der mütterlichen Natur. Ein Stück niedergebrochenen Gartenzauns lag am Wegrand, sie setzten sich beide wie auf Verabredung nieder, der junge Mann zog Carola an sich und legte wie ein verlaufener Hund den Kopf in ihren Schoß. Sie saß sehr gerade und starrte mit aufgerissenen Augen nach dem Soldatengrab...

»Glaubst du wirklich, dass Clemens so qualvoll –?«, fragte Carola leise. »In dem Steinbruch oder...«

»Ich weiß es nicht. Lass doch. Quäle dich nicht«, murmelte er wie im Schlaf. »Für Clemens ist es vorbei.«

»Ja«, sagte sie mechanisch, »für Clemens ist es vorbei.« Sie nickte ein paar Mal mit dem Kopf und fing dann von neuem an. »Aber man möchte doch wissen.«

»Was – wissen?«

»Ob er jetzt Frieden hat«, sagte sie, halb erstickt.

»Da kannst du ganz ruhig sein. Du weißt doch, wofür er gestorben ist.«

»Ich weiß es. Aber siehst du, als Kind konnte ich schon nicht schlafen, wenn mein Spielzeug im Hof geblieben war; das Holzpferd oder der Puppenjunge. Wenn es

Regen gibt! Wenn er allein ist und hat Angst vor der Dunkelheit, dachte ich. Verstehst du mich denn nicht?«

Er gab keine Antwort, Carola schien sie auch nicht zu erwarten, sondern richtete ihre Fragen an einen ganz anderen. »Ist das Sterben schwer? Du kannst es mir sagen. Der Augenblick, wo sich die Seele losreißt von allem, was sie hat?«

Nun bewegte sich doch noch ein leiser Wind und hob die äußersten Enden der Weißdornzweige empor; die schräge fallenden Sonnenstrahlen wanderten über den Stahlhelm und entzündeten auf der erblindeten Fläche einen winzigen Funken von Licht.

»Liegst du gut?«

Der junge Mann warf den Kopf wie im Traum auf ihrem Schoß hin und her; sein verfinstertes junges Gesicht mit den Linien der unbarmherzigen Jahre entspannte sich unter den streichelnden Händen, die seine widerspenstigen Strähnen langsam und zart zu glätten versuchten und über die Stirn zu den Schläfen und von da aus über die Wangen gingen... die Lippen, die ihre kühlen Finger mit einem leise saugenden Kuss festzuhalten versuchten... bis die Finger endlich, selber beruhigt, in der Halsgrube liegen blieben, wo mit gleichmäßig starken Schlägen die lebendige Schlagader pochte.

»Ich liege gut«, gab der junge Mann mit entfernter Stimme zurück. »Ich möchte immer so liegen. Immer...« Er seufzte und flüsterte etwas, das Carola, weil er dabei den Mund auf ihre Hände presste, nicht verstand; doch sie fragte auch nicht darnach.

Nach einer Weile sagte das Mädchen: »Ich muss jetzt weiter machen. Die Mutter kommt bald nach Haus. Übrigens, dass ich es nicht vergesse: Der Kuratus hat gestern nach dir gefragt. Es ist jetzt großer Mangel an älteren Ministranten, besonders bei Hochämtern, weißt du, an hohen Festen, und so. Ob du nicht –?«

»Nein, ich will nicht.« Der Bursche verzog seinen Mund.

»...die Kleinen können den Text nicht behalten, sie lernen schlecht und sind unzuverlässig«, fuhr sie unbeirrt und beharrlich fort. »Bei dem Requiem neulich –.«

Sie stockte. Dicht vor beiden flog ein Zitronenfalter mit probenden Flügelschlägen vorbei und ließ sich vertrauensvoll und erschöpft auf dem Korb mit den Pflänzchen nieder. »Meinetwegen«, sagte der Bursche. »Nein: deinetwegen«, verbesserte er. »Damit du Ruhe hast«, fügte er noch hinzu.

»Damit er ... Ruhe hat«, sagte sie und griff nach dem Pflanzenkorb.

- Untersuchen Sie die Gestaltung des antiken Stoffs durch Bertolt Brecht und Elisabeth Langgässer.
- Warum war der Antigone-Stoff vor allem im Dritten Reich und in der Zeit der Weltkriege besonders aktuell?

Über die Fachgrenzen...

Wolfgang Mattheuer: *Prometheus verlässt das Theater*

- Beschreiben Sie die Motive unter Berücksichtigung des Titels und der ikonografischen Bedeutung in der antiken Mythologie. Gehen Sie ggf. auch auf deren Adaption im Gesamtwerk Wolfgang Mattheuers (geb. 1927) ein.
- Analysieren Sie die Bildsprache in Bezug auf grafische Mittel, Bilderaufbau (Kompositionsskizze) und andere Gestaltungselemente.
  Äußern Sie sich zu den Ausdrucksqualitäten, die sich aus der (spezifischen) bildsprachlichen Formulierung der Bildmotive in diesem Werk ergeben.
- Deuten Sie den Gehalt des Werkes aufgrund der vorangegangenen Analyse und ggf. vor dem Hintergrund der unterschiedlichen Rezeptionen des Prometheus-Mythos im Laufe der Zeit.
- Nehmen Sie in diesem Zusammenhang Stellung zu der Forderung des Auftrag gebenden Kulturbundes der DDR, der sich erhoffte, dass durch die eingereichten Werke der »prometheische Geist«, das »Vertrauen in die eigene Kraft und deren Fähigkeit, die Welt zu verändern«, besonders für die »jüngere Generation« wach gehalten werde.

Methodenlexikon

Facharbeit

Die Facharbeit ist eine eigenständig verfasste wissenschaftliche Hausarbeit (ggf. auch Teil einer Gruppenarbeit) im Umfang von 8–12 DIN A4 Seiten. Sie beinhaltet die schriftliche Bearbeitung eines Themas oder Themenaspektes, indem ein Gedankengang (roter Faden) entwickelt wird. Schwierigkeiten liegen in der Neuheit eigenständigen forschenden Arbeitens, im ökonomischen Umgang mit der zur Verfügung stehenden Zeit und bei Gruppenarbeiten in der notwendigen Koordinierung der eigenen Arbeit und der der Teammitglieder. Die Facharbeit steht in enger Verbindung zum Referat, das zum einen Grundlage einer schriftlichen Ausarbeitung sein oder auch aus dieser entwickelt werden kann.

Arbeitsschritte

- Suchen Sie sich in Absprache mit Ihrem/Ihrer Fachlehrer/Fachlehrerin Ihr **Thema**. Sie können auch ein fachübergreifendes oder fächerverbindendes Thema wählen. Bleiben Sie bei Planung und Gestaltung des Arbeitsprozesses, Abfassung und Nachbetrachtung im ständigen Dialog mit ihm/ihr. Halten Sie Ihr Vorgehen in einem **Arbeitstagebuch** fest und fügen Sie dieses mit einer Nachbetrachtung zur Arbeit und ggf. mit Vorschlägen zur Präsentation der Arbeitsergebnisse für Dritte Ihrer Arbeit bei.
- Analysieren Sie das Thema, wichtige Begriffe und Voraussetzungen.
- Führen Sie dann eine **Recherche** durch und machen Sie eine **Stoffsammlung**; werten Sie Ihre Materialien aus und ordnen Sie diese nach übergeordneten Gesichtspunkten. Präzisieren Sie Ihr Thema und entwerfen Sie eine erste **Gliederung**.
- Skizzieren Sie eine **Einleitung**.

Beim Schreiben des **Hauptteils** beachten Sie folgende Punkte:

- Ihre Gedankenführung muss klar und schlüssig sein.
- Achten Sie auf eine klare Differenzierung und Abfolge: Problemstellung – These und Antithese – Argument, verdeutlicht durch Beispiele – Ergebnis (ggf. Synthese bzw. Kompromiss).
- **Zitate** als Belege bzw. zur Veranschaulichung einfügen: genau und treffend, auf das Wesentliche konzentriert, möglichst in den Kontext eingepasst; längere Zitate (ab 5 Zeilen) vom Text absetzen und einrücken; manchmal ist es auch sinnvoll, nicht wörtlich zu zitieren, sondern Quellentexte mit eigenen Worten zu referieren.
- **Präzisieren der Einleitung**: konzentrierte (gezielte) Hinführung zu Thema (und Kontext) und Entwicklung der genauen Fragestellung.
- **Schluss** formulieren: Sie haben die Möglichkeit, Ihre Ergebnisse zusammenzufassen (Achtung: Gefahr der Wiederholung!), sie zu diskutieren oder zu bewerten (ggf. in Bezug zur Einleitung), einen Ausblick oder eine Ausweitung des Themas zu entwerfen oder eine eigene Stellungnahme und Kritik zu verfassen.

Fertigstellung der Arbeit

- Bei der Arbeit mit dem Computer erstellen Sie eine **Formatierungsvorlage** und nutzen die Möglichkeiten des Textverarbeitungsprogramms bei der Gestaltung von Inhaltsverzeichnis, Fußnoten, Kopfzeilen und Verzeichnissen.
  Inhaltsverzeichnis (mit Seitenangaben): Anführung von Kapiteln, Unterkapiteln; Überschriften strukturiert und übersichtlich anordnen.
- Entwerfen Sie ein **Titelblatt** mit Titel bzw. Thema/Aufgabenstellung, Verfasser/in, Daten (Fach, Fachlehrer/in, Kurs-, Jahrgangsstufe, Abgabetermin).
- Fügen Sie eine **Erklärung** über die selbstständige Anfertigung der Arbeit bei.
- Legen Sie **Verzeichnisse** an: Aufteilung in Primärliteratur und Sekundärliteratur, Autoren in alphabetischer Reihenfolge.
- ggf. **Anhang** mit fachspezifischen Dokumentationen (Materialien, Medienbeiträge, Produkte...) ergänzen.

Zusätzliche TIPPS: Achten Sie auf...

- die **Aktualität der Materialien**: Literatur und Materialien sollten vom neuesten Informations- bzw. Diskussionsstand sein;
- ein ausgewogenes Verhältnis zwischen Reproduktion von Fremdliteratur und eigenen Textbeiträgen;
- den **eigenen Sprachstil**: Er sollte klar verständlich und flüssig im Satzbau, aber auch sachgemäß und wissenschaftsorientiert sein;
- das **Lay-out**: Inhaltlich und logisch einheitliche Abschnitte und Absätze dienen der Übersichtlichkeit und erleichtern Lektüre und Verständnis. Beziehen Sie ggf. auch grafische Darstellungen (Tabellen, Schaubilder, Bilder) in Ihre Arbeit ein. Fußnoten erleichtern das Verständnis: Literaturangaben beim ersten Mal vollständig, danach nur Angabe des Verfassers (ggf. bei mehreren Titeln desselben Verfassers mit Erscheinungsjahr) und der Seitenzahlen.

Sprache- und Kommunikation – Informationserschließung und -vermittlung

S...

P...

R...

A...

C...

H...

E...

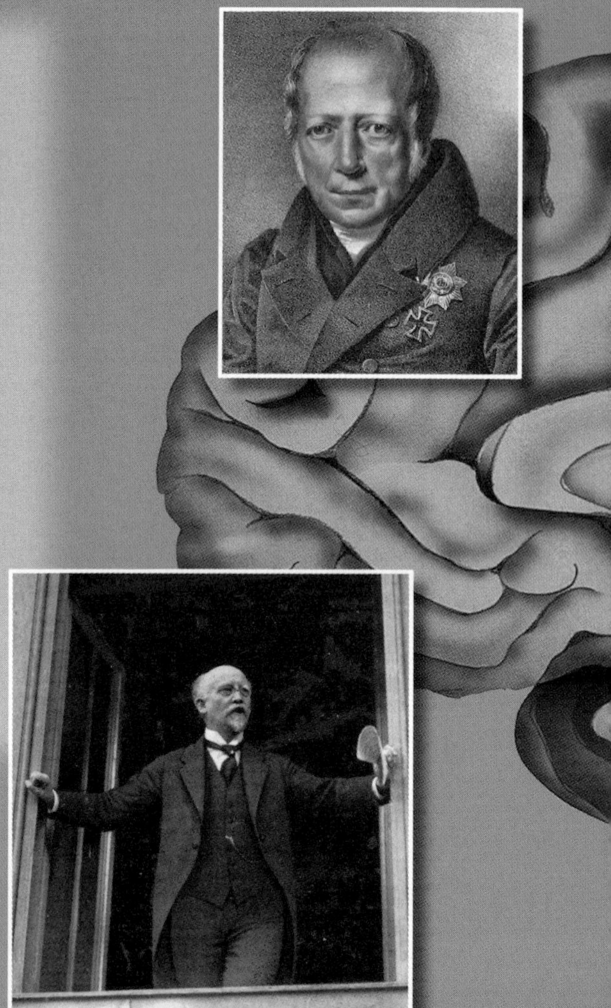

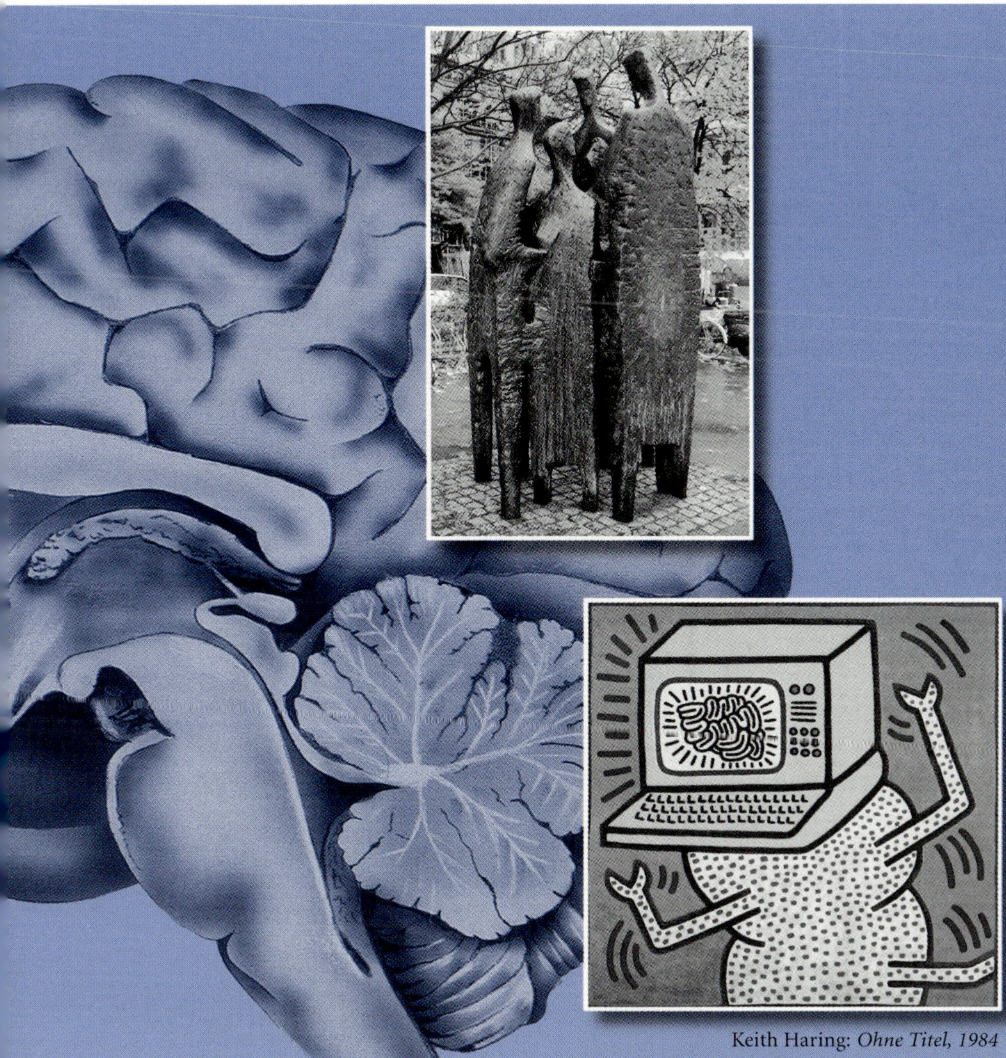

Keith Haring: *Ohne Titel, 1984*

- Bilden Sie zu dem Begriff »Sprache« ein Akrostichon. Vergleichen und systematisieren Sie Ihre Ergebnisse.

Kommunikation: Formen, Funktionen

Gabriele Wohmann Sie verlangen zu viel

Isabel zwang sich zum Gegenangriff. Ihr Nachteil: durch die Fensterfront leuchtete die Mittagssonne ihr Gesicht voll aus. Doktor Küntzel hingegen, hinter seinem Schreibtisch ihr Gegenüber, schützte der Schatten. Ihr Dauerlächeln ist vielleicht keine ideale Basis für unsere Zusammenarbeit, sagte Isabel.

Doktor Küntzel lächelte trotzdem weiter, aber drückte sich nicht in dem, was zwischen schwarzen Bartdekorationen von seinem Gesicht übrig war, Ängstlichkeit aus? Er sagte: Ich höre.

Er ist verdammt zu jung für mich, dachte Isabel. Er hält mich für eine amüsant verdrehte alte Schrulle. Daher sein altväterisches Gehabe. Sie erklärte: Ich wäre gern ein ruhiger Mensch, nichts weiter. Ich bin zu aufgeregt. Am besten, Sie verordnen mir wieder mein altes Medikament, wie Ihr Vorgänger in dieser Praxis. Sie Kindskopf, fügte sie für sich hinzu.

Es ist mein Ehrgeiz, Sie davon abzubringen.

Sehen Sie, ich habe zum Beispiel hier unten im Bauch einen ekligen Schmerz, und heute nachmittag stelle ich mich der Diagnose meines Internisten. Wenn es was Schlimmes wäre, wie sinnlos müßte ich es finden, mir kein schöneres Leben gegönnt zu haben. Es wäre so idiotisch, als hätte ich, im Sterben liegend, gerade vorhin noch mein Badezimmer geputzt. Geben sie mir einfach mein altes Zeug wieder. Ein Nachfolger muß nicht alles ändern.

Sie würden nicht glücklich damit. Eine rosarote Brille trübt den Blick.

Ich habe nichts gegen rosa Brillen, ich hätte sehr gern eine.

Sie verlangen zu viel. Doktor Küntzel stand auf. Rufen Sie mich jederzeit an. Und: Einen schönen Tag noch.

Sie reden wie meine Postbotin. Einen schönen Tag noch! Aber Isabel lächelte auch, also konnte der junge Doktor ja nicht merken, daß sie wütend war und litt.

Wie war sie? fragte Frau Küntzel, die ihrem Mann in der neuen Praxis half.

Ihr Mann seufzte und grimassierte sich ein Lächeln aus dem Gesichtsrest im schwarzen Bewuchs: Nun, ich strenge mich ihr zuliebe an und bin ironisch. Sie mag Ironie. Mit einem ernsten Ausdruck stellte der Arzt sich auf seinen nächsten Patienten ein.

Er könnte ein einziges Mal ein besorgtes Gesicht machen. Isabel beschwerte sich bei ihrem Mann. Er ist immer so verdammt ironisch. Ich sage ihm, ich will ja nur, daß es mir gut geht. Und was antwortet er mir: Sie verlangen zu viel.

Der Junge ist nicht dumm, knurrte ihr Mann.

- Sehen Sie sich zuerst nur den Dialog zwischen Isabel und dem Arzt an: Worum geht es in diesem Gespräch?
- Welche zusätzlichen Informationen erhält der Leser aus dem Erzähltext sowie aus den anschließenden Gesprächen?

Das Kommunikationsmodell von Claude E. Shannon und Warren Weaver

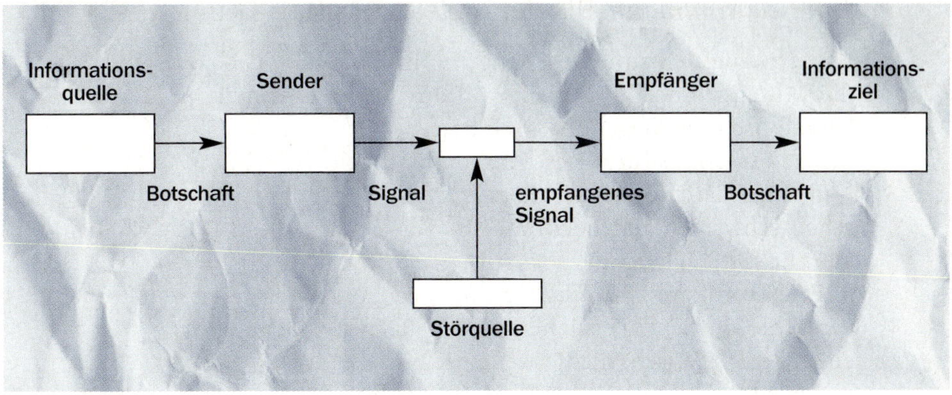

Siegfried J. Schmidt Kommunikationsmodell

– »Sender« und »Empfänger« sind keine bloßen Instanzen: Sie denken, fühlen, wünschen; sie haben unterschiedliche Bedürfnisse und Fähigkeiten; sie kommunizieren miteinander unter jeweils ganz konkreten politischen, sozialen, wirtschaftlichen und kulturellen Bedingungen in konkreten Situationen.

– Natürliche Sprachen bestehen offenbar nicht aus Zeichen, die bei konkretem Gebrauch eindeutig auf Bedeutungen, Gegenstände oder Vorstellungen verweisen. Korrekte Sprachverwendung ist noch keineswegs ein Garant für erfolgreiche Kommunikation.

– Kommunikation ist eben kein gerichteter Prozess (S sendet eine Botschaft an E), sondern eine Interaktion, eine Wechselbeziehung zwischen gleichermaßen aktiven Kommunikationspartnern.

– Jede Kommunikation hat neben dem Inhaltsaspekt auch Beziehungsaspekte; das heißt, Kommunikation »überträgt« nicht nur Informationen, sondern sie »drückt« immer auch aus, wie der »Sender« die Beziehung zwischen sich und dem »Empfänger« sieht.

- Setzen Sie Ihre Ergebnisse aus der Untersuchung der Kurzgeschichte von Gabriele Wohmann in Bezug zu dem Kommunikationsmodell von C. E. Shannon und W. Weaver.
- Vergleichen Sie den Text von Siegfried J. Schmidt mit dem Modell von C. E. Shannon und W. Weaver.
- Welche Bedingungen haben Einfluss auf die Kommunikation? Erstellen Sie ein Kommunikationsmodell, indem Sie Ihre Überlegungen darin einfließen lassen. Sie können das Modell von C. E. Shannon und W. Weaver als Grundgerüst nehmen. Achten Sie dabei auf eventuelle Abhängigkeitsverhältnisse der Faktoren voneinander.

Paul Watzlawick Jeder Mensch kommuniziert – auch wenn er gar nichts sagt

P. M.: Können Sie mir erklären, was Kommunikation ist?

Watzlawick: Lange Zeit wurde angenommen, Kommunikation sei einfach die Vermittlung von Informationen. Aber dann haben wir gemerkt, dass in jeder Kommunikation auch ein zweiter Aspekt enthalten ist. Das heißt: Unweigerlich kommt in jede Kommunikation eine Definition der Beziehung hinein, wie sie der Sender der betreffenden Mitteilung sieht. Das ist nicht nur in der verbalen Kommunikation so, sondern auch in der schriftlichen. [...]

P. M.: Es gibt aber doch so etwas wie ein Grundgesetz der Kommunikation, das für alle gilt?

Watzlawick: Ja, das stimmt. Wir haben fünf so genannte »pragmatische Axiome« postuliert,...

P. M.: ... also nützliche Grundregeln...

Watzlawick: ... welche die Grundzüge der Kommunikation verdeutlichen. Das erste klingt ganz banal. Es lautet: Man kann nicht *nicht* kommunizieren. In der Gegenwart eines anderen Menschen hat jedes Verhalten Kommunikations-Bedeutung. Ich sitze zum Beispiel im Wartezimmer und schaue auf den Boden, damit mich niemand anspricht. Durch diese Haltung teile ich den anderen ganz klar mit: Ich will nicht kommunizieren. Das ist natürlich nichts anderes als Kommunikation.
Das zweite Axiom ist die Erfahrungstatsache, dass jede Kommunikation einen Inhalts- und einen Beziehungsaspekt hat. Ein schönes Beispiel dafür ist der Graf-Bobby-Witz, in welchem das Dienstmädchen hereinstürzt und sagt: »Herr Graf, ich glaube, wir bekommen Regen.« Graf Bobby richtet sich steil in seinem Stuhl auf und belehrt das Dienstmädchen: »Ich bekomme vielleicht Regen, und Sie bekommen vielleicht Regen.« Damit weist er die seiner Meinung nach unerlaubte Intimität zurück, die in dem Wörtchen »wir« steckt. Das ist das typische Beispiel einer Korrektur der Beziehungsdefinition, die in diesem Fall vom Dienstmädchen vorgenommen wurde.
Das dritte Axiom nennen wir Interpunktion. Damit ist gemeint, dass jeder der Beteiligten die Kommunikationsabläufe individuell gewichtet. Ein Beispiel dafür ist die weit verbreitete Annahme, dass man nur reagiert auf den anderen und alles, was geschieht, die Schuld des anderen ist. Der andere denkt dasselbe.

P. M.: Das ist vermutlich einer der häufigsten Gründe, warum Gespräche oft völlig sinnlos erscheinen?

Watzlawick: Zweifelsohne. Viertens gibt es für uns zwei unterschiedliche Kommunikationsweisen, die stets gleichzeitig ablaufen: analoge und digitale Kommunikation. Analog ist hauptsächlich meine averbale Kommunikation: meine Stimmlage, die Pausen, die Schnelligkeit meines Sprechens, mein Herumfuchteln. Die digitale Kommunikation besteht im Gegensatz dazu nur aus der Bedeutung der Worte, die in grammatikalischer Folge übermittelt werden. Und auch hier gilt wieder: Im zwischenmenschlichen Verkehr ist es unmöglich, die analoge Kommunikation zu vermeiden.
Fünftens: Zwischenmenschliche Kommunikationsabläufe sind entweder symme-

trisch oder komplementär, je nachdem, ob die Beziehung zwischen den Partnern auf Gleichheit oder Unterschiedlichkeit beruht. In einer symmetrischen Beziehung tauschen die Beteiligten gleichartiges Verhalten aus. Wenn zum Beispiel ein Partner eine Position der Stärke einnimmt, dann tut dies der andere auch. Wenn einer Hilfe verlangt, verlangt auch der andere Hilfe. In der komplementären Struktur sind die Verhaltensformen und damit auch die Kommunikation unterschiedlich. Der eine Partner ist in der so genannten Primärposition, der andere in der Sekundärposition. Musterbeispiele wären Mutter und Kind, Arzt und Patient.

P. M.: Die Geheimnisse der Kommunikation sind ja, nicht zuletzt durch Sie, ganz gut erforscht. Dennoch machen wir ständig schlimme Kommunikationsfehler.

WATZLAWICK: Das stimmt leider. Der häufigste Fehler in der Kommunikation ist die – meist falsche – Annahme: »Ich weiß genau, was der andere denkt.« Der andere nimmt natürlich dasselbe an. Und auf diese Weise haben wir Situationen, wie sie nicht nur in zerrütteten Ehen oder zwischen Eltern und Kind bestehen, sondern auch zwischen den Supermächten. Keiner geht auf den anderen wirklich ein. Kaum einer erkennt, dass es verschiedene Wirklichkeiten gibt. Das sind selbstgebaute Fallen, aus denen wir uns nur mühsam oder gar nicht befreien können. [...]

Konspekt und Exzerpt

Der **Konspekt** (Stichwortauszug) fasst in einem gerafften Überblick die zentralen Informationen eines Sachtextes zusammen wie die Inhaltsangabe bei fiktionalen Texten. Die wesentlichen Aussagen des Textes sollen in knapper und übersichtlicher Form in eigenen Worten dargestellt werden. Wichtige Fachtermini und Definitionen, die für das Verständnis des Textes unbedingt erforderlich sind, werden als Zitate des Originaltextes übernommen.

Das **Exzerpt** hingegen wählt bewusst Informationen eines Textes unter einer bestimmten, vorgegebenen oder selbst gewählten Fragestellung aus und stellt diese in einer knappen Übersicht zusammen.

- Welche Aussagen Watzlawicks sind Ihrer Ansicht nach entscheidend für den Begriff der Kommunikation?

- Stellen Sie sich vor, Sie seien als Zuschauer bei diesem Gespräch dabei.
  – Verfassen Sie einen Konspekt und
  – ein Exzerpt dieses Interviews unter folgender Fragestellung: Warum ist es so schwer, richtig zu kommunizieren?

Friedemann Schulz von Thun Die vier Botschaften einer Nachricht

Um die Vielfalt der Botschaften, die in einer Nachricht stecken, ordnen zu können, möchte ich vier seelisch bedeutsame Seiten an ihr unterscheiden. Ein Alltagsbeispiel: Der Mann (= Sender) sagt zu seiner am Steuer sitzenden Frau (= Empfänger): »Du, da vorne ist grün!« – Was steckt alles drin in dieser Nachricht, was hat der Sender (bewusst oder unbewusst) hineingesteckt, und was kann der Empfänger ihr entnehmen?

1. Sachinhalt (oder: Worüber ich informiere)
Zunächst enthält die Nachricht eine Sachinformation.

2. Selbstoffenbarung (oder: Was ich von mir selbst kundgebe)
In jeder Nachricht stecken nicht nur Informationen über die mitgeteilten Sachinhalte, sondern auch Informationen über die Person des Senders. [...] Allgemein gesagt: In jeder Nachricht steckt ein Stück Selbstoffenbarung des Senders. Ich wähle den Begriff der Selbstoffenbarung, um damit sowohl die gewollte *Selbstdarstellung* als auch die unfreiwillige *Selbstenthüllung* einzuschließen. [...]

3. Beziehung (oder: Was ich von dir halte und wie wir zueinander stehen)
Aus der Nachricht geht ferner hervor, wie der Sender zum Empfänger steht, was er von ihm hält. Oft zeigt sich dies in der gewählten Formulierung, im Tonfall und anderen nichtsprachlichen Begleitsignalen. Für diese Seite der Nachricht hat der Empfänger ein besonders empfindliches Ohr; denn hier fühlt er sich als Person in bestimmter Weise behandelt. [...]

Allgemein gesprochen: Eine Nachricht senden heißt auch immer, zu dem Angesprochenen eine bestimmte Art von Beziehung auszudrücken. [...]

Genaugenommen sind auf der Beziehungsseite der Nachricht zwei Arten von Botschaften versammelt. Zum einen solche, aus denen hervorgeht, was der Sender vom Empfänger hält, wie er ihn sieht. [...] Zum anderen enthält die Beziehungsseite aber auch eine Botschaft darüber, wie der Sender *die Beziehung zwischen sich und dem Empfänger* sieht (»so stehen wir zueinander«). [...]

4. Appell (oder: Wozu ich dich veranlassen möchte)

Kaum etwas wird »nur so« gesagt – fast alle Nachrichten haben die Funktion, auf den Empfänger *Einfluss zu nehmen.* [...] Die Nachricht dient also (auch) dazu, den Empfänger zu veranlassen, bestimmte Dinge zu tun oder zu unterlassen, zu denken oder zu fühlen. Dieser Versuch, Einfluss zu nehmen, kann mehr oder minder offen oder versteckt sein – im letzteren Falle sprechen wir von Manipulation. Der manipulierende Sender scheut sich nicht, auch die anderen drei Seiten der Nachricht in den Dienst der Appellwirkung zu stellen.

- Wie lauten die vier Botschaften der Nachricht des Mannes? Vergleichen Sie Ihre Ergebnisse.
- Formulieren Sie eine mögliche Antwort der Frau. Ordnen Sie diese einem der vier Ohren zu. Wie würde die Frau reagieren, wenn Sie mit einem anderen Ohr gehört hätte?
- Kommunikation läuft immer in bestimmten Situationen mit entsprechenden Erwartungen an diese ab. Wodurch ist die Situation in der Illustration gekennzeichnet? Wenden Sie das Modell von Schulz von Thun an und überprüfen Sie es auf seine Tragfähigkeit.

»Mein Lieber, wir beide sitzen hier bei bester Gesundheit ohne Ablenkungen und schauen uns diesen Apfel an. Kannst du dir unter diesen ruhigen und idealen Umständen auch nur im entferntesten vorstellen, dass es einen Unterschied der Wahrnehmung zwischen uns in Bezug auf diesen Apfel geben kann?«

»Welchen Apfel?«

Joseph Ratzinger (nach Sören Kierkegaard) **Der Zirkus brennt!**

Ein Reisezirkus in Dänemark war in Brand geraten. Der Direktor schickte daraufhin den Clown, der schon zur Vorstellung gerüstet war, in das benachbarte Dorf, um Hilfe zu holen, zumal die Gefahr bestand, dass über die abgeernteten, ausgetrockneten Felder das Feuer auch auf das Dorf übergreifen würde. Der Clown eilte in das Dorf und bat die Bewohner, sie möchten eiligst zu dem brennenden Zirkus kommen und löschen helfen. Aber die Dörfler hielten das Geschrei des Clowns lediglich für einen ausgezeichneten Werbetrick, um sie möglichst zahlreich in die Vorstellung zu locken; sie applaudierten und lachten bis zu Tränen. Dem Clown war mehr zum Weinen als zum Lachen zumute; er versuchte vergebens, die Menschen zu beschwören, ihnen klarzumachen, dies sei keine Vorstellung, kein Trick, es sei bitterer Ernst, es brenne wirklich. Sein Flehen steigerte nur das Gelächter, man fand, er spiele seine Rolle ausgezeichnet – bis schließlich in der Tat das Feuer auf das Dorf übergegriffen hatte und jede Hilfe zu spät kam, sodass Dorf und Zirkus gleichermaßen verbrannten.

Bertolt Brecht **Das Wiedersehen**

Ein Mann, der Herrn K. lange nicht gesehen hatte, begrüßte ihn mit den Worten: »Sie haben sich gar nicht verändert.« – »Oh!« sagte Herr K. und erbleichte.

Friedrich Torberg Der Schüler Gerber

Der Roman erschien 1930 und erzählt die Geschichte des begabten Schülers Kurt Gerber, der – wie seine Klassenkameraden – im letzten Jahr vor der Reifeprüfung dem herrschsüchtigen und zynischen Mathematiklehrer Professor Kupfer ausgeliefert ist.

»Hauptmann Kupfer – ich war im Weltkrieg Hauptmann – sieht alles, merkt alles, weiß alles.« Kupfer sprach diese Worte in vollem Ernst, und Kurts Staunen (eines andern Gefühls war er vorläufig noch nicht fähig) wuchs ins Unmeßbare. Er hatte der Rede Kupfers gespannt zugehört, wie sie, von herkömmlichem Beginn ausgehend, immer mehr »Ich« brauchte, immer dichter mit vorerst nur in Parenthese eingestreuten Selbstverherrlichungen gespickt wurde, immer höher kulissenblecherne Hügel der Wichtigtuerei erklomm und nun gebläht auf dem Gipfel der Eitelkeit ihres Sprechers angelangt war, nur noch sich selbst und ihm zu Gefallen. Das hatte Kurt mitgemacht. Und jetzt wartete er, was nach solcher Mühe Unerhörtes kommen sollte.

»Ja, Sie müssen wissen, es ist unmöglich, mich zu beschwindeln, und es liegt in Ihrem eigenen Interesse, wenn Sie es gar net versuchen. Glauben Sie nicht, daß es vielleicht doch gelingen könnte, und folgen Sie keinen Einflüsterungen. Es ist unklug, auf Ratschläge zu hören. Ich habe es nie getan. Ich tue auch nie, was die Masse tut. Die Masse tut immer das Dumme und bedauert es später. So ist es im Leben. Die Dummen weinen nachher, und die Gescheiten lachen. Ich pflege zu lachen.«

»Haha«, klang es in die Kunstpause.

Kurt hatte das nicht etwa gelacht, sondern laut und langsam gesprochen, voll unbändiger Lust, den hohlen Selbstbespiegeler dort oben, der schon ungestört in die wolkigen Gefilde seiner Göttlichkeit zu entschweben gedachte, ein wenig herunterzuholen und ihn seinem Platz auf dem Katheder zuzuweisen.

Kupfer blickte gelassen nach Kurts Platz hin und zog die Augenbrauen hoch. Alle wandten sich um. Kurt saß vorgebeugt und lachte dem Professor gerade ins Gesicht, als teile er die Meinung, daß die Gescheiten zu lachen pflegen. Es war ihm ganz recht, daß die Entscheidung zwischen ihm und Kupfer so bald kam.

»Gerber!« sagte Kupfer langsam. »Sie werden vielleicht zu denen gehören, die nachher weinen.«

- In der Karikatur und in den drei Texten ist die Kommunikation gestört. Woran liegt das jeweils? Analysieren Sie die Kommunikationssituationen mit den Fachbegriffen der Kommunikationstheorie.
- Formulieren Sie die situativen Bedingungen für die Institution Schule.
- Wie definieren Sie den soziologischen Begriff der »Rolle«? Inwiefern hat die soziale Rolle eines Menschen eine entscheidende Bedeutung für die Kommunikation? Erweitern Sie ggf. Ihr Kommunikationsmodell!

Friedemann Schulz von Thun Das Innere Team

Auch in uns selbst (intrapersonal) laufen die widersprüchlichsten Prozesse ab, wenn wir auf andere reagieren und uns auf unser Gegenüber in speziellen Kommunikationssituationen einstellen. Schulz von Thun spricht von einem Inneren Team bzw. einem inneren Konfliktmanagement.

Beginnen wir die Einführung mit einem kleinen Musterbeispiel, »Könnte ich mal deine Mitschriften aus dem Seminar für mich kopieren? Und vielleicht hast du auch sonst noch gute Prüfungsunterlagen?«, fragt ein Student eine Studentin. Er selbst war häufig nicht anwesend und weiß, dass sie verlässlich und fleißig studiert und umfangreiche Aufzeichnungen zu machen pflegt.

Vielleicht gehört die Angesprochene zu den Menschen, die, »wie aus der Pistole geschossen«, positiv reagieren: »Na klar, kannst du haben!« – und es hinterher mit einer inneren Gegenstimme zu tun kriegen, die schimpft: »Warum kann dieser Schmarotzer sich nicht mal selbst auf den Hosenboden setzen!? *Mir* hat er noch nie geholfen! Dieser Schluffi macht sich ein feines Leben und überlässt mir die Fleißarbeit. Und ich Blödfrau sag auch noch immer freundlich ›Ja‹ dazu!«

Vielleicht reagiert sie auch spontan ablehnend: »Nein, also das sind persönliche Unterlagen, die geb' ich ungern aus der Hand. Das bringt auch nicht viel, wenn man das nicht selbst erarbeitet hat« – und bekommt vielleicht am Abend einen moralischen Katzenjammer: »War das nicht ziemlich unfreundlich und unsolidarisch von mir? Ich komme mir vor wie eine Streberin, die den anderen nicht abschreiben lässt, um selbst bessere Noten zu bekommen.«

In beiden Fällen wohnen »zwei Seelen, ach!, in ihrer Brust«. Anstatt von »Seelen« werde ich im Folgenden von »Mitgliedern des Inneren Teams« sprechen, um die Träger dieser Stimmen zu bezeichnen. Denn alles wird darauf ankommen, ob und wie es gelingt, diese zunächst widerstrebenden Kräfte in eine Kooperation zu bringen, deren »Produkt« kraftvoller und angemessener sein wird, als wenn nur eine Stimme allein das Sagen hätte. [...]

Jedes Teammitglied hat eine **Botschaft**. Der Text dieser Botschaft ist freilich nicht immer von Anfang an gegeben, muss erst durch eine innere Erkundung »spruchreif« gemacht werden. [...]

Sobald wir in etwa die Botschaft kennen, können wir dem Mitglied einen **Namen** geben. In unserem Beispiel ist da einmal die – ja, wie sollen wir sie nennen? – die *Hilfsbereite*? Es könnte sein, dass diese Benennung sich als vorläufig erweist: Je nach Text und innerem Gehalt könnte herauskommen, dass es eher eine ängstlich Angepasste ist, die sich einfach nicht traut, »Nein« zu sagen. [...]

Die »Stimmen«, die wir angesichts bestimmter Umstände wahrnehmen, haben in uns, so unterstellen wir, einen Urheber, so wie jeder Text einen Autor hat. Die meist nonverbale Regung enthält ein Anliegen und lässt sich in eine sprachliche Verlautbarung übersetzen, welche ihre Teilnahme am inneren Dialog erleichtert. Die innere Botschaft kann mithilfe des Kommunikationsquadrats aufgeschlüsselt werden, wobei ein dreifacher Adressat (entweder Oberhaupt, innerer Kollege oder äußeres Gegenüber) gemeint sein kann.

Das Innere Team der Studentin

Das menschliche Seelenleben ist geprägt vom inneren Miteinander, Gegeneinander und Durcheinander dieser teilnehmenden Botschafter, die wir potenziell als Mitglieder eines Inneren Teams ansprechen können und ihnen damit eine positive Vision und Entwicklungsrichtung zuweisen. Diese Teilnehmer des Seelenlebens verrichten sowohl Innendienst (als Teilnehmer des Selbstgesprächs und als Mitwirkende einer inneren Gruppendynamik) als auch Außendienst (als Wortführer und Verhaltensagenten).

Ein Beispiel:
Sie stehen in einer Schlange vor einer Kasse im Supermarkt. Eine ältere Dame geht an der Schlange vorbei und stellt sich vor Sie. Stellen Sie sich die Situation so genau wie möglich vor. Ist die Dame sehr alt? Ist sie eventuell etwas wackelig auf den Beinen? Lächelt sie freundlich oder guckt sie mürrisch? Bleibt sie stumm oder spricht sie Sie an? (»Ich darf doch mal gerade...? Ich habe nur ein Paket Brot...«) Definieren Sie Ihre Situation: Warten Sie schon lange in der Schlange? Denken Sie an Ihre eigene Großmutter...? Welche sind Ihre inneren Stimmen, die auf diese Situation reagieren? Welcher Text, welche Namen passen zu Ihren inneren Stimmen?

- Nehmen Sie ein großes Blatt Papier und zeichnen Sie Ihr »Inneres Team« (vgl. Bild) mit Texten und Namen in Bezug zur Situation aus dem Beispiel. Welche Stimmen dominieren in Ihrem Bild? Welche treten in den Hintergrund?
- Stellen Sie sich vor, Ihre inneren Stimmen halten eine »Teamkonferenz« ab. Entwickeln Sie einen Dialog zwischen Ihren inneren Gesprächspartnern und kommen Sie möglichst zu einer Entscheidung.
- Sehen Sie sich den Text auf S. 87 an und entwickeln Sie in Gruppen das »Innere Team« Gerbers bzw. Kupfers. Geben Sie den Teammitgliedern Namen.

Friedemann Schulz von Thun Das Vier-Felder-Schema

Im Idealfall stimmen das Innere Team sowohl mit uns selbst als auch mit der Situation überein; Schulz von Thun schlägt das Vier-Felder-Schema zum Konzept der Stimmigkeit mit personaler und situativer Komponente vor.

1. In Übereinstimmung mit mir und dem situativen Gehalt (= **stimmig**);
2. in Übereinstimmung mit mir (authentisch), aber *nicht* situationsadäquat (= **daneben**);
3. mit mir selbst *nicht* in Übereinstimmung, aber passend zur Situation (= **angepasst**);
4. weder mit mir selbst noch mit dem Situationsgehalt übereinstimmend (= **verquer**).

Wie könnte eine stimmige Kommunikation in Abgrenzung zu den drei anderen Faktoren aussehen?

Ein guter Freund hat einen Unfall gehabt und liegt im Krankenhaus. Er ruft Sie an und bittet Sie vorbeizukommen, weil ihm so langweilig ist. Sie haben eigentlich weder Lust noch Zeit, Ihre wenige freie Zeit am Krankenbett zu verbringen.

Daneben: Tut mir Leid. Aber diese Woche habe ich überhaupt keine Zeit. (Als ich im Krankenhaus lag, ist er sofort gekommen.)

Verquer: Ich würde ja gern kommen, aber Krankenhäuser verursachen bei mir sofort Übelkeit. (Der Arme kann doch nichts dafür, dass er nun im Krankenhaus liegen muss.)

Angepasst: Selbstverständlich, ich wollte sowieso morgen Nachmittag vorbei schauen. (Grrr)

Stimmig: Eigentlich wird mir immer schlecht, wenn ich auch nur ein Krankenhaus betrete und Zeit habe ich momentan überhaupt nicht. Aber ich kann dich doch nicht so allein da liegen lassen, du bist ja auch gekommen, als ich krank war. Ich weiß noch nicht genau wann, aber ich komme bestimmt diese Woche vorbei, ich rufe dich vorher an. (Sie verleugnen nicht, dass es Sie Überwindung kostet, ein Krankenhaus zu betreten. Sie machen auch deutlich, dass es Ihnen momentan eigentlich zeitlich überhaupt nicht passt. Allerdings werfen Sie auch in die Waagschale, dass er ein guter Freund ist, den man nicht hängen lässt und dass es für eine Freundschaft normal ist, über seinen Schatten zu springen.)

● Sehen Sie sich die Karikatur an und übertragen Sie das Vier-Felder-Schema auf die Situation. Wie könnte eine stimmige Kommunikation des Mannes aussehen? Wie könnte die Frau stimmig auf den Gefühlsausbruch ihres Mannes reagieren?

Modellbildung

Modelle sind theoretische Konstruktionen, die Erklärungsfunktion für ein bestimmtes Phänomen, z. B. Kommunikation, haben. Sie bringen bestimmte Faktoren und Bedingungen dieses Phänomens in einen eindeutigen Zusammenhang und machen generelle Aussagen über dieses Phänomen. Modelle müssen zwangsläufig die Komplexität reduzieren, um übersichtlich und in der Praxis anwendbar zu sein, und sich damit auf für die Benutzer bedeutsame Faktoren konzentrieren. Damit nimmt allerdings der Grad der Abstraktion einer bestimmten Situation zu. Ein Modell stellt eine ideale Situation her, da in der Beschreibung eines reduzierten Phänomens viele Eigenschaften nicht vorkommen oder vorkommen können, die das Original aufweist.

Ziel ist es, ein Modell für menschliche Kommunikation zu entwickeln, das eine möglichst vollständige, dem Phänomen angemessene Beschreibung der Grundstruktur menschlicher Kommunikation als sozialer Interaktion und ihrer vielfältigen Bedingungen darstellt. Folgende Fragen lassen sich an ein Modell (Beispiel: menschliche Kommunikation) stellen:
- Welche äußeren Bedingungen, die von den Kommunikationspartnern nicht manipulierbar sind, haben Einfluss auf die Kommunikation? (historische, soziologische, psychologische)
- Welche interpersonellen Bedingungen haben Einfluss auf die Kommunikation?
- Welche intrapersonellen Bedingungen haben Einfluss auf die Kommunikation?
- Welche Beziehungen/Abhängigkeiten lassen sich zwischen den unterschiedlichen Bedingungen grafisch darstellen?
- Ist das Modell für die Praxis (Überschaubarkeit) leistungsfähig, d. h., sind alle wesentlichen Faktoren (Reduktion) berücksichtigt und auf möglichst viele Situationen (Generalisierbarkeit) anzuwenden? Hierzu müsste das Modell angewandt und überprüft werden, z. B. auf Situationen aus dem Alltag (Alltagsgespräche, Unterrichtsgespräche...) und auf literarische Texte (Prosatexte, Dialoge aus Dramen), die Beziehungskonflikte thematisieren.

- Überprüfen Sie nun Ihr Kommunikationsmodell auf seine Tauglichkeit.

Vera F. Birkenbihl Signale des Körpers

Haltung: Hiermit meinen wir sowohl die Haltung, die ein Mensch gerade einnimmt, als auch Bewegungen, welche die Körperhaltung verändern bzw. beeinflussen, wie z. B. ein Verlagern des Körpergewichtes im Sich-Vor- oder Zurückbeugen, ein Wippen auf den Fußballen, ein Überschlagen der Beine, etc.

Mimik: Hiermit meinen wir alle Erscheinungen, die wir im Gesicht eines Menschen beobachten können, inklusive psychosomatischer[1] Prozesse, wie z. B. das Erröten.

Gestik: Hiermit meinen wir alle Gebärden der Arme, die »Sprache der Hände« sowie viele Handlungen, wie z. B. das Öffnen einer Tür, das Ausdrücken einer Zigarette, usw.

Abstand: Hiermit meinen wir den Abstand, den man zu anderen (manchmal auch zu Tieren oder Gegenständen) einnimmt, sowie plötzliche Bewegungen, die ein Verändern der Distanz zum Ziele haben, z. B. ein plötzliches Einen-Schritt-Zurücktreten, etc. (Hier sehen wir bereits Möglichkeiten für Grenzfallsignale: Soll man das Zurückweichen als eine Haltungsänderung sehen oder aber in Bezug auf Abstand interpretieren?)

Tonfall: Hiermit meinen wir *alle* Erscheinungen, die sich beim Sprechen manifestieren, insofern unsere Analyse sich nicht auf den Inhalt des Gesagten konzentriert. Also den Tonfall, die Sprachmelodie, Sprechpausen, Lautstärke, Sprachrhythmus etc. Zum Tonfall zählen wir auch Lautäußerungen ohne verbalen Inhalt, wie z. B. das Schnalzen mit der Zunge, seufzen, stöhnen etc.

Sehen Sie sich fünf bis zehn Minuten einer themenzentrierten Gesprächsrunde im Fernsehen an. Lassen Sie den Ton weg und konzentrieren Sie sich auf die körperlichen Signale. Führen Sie ein Beobachtungsprotokoll dieser Gesprächssequenz. Tragen Sie dabei zuerst arbeitsteilig Ihre Beobachtungen in die unten aufgeführte Tabelle ein und vergleichen Sie anschließend Ihre Beobachtungen.

	Haltung	Mimik	Gestik	Abstand	Wirkung
Person 1					
Person 2					

Sehen Sie sich die Sequenz noch ein- bis zweimal mit Ton an. Überprüfen Sie, ob das Gesagte (der Text) mit den körpersprachlichen Signalen der jeweiligen Person übereinstimmt. Wo ergeben sich Differenzen? Was besagen diese über den Sprechenden? Wie ist die Wirkung auf den Zuschauer?

[1] Psychosomatik: auf den ganzen Menschen bezogene, seelisch-körperliche Betrachtungsweise in der Medizin

Jens Sparschuh Das Vertreterseminar

Seminarraum II, 9.15 Uhr. Thema: Training Standardsituationen. [...] »Na, dann wollen wir mal. – Herr Nöstich, Sie sind bitte mal der Kunde!« »War ich doch schon letztes Jahr«, will Nöstich einwenden, doch Strüver ungerührt: »Dann wissen Sie ja, wie es geht.« Nöstich, die Augenbrauen hochgezogen, steht auf und geht langsam nach vorn. Strüver sieht in seiner Liste nach und bestimmt einen Herrn Filzbach (Stuttgart), der sofort rot wird, zum Firmenvertreter. »Alles klar«, sagt der Angesprochene tapfer, scheint aber betroffen zu sein. »Bitte«, sagt Strüver, jetzt Regisseur. Er hat sich in seinem Stuhl zurückgelehnt, die Beine übereinander geschlagen, die Arme verschränkt und spitzt erwartungsvoll den Mund.

Nöstich steckt seine Brille weg, schiebt die Haare mit der Hand nach hinten. Ohne Brille sehen seine Augen gläsern aus. Er sieht sich um. Sein Blick fällt auf Strüver. Da verschränkt auch Nöstich die Arme. Gelangweilt sieht er aus dem Fenster. Einige Male wechselt er noch Stand- und Spielbein, dann hat er seine Position gefunden. Endlich, nachdem er erst noch seinen Musterkoffer präpariert hat, ist auch Filzbach (Stuttgart) soweit. Mit weit ausholenden Schritten geht er nach vorn, stoppt aber plötzlich – wie vor einer unsichtbaren Wand. Er überprüft den Sitz seiner Krawatte, dann bohrt sich sein rechter Zeigefinger durch die Luft... [...] Nöstich stellt das Bügeleisen ab und schreitet zur »Tür«. Er öffnet sie, aber nur halb – was Strüver mit einem leichten Nicken quittiert. »Guten Tag, Herr Nöstich«, beginnt nun Filzbach (Stuttgart), »das ist aber schön, dass ich Sie antreffe.« Er sagt das alles sehr akzentuiert, überdeutlich. (Deswegen vielleicht wirkt es nicht ganz echt.) Filzbachs Vertreterhand schiebt sich Nöstich entgegen. Der will gerade zugreifen – da meldet sich wieder Strüver: »Kann es sein, dass es riecht? Herr Nöstich – Ihr Bügeleisen! Kann da nichts anbrennen?« »O ja, Mensch!« Nöstich rennt zurück ins Zimmer. Unschlüssig steht Filzbach (Stuttgart) zwischen Tür und Angel. Dann traut er sich ein Stück in die Wohnung hinein. (Vielleicht will er helfen?) Strüver schließt die Augen, verzweifeltes Kopfschütteln. Da kommt Nöstich wieder. Halblaut gibt Strüver weitere Regieanweisungen: »Gut, das ist zwar nicht schön, aber das gibt es ja. Unserem Kunden passt der Termin heute nicht. Das Bügeleisen hat gerade das Wohnzimmer in Brand gesetzt, eine Familienfeier ist im Gange oder irgendeine andere Katastrophe. – Was nun?!« »Na, ich frage ihn, ob ich nicht besser zu einem anderen Zeitpunkt...« »Na – fragen Sie das mal, Herr Filzbach. Aber, bitte: Sie sprechen mit Ihrem Kunden, nicht mit mir. Ich schaue nur zu. – Und verlassen Sie bitte wieder unauffällig die Wohnung...« Filzbach tritt rasch ein paar Schritte zurück. »Herr Nöstich, wann würde es Ihnen denn mal passen?«, fragt nun also Filzbach (Stuttgart); er versucht, dabei Herrn Nöstich verschmitzt und aufmunternd anzublicken... »Stopp!«, bricht Strüver, sichtlich entnervt, ab.

- Was hat Filzbach alles falsch gemacht? Inwiefern wird dieser Eindruck aufgrund seiner Mimik und Gestik unterstützt? Berücksichtigen Sie Ihre Ergebnisse beim Nachspielen dieser Situation.
- Welche nonverbalen Signale charakterisieren ein souveränes Auftreten?

Henrik Ibsen Nora

Das Drama spielt an den Weihnachtstagen im Haus des Rechtsanwalts Helmer, der sich als Karrierist nach oben gearbeitet hat, um Bankdirektor zu werden. Seine Ehe scheint nach außen hin harmonisch zu sein. Jedoch fühlt sich seine Frau Nora wie in einem goldenen Käfig eingesperrt, da sie keine besondere Verantwortung zu tragen hat und von ihrem Ehemann wie eine Puppe behandelt wird. Nora hat zu Beginn ihrer Ehe Schuld auf sich geladen, indem sie die Unterschrift ihres im Sterben liegenden Vaters unter einem Kreditantrag gefälscht hat. Mit dem Geld konnte sie ihrem schwerkranken Mann einen Kuraufenthalt in Italien ermöglichen. Der in der Bank von Direktor Helmer angestellte Krogstad, von dem Nora damals den Kredit erhalten hat, soll entlassen werden. Daraufhin erpresst Krogstad Nora mit dem Schuldschein. Er will Helmer in einem Brief von Noras Verfehlung unterrichten und dadurch seine Stelle in der Bank behalten.
Der Brief Krogstads ist inzwischen im Hause Helmer eingetroffen und Nora, die sich in größter Angst vor der Enthüllung ihrer Verfehlung befindet, versucht mit allen Mitteln, ihren Mann davon abzuhalten, zum Briefkasten zu gehen. Sie bittet ihn und den anwesenden Hausfreund, Dr. Rank, mit ihr ihren Auftritt beim morgigen Kostümball einzuüben: Sie soll eine Tarantella tanzen.

RANK (*in der Tür*): Ich verstand es so; ich habe mich also geirrt.

NORA: Nein, vor morgen Abend bekommt ihr keine Gelegenheit, mich in meiner Pracht zu bewundern.

HELMER: Aber, liebe Nora, du siehst so angegriffen aus. Hast du zu viel geübt?

NORA: Nein, ich hab noch gar nicht geübt.

HELMER: Das ist aber doch notwendig –

NORA: Ja, es ist höchst notwendig, Torvald. Aber ohne deine Hilfe komm ich nicht weiter; ich habe alles vergessen.

HELMER: Oh, wir werden es bald wieder auffrischen.

NORA: Ja, sei mir behilflich, Torvald. Du versprichst mir's? Ach, mir ist so ängstlich zumute. Die große Gesellschaft – Heut Abend musst du dich ganz mir widmen. Hände weg vor den Geschäften; keine Feder anrühren. Ja? Nicht wahr, lieber Torvald?

HELMER: Ich versprech es dir; heut Abend steh ich ganz zu deiner Verfügung – du kleines hilfloses Ding. – Hm, 's ist wahr, ich will doch erst – *(Geht nach der Flurtür.)*

NORA: Was willst du da draußen?

HELMER: Nur sehen, ob keine Briefe gekommen sind.

NORA: Nein, nein, tu's nicht, Torvald!

HELMER: Nun?

NORA: Torvald, ich bitte dich; es ist keiner da.

HELMER: Lass mich doch nachsehen. *(Will gehen.) (Nora am Klavier, spielt die ersten Takte der Tarantella.)*

HELMER *(an der Tür, bleibt stehen)*: Aha!

NORA: Ich kann morgen nicht tanzen, wenn ich nicht vorher mit dir Probe halten kann.

HELMER *(geht zu ihr)*: Hast du wirklich solche Angst, liebe Nora?

NORA: Ja, schrecklich. Lass mich gleich probieren; wir haben noch etwas Zeit, eh' wir zu Tische gehen. Setz dich her und begleite mich, lieber Torvald. Verbessere mich; und leite mich an, wie du es immer tust.

HELMER: Gern, sehr gern, wenn du's wünscht. *(Setzt sich ans Klavier.)*

NORA *(nimmt das Tamburin und einen langen bunten Schal aus der Schachtel; mit dem letzteren drapiert sie sich eilig; darauf stellt sie sich mit einem Sprung vorn auf und ruft)*: Nun spiel mir auf! Jetzt will ich tanzen! *(Helmer spielt, und Nora tanzt; Doktor Rank steht am Klavier hinter Helmer und sieht zu.)*

HELMER *(spielend)*: Langsamer – langsamer.

NORA: Kann nicht anders.

HELMER: Nicht so stürmisch, Nora!

NORA: Gerade so muss es sein.

HELMER *(hört auf)*: Nein, nein, so geht es nicht.

NORA *(lacht und schwingt das Tamburin)*: Hab ich's dir nicht gleich gesagt?

RANK: Ich will sie einmal begleiten.

HELMER *(steht auf)*: Ja, tu das; dann kann ich sie besser korrigieren. *(Rank setzt sich ans Klavier und spielt; Nora tanzt mit steigender Wildheit. Helmer stellt sich an den Ofen und richtet während des Tanzes häufig korrigierende Bemerkungen an sie. Nora scheint sie nicht zu hören; ihr Haar löst sich und fällt über die Schultern herab; sie achtet nicht darauf, sondern tanzt weiter. – Frau Linde tritt ein.)*

FRAU LINDE *(steht sprachlos an der Tür)*: Ah –!

NORA *(während des Tanzens)*: Hier geht's lustig her, Christine!

HELMER: Aber liebste, beste Nora, du tanzt ja, als ging' es um dein Leben.

NORA: Das tut's doch auch.

HELMER: Rank, hör auf; das ist ja der reine Wahnsinn! Hör auf, sag ich. *(Rank hört auf zu spielen, und Nora bleibt plötzlich stehen.)*

HELMER *(geht zu ihr hin)*: Das ist doch nicht zu glauben. Du hast ja alles vergessen, was ich dir beigebracht habe.

NORA *(wirft das Tamburin fort)*: Da siehst du's selbst.

HELMER: Na, da muss allerdings gründlich geübt werden.

NORA: Ja, du siehst, wie nötig es ist. Du musst bis zum letzten Augenblick mit mir üben. Versprichst du mir's, Torvald?

HELMER: Du kannst dich drauf verlassen.

- Analysieren Sie den Gesprächsverlauf und die Gesprächspositionen der Protagonisten. Berücksichtigen Sie auch die Szenenanmerkungen.

Susanne Meyer-Büser Verbalexhibitionismus

Dialog- und Diskursphänomene treffen in der gegenwärtigen Welt des Fernsehens vor allem in den Talkshows aufeinander. Hier werden persönliche Gespräche für das vor den Bildschirmen vereinzelt sitzende Publikum in Szene gesetzt. Talkshows werden auf fast allen Sendern gezeigt, zu jeder Tageszeit ausgestrahlt und behandeln das ganze Spektrum sozialer und psychologischer bis hin zu privatesten Themen. Seit ihren Anfängen in den frühen 70er Jahren, als noch mit öffentlich-rechtlicher Ernsthaftigkeit gesellschaftlich relevante Fragen diskutiert wurden, bildeten sich im Laufe der Jahre immer neue Sendeformate, die heute unter Quotendruck in erster Linie voyeuristische Bedürfnisse bedienen. Vor allem die Daytime-Talkshows entfalteten sich in den letzten zehn Jahren zu einem Ort der Inszenierung und Simulation von privaten Alltagsgesprächen. Sie lassen den Eindruck entstehen, es könne hier jeder über alles reden.

Es ist nichts Ungewöhnliches mehr, wenn jemand in aller Öffentlichkeit intimste Gefühle zeigt oder über seine persönlichsten Belange diskutiert. Die Dramaturgie der entsprechenden Sendungen zielt genau darauf ab. Die Möglichkeiten, vor einem Millionenpublikum in aller Subjektivität zu Wort zu kommen, sind mit den Talkshows der letzten Jahre inflationär gewachsen. »Betroffenheit« und »Sich-Einbringen« haben sich zu Entblößungs- und Tabubrechungsritualen verfestigt. Bekennendes Reden, Seelen- und Nabelschau, Exhibitionismus wurden so zu Bestandteilen eines pseudo-authentischen Sprechens, das die Differenz von privaten und öffentlichen Belangen nach und nach zum Verschwinden bringt. Die Talkshows lösen das dialogische Prinzip in diskursive[2] Zerstreuung auf.

- Verfassen Sie ein Exzerpt dieses Textauszuges unter der Fragestellung: Welche Entwicklungstendenzen neuerer Talkshows stellt die Autorin in ihrem Artikel dar? Überprüfen Sie diese Tendenzen an aktuellen Talkshows im Fernsehen und finden Sie konkrete Beispiele.

[2] von einem Inhalt zum anderen fortschreitend

Protokoll

Merkmale

Im Protokoll werden der Verlauf oder die Ergebnisse von Gesprächen, Konferenzen, Tagungen, Versammlungen, Verhandlungen etc. schriftlich und für den Leser möglichst übersichtlich und nachvollziehbar festgehalten.

Vorbereitungen

Eine gut strukturierte Mitschrift (Protokollnotizen) ist wesentliche Grundlage für die Anfertigung eines Protokolls. Folgende Aspekte sind dabei zu beachten:
- Angaben für den Protokollkopf (Ort, Zeit und Datum; Thema und Tagesordnung, Namen der Teilnehmer) notieren;
- Mitschrift des Gesagten darf nicht zu ausführlich sein (Gefahr: Unübersichtlichkeit); alles Wesentliche muss in Stichworten aufgeschrieben und den Tagungsordnungspunkten zugeordnet werden; ggf. vorstrukturierte Blätter benutzen;
- wichtige Formulierungen oder Beschlüsse wörtlich notieren, damit später zitiert werden kann.

Formen

Ergebnisprotokoll: gebräuchlichste Form des Protokolls; fasst die wesentlichen Ergebnisse der Diskussion zusammen; ggf. werden noch offene Fragestellungen festgehalten.
Zweck: Außenstehende, die nicht am Gespräch teilgenommen haben, können sich sehr schnell über die Ergebnisse der Diskussion informieren.

Verlaufsprotokoll: stellt ausführlich den Gesprächsverlauf dar, vor allem bei unterschiedlichen Positionen und fasst die Ergebnisse zusammen.
Zweck: Der Verlauf des Gesprächs kann nochmals im Detail nachgelesen werden.

Aufbau

Beim Abfassen eines Protokolls sollten folgende Aspekte auf jeden Fall berücksichtigt werden:

Protokollkopf
- Nennung von Ort, Datum, Anfang/Ende der Sitzung, Teilnehmer (Vermerk über An- bzw. Abwesenheit der Teilnehmer);
- Anführung der Themen bzw. der Tagesordnung.

Struktur
- Gliederung des Protokolls nach Verlauf oder nach Tagesordnungspunkten möglich;
- sachlicher Sprachstil ohne persönliche Kommentare;
- Tempus: Präsens;
- Zitieren von wesentlichen Äußerungen bzw. Beschlüssen;
- ggf. Anführung noch zu klärender Fragestellungen;
- ggf. Angaben zu nachfolgenden Treffen;
- Unterschrift des Protokollanten;
- Datum der Anfertigung angeben.

Projektideen

Raster zur Untersuchung einer Talkshow

Man kann eine Gliederung in drei Talkshow-Klassen vornehmen, die sich inhaltlich und organisatorisch voneinander unterscheiden: Zur ältesten Klasse gehört der *Promi-Talk*, bei dem das Gespräch mit prominenten Gästen im Vordergrund steht. Hier kann wiederum unterschieden werden zwischen einer unterhaltenden Porträt-Variante, bei der sich der Talk auf die Person des Gastes/der Gäste bezieht und einer journalistischen Porträt-Variante, bei der mehr sachliche Information bei der Verbindung des Gastes mit einem aktuellen Thema im Vordergrund steht. Beim *Themen-Talk* steht im Mittelpunkt des Gesprächs ein irgendwie geartetes, vorgegebenes Thema, über das sowohl informiert als auch unterhalten werden soll. Beim *Konfro-Talk* wird über ein kontroverses Thema diskutiert. Je nach Konzeption der Sendung wird auf die argumentative Auseinandersetzung mit dem Inhalt oder auf die Form des emotionalen Streitgesprächs Gewicht gelegt.

- Welcher Talkshow-Klasse ist die von Ihnen untersuchte Talkshow zuzuordnen?
- In welchem Zusammenhang stehen Sendezeit und Sendehäufigkeit mit Gästen, Themen und der Zielgruppe der Talkshow?
- Wie viele Moderatoren hat die Talkshow? Gibt es Geschlechterparität? Beurteilen Sie den/die Moderatoren nach folgenden Aspekten: fachliche Kompetenz (Vorbereitung auf die Sendung); sprachliche Kompetenz (dem Thema angemessen, fachwissenschaftlich, umgangssprachlich; den Gästen/dem Publikum entsprechend); Gesprächsführung (geschickt, taktisch, provozierend...); Strukturierung der Sendung (gleichmäßige Beteiligung aller Gäste/des Publikums...).
- Werden die Gäste ernst genommen? Gibt es eine Beziehung zwischen Gästen und Publikum? Kann sich das Studio- bzw. Fernsehpublikum beteiligen?
- Wie ist der äußere Rahmen (Einrichtung des Studios, Sitzanordnung, Platzierung der Gäste, Beleuchtung...) gestaltet?

Bilden Sie kleine Projektgruppen, die eine Talkshow eigener Wahl (mindestens zwei des öffentlich-rechtlichen Fernsehens sowie mindestens zwei Talkshows des Privatfernsehens zu unterschiedlichen Ausstrahlungszeiten) aufzeichnen. Fertigen Sie in Ihrer Arbeitsgruppe sowohl ein Verlaufs- als auch ein Ergebnisprotokoll an. Ergänzen Sie auf dieser Grundlage im Plenum das Raster um weitere Fragestellungen. Analysieren Sie Ihre Talkshows. Verfassen Sie anschließend eine Kritik zur Sendung.

Organisieren Sie eine eigene Talkshow zu einem aktuellen Thema aus dem Bereich Politik oder Sport oder zu einem aktuellen Thema Ihrer Schule, das der SV und Ihnen als Oberstufenschülern auf den Nägeln brennt, etwa: Angebote der Schule im informationstechnologischen Bereich, Verfahren bei Entschuldigungen/Fehlzeiten...

Gespräch

Gesprächskomponenten (nach Link/Sitta)

Gespräche sind Interaktionen. Es handelt sich um Selbstmitteilungen, um kommunikative Handlungen und um das Herstellen von sozialen Beziehungen. Folgende Kategorien und Komponenten können Gespräche bestimmen:
Großkategorien:
– natürliches / fiktionales Gespräch (z. B. Dramendialoge);
– spontanes / arrangiertes (inhaltlich vorgeplantes) Gespräch.
Situationskomponenten:
– Ort (z. B. privat oder öffentlich oder institutionalisiert, vertraut oder unbekannt);
– Zeit (z. B. Zeitpunkt, Dauer des Gesprächs);
– der räumliche Abstand (z. B. im Unterricht Frontalunterricht, Kreisgespräch...);
– Abwesenheit oder Anwesenheit von Dritten als Zuhörer;
– Anzahl der Gesprächspartner (aktiv und passiv, gleichberechtigt oder nicht).
an Gesprächspartner gebundene Komponenten:
– Bekanntheitsgrad der Gesprächspartner;
– soziales Verhältnis der Gesprächspartner.
funktionale Komponenten:
– Beziehungsorientierung / Sachorientierung, z. B. in Unterrichtsgesprächen, Alltagsgesprächen, Diskussionen, Debatten, Talkshows.

11 Regeln für eine Gesprächsrunde
(nach Schwäbisch/Siems und R. C. Cohn)

1. Jeder Teilnehmer ist sein eigener Chairman, d. h., er bestimmt selbst, was er sagen will und ist verantwortlich für den erfolgreichen Verlauf des Gesprächs.
2. Störungen müssen vorrangig behandelt werden.
3. Fordern Sie, wenn Sie es brauchen, ein »Blitzlicht«, d. h., stellen Sie die momentanen Gefühle und Gedanken aller Gesprächsteilnehmer fest.
4. Es kann immer nur einer sprechen.
5. Probieren Sie neue Verhaltensweisen in der Gruppe aus.
6. Beachten Sie Ihre Körpersignale und die der anderen Gruppenmitglieder.
7. Sprechen Sie per »Ich« und nicht per »Man« oder »Wir«, d. h., tragen Sie Verantwortung für das, was Sie sagen.
8. Formulieren Sie Ihre eigene Meinung anstatt unsachliche Fragen zu stellen.
9. Sprechen Sie den Adressaten direkt an und halten sie Blickkontakt.
10. Geben Sie Feedback, wenn Sie das Bedürfnis haben.
11. Hören Sie ruhig zu, wenn Sie Feedback erhalten.

- Ergänzen Sie weitere Situationskomponenten, die ein Gespräch und seinen Verlauf beeinflussen können. Diskutieren Sie die Anwendbarkeit der Regeln.

Sprachwandel und -lenkung

Boris Gröndahl Der Computer-Jargon ist auch nur eine Fachsprache. Und besser als sein Ruf

Der unterschiedliche Umgang mit den Begriffen in Frankreich und Deutschland verweist auf die zwei augenfälligsten Probleme, die an der sprachlichen Schnittstelle von Computer und Mensch auftreten. Erstens die Tatsache, dass die Lingua franca der Informations- und Kommunikationstechnologie Englisch ist und deshalb entschieden werden muss, ob, wie und wann man sie in die verschiedenen Sprachen der Welt überträgt.

Zweitens ist das Sprechen über, mit und via Computer so jung, dass Standards, Konventionen und Metaphern längst noch nicht so gefestigt und vor allem so allgemein bekannt wären, dass sie selbst- und unmissverständlich von den Lippen gingen. Sie sind das nicht einmal in den englischsprachigen Ländern selbst um so weniger im Rest der Welt. [...]

Natürlich findet man in den einschlägigen Gazetten zahllose abschreckende Beispiele für stilistische Eigenheiten, darunter die wahllose Verwendung von Anglizismen sowie unbeholfene Übersetzungen. Entscheidend jedoch ist, dass der »Usertalk« nicht vom Himmel fällt, sondern eine konkrete Funktion erfüllt: Er dient der sozialen Abgrenzung, indem er den Beteiligten ihr Wissensniveau deutlich macht und Neulinge tendenziell ausschließt. Wie jede Fachsprache dient er – hat man einmal einen gemeinsamen Level gefunden – der Effektivität des Gesprächs, weil er von gewissen Voraussetzungen ausgehen kann, die nicht mehr jedes Mal umständlich erläutert werden müssen.

Vor allem aber zeigt sich durch einen einfachen Test, dass das Sprechen über Computer in den dazu berufenen Zeitschriften einen ganz engen (und naheliegenden) Verwandten hat: die Handelssprache nämlich. Tauschen Sie in einer Meldung der Computerpresse IBM gegen Melitta aus, Aptiva gegen Auslese, die MMX-Technologie gegen das neue Röstverfahren – der Text erfüllt stets seine Funktion.

Man kann diese Erkenntnis auch anders formulieren. Das Sprechen, das Schreiben über Computer wirkt im Deutschen oft unbeholfen, fremd, distanziert. Der Grund dafür ist jedoch weniger, dass die Worte fehlen oder fremd sind, auch nicht die deutschen. Eher schon fehlt die Wahrnehmung des Computers oder des Internet als ein Teil des Alltags. Ein Indiz für dieses Fremdeln ist, dass Metaphern aus dem Alltag zwar in das Sprechen über Computer einfließen, dass sie jedoch nur selten den Weg zurückfinden. Allenfalls in den deutschsprachigen Internet-Debattenzirkeln, in der Konversation von Eingeweihten, bei einzelnen Autoren findet sich die Rhetorik, Begriffe aus der Computerwelt auf Alltagssituationen zu übertragen.

Erschließen Sie die Informationen, die der Text von Boris Gröndahl zum Thema Sprache im Internet liefert: Markieren Sie die Schlüsselbegriffe. Bestimmen Sie das zentrale Thema und die Intention des Autors. Verfassen Sie einen Konspekt.

Maria Benning **Schreib, wie du sprichst**

Auch im globalen Dorf treffen sich Leute zum Schwatzen. Die elektronische Variante des Dorftratsches findet schriftlich statt, in E-Mails, Newsgroups und Chat-Kanälen. Und während offline noch heftig über die Rechtschreibreform diskutiert wird, gelten im Netz nur zwei Regeln: »Sag's mit eigenen Worten« und: »Schreib, wie du sprichst«. Internet-Nutzer formulieren pragmatisch, sie schrecken vor Abkürzungen, Artikellosigkeit und Wortneuschöpfungen nicht zurück. Vieles, woran sich die Diskussion über die Rechtschreibreform entzündet hat, etwa die radikale Kleinschreibung, wird online unspektakulär angewandt: »Wenn ich maile, dann schreibe ich alles klein, nicht nur die persönliche Anrede«, sagt der Wiener Germanist Peter Andreas Plener. Eine Gewohnheit, die längst nicht mehr als antiautoritäre Geste verstanden wird. »Eine neue sprachkreative Schriftkultur hat sich entwickelt«, erklärt Annette Trabold vom Institut für Deutsche Sprache in Mannheim. »Internet-Sprache ist schriftliche Mündlichkeit.« Die Sprecherin der Sprachwächter, die sich ständig um die Schreibnorm bemüht, schreibt selbst auch »mehl« statt »mail« und »nix« statt »nichts«, wenn sie privat online kommuniziert. »Die Schnelligkeit der neuen Medien lässt einfach keine Zeit für den Duden«, behauptet sie. Für Jürgen Rolshoven, Spezialist für Sprachinformation an der Universität Köln, ist die Online-Schriftlichkeit sogar ein zukunftsweisender Schreibtrend: »Neue Schreibbedingungen führen zu einer neuen Schreibkultur – insofern ist das Netz wie Gutenbergs Erfindung.« Nicht alle Surfer im globalen Dorf verwenden die gleiche Sprache, geschweige denn den gleichen Dialekt. Aber alle kennen Strategien, um Missverständnisse zu vermeiden. Sie treffen sich an Plätzen, die jeder kennt und die so gestaltet sind, dass alle sich zurechtfinden. Deren Ästhetik ist zum Kulturkennzeichen geworden, und in diesem Rahmen haben sich neue Zeichen gebildet: Etwa die mit quer gelegtem Kopf zu lesenden Symbolketten, die Gefühle ausdrücken sollen und Emoticons genannt werden.

Die Online-Welt zieht immer mehr Netzsurfer an – damit hört die Dörflichkeit der Internet-Sprache auf, der Ballungsraum beginnt. Die darin vorherrschenden Assoziationswelten sind so urban wie das Leben der meisten User, sie unterliegen Moden und sind schnelllebig. Paul Sappler, Sprachhistoriker aus Tübingen, nennt diese individualisierte Schreibe eine »Schreibkultur mit Verfallsdatum«. Mit ihrer zeitlich begrenzten Haltbarkeit und ihren vielen Wortneuschöpfungen sei das Idiom des Internet geradezu eine Geheimsprache. – »Chat-Insider wollen sich ständig von Outsidern abgrenzen«, erklärt auch der Reutlinger Marcel Heyne, der Chat-Konzepte für deutsche Gesprächskanäle zusammenstellt.

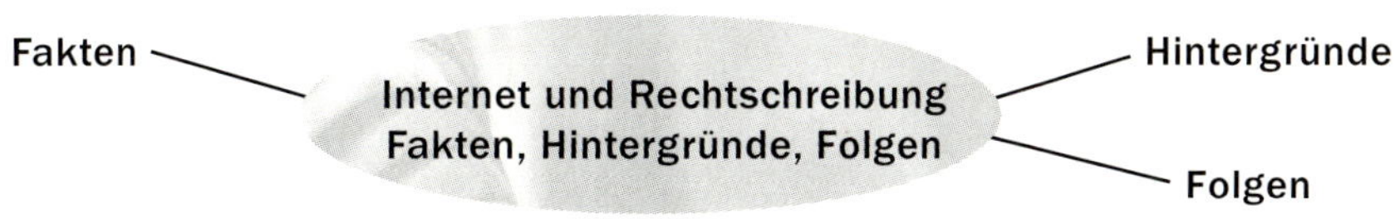

Analysieren Sie den Text von Maria Benning bezüglich der Relevanz von Rechtschreibregeln im Internet, indem Sie die angegebene Mind-Map vervollständigen.

Clifford Stoll Die Wüste Internet

Wir sind mit dem System der Postzustellung vertraut, haben also hohe Ansprüche daran. Da kaum jemand von uns versteht, wie E-Mail funktioniert, nehmen wir es hier weniger genau. Nach über zehn Jahren E-Mail-Benutzung überraschen mich jedenfalls die ständigen Klagen über den Postdienst. Wenn einmal ein Sack mit Briefen von einem verdrossenen Briefträger verbrannt wird, macht das Schlagzeilen im ganzen Land. Stürzt ein Universitätscomputer ab und vernichtet drei Tage Posteingang, zuckt man mit den Schultern. [...]

Alle paar Monate klettere ich die Leiter hinauf und gelange durch eine Luke auf meinen Dachboden. Dort drüben neben einem staubigen Sonnenstrahl steht ein grauer Schuhkarton mit Briefen. Hier ist ein Valentinsgruß aus meinem elften Lebensjahr; da eine Postkarte meines besten Freundes. Ein Liebesbrief meiner Freundin aus der Studienzeit. Es kann leicht eine Stunde dauern, bis ich die gesuchte Post finde, weil ich mir für jede Erinnerung Zeit lasse. Wie schön – Korrespondenz, die mein Herz berührt.

Briefen aus dem Netz fehlt die Wärme, selbst, wenn sie zehn Jahre alt sind. Kein alterndes Papier, keine verblassenden Namenszüge. [...]

Im Gegensatz zu den zerbrechlichen E-Mail-Systemen toleriert die traditionelle Post Fehler. Sortiermaschinen finden sich mit falsch geschriebenen Namen, Straßen und Wohnorten ab. Wenn wir die Postleitzahl vergessen, kommt die Sendung trotzdem an, wenn auch verzögert. Es ist ziemlich egal, ob die Adresse getippt, handgeschrieben oder kalligrafiert ist. Sie können sogar ein Bild von Alfred E. Neumann auf einen Umschlag kleben, und es erreicht das MAD-Magazin. Alles schon ausprobiert worden. Schreiben Sie meine Adresse falsch, und der vielgeschmähte Postdienst wird versuchen, den Brief trotzdem auszuliefern. Wahrscheinlich kommt er gut an. Schlimmstenfalls ist es wie in dem alten Elvis-Song: Er landet wieder bei Ihnen und trägt den Stempel *Return to sender, address unknown.*

Vergleichen Sie das einmal mit der E-Mail: Alles an der Adresse muss perfekt sein. Fehler werden nicht geduldet – paradox angesichts der Tatsache, dass das Internet seinen Benutzern ansonsten jeglichen Respekt vor der Rechtschreibung auszutreiben scheint. Machen Sie bei der Anschrift irgendetwas falsch, bleibt die E-Mail stecken. Wenn Sie Glück haben, wird sie nur abgewiesen, und Sie erhalten die Nachricht, dass die Sendung nicht durchgegangen ist. Erwarten Sie keine weitere Hilfestellung – das Netz ist nicht schlau genug, um Ihnen die richtige Adresse mitzuteilen. Vielleicht endet Ihre fehladressierte Post in der Warteschlange eines Systemverwalters, der sie liest und herauszufinden versucht, wohin sie gehört. Oder Ihr wortreicher Liebesbrief landet bei den Idioten im Zimmer 10. Vielleicht auch beim Chef.

Hoffentlich haben Sie Ihre Botschaft nicht versehentlich in eine *mailing list* oder einen Listenserver geschickt! Ihr Liebesbrief wird dann nämlich die Mailboxen von hundert und mehr Empfängern rund um die Welt beglücken. Die meisten werden ihn für *junk mail* halten und ignorieren, andere werden kichern oder Sie mit *flames* niedermachen. Oder aber Ihre E-Mail verschwindet im Äther und taucht nie wieder auf. Sie werden das nicht erfahren, weil Internet weder die Ankunft bestätigt noch etwaige Verluste meldet. [...]

Ich frage mich aber auch, ob nicht Textverarbeitung und E-Mail als solche die Kunst des Schreibens untergraben. Unsere neuentdeckte Fähigkeit, Mängel ohne Schwierigkeit zu beseitigen, verleitet zu einer Haltung des »Erst schreiben, dann nachdenken«. Wenn ich mit dem Stift in der Hand arbeite, muss ich jeden Satz im Kopf vorformulieren, bevor ich ihn zu Papier bringe.

Noch nie, nie, nie hat mir jemand vorgeworfen, ein pedantischer Grammatiker zu sein, der auf perfekte Rechtschreibung besteht und über schwerfällige Partizipialkonstruktionen oder Ähnliches nörgelt. Meine E-Mail-Partner tolerieren meine Tippfehler und ich ihre. Was mich beunruhigt, ist der netzweite Mangel an Interesse für wirkungsvolles Schreiben. Ich beginne zu glauben, dass E-Mail das Nachdenken an beiden Enden der Verbindung zerstört. Unter dem Druck, eine Antwort aus dem Stegreif zu formulieren verzichte ich auf nochmaliges Durchlesen und gute Präsentation meiner Argumente. Ich schenke meinen Botschaften nicht die Aufmerksamkeit, die sie verdienen. Beim Lesen wie beim Schreiben ist langsam besser als schnell.

Ich habe viel E-Mail verschickt, die ich später bereut habe. Handschriftliche Briefe hingegen verschaffen mir Gelegenheit zum Innehalten: Ich lese den Text noch einmal, versehe einen Umschlag mit der Adresse und suche die passende Marke. Zeit zum Überdenken. Der wütende Brief, den ich heute Nacht geschrieben habe, kann morgen noch einmal bei Tageslicht redigiert werden.

Blitzlicht

Ein »Blitzlicht« ist eine kurze Äußerung in ein bis zwei Sätzen zu einem klar umrissenen Thema. Die Gruppenmitglieder sitzen im Kreis und formulieren reihum ihre Meinung. Die Äußerungen bleiben als momentane Bestandsaufnahme oder Meinungsbild unkommentiert stehen.
Sollen die Äußerungen aber als Grundlage einer Entscheidung dienen, muss die Gruppe über die verschiedenen Aspekte, die sich während des Blitzlichts ergaben, diskutieren.

- Stellen Sie in Form einer Tabelle stichwortartig die Gründe zusammen, die Stoll sowohl für als auch gegen E-Mail und Brief aufführt.

	E-Mail	**Brief**
Pro		
Contra		

- Formulieren Sie Ihre Stellungnahme zu dem Problem *E-Mail in unserer Gesellschaft* in Form eines Blitzlichts.

Johann Wolfgang von Goethe Die Leiden des jungen Werther[3]

Der im Jahre 1774 in vier Wochen verfasste Briefroman hat bei seinem ersten Erscheinen ungeheueres Aufsehen erregt. Ein junger, ganz vom Gefühl besessener Mensch findet weder in seiner schwärmerischen Hinwendung zur Natur noch in seiner Kunst oder im Berufsleben Erfüllung und sieht in seiner Liebe zu einer bereits vergebenen Frau als Ausweg nur den Selbstmord.

Am 10. Mai. Eine wunderbare Heiterkeit hat meine ganze Seele eingenommen, gleich den süßen Frühlingsmorgen, die ich mit ganzem Herzen genieße. Ich bin allein und freue mich meines Lebens in dieser Gegend, die für solche Seelen geschaffen ist wie die meine. Ich bin so glücklich, mein Bester, so ganz in dem Gefühle von ruhigem Dasein versunken, dass meine Kunst darunter leidet. Ich könnte jetzt nicht zeichnen, nicht einen Strich, und bin nie ein größerer Maler gewesen als in diesen Augenblicken. Wenn das liebe Tal um mich dampft, und die hohe Sonne an der Oberfläche der undurchdringlichen Finsternis meines Waldes ruht, und nur einzelne Strahlen sich in das innere Heiligtum stehlen, ich dann im hohen Grase am fallenden Bache liege, und näher an der Erde tausend mannigfaltige Gräschen mir merkwürdig werden; wenn ich das Wimmeln der kleinen Welt zwischen Halmen, die unzähligen, unergründlichen Gestalten der Würmchen, der Mückchen näher an meinem Herzen fühle, und fühle die Gegenwart des Allmächtigen, der uns nach seinem Bilde schuf, das Wehen des Alliebenden, der uns in ewiger Wonne schwebend trägt und erhält; mein Freund!

Den 17. Mai. Ich habe allerlei Bekanntschaft gemacht, Gesellschaft habe ich noch keine gefunden. Ich weiß nicht, was ich Anzügliches für die Menschen haben muss; es mögen mich ihrer so viele und hängen sich an mich, und da tut mir's weh, wenn unser Weg nur eine kleine Strecke miteinander geht. Wenn du fragst, wie die Leute hier sind, muss ich dir sagen: wie überall! Es ist ein einförmiges Ding um das Menschengeschlecht. Die meisten verarbeiten den größten Teil der Zeit, um zu leben, und das bisschen, das ihnen von Freiheit übrig bleibt, ängstigt sie so, dass sie alle Mittel aufsuchen, um es los zu werden. O Bestimmung des Menschen!

Am 16. Junius. Warum ich dir nicht schreibe? – Fragst du das und bist doch auch der Gelehrten einer. Du solltest raten, dass ich mich wohl befinde, und zwar – Kurz und gut, ich habe eine Bekanntschaft gemacht, die mein Herz näher angeht. Ich habe – ich weiß nicht. Dir in der Ordnung zu erzählen, wie's zugegangen ist, dass ich eins der liebenswürdigsten Geschöpfe habe kennen lernen, wird schwer halten. Ich bin vergnügt und glücklich, und also kein guter Historienschreiber.

Einen Engel! – Pfui! Das sagt jeder von der Seinigen, nicht wahr? Und doch bin ich nicht imstande, dir zu sagen, wie sie vollkommen ist, warum sie vollkommen ist; genug, sie hat allen meinen Sinn gefangen genommen. So viel Einfalt bei so viel Verstand, so viel Güte bei so viel Festigkeit, und die Ruhe der Seele bei dem wahren Leben und der Tätigkeit.

[3] Es heißt »Die Leiden des jungen Werthers« in der Original-Fassung.

Ein empfindsamer Rebell wurde vor 225 Jahren zur Kult-Figur

Heute hätte Werther wohl gemailt

Würde Werther heute leben, hätte er wohl kaum Briefe geschrieben, sondern gemailt. RP-Redaktionsmitglied Sabine Janssen stieß in der Mail-Box des Verstorbenen auf ein paar ungelesene Nachrichten:

werther@goethe.de

Hört sich mega-gut an, die Gegend. Aber so ganz allein durch Wald und Wiese wandern und Bäume malen... Auf Dauer wär das nix für mich. Obwohl, der Alex hat letztens auch so 'ne Tour gemacht. Ist einfach für ein paar Monate ausgestiegen und ist runter zum Regenwald. Nur Natur, Ruhe und so. Hast du schon nette Leute kennen gelernt?

werther@goethe.de

Du hast Recht, die Menschen sind überall gleich. Die »verarbeiten den größten Teil der Zeit, um zu leben, und das bisschen, das ihnen von Freiheit übrig bleibt, ängstigt sie so, dass sie alle Mittel aufsuchen, um es los zu werden«. Manchmal frage ich mich auch, ob es das bringt: 'rumchecken für den Job, Stress, bisschen Ferien, bisschen Fun.

werther@goethe.de

Eine Bekanntschaft, die dein Herz näher angeht? Oha! Hat es da vielleicht jemanden erwischt? Hört sich an wie 'ne coole Braut, die Lotte. Klingt nach Powerfrau. Bei der kannst du dich nicht so hängen lassen. Ich sag's ja immer, die Mischung macht's: intelligent, nicht eingebildet, interessant, nicht zickig. Scheint, als wärt ihr echt auf einer Wellenlänge: lesen, tanzen. Nur das mit ihrem Typen ist ein echter Knackpunkt.

werther@goethe.de

Ey, bleib cool. Wenn du dich mit ihrem Typen fetzt, wird's auch nicht besser. Ich geb ja zu, dass er 'ne komische Einstellung hat. Über Selbstmörder zu reden, als wären sie blöd und unmoralisch. Der ist ja tierisch vernünftig. Kapiert wohl gar nicht, wenn jemand schlecht drauf kommt, mal austickt oder echt verrückte Dinge macht. Dann sagt der gleich, wie bei dir: »du überspannst alles«. Lass dich bloß nicht fertig machen!

werther@goethe.de

Lass dich nicht so hängen, Mann. Die Frau macht dich ja schon mit einem Blick völlig fertig. Ich glaub, sie hat Recht: Du bist krank oder zumindest total down. Was meinst du eigentlich mit »Mir wäre besser, ich ginge«?

werther@goethe.de

Was heißt hier »Leb wohl!«? Mach keinen Scheiß, Alter. In elf Tagen ist Silvester, dann steigt hier 'ne geile Party. Da finden wir für dich 'ne neue Braut.

johann@goethe.de

Gut, Kurt Cobain hat sich auch den Kopf weggeschossen, und hinterher haben sie ihn zwei Tage obduziert, ob er's auch wirklich war. Dabei war Nirvana vorher schon Kult. Dass du das so durchgezogen hast... damals... wird bestimmt ein Mega-Erfolg.

- Charakterisieren Sie die Sprache Werthers und stellen Sie die Unterschiede zu der der E-Mails heraus.
- Suchen Sie eine Textstelle Ihrer Wahl aus Goethes Briefroman und schreiben Sie eine E-Mail an Werther.

Rainer Wimmer Politische Korrektheit (political correctness)

Nur ein neues Modewort für normativen Sprachgebrauch?

Der Ausdruck »politische Korrektheit« (political correctness, abgekürzt: »PC«) ist 1991 aus den USA nach Deutschland, genauer: in die Feuilletons der deutschen Presseorgane, gekommen. Er ist inzwischen zu einem regelrechten Modewort geworden für die Bezeichnung normgerechten bzw. nicht-abweichenden Verhaltens, insbesondere auch Sprachverhaltens. Wenn beispielsweise jemand in einer überfüllten Straßenbahn drängelnd seinen Weg sucht und sich dabei ständig entschuldigt, so mag das politisch korrekt (politically correct, abgekürzt: pc) sein; es wäre aber nicht-pc, wenn die Entschuldigungen ausblieben. Oder: Es ist schon lange nicht mehr pc, eine mit Schokoladenüberzug versehene Schaummasse als Negerkuss zu bezeichnen, weil die Verwendung des Wortes »Neger« weitgehend tabuisiert ist. Hilfsschulen heißen pc-mäßig Sonderschulen, Verbrecher sind Straftäter, Gefängniswärter sind Vollzugsbeamte, Gummiknüppel sind Rettungsmehrzweckstöcke, Müllmänner sind Entsorger usw.

Der Ausdruck »politische Korrektheit« ist deshalb in den vergangenen Jahren zu einem Modewort geworden, weil inzwischen alle möglichen schonenden und euphemistischen Redeweisen in allen möglichen gesellschaftlichen Zusammenhängen als pc bezeichnet werden. [...]

Diese einfachen und allbekannten Beispiele können bereits deutlich machen, dass der diskriminierende bzw. nicht-diskriminierende (»neutrale«) bzw. positiv konnotierte Sprachgebrauch als Symptom bzw. Faktor im Sprachwandel und im Mentalitätswandel eine Rolle spielt. Die Intellektuellen und die reflektierten Sprecherinnen und Sprecher in den USA, in Deutschland und in anderen westlichen Ländern haben mit ihrem Pochen auf politisch korrekten Sprachgebrauch erreicht, dass (wiederum: zumindest im öffentlichen Sprachgebrauch) mehr Aufmerksamkeit für die Einstellungsbekundungen erreicht wurde, die mit den meisten unserer Sprachhandlungen verknüpft sind, dass soziale Diskriminierungen, die auch sprachlich ihren Ausdruck finden, kenntlich gemacht und angeprangert werden und dass Opfer und Täter in unseren alltäglichen Sprachhandlungen sichtbar werden. Für diese Intellektuellen hatte und hat PC einen positiven Klang: PC steht für den Schutz von Minderheiten in unserer Gesellschaft, für Hilfen für Opfer unserer gesellschaftlichen Verhältnisse, für Eintreten für mehr Gerechtigkeit. [...]

Aus der Sprachgeschichte und der Soziolinguistik (und hier nicht nur aus den Erfahrungen mit der kompensatorischen Erziehung) ist seit langem bekannt, dass sprachlenkende Arbeit am Sprachgebrauch nicht automatisch Bewusstseins- und Mentalitätsänderungen nach sich zieht. Mit Euphemismen kann man gut lügen. [...]

PC-Auseinandersetzungen sind nichts anderes als semantische Kämpfe, die um die Einstellungen bzw. Haltungen von Personen bzw. Personengruppen zu bestimmten brisanten gesellschaftspolitischen Themen geführt werden. [...]

Mit der gebotenen Vorsicht kann man aus den Falldarstellungen abstraktiv typische Merkmale von PC-Debatten und PC-Aktionen entnehmen. Ich unterscheide fünf Merkmale:

1. Gegenstand der Auseinandersetzungen ist offensichtlich ein normativer Sprachgebrauch. Es geht um Normenkonflikte – an der Oberfläche um Sprachgebrauchsnormen, die aber (wie immer) Ausdruck von (sozialen) Einstellungen, Haltungen, Wertungen, Mentalitätsunterschieden sind.
2. In PC-Aktionen äußert sich ein ungewöhnlich starker Drang der Beteiligten, das Sprach- und Sozialverhalten anderer zu regulieren. Oft fallen die Aktionen durch Aggressivität, distanzlose Humorlosigkeit und Kompromisslosigkeit der Beteiligten auf.
3. Die PC-Gegner vertreten partikulare, oft auch persönliche und idiosynkratische[4] Normen, für die sie einen überzogenen, im Hinblick auf die Interessen anderer unreflektierten Geltungsanspruch erheben.
4. Die Normierungskontrahenten nützen gesellschaftliche Freiräume aus, um ihre partikularen Interessen »ausleben« zu können.
5. Die Normierer streben eine Kodifizierung und juristische Fixierung ihrer partikularen Normen an.

Leserbrief

Der Leserbrief bildet ein öffentliches Forum der freien Meinungsäußerung, auch wenn jede Zeitung sich das Recht auf Kürzung oder Nichtveröffentlichung vorbehält. Er hat im Wesentlichen folgende Ziele: Hinweis auf einen Missstand, Stellungnahme zu einem aktuellen Thema oder Reaktion auf eine andere bereits publizierte Meinung. Der Verfasser kann sich hierbei auf vorangegangene Leserbriefe beziehen, sodass ein öffentlicher Diskurs entsteht. Er wird dabei der dort geäußerten Meinung entweder zustimmen und trägt weitere Argumente und Beispiele bei oder ihr widersprechen, indem er versucht, sie zu widerlegen. Finden sich beide Möglichkeiten, sind solche Briefe meist in der Argumentationsform »zwar... aber« angelegt.

- Stellen Sie dar, was Rainer Wimmer unter dem Begriff »Politische Korrektheit« versteht und ergänzen Sie seine Ausführungen. Politisch korrektes Sprechen ist immer auch ein Sprechen im Sinne des aktuell bestehenden politischen Systems. Untersuchen Sie hierzu das Beispiel aus Goebbels »Mitteilungen an die Presse«:
  1. 9. 1939: In allen Meldungen muss das Wort »Krieg« vermieden werden. Deutschland schlägt einen polnischen Angriff zurück. Das ist die Devise.
- Suchen Sie aktuelle Beispiele aus der Tagespresse oder aus den Fernsehnachrichten, die zur Veranschaulichung des Begriffes »political correctness« dienen können. Diskutieren Sie Ihre Beobachtungen in der Gruppe und verfassen Sie gemeinsam einen Leserbrief an die jeweilige Redaktion.

[4] von unüberwindlicher Abneigung erfüllt, entsprechend auf jmdn./etw. reagierend

Dieter E. Zimmer Ausstellung ist verpestet

Über den PC als Übersetzerlehrling

Was Übersetzungsprogramme aus einem englischen Satz machten. Texte, frisch geschreddert:

Englischer Satz: China cranked up the pressure on Taiwan today by announcing it would begin guided missile tests in the seas around the island.

SchWINn Translator Pro: China krümmte hinauf der Druck eingeschaltet Taiwan heute von ankündigend es wollte beginnen Raketengeschoss testet im Meere ringsherum der Insel.

FB-Translator: Porzellan krümmte hoch der Druck eingeschaltet Taiwan heute von ankündigend es wollte starten ferngelenktes Geschoss Prüfungen im Meere herum der Insel.

Es ist ein halbes Jahrhundert her, dass der Computerpionier Warren Weaver seinen Kollegen Mut zusprach: Aus dem Rechner ließe sich bestimmt auch eine Maschine zur Sprachübersetzung machen. Eine natürliche Sprache sei doch eine Art Geheimcode, den der Computer knacken könne wie andere Codes auch; es müsse nur immer ein Wort durch das richtige andere ersetzt werden.

Seitdem wurden viel Mühe und Scharfsinn aufgeboten, um ihm den Trick beizubringen – mit dem Ergebnis, dass heute feststeht: MÜ (Maschinenübersetzung) geht nicht, heute nicht und morgen nicht, und ohne einen zur Zeit nicht einmal vorstellbaren technologischen Durchbruch im Sciencefiction-Stil wird sie nie gelingen. [...]

Was der Algorithmisierung der Sprache ganz besonders im Wege steht, ist die Tatsache, dass sie auf drei verschiedenen, ineinander verschachtelten Ebenen durchstrukturiert ist. Der Computer muss am Ende eine Zeichenfolge in eine andere übersetzen, *how are you?* In *qué tal*? zum Beispiel. Auf der Zeichenebene käme er nicht weit. Keine auch nur denkbare Regel verriete ihm je, ob und wann er *h-o-w* in *q-u-é* verwandeln muss, ob und wann einer der drei Strings wegfällt oder ob *q-u-é* für *h-o-w* steht oder für *h-o-w- -a-r-e* oder für was sonst. Er darf nicht auf der Ebene der einzelnen Zeichen bleiben, sondern muss die Wörter in den Zeichen erkennen. Und auch die Wörter brächten ihn nicht viel weiter, solange er sie nicht im Satzzusammenhang sieht. Er muss, wenn er übersetzen soll, richtige Sätze konstruieren können, sowohl wenn er einen ihm vorgelegten Satz untersucht als auch bei seinem Nachbau in einer anderen Sprache, bei der Analyse und der Synthese also. Nach für jede Sprache besonderen Regeln treten auf der unteren Ebene die für bestimmte Laute stehenden Zeichen der alphabetischen Schriften zu Wörtern zusammen. Nach ganz anderen Regeln werden auf einer höheren Ebene die Wörter zu Sätzen kombiniert, und dabei werden wiederum die Wörter selber verändert. Und wenn beide Codes, die der Wörter und die der Sätze, geknackt wären, käme als dritter Code die Idiomatik im weitesten Sinn hinzu, die sich teilweise über die anderen Regeln hinwegsetzt: Ein Satz mag zwar in jeder Hinsicht richtig sein, aber man sagt einfach so nicht, es ist »unidiomatic« wie einem Englischlehrer so gern bescheinigen. [...]

Erst der Computer hat so richtig klar werden lassen, wie abenteuerlich, verzweiflungsvoll vieldeutig eine Sprache auf jeder ihrer Ebenen ist. Er muss Schritt für Schritt das Vieldeutige eindeutig machen. Zunächst sieht er nur Zeichen – und muss herausfinden, welches Wort in den Zeichen steckt. Ist *fehlerfreierem* eine Ableitung zu *Fehler* oder *Freier* oder *Ei* oder *frei*? Welche? Ob *Weise* Substantiv oder Verb ist, lässt sich auf der Wortebene gar nicht entscheiden, sondern erst auf der des Satzes; also muss zu der morphologischen Analyse die syntaktische treten. Gesetzt den Fall, der Computer ermittelt dabei, dass *Weisen* nur ein Akkusativobjekt sein kann: *Fragt die Weisen – Singt die Weisen.* Welche *Weisen* gemeint sind, wüsste er noch immer nicht, und also auch nicht, wie sie übersetzt werden müssten. Es ergibt sich bestenfalls auf der nächsthöheren Ebene, der semantischen, nämlich wenn der Computer zu dem Schluss kommen sollte, dass weise Menschen nicht singbar sind.

Thesenpapier

Ein Thesenpapier gibt die zentralen Aussagen eines Textes wieder oder fasst die Meinung des Referenten zu einem Thema zusammen.
Das Thesenpapier steht entweder zu Beginn des Textes oder Referats und der Autor führt seine Thesen weiter aus, indem er sie mit Argumenten begründet und mit Beispielen belegt, oder es steht am Schluss des Textes oder Referats als knappe Zusammenfassung der zentralen Aussagen, um einen Überblick zu geben, beziehungsweise eventuelle Fragen besser klären zu können. Dies sollte zu Beginn der Ausführungen bekannt gegeben werden.
In einer Diskussion kann ein solches Papier durch die Zuspitzung auf die wesentlichen kontroversen Argumente das Gespräch in Gang setzen. Es sollte deshalb

- durchaus einseitig sein,
- das Thema oder Problem klar definieren,
- eine eigene Bewertung des Themas geben,
- die eigene Position klar artikulieren,
- mit Fakten aus zuverlässigen Quellen belegen und mit Beispielen veranschaulichen,
- die gegnerische Position entkräften, indem man ihre Fehlerhaftigkeit und Widersprüchlichkeit nachweist.

- Fertigen Sie eine eigene Übersetzung des Beispielsatzes an. Vergleichen Sie diese mit dem Übersetzungsprogramm.
- Formulieren Sie zu dem Text von Dieter E. Zimmer ein Thesenpapier oder finden Sie im Text kontroverse Thesen, um damit eine Diskussion in Gang zu setzen.

Judith Macheiner **Übersetzen**

Eine Sprache sprechen, schreiben, verstehen, lesen können heißt, vieles Verschiedene über den Umgang mit ihren Wörtern wissen. *Probleme* können nun einmal im Deutschen nur *offen*, aber nicht *geöffnet* sein. Wer Deutsch kann, weiß das natürlich, kennt alle diese vielen zufälligen Besonderheiten im Gebrauch der Wörter und kann nur an den missglückten Versuchen der anderen ablesen, über was für ein phänomenales, an Details schier unbegrenztes Wissen er damit verfügt. Soweit es sich dabei um nicht verallgemeinerbare Eigenschaften einzelner Wörter handelt, ist dem armen Übersetzer nicht zu helfen.

Ohne diese Detailkenntnis in zwei Sprachen misslingt jede Übersetzung. Wenn man davon ausgeht, dass in den Wörtern einer Sprache, nämlich in den grammatischen Eigenschaften dieser Wörter, immer auch schon die Grammatik einer Sprache angelegt ist, dann wird verständlich, warum das Übersetzen zu Recht meist mit der Suche nach dem passenden Wort gleichgesetzt wird. Wäre es wirklich darauf reduzierbar, dann würden alle Betrachtungen zum Übersetzen im Einzelnen, Zufälligen enden, bei den besonderen, idiomatischen Eigenschaften von Original- und Zielsprache. [...] Statt beliebige Übersetzungen miteinander zu vergleichen, bilden wir zu einem Original eine Menge von Übersetzungsvarianten, mit denen wir die Möglichkeiten der Zielsprache systematisch, d. h. schrittweise ausloten. Wenn wir uns mit der Ausgangsstruktur so nah wie möglich an die sprachlichen Formen des Originals halten, so bekommen wir eine geordnete Menge von Paraphrasen, die in einzelnen Elementen zunehmend mehr Unterschiede gegenüber der Originalstruktur aufweisen.

Das sieht dann z. B. so aus. Wenn sich der alte Mann in Hemingways *The Old Man and the Sea* daran erinnert, dass und warum ein Orkan gerade jetzt nicht zu befürchten ist, sagt er sich, dass jetzt zwar die Jahreszeit ist, in der es Orkane gibt, aber:

When there are no hurricanes, the weather of hurricane months is the best of all the year. If there is a hurricane you always see the signs of it in the sky for days ahead, if your are at sea.

Der zweite Gedanke, der für den alten Mann angesichts eines Sommerwolken-Himmels beruhigend ist, ergibt in seiner formal ähnlichsten Fassung keine besonders gelungene Übersetzungsvariante im Deutschen:

Wenn es einen Orkan gibt, sieht man immer Anzeichen davon am Himmel Tage vorher, wenn man auf See ist.

Ersetzt man *immer* durch *schon* und ändert sukzessive die Reihenfolge der Bestimmungen, so hat man deutlich den Eindruck, dass die Übersetzung Schritt für Schritt besser wird:

... sieht man immer/schon Tage vorher Anzeichen davon am Himmel, wenn man auf See ist.

und:

... sieht man schon Tage vorher am Himmel Anzeichen davon, wenn man auf See ist.

oder:

... sieht man, wenn man auf See ist, schon Tage vorher am Himmel Anzeichen davon.

Verkürzt man dann noch die Struktur des Adverbialsatzes auf eine präpositionale Wortgruppe,

... sieht man auf See schon Tage vorher am Himmel die Anzeichen davon.

so empfinden wir nur noch das Objekt als nicht gelungen. Durch eine weitere (pronominale) Verkürzung und entsprechende Umstellung lässt sich auch dieser Defekt beseitigen:

... sieht man das auf See schon Tage vorher am Himmel.

Und schließlich können wir das Ergebnis noch verfeinern:

... kann man das auf See schon Tage vorher am Himmel sehen.

Voilà. [...]

Wenn wir uns nun darauf einigen, die Verständlichkeit zum obersten Ziel zu machen, zumindest für den Normalfall unseres Sprachgebrauchs, dann haben wir damit natürlich auch schon die allgemeine Maxime für das Übersetzen, auf die wir uns einigen können. Treue zum Original würde in diesem Sinn bedeuten, dass die Verstehbarkeit des Textes durch die Übersetzung keinen Schaden nimmt. Dies bedeutet auf jeden Fall, dass die Übersetzung den Regeln der Zielsprache entsprechen muss. Jede Verletzung dieser Regeln, auch wenn sie die Verstehbarkeit nicht prinzipiell einschränkt, stellt eine Störung des Verstehensprozesses dar und schmälert unsere Erfolgsaussichten. Umgekehrt erhöhen sich unsere Chancen, verstanden zu werden – und damit gehört und gelesen zu werden – in dem Maße, in dem das Potenzial einer Sprache hierfür voll ausgenutzt wird. [...]

Wenn die Übersetzung die Verstehbarkeit eines Textes nicht einschränken soll, dann muss sie diesem Unterschied in der Verarbeitbarkeit von original- und zielsprachlichen Strukturen Rechnung tragen. Eben dies ist es, was bei den schrittweisen Variationen zum Hemingway-Satz zunehmend besser gelingt.

- Zeigen Sie Vor- und Nachteile einer Humanübersetzung. Wo ergeben sich Möglichkeiten einer maschinell gesteuerten Übersetzung im Gegensatz zu einer Humanübersetzung?
- Untersuchen Sie die deutschen Entsprechungen zu dem englischen Wort »hurricane«. Unternehmen Sie eine solche Wortfeldanalyse für das Wort »Meer«.

James Joyce **Ulysses**

Stately, plump Buck Mulligan came from the stairhead, bearing a bowl of lather on which a mirror and a razor lay crossed. A yellow dressinggown, ungirdled, was sustained gently behind him by the mild morning air. He held the bowl aloft and intoned:

– *Introibo ad altare Dei.*

Halted, he peered down the dark winding stairs and called up coarsely:

– Come up, Kinch. Come up, you fearful jesuit.

Solemnly he came forward and mounted the round gunrest. He faced about and blessed gravely thrice the tower, the surrounding country and the awaking mountains. Then, catching sight of Stephen Dedalus, he bent towards him and made rapid crosses in the air, gurgling in his throat and shaking his head.

Hans Wollschläger **Ulysses**

Stattlich und feist erschien Buck Mulligan am Treppenaustritt, ein Seifenbecken in Händen, auf dem gekreuzt ein Spiegel und ein Rasiermesser lagen. Ein gelber Schlafrock mit offenem Gürtel bauschte sich leicht hinter ihm in der milden Morgenluft. Er hielt das Becken in die Höhe und intonierte:

– *Introibo ad altare Dei.*

Innehaltend spähte er die dunkle Wendeltreppe hinunter und kommandierte grob: – Komm rauf, Kinch! Komm rauf, du feiger Jesuit!

Feierlich schritt er weiter und erstieg das runde Geschützlager. Dort machte er kehrt und segnete würdevoll dreimal den Turm, das umliegende Land und die erwachenden Berge. Dann gewahrte er Stephen Dedalus, verneigte sich vor ihm und schlug rasche Kreuze in die Luft, kehlig glucksend dabei und den Kopf schüttelnd.

- Versuchen Sie in Arbeitsgruppen mithilfe entsprechender Wörterbücher eine Übersetzung des Textes von James Joyce. Stellen Sie im Anschluss Ihre Übersetzungsvariante im Plenum vor und beschreiben Sie dabei auch mögliche Schwierigkeiten.
- Welche Charakteristika weist die Übersetzung von Hans Wollschläger auf?

Edward Lear The owl and the pussy-cat

The Owl and the Pussy-cat went to sea
In a beautiful pea-green boat,
They took some honey, and plenty of money,
Wrapped up in a five-pound note.
The Owl looked up to the stars above,
And sang to a small guitar,
»O lovely Pussy! O Pussy, my love,
What a beautiful Pussy you are,
You are,
You are!
What a beautiful Pussy you are!«

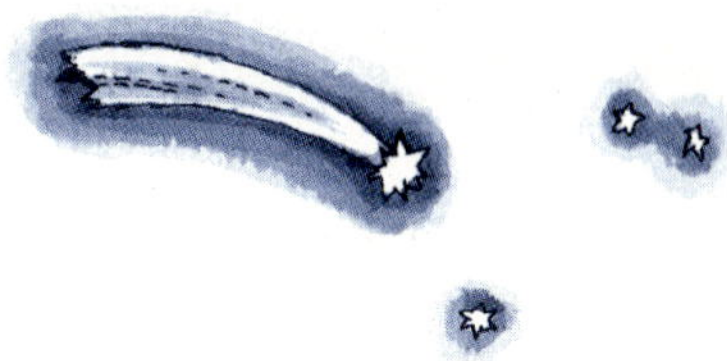

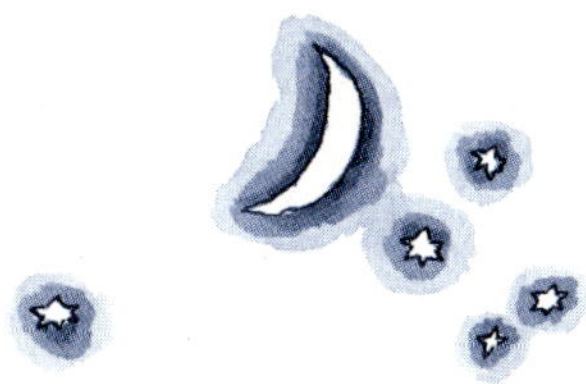

Hans Magnus Enzensberger
Der Kauz und die Katze

Der Kauz fuhr mit der Katze zur See
in einem moosgrünen Nachen,
mit Honig beladen, mit Pflaumenrouladen
und anderen guten Sachen.
Es brachte der Kauz ein Ständchen dar
der Katze auf seiner Gitarren.
»Ich liebe dich rasend, mit Haut und Haar«,
so hört' man ihn jaulen und schnarren.
»Und wenn's dich nicht graut«,
frohlockte er laut,
»dann wirst du heute noch meine Braut!«

Grete Fischer
Der Eul und die Miezekatz

Der Eul und die Miezekatz gingen zur See
In ihrem nilgrünen Boote.
Geld packten sie weise und Honig zur Reise
In eine Hunderternote.
Der Eul blickt' auf zu der Sterne Lauf,
Und er sang und spielte dazu
Auf seiner Laute: »O Mieze, du Traute,
Welch liebliches Miezchen bist du!
Bist du –
Bist du –
Welch liebliches Miezchen bist du!«

- Vergleichen Sie die beiden Übersetzungsvarianten mit dem Original. Entwickeln Sie einen Katalog von Kriterien, die unterschiedliche Übersetzungen erklären könnten.
- Wählen Sie in Arbeitsgruppen kurze Texte in einer Fremdsprache Ihrer Wahl und versuchen Sie eine Übersetzung. Präsentieren Sie anschließend im Plenum eine Fassung und zeigen Sie mögliche Varianten auf.

Projektideen

Einen Themenabend veranstalten

Veranstalten Sie einen Themenabend unter dem Motto »Ohne Übersetzungen läuft nichts«. Bilden Sie in Ihrem Kurs verschiedene Gruppen, die sich mit folgenden Themen auseinander setzen können:

- Untersuchen Sie Gebrauchsanweisungen für technische Geräte ausländischer Hersteller aus angelsächsischen Ländern und vergleichen Sie den deutschen Text mit dem englischen Original. Ziehen Sie hierzu auch zum Vergleich die französische Übersetzung heran. Prüfen Sie in dieser Weise auch Geräte aus EU-Ländern, sofern Sie die Möglichkeit haben, ausländische Schülerinnen und Schüler zu befragen.
- Schreiben Sie ein Songbook mit Ihren Lieblingssongs und eigenen Übersetzungen. Lassen Sie den Originaltext auch von Mitschülerinnen und Mitschülern übersetzen.
- Schreiben Sie zu fremdsprachigen Texten aus dem Unterricht eigene Übersetzungen und gestalten Sie damit eine Pinnwand in Form eines Clusters. Ergänzen Sie die Texte mit Bildmaterial und eventuell auch Tonmaterial.
- Versuchen Sie mithilfe eines Computerprogramms Texte zu übersetzen. Wählen Sie dabei einmal Deutsch und einmal Englisch als Zielsprache.
- Veranstalten Sie eine Lesung fremdsprachiger Texte und ihrer verschiedenen Übersetzungen. Versuchen Sie, dazu ausländische Schülerinnen und Schüler zu gewinnen, die Texte in ihrer Muttersprache vortragen.
- Tragen Sie kurze Spieltexte in ihrer Originalsprache vor. Überlegen Sie hierzu Möglichkeiten, das Verständnis zu sichern. Untersuchen Sie Theaterstücke, die mit Mehrsprachigkeit arbeiten (z. B. von Samuel Beckett). Skizzieren Sie Inszenierungsmöglichkeiten. Berücksichtigen Sie, soweit möglich, muttersprachliche und fremdsprachliche Kompetenzen in Ihrem Kurs.

Nachdenken über Sprache

George Gaylord Simpson Sprache in der Perspektive der Evolution

Fragt man einen Wissenschaftler, was Sprache sei, so sagt seine Antwort wahrscheinlich einiges aus über seine Wissenschaft und seine Einstellung zu ihr. [...] Zufällig bin ich selbst Biologe, der sich mit der Evolution befasst, und Systematiker; auch ich habe natürlich die sich aus diesem Tatbestand ergebenden Antworten parat. Aus der Warte des Systematikers ist die Sprache das in seiner Einmaligkeit am wenigsten geschmälerte und in seiner diagnostischen Aussagekraft vollständigste Charakteristikum des *Homo sapiens.* Vom Standpunkt der Evolution ist Sprache eine biologische Anpassung, die einen wesentlichen Bestandteil der für diese Spezies spezifischen Lebensweise ausmacht. Von beiden Warten aus betrachtet, wäre es interessant zu wissen, was es damit auf sich hat und wie und wann es überhaupt dazu kam, dass unsere Vorfahren die Sprache erwarben und dass kein einziges anderes Tier sie besitzt. [...] Die Feststellung, Sprache sei absolut auf den Menschen beschränkt, weckt den Widerspruch Andersdenkender und bedarf der Erklärung. Weil die Sprache unter anderem ein Mittel zur Weitergabe von Informationen ist, nahm man an, dass jedes derartige Mittel innerhalb des Bereichs der Informationstheorie Sprache sei – ein Gebiet, das inzwischen in einem Maße »in« ist, dass es für viele der eingeweihteren Wissenschaftler zum Statussymbol wurde, sich seines Fachjargons zu bedienen. Aber ausnahmslos alle Organismen empfangen Informationen, verarbeiten sie irgendwie und machen sie sich zu Nutze, wenn man den Begriff Information so versteht, wie er in der Informationstheorie im weitesten Sinn gebraucht wird. Irgendetwas in der physikalischen Umwelt zumindest liefert dem Organismus – sei es eine Bakterie, eine Orchidee oder ein Mensch – »Information«, einem Organismus, der in irgendeiner Art und Weise darauf reagiert. Dieser Vorgang stellt noch kein echtes Problem dar; denn nur wenige der glühendsten Anhänger dieser Theorie würden das als »Kommunikation« bezeichnen. Zur Kommunikation gehört die in Claude Shannons mechanistischer Originalform der Kommunikationstheorie aufgestellte Sequenz: Quelle – Code – Kanal – Decoder – Empfänger, und zwar wenn schon nicht wortwörtlich, so doch in Analoga dazu. Kommunikation muss zu allermindest die Übertragung von Information von einem Organismus als Sender zu einem anderen als Empfänger beinhalten, aber selbst das lässt uns immer noch im Zweifel über die eigentlichen Grenzen des Kommunikationsfeldes und bringt uns der Sprache nicht näher. Falls ein Fuchs und ein Hase sich begegnen und einer flieht, während der andere ihn verfolgt, so wurde innerhalb der dem Begriff zugestandenen Bedeutung Information ausgetauscht. Es fragt sich nur, ob das Kommunikation ist: Ganz sicher ist es nicht Sprache. Gehen wir nun aber noch einen Schritt weiter, einen sehr großen übrigens, und sehen wir uns die so genannte »Sprache« der Bienen an, die zu Recht sehr viel Publizität erlangte. Honigbienen, die die Gegend erkunden oder Nahrung beschaffen, machen nach der Rückkehr zum Bienenstock bestimmte Tanzbewegungen und geben summende Laute von sich, die eine ziemlich genaue Information über die Richtungen, in denen Honig- und Pollenquellen zu finden sind, sowie die Entfernungen dorthin übermitteln. Das ist sicherlich Kommunikation. [...] Kommunikation: ja, Sprache: nein. Ein Kommunikationssystem kann, selbst wenn es symbolhaft und verschlüsselt ist, nicht sinnvoll »Sprache« genannt werden, wenn es weitgehend bzw. völlig instinktiv, ganz und gar starr, im Wesentlichen unwillkürlich ist und über einen einzelnen Gegenstand nur geringfügige Informationen zu übermitteln vermag. Die »Sprache« der Bienen und ähnliche Phänomene bei anderen Tieren sind der echten Sprache so unähnlich, und ihr Ursprung ist ein so gänzlich anderer, dass wir von ihnen über Wesen und Entstehung der menschlichen Sprache nichts lernen können. [...] Worin liegt aber dann der Unterschied? Erstens sind die (wohlverstanden nichtmenschlichen) tierischen Lautäußerungen in ihrer überwiegenden Mehrzahl affektiv oder interjektional: Anlass ist der momentane physiologische und emotionale Zustand des Tieres. Tierische Lautäußerungen benennen, beschreiben, generalisieren nicht. Sie sind nicht symbolhaft. Sie beziehen sich niemals auf Dinge, die im Augenblick des Äußerns nicht tatsächliche, physische Realität sind. Sie sind nicht schöpferisch-produktiv: Jede Vokalisation ist eine isolierte Einheit, und alle Laute stehen spezifisch mit nur ganz wenigen Einzelsituationen in Zusammenhang; sie können zur Übermittlung von Informationen über mehrere oder über komplexere Situationen nicht erweitert bzw. kombiniert werden. Sie lassen Wissen in einem größeren Ausmaß nicht zu und sind nicht in der Lage, einen ganzen Wissenskomplex auszudrücken, geben demzufolge also keinen Lebensstil, keine kulturelle Tradition weiter. All das aber [...] vollbringt die menschliche Sprache mit außergewöhnlicher Perfektion. Jede Sprache benennt, beschreibt und generalisiert all das, was jene, die diese Sprache sprechen, mitzuteilen oder darüber zu denken Gelegenheit haben. Sie tut das, indem sie alle Dinge, Handlungen und abstrakten Begriffe symbolisiert. Sie kann sich auf Dinge beziehen (und tut das auch), die nicht gegenwärtig sind, so auf Vergangenheit, Zukunft, ja sogar auf Dinge (oder Vorstellungen), die niemand in der Realität jemals für möglich hält. Sie ist buchstäblich unendlich schöpferisch-produktiv: Ihrem Vermögen zur Erweiterung und Kombination, eine Voraussetzung dafür, sie auf neue Situationen, auf Dinge anzuwenden, die nie je zuvor gedacht oder mitgeteilt wurden, sind keine Grenzen gesetzt. Sie erleichtert ganz enorm die Lernmöglichkeiten und verschafft ihnen eine breitere Basis. Sie ist das wichtigste soziale Erbe und bildet ein wesentliches Element, wenn es darum geht, kulturelle Merkmale zu bewahren, funktionsfähig zu erhalten, zu modifizieren und zu überliefern.

- Wie geht Simpson vor? Kennzeichnen Sie den gedanklichen Aufbau des Textauszuges.
- Arbeiten Sie heraus, wie und warum Simpson die Begriffe »Information«, »Kommunikation« und »Sprache« voneinander abgrenzt.
- Stellen Sie die artspezifischen Besonderheiten der menschlichen Sprache denen der Tiere gegenüber. Führen Sie an geeigneten Beispielen aus, inwiefern Sprache »das wichtigste soziale Erbe« ist.

Moses Das Buch Genesis

Die Erschaffung der Welt

Im Anfang schuf Gott Himmel und Erde: [2]die Erde aber war wüst und wirr. Finsternis lag über der Urflut, und Gottes Geist schwebte über dem Wasser. [3]Gott sprach: Es werde Licht. Und es wurde Licht. [4]Gott sah, dass das Licht gut war. Gott schied das Licht von der Finsternis, [5]und Gott nannte das Licht Tag, und die Finsternis nannte er Nacht. Es wurde Abend, und es wurde Morgen: erster Tag.

Der Turmbau zu Babel

Alle Menschen hatten die gleiche Sprache und gebrauchten die gleichen Worte. [2]Als sie vom Osten aufbrachen, fanden sie eine Ebene im Land Schinar und siedelten sich dort an. [3]Sie sagten zueinander: Auf, formen wir Lehmziegel, und brennen wir sie zu Backsteinen. So dienten ihnen gebrannte Ziegel als Steine und Erdpech als Mörtel. [4]Dann sagten sie: Auf, bauen wir uns eine Stadt und einen Turm mit einer Spitze bis zum Himmel, und machen wir uns damit einen Namen, dann werden wir uns nicht über die ganze Erde zerstreuen. [5]Da stieg der Herr herab, um sich Stadt und Turm anzusehen, die die Menschenkinder bauten. [6]Er sprach: Seht nur, ein Volk sind sie, und eine Sprache haben sie alle. Und das ist erst der Anfang ihres Tuns. Jetzt wird ihnen nichts mehr unerreichbar sein, was sie sich auch vornehmen. [7]Auf, steigen wir hinab, und verwirren wir dort ihre Sprache, sodass keiner mehr die Sprache des anderen versteht. [8]Der Herr zerstreute sie von dort aus über die ganze Erde, und sie hörten auf, an der Stadt zu bauen. [9]Darum nannte man die Stadt Babel (Wirrsal), denn dort hat der Herr die Sprache aller Welt verwirrt, und von dort aus hat er die Menschen über die ganze Erde zerstreut.

Aristoteles Politik

Der Mensch ist aber das einzige Lebewesen, das Sprache besitzt. Die Stimme zeigt Schmerz und Lust an und ist darum auch den anderen Lebewesen eigen (denn bis zu diesem Punkte ist ihre Natur gelangt, dass sie Schmerz und Lust wahrnehmen und dies einander anzeigen können). Die Sprache dagegen dient dazu, das Nützliche und Schädliche mitzuteilen und so auch das Gerechte und Ungerechte. Dies ist nämlich im Gegensatz zu den anderen Lebewesen dem Menschen eigentümlich, dass er allein die Wahrnehmung des Guten und Schlechten, des Gerechten und Ungerechten und so weiter besitzt. Die Gemeinschaft in diesen Dingen schafft das Haus und den Staat.

Augustinus Bekenntnisse

Kein lallendes Kind war ich mehr, vielmehr ein Knabe, der sprechen konnte. Und ich entsinne mich dessen; wie ich sprechen lernte, darüber habe ich mir erst später Gedanken gemacht. Nicht lehrten es mich nämlich Erwachsene, indem sie mir nach irgendeinem bestimmten Lehrverfahren die Worte darboten, wie sie mir bald hernach die Buchstaben beibrachten: Ich selbst tat es kraft des Verstandes, den du, mein Gott, mir gegeben. Durch klagende Töne und mancherlei Laute und allerlei Gezappel wollte ich kundtun, was mein Herz bewegte, damit man mir willfährig sei: Doch vermochte ich dies nicht mit allem, was ich wollte, und gegenüber allen, bei denen ich es wollte. Ich erwog solches in meinem Gedächtnis: Wenn die Erwachsenen irgendein Ding nannten und in Verbindung mit diesem Laut sich nach etwas hinbewegten, sah ich und merkte mir, dass sie mit den ausgesprochenen Lauten jene Sache benannten, die sie mir zeigen wollten. Dass dies aber in ihrer Absicht lag, offenbarte sich mir aus der Hinwendung des Körpers, jener gemeinmenschlichen natürlichen Zeichensprache, die aus dem Mienenspiel, dem Winken mit den Augen, den Gebärden der übrigen Glieder besteht, sowie dem Ton der Stimme, der die Empfindungen der Seele zu erkennen gibt, wenn sie etwas begehrt oder besitzt, zurückweist oder flieht. So lernte ich nach und nach aus dem, was in verschiedener Bedeutung in besonderem Zusammenhang gebraucht wurde und häufig an mein Ohr drang, die Bedeutung der Worte; ich bemühte mich, diese Zeichen mit meinem eigenen Mund vollkommen nachzuformen, und gab dadurch meine eigenen Wünsche kund. Auf diese Weise tauschte ich mit denen, unter denen ich lebte, die Zeichen der Willensbekundungen aus und bin tiefer eingedrungen in die stürmische menschliche Lebensgemeinschaft; noch abhängig allerdings von der elterlichen Gewalt und dem Winken der Erwachsenen.

Wilhelm von Humboldt **Von der Sprache**

Form der Sprachen. Die Sprache, in ihrem wirklichen Wesen aufgefasst, ist etwas beständig und in jedem Augenblicke Vorübergehendes. Selbst ihre Erhaltung durch die Schrift ist immer nur eine unvollständige, mumienartige Aufbewahrung, die es doch erst wieder bedarf, dass man dabei den lebendigen Vortrag zu versinnlichen sucht. Sie selbst ist kein Werk (Ergon), sondern eine Tätigkeit (Energeia). Ihre wahre Definition kann daher nur eine genetische sein. Sie ist nämlich die sich ewig wiederholende Arbeit des Geistes, den artikulierten Laut zum Ausdruck des Gedanken fähig zu machen. Unmittelbar und streng genommen ist dies die Definition des jedesmaligen Sprechens; aber im wahren und wesentlichen Sinne kann man auch nur gleichsam die Totalität dieses Sprechens als die Sprache ansehen. Denn in dem zerstreuten Chaos von Wörtern und Regeln, welches wir wohl eine Sprache zu nennen pflegen, ist nur das durch jenes Sprechen hervorgebrachte Einzelne vorhanden und dies niemals vollständig, auch erst einer neuen Arbeit bedürftig, um darauf die Art des lebendigen Sprechens zu erkennen und ein wahres Bild der lebendigen Sprache zu geben. Gerade das Höchste und Feinste lässt sich an jenen getrennten Elementen nicht erkennen und kann nur (was umso mehr beweist, dass die eigentliche Sprache in dem Akte ihres wirklichen Hervorbringens liegt) in der verbundenen Rede wahrgenommen oder geahndet werden. Nur sie muss man sich überhaupt in allen Untersuchungen, welche in die lebendige Wesenheit der Sprache eindringen sollen, immer als das Wahre und Erste denken. Das Zerschlagen in Wörter und Regeln ist nur ein totes Machwerk wissenschaftlicher Zergliederung. Die Sprachen als eine Arbeit des Geistes zu bezeichnen, ist schon darum ein vollkommen richtiger und adäquater Ausdruck, weil sich das Dasein des Geistes überhaupt nur in Tätigkeit und als solche denken lässt. [...]

Ich habe schon im Obigen darauf aufmerksam gemacht, dass wir uns, wenn ich mich so ausdrücken darf, mit unserem Sprachstudium durchaus in eine geschichtliche Mitte versetzt befinden, und dass weder eine Nation noch eine Sprache unter den uns bekannten ursprünglich genannt werden kann. Da jede schon einen Stoff von früheren Geschlechtern aus uns unbekannter Vorzeit empfangen hat, so ist die, nach der obigen Erklärung, den Gedankenaustausch hervorbringende geistige Tätigkeit immer zugleich auf etwas schon Gegebenes gerichtet, nicht rein erzeugend, sondern umgestaltend. Diese Arbeit nun wirkt auf eine konstante und gleichförmige Weise. Denn es ist die gleiche, nur innerhalb gewisser, nicht weiter Grenzen verschiedne geistige Kraft, welche dieselbe ausübt. Sie hat zum Zweck das Verständnis. Es darf also niemand auf andre Weise zum andren reden, als dieser, unter gleichen Umständen, zu ihm gesprochen haben würde. Endlich ist der überkommene Stoff nicht bloß der nämliche, sondern auch, da er selbst wieder einen gleichen Ursprung hat, ein mit der Geistesrichtung durchaus nahe verwandter. Das in dieser Arbeit des Geistes, den artikulierten Laut zum Gedankenausdruck zu erheben, liegende Beständige und Gleichförmige, so vollständig als möglich in seinem Zusammenhange aufgefasst und systematisch dargestellt, macht die Form der Sprache aus.

In dieser Definition erscheint dieselbe als ein durch die Wissenschaft gebildetes Abstraktum. Es würde aber durchaus unrichtig sein, sie auch an sich bloß als ein solches daseinloses Gedankenwesen anzusehen. In der Tat ist sie vielmehr der durchaus individuelle Drang, vermittelst dessen eine Nation dem Gedanken und der Empfindung Geltung in der Sprache verschafft. Nur weil uns nie gegeben ist, diesen Drang in der ungetrennten Gesamtheit seines Strebens, sondern nur in seinen jedes Mal einzelnen Wirkungen zu sehen, so bleibt uns auch bloß übrig, die Gleichartigkeit seines Wirkens in einen toten allgemeinen Begriff zusammenzufassen. In sich ist jener Drang eins und lebendig.

Edward Sapir Vom Wesen der Sprache

Die Sprache ist so eng mit unserem Alltagsleben verbunden, dass wir uns selten die Mühe nehmen, über ihr Wesen nachzudenken. Sprechen erscheint uns als so selbstverständlich wie Gehen und kaum weniger selbstverständlich als Atmen. Ein wenig Überlegung wird uns freilich schnell davon überzeugen, dass unser Gefühl hier täuscht. Objektiv betrachtet ist nämlich die Art und Weise, wie wir das Sprechen lernen, grundverschieden von der Art, wie wir das Gehen lernen. Im letzteren Fall spielen zivilisatorische Momente, nämlich die Masse überlieferter Sitten und Gebräuche, kaum eine Rolle. Ein Kind verfügt, dank dem komplizierten Zusammenspiel von Faktoren, die wir seine biologische Erbmasse nennen, über eine Apparatur von Muskeln und Nerven, die ihm das Gehen ermöglichen. Man kann sogar sagen, dass die Anordnung dieser Muskeln und der einschlägigen Teile des Nervensystems in erster Linie auf die Bewegungen eingestellt ist, die beim Gehen und ähnlichen Tätigkeiten notwendig werden. Der Mensch ist eigentlich schon zum Gehen prädestiniert: Und das nicht etwa deshalb, weil ihm von den Älteren dabei geholfen wird, sich diese Kunstfertigkeit anzueignen, sondern weil der menschliche Organismus von Geburt, ja schon vom Moment der Empfängnis an darauf eingerichtet ist, all die Anstrengungen der Nerven und Muskeln zu machen, die letzten Endes zum Gehen führen. Kurz gesagt, Gehen ist eine angeborene biologische Funktion des menschlichen Organismus.

Ganz anders steht es um die Sprache. Zwar ist in einem gewissen Sinn jeder Mensch auch zum Sprechen prädestiniert, aber das kommt ausschließlich daher, dass ein neues Menschenkind nicht nur als Kind der Natur auf der Bühne dieser Welt erscheint, sondern auch als Mitglied eines Gemeinwesens, das den Neuankömmling normalerweise in all seine Bräuche einführen wird. Man stelle sich einmal vor, ein solches Gemeinwesen sei nicht vorhanden! Dann würde das neue Lebewesen, sollte es überhaupt am Leben bleiben, wohl sicher das Gehen lernen. Ebenso sicher würde es niemals lernen zu sprechen, d. h., es würde ihm nie möglich sein, Gedanken in dem Sprachsystem einer bestimmten Gemeinschaft mitzuteilen. Oder man setze den anderen Fall: Das Neugeborene würde aus dem sozialen Milieu, in das es hineingeboren ist, entfernt und in ein ihm völlig fremdes Milieu verpflanzt. Dann würde es das Gehen wohl ziemlich genauso erlernen, wie es das in der alten Umgebung getan hätte. Seine Sprache aber wird grundverschieden sein von der des ursprünglichen Milieus. Das Gehen ist somit eine allen Menschen eigene Tätigkeit, deren Ausführung bei den einzelnen Individuen Unterschiede nur innerhalb recht enger Grenzen zulässt. Solche Unterschiede sind weder bewusst noch zweckbestimmt. Die Sprache dagegen ist eine allen Menschen eigene Tätigkeit, deren unterschiedlichen Ausführung durch die einzelnen Sprachgemeinschaften keine erkennbaren Grenzen gesetzt sind: Denn die Sprache ist das rein historisch bedingte Erbe einer solchen Gemeinschaft, das Ergebnis lang andauernden Gemeingebrauchs. Die Sprache verändert sich wie alles, was der schöpferische Geist des Menschen hervorbringt: nicht ganz so zielstrebig vielleicht, aber mit dem gleichen Effekt, wie die Religion, die Kultur, das Brauchtum und die Kunst der einzelnen Völker, sich fortlaufend ändern. Das Gehen ist, obschon natürlich nicht selbst ein Instinkt, eine instinktive Funktion des menschlichen Organismus; die Sprache ist eine erworbene, eine zivilisatorische Funktion des Menschen.

- Vergleichen Sie die Textauszüge im Hinblick auf die Behandlung von Sprache und stellen Sie Ihre Ergebnisse in einer Mind-Map vor.
- Wie erklären Sie sich Parallelen und Unterschiede? Berücksichtigen Sie die Entstehungszeit der Texte.
- Welche Aussagen sind einleuchtend, welche problematisch? Formulieren Sie schriftlich eine begründete Stellungnahme.
- Untersuchen Sie die Rolle der Sprache in verschiedenen Schöpfungsmythen, z. B. in indischen, griechischen, germanischen sowie bei den Aborigines.

Helmut Seiffert Das Wort und die Gegenstände in der Welt

Philosophie ist Nachdenken über das, was uns als »*die Welt*« gegeben ist. Aber wo soll dieses Nachdenken einsetzen? Wir müssen einen *Anfangspunkt* haben, von dem aus wir eins aus dem anderen entwickeln können.

Als Anfangspunkt wählen wir dies. Wir finden in der Welt *Gegenstände* vor: Bäume, Tiere, Häuser, Geräte, aber auch: Kunstwerke, wissenschaftliche Texte, Religionen und vieles andere. Diesen Gegenständen können wir *Wörter* unserer *Sprache* zuordnen. Wir sagen: Dies ist ein Baum, das ist ein Haus, dies ist ein Buch, das ist eine Theorie, das ist eine Weltanschauung – und so fort. Das scheint also zunächst ganz unproblematisch zu sein: Wir leben in einer Welt. In dieser Welt treffen wir auf Gegenstände. Wir verfügen über eine Sprache, mit der wir von diesen Gegenständen sprechen. Gegenstände und Sprache sind einander zugeordnet.

Jeder, der mehr als eine Sprache – ja schon jeder, der nur mehrere Dialekte oder Regionalsprachen seiner Muttersprache kennt, wird durch eine Tatsache stutzig: Die Zuordnung von Wörtern und Gegenständen ist nicht in allen Sprachen die gleiche.

Dass ein Wort für einen bestimmten Gegenstand in verschiedenen Sprachen verschieden lautet, dass also der Gegenstand, der in Deutschland »Pferd« heißt, in anderen Sprachen »equus«, »cavallo«, »cheval«, »horse« usw. genannt wird, ist dabei noch gar nicht einmal so erstaunlich; denn warum sollten nicht die uns in der Welt gegebenen Gegenstände in den verschiedenen Sprachen durch verschiedene Laut- bzw. Buchstabenfolgen wiedergegeben werden? Wenn es also ein bestimmtes, für alle Sprachen gleiches, »Wortnetz« gäbe, dessen Verknüpfungspunkte in den verschiedenen Sprachen nur verschieden lauteten, bestünde hier keine Schwierigkeit.

Nun weiß aber schon der Zehnjährige, der Englisch lernt, dass die Dinge so einfach nicht liegen. Er lernt zum Beispiel, dass es im Englischen mehrere Wörter für »groß« gibt, zum Beispiel »big« und »large«. Auch das scheint auf den ersten Blick nicht gefährlich, denn auch in unserer Muttersprache kennen wir *Synonyma,* das heißt Wörter, die (wenigstens ungefähr) den gleichen Gegenstand bezeichnen: statt »Schlips« kann man auch »Krawatte« sagen, statt »Samstag«: »Sonnabend«, statt »Schornstein«: »Schlot« und so fort.

Aber: Die verschiedenen Wörter für »groß«, die der Schüler lernt, haben – innerhalb der allgemeinen Bedeutung »groß« – jeweils verschiedene Unterbedeutungen. Das zeigt folgende Aufstellung:

»big«:	»groß« im Sinne von: »umfangreich, dick, korpulent«
»large«:	»groß« im Sinne von: »großflächig, umfassend, weit«
»tall«:	»groß« im Sinne von: »lang, hochgewachsen« (Mensch, Baum)
»great«:	»groß« im Sinne von: »bedeutend, vornehm«
»grand«:	»groß« im Sinne von: »großartig«

Schon aus dieser Tabelle ergibt sich, dass die Beziehungen zwischen »Wort« und »Sache« im Englischen andere sind als im Deutschen, und zwar nach beiden Seiten hin: Einerseits wird anstelle des *einen* deutschen Wortes »groß« im Englischen eine Fülle anderer Wörter gebraucht: »big«, »large«, »tall«, »great«, »grand« und so fort.

Andererseits aber kann man für jeweils *eines* dieser englischen Wörter im Deutschen nicht nur »groß« sagen, sondern auch jeweils passende andere Wörter einsetzen: für »big« auch »dick«, für »large« auch »weit«, für »tall« auch »lang«, für »great« auch »bedeutend«, für »grand« auch »großartig«.

Einem deutschen Wort (zum Beispiel »groß«) können *mehrere* englische Wörter, und *einem* englischen Wort (zum Beispiel »big«) können *mehrere* deutsche Wörter entsprechen.

Dieser Verschränkung des Wortgebrauches entspricht nun eine Überschneidung der Geltungsbereiche der Wörter verschiedener Sprachen.

Diese Überschneidungen können wir anschaulich darstellen. Der Übersichtlichkeit halber beschränken wir uns auf die englischen Wörter »big« und »large« und ihren Bedeutungsbereich. Wir können nun (in deutscher Sprache) eine *Bedeutungsskala* anlegen und auf dieser Skala die deutschen und englischen Ausdrücke abtragen:

Bedeutungsskala:	korpulent	gewaltig	breit
deutsche Wörter:	dick	groß	
englische Wörter:	big		large

Hier wird die *Bedeutungsversetzung* zwischen beiden Sprachen deutlich: »Groß« kann zwar »gewaltig« und »breit« bedeuten, jedoch (im Neuhochdeutschen) nicht »dick«; umgekehrt kann »big« zwar »korpulent« und »gewaltig« bedeuten, nicht aber »breit, weit«.

»Groß« und »big« überschneiden sich also nur in der Bedeutung »gewaltig«, nicht aber in den Bedeutungen »korpulent« (nur »big« möglich) und »breit, weit« (nur »groß« möglich). [...]

Wir Europäer sprechen von einer »rieselnden Quelle«. Das heißt: Wir grenzen zunächst einen Gegenstand ab, den wir »Quelle« nennen. Diese Quelle kann nun verschieden beschaffen sein: Sie kann etwa ein kleiner Teich sein, von dessen Grund Wasser aufquillt und an dessen Rand Wasser abläuft; sie kann jedoch auch ein Rinnsal sein, das aus einer Felsenspalte herausfließt. Je nachdem, welche nähere Beschaffenheit der von uns aus der Welt ausgegliederte Gegenstand »Quelle« hat, können wir zum Beispiel von einer »stehenden« oder einer »rieselnden« »Quelle« sprechen. Ganz anders ein Indianer. Wenn er das sieht, was wir eine »rieselnde Quelle« nennen, gebraucht er ein Wortgebilde, das etwa so zu übersetzen ist: »wasserartige weiße Abwärtsbewegung«. Während wir also zunächst einen Gegenstand »Quelle« identifizieren und ihm die besondere Beschaffenheit »rieselnd« zusprechen, kombiniert der Indianer die »Gegenstände« »Abwärtsbewegung«, »weiß« und »wasserartig« (Whorf).

Ferner: Wenn wir einen Schimmel ein »weißes Pferd« nennen, so stellen wir uns dabei zunächst ein Pferd vor, dem wir dann die besondere Beschaffenheit »weiß« zuerteilen. Theoretisch wäre auch das Umgekehrte möglich: Wir denken uns zunächst einen weißen Gegenstand (der ja auch eine Gans, ein Bettlaken, Schnee oder ein Zahn sein könnte), dem wir nachträglich die Beschaffenheit »Pferd« zusprechen; einen Schimmel müssten wir dann etwa als »pferdiges Weiß« definieren.

Alle diese Beispiele (die sich beliebig vermehren ließen) sollen nur zeigen: Es gibt nicht unbedingt eine Aufgliederung der Welt in Gegenstände an sich – sondern wie ich die Welt aufgliedere, hängt zunächst von der Sprache ab, die ich spreche. Nun bieten Gegenstände wie »Baum« oder »Pferd« da noch keine Schwierigkeit. Ein Pferd ist ein Gegenstand, der sich aus seiner Umgebung zwanglos herausheben lässt; und dass man zunächst ein Pferd als lebenden, sich bewegenden Gegenstand erfasst und dann erst feststellt, welche Farbe dieser Gegenstand hat, ob also dieses Pferd weiß, braun oder schwarz ist, liegt auch auf der Hand. Aber schwierig wird es schon bei Gegenständen, die etwa durch Wörter wie »Schätzung«, »Achtung«, »Verehrung«, »Zuneigung« und »Liebe« – oder durch Ausdrücke wie »nachdenken«, »überlegen«, »grübeln« voneinander unterschieden werden müssen: »Je weniger sich die sprachliche Gliederung aufdrängt, ... um so unsicherer werden die Beziehungen der Wörter verschiedener Sprachen zueinander« (Kamlah/Lorenzen) – das heißt also, um so weniger eindeutig ist uns ein Leitfaden an die Hand gegeben, nach dem wir Gegenständen Wörter zuordnen sollen und können.

- Untersuchen Sie die Zuordnung von Wörtern und Gegenständen in verschiedenen Sprachen (z. B. die Begriffe »Schnee« und »Eis« in der Sprache der Inuit). Orientieren Sie sich ggf. an der Vorgehensweise Seifferts.
- »Wie ich die Welt aufgliedere, hängt zunächst von der Sprache ab, die ich spreche.« Leiten Sie aus der Aussage Seifferts das Verhältnis zwischen Sprache und Wirklichkeit ab. Präsentieren Sie Ihre Ergebnisse anhand eines Modells.
- Diskutieren Sie die Konsequenzen aus der Erkenntnis, wonach Sprachen die Welt verschieden wiedergeben.

René Magritte: *Der Verrat der Bilder (Dies ist keine Pfeife), 1928/29*

Johannes-Evangelium (Prolog, 1, 1–3)

Im Anfang war das Wort, und das Wort war bei Gott, und das Wort war Gott. Im Anfang war es bei Gott. Alles ist durch das Wort geworden und ohne das Wort wurde nichts, was geworden ist.

Johann Wolfgang von Goethe »Name ist Schall und Rauch«

MARGARETE: Nun sag', wie hast du's mit der Religion?
Du bist ein herzlich guter Mann,
Allein, ich glaub', du hältst nicht viel davon.
FAUST: Lass das, mein Kind! Du fühlst, ich bin dir gut;
Für meine Lieben ließ' ich Leib und Blut,
Will niemand sein Gefühl und seine Kirche rauben.
MARGARETE: Das ist nicht recht, man muss dran glauben!
FAUST: Muss man?
MARGARETE: Ach! wenn ich etwas auf dich könnte!
Du ehrst auch nicht die heil'gen Sakramente.
FAUST: Ich ehre sie.
MARGARETE: Doch ohne Verlangen.
Zur Messe, zur Beichte bist du lange nicht gegangen.
Glaubst du an Gott?
FAUST: Mein Liebchen, wer darf sagen:
Ich glaub' an Gott?
Magst Priester oder Weise fragen:
Und ihre Antwort scheint nur Spott
Über den Frager zu sein.
MARGARETE: So glaubst du nicht?
FAUST: Misshör' mich nicht, du holdes Angesicht!
Wer darf ihn nennen?
Und wer bekennen:
Ich glaub' ihn.
Wer empfinden
Und sich unterwinden
Zu sagen: Ich glaub ihn nicht?
Der Allumfasser,
Der Allerhalter,
Fasst und erhält er nicht
Dich, mich, sich selbst?
Wölbt sich der Himmel nicht dadroben?
Liegt die Erde nicht hierunten fest?
Und steigen freundlich blickend
Ewige Sterne nicht herauf?
Schau' ich nicht Aug' in Auge dir,
Und drängt nicht alles
Nach Haupt und Herzen dir,
Und webt in ewigem Geheimnis
Unsichtbar sichtbar neben dir?
Erfüll' davon dein Herz, so groß es ist,
Und wenn du ganz in deinem Gefühle selig bist,
Nenn' es dann wie du willst,
Nenn's Glück! Herz! Liebe! Gott!
Ich habe keinen Namen
Dafür! Gefühl ist alles;
Name ist Schall und Rauch,
Umnebelnd Himmelsglut.
MARGARETE: Das ist alles recht schön und gut;
Ungefähr sagt das der Pfarrer auch,
Nur mit ein bisschen andern Worten.
FAUST: Es sagen's allerorten
Alle Herzen unter dem himmlischen Tage,
Jedes in seiner Sprache;
Warum nicht ich in der meinen?

- Wie und warum verändert Faust im Dialog mit Gretchen den »Wort«-Begriff der Genesis?

Rede-Kunst

Kurt Tucholsky Ratschläge für einen guten Redner

Hauptsätze. Hauptsätze. Hauptsätze.
Klare Disposition im Kopf – möglichst wenig auf dem Papier. Tatsachen oder Appell an das Gefühl. Schleuder oder Harfe. Ein Redner sei kein Lexikon. Das haben die Leute zu Hause. Der Ton einer einzelnen Stimme ermüdet; sprich nie länger als vierzig Minuten. Suche keine Effekte zu erzielen, die nicht in deinem Wesen liegen. Ein Podium ist eine unbarmherzige Sache – da steht der Mensch nackter als im Sonnenbad.

Die Kunst der Rede: Redemuster in verschiedenen Zeiten

Neben dem Belehren *(docere)* und dem Unterhalten *(delectare)* ist die Veränderung im Bewusstsein des Hörers, die über den Appell an das Gefühl geht *(movere)* entscheidend. Ziel allen Redens war das Überzeugen oder Überreden.

In der Antike war Rhetorik die Kunst, gut zu reden *(ars bene dicendi)*. Die natürliche Anlage und Fähigkeit des Redners *(ingenium)* musste ergänzt werden durch handwerkliche Fertigkeiten, die man durch Nachahmung bekannter Muster *(imitatio)*, Erkennen ihrer Regeln *(doctrina)* und wiederholte Übung *(exercitium)* erlernte. Auf dieses Ziel hin war der Aufbau der Rede ausgerichtet. War das Problem klar erkannt *(intellectio)*, galt es, gute Argumente zu finden *(inventio)*, eine klare Gedankenführung *(dispositio)* und eine ausgefeilte Formulierung *(elocutio)*; die Rede musste danach einstudiert *(memoria)* und gut vorgetragen werden *(pronuntiatio)*.

Baumuster der antiken Rede in acht Schritten

Gewinnen des Wohlwollens
(captatio benevolentiae)
Darlegung der gegenwärtigen Situation
(narratio)
Gliederung der Hauptpunkte des Beweises
(divisio)
Widerlegung der gegnerischen Argumente
(refutatio)
Vortrag der eigenen Beweise
(argumentatio)
Zusammenfassung der Tatsachen (conclusio)
Anfeuern; Begeistern (motus)
Aufruf zur Tat (actio)

Baumuster der theologischen Disputation im Mittelalter in fünf Schritten

Ausgangsfrage
(quaestio oder propositio)
Aufzeigen eines Mangels
(videtur quod non)
Gegenaussage
(in oppositum: contra)
Aussage
(in oppositum: pro)
Ergebnis der Diskussion
(solutio)

Heute hat sich das Baumuster in fünf Schritten durchgesetzt, wobei man unterscheidet zwischen einem sich linear entwickelnden Schema und einem dialektisch aufgebautem.

Linear

Einleitung
Thema/Problemstellung/These
Hauptteil
1. Argument und Beispiel
in steigender Linie
2. Argument und Beispiel
3. ...
Abschließendes Argument

Schluss Appell

Dialektisch

Einleitung
These/Problemstellung
Hauptteil
Vorschlag (These) mit
Argument und Beispiel
Gegenvorschlag (Antithese)
mit Argument und Beispiel
Diskussion/Lösung bzw.
Kompromiss (Synthese)
Schluss Appell

Dankesrede von Johannes Rau nach seiner Wahl zum Bundespräsidenten am 23.5.1999

Meine Damen und Herren, ich danke allen ganz herzlich, die mich gewählt haben, und bekunde denen meinen Respekt, die sich für die Mitbewerberinnen entschieden haben, denen ich meinen Respekt nicht versage. In diesen Tagen habe ich gelegentlich gesagt, an dem Wort Familienbande ist viel Wahres dran. Aber ich sage jetzt, es ist für mich nicht nur eine selbstverständliche Pflicht, sondern auch eine persönliche Verpflichtung, von dem Tag an, an dem ich das Amt des Bundespräsidenten wahrnehme, über alle Grenzen und über alle Unterschiede hinweg der Bundespräsident aller Deutschen zu sein und der Ansprechpartner für alle Menschen, die ohne einen deutschen Pass bei uns leben und arbeiten.

Am 9. November, der Bundestagspräsident hat heute Morgen daran erinnert, denken wir an den Tag vor zehn Jahren, an dem die Mauer gefallen ist. Wir werden uns, wir müssen uns daran erinnern, dass wir das denen zu verdanken haben, die mit Kerzen und Demonstrationen und Bildern und Gebeten sich frei gemacht haben von einem System, in dem sie nicht mehr leben wollten. Aber wir dürfen nicht vergessen – dass die deutsche Einheit und der europäische Einigungsprozess zwei Seiten einer Medaille sind. Es ist in unserem eigenen und europäischen Interesse, dass wir unsere Anstrengungen fortsetzen, damit die Menschen in allen 16 Ländern der Bundesrepublik gleiche Lebenschancen haben. Heute vor 50 Jahren wollen wir in einer besonderen Veranstaltung daran denken, dass das Grundgesetz in Kraft getreten ist. Ich wünsche mir, dass wir uns bei allen Kontroversen über einzelne Sachfragen und bei allem politischen Streit, den es gibt und geben muss und immer geben wird, immer wieder neu darauf besinnen, dass wir in unserer Verfassung etliches unaufgebbar festgeschrieben haben: Dass die Würde des Menschen unantastbar ist – da steht nicht, die Würde der Deutschen, sondern die Würde des Menschen.

Dass Frauen und Männer gleiche Chancen und gleiche Rechte haben sollen, dass das private Eigentum zugleich dem Allgemeinwohl dienen soll. Es hat eine lange Diskussion gegeben, auch unter uns über das Grundgesetz und seine Chancen, über das Verhältnis von Vaterlandsliebe, Patriotismus und Nationalismus. Ich glaube, dass Nationalismus und Separatismus Geschwister sind, und ich will nie ein Nationalist sein, aber ein Patriot wohl. Ein Patriot ist jemand, der sein Vaterland liebt und Nationalist ist jemand, der die Vaterländer der anderen verachtet. Wir aber wollen ein Volk der guten Nachbarn sein – in Europa und in der Welt.

Wir leben in einem Zustand des Krieges, der hervorgerufen ist durch Menschenrechtsverletzung und durch schreckliche Verfolgung. Ich hoffe und wünsche, dass dieser Krieg nicht lange dauern muss und ich hoffe, dass dann, wenn ich mein Amt antrete, die diplomatischen Bemühungen Erfolg gehabt haben, denen ich von ganzem Herzen, Herr Bundeskanzler, zustimme, damit möglichst schnell Friede ist und Friede sein kann in Deutschland und Europa.

Ich danke allen herzlichst, die mir ihr Vertrauen gegeben haben und bitte alle, ob sie mich gewählt haben oder nicht: Nehmen Sie mich so an wie ich bin, haben Sie Geduld mit meinen Schwächen, suchen Sie ein bisschen mit nach meinen Stärken und so sage ich, ich grüße alle Deutschen, ich grüße unsere Nachbarn, ich grüße unsere Freunde überall in der Welt.

Redeanlässe und Redeformen

In der Antike unterschied man
- die Streitrede zur Klärung einer Sache,
- die Gerichtsrede zur Findung eines Urteils,
- die Lobrede (laudatio) zur Würdigung einer Person oder Sache.

Sehr bald entwickelten sich weitere Formen:
- die Totenrede als besondere Form der Laudatio,
- die Predigt als Weiterentwicklung der Streitrede,
- die agitatorische Rede als Zuspitzung der politischen Rede,
- der Fachvortrag zur Vermittlung von Wissen,
- die Begrüßungs- und Abschiedsrede,
- die Dankesrede,
- die Stegreifrede zu verschiedenen Anlässen,
- die Narrenrede als versteckte Form der Anklage,
- die Büttenrede als Weiterentwicklung der Narrenrede.

- Erarbeiten Sie den Aufbau der Rede Johannes Raus und zeigen Sie, welche Struktur er seiner Ansprache zugrunde gelegt hat. Stellen Sie die zentralen Aussagen in Ihren Worten dar. Informieren Sie sich über die von Rau angesprochenen Hintergründe seiner Rede.
- Nehmen Sie zur Rede Raus Stellung.
- Stellen Sie in Gruppenarbeit einen Reader mit ausgewählten Beispieltexten zu verschiedenen Redeanlässen und -formen zusammen. Begründen Sie im Plenum Ihre Auswahl.

Stilfiguren

Wortfiguren	Beispiel
Euphemismus (Beschönigung)	Er ist für immer von uns gegangen.
Hendiadyoin (Doppelung)	All ihr Bitten und Flehen half nichts.
Hyperbel (Übertreibung)	Heute war wieder die Hölle los!
Ironie (Betonung des Gegenteils)	Das sind mir ja schöne Geschichten.
Litotes (doppelte Verneinung)	Das war nicht unintelligent.
Metapher (bildhafte Übertragung)	Das Gesetz hat die erste Hürde genommen.
Metonymie (Umbenennung)	Paris hat Berlin noch nicht geantwortet.
Periphrase (Umschreibung)	Ich habe ihn in mein Herz geschlossen.
Vergleich	Er ist so stark wie ein Ochse.

Satzfiguren	Beispiel
Alliteration (gleicher Anlaut bei betonter Silbe)	Sie kamen mit Kind und Kegel.
Anapher (Wiederholung des Anfangswortes in aufeinander folgenden Sätzen oder Zeilen)	Immer sind wir zu spät! Immer bin ich es!
Chiasmus (Überkreuzstellung)	Der Tag geht, es kommt die Nacht.
Ellipse (Auslassung)	Du auch?
Parallelismus (Gleichstellung)	Der Tag geht, die Nacht kommt.

Sinnfiguren	Beispiel
Antithese (Entgegenstellung)	Die Lage ist ernst und Sie lachen!
Antiklimax (vom stärkeren zum schwächeren Ausdruck)	Da kam Edelmann, Bürger, Bauersmann.
Klimax (vom schwächeren zum stärkeren Ausdruck)	Da kam Bauersmann, Bürger, Edelmann.
Rhetorische Frage (Aussage in Frageform)	Wer von uns wäre nicht bereit zu helfen?

Heinrich Böll Die Sprache als Hort der Freiheit

Rede, gehalten anlässlich der Entgegennahme des Eduard-von-der-Heydt-Preises der Stadt Wuppertal am 24. 1. 1959.

Würden wir uns, dieser Erbschaft, die auf jedem Wort ruht, bewusst, unsere Wörterbücher vornehmen, diesen Katalog unseres Reichtums studieren, wir würden entdecken, dass hinter jedem Wort eine Welt steht, und wer mit Worten umgeht, wie es jeder tut, der eine Zeitungsnachricht verfasst oder eine Gedichtzeile zu Papier bringt, sollte wissen, dass er Welten in Bewegung setzt, gespaltene Wesen loslässt: Was den einen trösten mag, kann den anderen zu Tode verletzen.

Es ist kein Zufall, dass immer da, wo der Geist als eine Gefahr angesehen wird, als erstes die Bücher verboten, die Zeitungen und Zeitschriften, Rundfunkmeldungen einer strengen Zensur ausgeliefert werden; zwischen zwei Zeilen, auf dieser winzigen weißen Schusslinie des Druckers, kann man Dynamit genug anhäufen, um Welten in die Luft zu sprengen. In allen Staaten, in denen Terror herrscht, ist das Wort fast noch mehr gefürchtet als bewaffneter Widerstand, und oft ist das letzte die Folge des ersten. Die Sprache kann der letzte Hort der Freiheit sein. Wir wissen, dass ein Gespräch, dass ein heimlich weitergereichtes Gedicht kostbarer werden kann als Brot, nach dem in allen Revolutionen die Aufständischen geschrien haben.

So wird Ihnen vielleicht verständlich, dass ich hier, als freier Bürger von dieser freien Stadt geehrt als einer, der mit Worten umgeht, eine Instanz zitierte, die mit Kunst anscheinend nichts zu tun hat: das Gewissen, nicht das künstlerische Gewissen, das im stillen Kämmerlein jeder Künstler jeden Tag zu konsultieren hat, ob er sich nicht durch jenen nur haarbreiten Abgrund von seiner Kunst getrennt hat, sondern das Gewissen des Menschen als gesellschaftlichen Wesens. Worte wirken, wir wissen es, haben es am eigenen Leib erfahren, Worte können Krieg vorbereiten, ihn herbeiführen, nicht immer sind es Worte, die Frieden stiften. Das Wort, dem gewissenlosen Demagogen ausgeliefert, dem puren Taktiker, dem Opportunisten, es kann zur Todesursache für Millionen werden, die meinungsbildenden Maschinen können es ausspucken wie ein Maschinengewehr seine Geschosse: vierhundert, sechshundert, achthundert in der Minute; eine beliebig zu klassifizierende Gruppe von Mitbürgern kann durch Worte dem Verderben ausgeliefert werden. Ich brauche nur ein Wort zu nennen: Jude. Es kann morgen ein anderes sein: das Wort Atheist oder das Wort Christ oder das Wort Kommunist, das Wort Konformist und Nonkonformist. Der Spruch: »Wenn Worte töten könnten« ist längst aus dem Irrealis in den Indikativ geholt worden: Worte können töten, und es ist einzig und allein eine Gewissensfrage, ob man die Sprache in Bereiche entgleiten lässt, wo sie mörderisch wird.

- Erarbeiten Sie die von Böll benutzten Stilfiguren und erläutern Sie ihre Wirkung unter Berücksichtigung des vom Autor gewählten Themas.

Erich Kästner Über das Verbrennen von Büchern

Ansprache auf der Hamburger PEN-Tagung am 10. Mai 1958

Die Feuer brannten. Auf dem Opernplatz in Berlin. Auf dem Königsplatz in München. Auf dem Schlossplatz in Breslau. Vor der Bismarcksäule in Dresden. Auf dem Römerberg in Frankfurt. Sie loderten in jeder deutschen Universitätsstadt. Die Studenten hielten in brauner Uniform die Ehrenwache. Die Sturmriemen unterm akademischen Kinn. In Berlin hatten sie sich vor der Universität und der Bibliothek aufgebaut, sahen zum Scheiterhaufen hinüber und kehrten ihrer »Alma mater« den Rücken. Und den Standbildern der Brüder Humboldt am Haupttor. Sie blickten zackig geradeaus, die Studenten. Hinüber zum Brandmal, wo der kleine »Teufel aus der Schachtel«[5] schrie und gestikulierte und wo die Kommilitonen die Bücher zentnerweise ins Feuer schippten. Meine Damen und Herren, ich habe Gefährlicheres erlebt, Tödlicheres – aber Gemeineres nicht!

»Ein Revolutionär muss alles können!«, brüllte der personifizierte Minderwertigkeitskomplex aus Rheydt[5]. »Er muss ebenso groß sein im Niederreißen der Unwerte wie im Aufbau der Werte.« Und die Frankfurter Zeitung vom 11. Mai berichtet: »Niemals«, so meinte er, »hätten junge Männer so wie jetzt das Recht, mit Ulrich von Hutten auszurufen: ›O Jahrhundert, o Wissenschaften! Es ist eine Lust zu leben!‹ «

Was hatte, vom abscheulichen Schauspiel abgesehen, an diesem Abend stattgefunden? Hatte, diesmal auch, der dämonische Gefreite und Obdachlose aus Braunau[6] am Inn gebrüllt? Nein. Hatten seine Marodeure und sein Pöbel die Bücher ins Feuer geworfen? Nein. Viel Schrecklicheres, etwas Unausdenkbares war geschehen: Ein Doktor der Philosophie[7], ein Schüler Gundolfs, hatte die deutschen Studenten aufgefordert, höchstselbst den deutschen Geist zu verbrennen. Es war Mord und Selbstmord in einem. Das geistige Deutschland brachte sich und den deutschen Geist um, und der Arrangeur, auch und gerade er, war, wie er das zu formulieren pflegte, ein Arbeiter der »Stirn«. Es war nicht nur Mord und nicht nur Selbstmord, es war Mord als Inzest, es war, mathematisch gesagt, Massenmord und Selbstmord hoch drei. [...]

Die Ereignisse von 1933 bis 1945 hätten spätestens 1928 bekämpft werden müssen. Später war es zu spät. Man darf nicht warten, bis der Freiheitskampf Landesverrat genannt wird. Man darf nicht warten, bis aus dem Schneeball eine Lawine geworden ist. Man muss den rollenden Schneeball zertreten. Die Lawine hält keiner mehr auf. Sie ruht erst, wenn sie alles unter sich begraben hat.

Das ist die Lehre, das ist das Fazit dessen, was uns 1933 widerfuhr. Das ist der Schluss, den wir aus unseren Erfahrungen ziehen müssen, und es ist der Schluss meiner Rede. Drohende Diktaturen lassen sich nur bekämpfen, ehe sie die Macht übernommen haben. Es ist eine Angelegenheit des Terminkalenders, nicht des Heroismus.

[5] Josef Goebbels, Reichsminister für Volksaufklärung und Propaganda 1933 – 1945
[6] Adolf Hitler
[7] Josef Goebbels

Intention und sprachliche Mittel von Reden
(nach Jost Trier)

Darstellung

Der Verfasser will informieren, Sachverhalte, Personen und Vorgänge beschreiben – sachbezogen mit einer erkennbaren Distanz zum Thema. Die Wirkung des Textes zielt auf den Verstand des Lesers.
Die sprachlichen Mittel in darstellenden Texten: nüchtern, sachlich unter weitgehendem Verzicht auf eine ausschmückende, wertende oder emotionsgeladene Sprache. Häufig Nominalstil (Definitionen, Fachbegriffe). Aussagesätze überwiegen. Verfasser tritt vor der Sache in den Hintergrund. Berufen auf Quellen. Stilistisch unpersönlich: Passivgebrauch, »man«.

Appell

Der Verfasser will etwas bewirken: Denkgewohnheiten ändern, Handlungen auslösen, Denkanstöße geben, Kritik üben (im Extremfall sogar manipulieren). Die Wirkung zielt hauptsächlich auf das Gefühl des Lesers.
Die sprachlichen Mittel in appellativen Texten: bildhafte, einprägsame, wertende Sprache. Neigung zur Aufwertung der eigenen bzw. Abwertung der anderen Position. Einbeziehung des Lesers. Direkte und indirekte Handlungsanweisungen und Forderungen. Ausschmückungen (Adjektive, dynamische Verben).
Bisweilen parataktisch aus Gründen der Eingänglichkeit.

Ausdruck

Der Verfasser will seine Eindrücke, Gefühle, Überzeugungen und Bewertung von Vorgängen, Sachverhalten und Personen ausdrücken; er bezieht den Leser in die eigene Position mit ein und lässt ihn daran teilhaben.
Die sprachlichen Mittel in ausdrückenden Texten: Vorrang des Personalpronomens als Ausdruck persönlichen Sprechens. Persönliche Wertungen und Interpretationen oft in Form des »inneren Monologs«, der scheinbar gar nicht an einen Adressaten gerichtet ist. Wortwahl und Satzbau lassen Rückschlüsse auf den psychischen Zustand des Verfassers zu.

Diese Funktionen kommen in allen Textsorten in unterschiedlicher Gewichtung vor!

- Stellen Sie die wichtigsten Stilfiguren aus dem Redeausschnitt von Kästner zusammen und untersuchen Sie diese hinsichtlich ihrer Wirkung.
- Weisen Sie die darstellenden, appellativen und ausdrückenden Intentionen nach. Markieren Sie die entsprechenden Textstellen in verschiedenen Farben. Was ist das Ziel der Rede?

Fiktive Rede für eine Abiturfeier unter Verwendung von Goethe-Zitaten

Nach nunmehr neun langen Jahren verlässt wieder einmal eine Schar hoffnungsvoller Jugendlicher vollgepackt mit dem Wissen ihrer Schulbücher, »denn, was man schwarz auf weiß besitzt, kann man getrost nach Hause tragen«, die hohe Schule der Bildung. Aber ach, wem von uns ist es nicht schon so gegangen, dass er sich sagen musste, »was man nicht weiß, das eben brauchte man, und was man weiß, kann man nicht brauchen«. Und heißt es nicht auch »es irrt der Mensch, solang er strebt?« Aber lassen wir dies beiseite und sind wir einmal ehrlich, so sehr haben wir doch gar nicht gestrebt, und irren ist schließlich menschlich.

Nein, wir hielten uns da an ganz anderes, von unseren verehrten Lehrerinnen und Lehrern vielleicht gar nicht Beabsichtigtes, indem wir uns frei nach dem schönen Goethe-Zitat sagten: »Greif nur hinein ins volle Menschenleben und wo du's packst, ist's interessant«. Und wie interessant war dieses Leben – außerhalb der Schule. Denn »in den Sälen auf den Bänken vergeht mir Hören, Seh'n und Denken. Grau, teurer Freund, ist alle Theorie und grün des Lebens goldner Baum«. Und das war es also? Sonst nichts mitgenommen aus diesen heiligen Hallen?

Aber ja doch! »In bunten Bildern wenig Klarheit, viel Irrtum und ein wenig Wahrheit.« Und so waren wir auch weitgehend zufrieden, wenn man uns denn nur in Ruhe ließ und nicht immer meinte, »des Menschen Tätigkeit kann allzu leicht erschlaffen, er liebt sich bald die unbedingte Ruh; drum geb' ich gern ihm den Gesellen zu, der reizt und wirkt und muss als Teufel schaffen«. Aber nicht alle Lehrer waren solche Teufel, nein, beileibe nicht, es gab auch wahre Engel, die da, wo der Schulleiter vielleicht geneigt sein mochte ein »ist gerichtet« zu donnern, gleich ein »ist gerettet« flöteten.

Und so sollten wir uns in Dank ein wenig verneigen vor denen, die uns vielleicht doch etwas mitgegeben haben. Einen flüchtigen Moment nur, wo wir im Ansatz begriffen, was uns für einen Augenblick ergriffen hatte. Und wo wir ahnten, dass dies nicht alles sein konnte, dass es mehr geben musste, als passiv immer nur den Worten der Meister zu lauschen und sie im stillen Kämmerlein zu wiederholen. »Denn es ist nicht genug zu wissen, man muss auch anwenden, es nicht genug zu wollen, man muss auch tun«.

Und so lassen Sie mich zum Schluss all denen danken, die es gut mit uns meinten, die stets darauf aus waren, unser Bestes zu wollen. Wir haben es ihnen gegeben! Und wie! Und so schließe ich mit jenem Rätselwort des Zaubermeisters Goethe: »Alles Vergängliche ist nur ein Gleichnis; das Unzulängliche, hier wird's Ereignis«.

- Wie wirkt diese Rede auf Sie als Zuhörer?

- Verfassen Sie eine ähnliche Rede zu einem von Ihnen gewählten Anlass (Anregungen finden Sie auf S. 128). Versuchen Sie, möglichst viele literarische Zitate, Werbesprüche und Allgemeinplätze unterzubringen bzw. verfassen Sie eine Rede zu demselben Anlass, die gezielt wenige ausgewählte Zitate verwendet. Klassische Zitate finden Sie z. B. bei Büchmann: »Geflügelte Worte«.

Rede / Vortrag / Referat

Auf die Manuskriptrede sollte man nur in Ausnahmefällen zurückgreifen, wenn es auf genaue Formulierung ankommt.

Der Stichwortzettel ist für die freie Rede besser geeignet, dabei...
- Festhalten von zentralen Begriffen auf nummerierten weißen Karteikarten (DIN A6),
- pro Blatt nur ein Stichwort (groß), Bestimmung der endgültigen Formulierung während des Vortrags,
- vollständige Angaben von Namen, Zahlen und Zitaten,
- Einleitungs- und Schlusssatz gehören im Wortlaut auf die erste bzw. letzte Karte,
- Einsatz von Medien farbig markieren.

Klare Gliederung zu Beginn und zwischendurch in Erinnerung rufen.

Einfache Sätze wählen, vor allem Hauptsätze.

Klare anschauliche Wortwahl, die dem Niveau der Zuhörer angemessen ist, d. h. Vermeidung von Modewörtern und Schlagwörtern, Erläuterung der Fachtermini vor Laienpublikum.

Vorbereitungen rechtzeitig treffen:
- Information über Größe und Zusammensetzung der Zuhörerschaft,
- Wahl der Kleidung dem Anlass gemäß,
- Eindruck von dem Raum,
- Kontrolle der Geräte auf Funktionstüchtigkeit.

Der erste Auftritt ist oft entscheidend, daher...
- mit freundlicher Miene eintreten,
- Zuhörer an der Tür, spätestens am Rednerpult, mit einem Rundblick begrüßen,
- langsam zum Rednerpult gehen,
- langsam und deutlich den ersten Satz sprechen.

Lampenfieber ist wichtig für die notwendige Spannung jedes Referenten, deshalb
- rechtzeitig eintreffen, da schlechte Zeitplanung Lampenfieber verstärkt,
- Bewusstmachen der eigenen sorgfältigen Vorbereitung hinsichtlich des Themas,
- Vortrag nicht noch einmal kurz vorher durchgehen, dafür lieber an der frischen Luft spazieren gehen,
- Kontakt zu den Zuhörern aufnehmen,
- Kleidung kurz vor dem Vortrag überprüfen.

Blickkontakt zum Publikum während der Rede halten.

Sprechtempo überprüfen:
- auf Pausen achten, Vermeidung von Füllwörtern wie »äh«, »hm«,
- Variation der Intonation.

Rede / Vortrag / Referat

Auf Körpersprache achten:
- ruhiges Stehen auf beiden Beinen,
- zurückhaltender Einsatz von Gestik und Mimik.

Faden verloren?
- Wiederholung des letzten Satzes oder Zusammenfassung der letzten Aussagen,
- Anführung eines Beispiels oder Überleitung zum nächsten Thema,
- Einsatz eines visuellen Hilfsmittels oder Eingeständnis, dass man den Faden verloren hat.

Auf Zwischenrufe und Zwischenfragen nicht verärgert oder aggessiv reagieren:
- Klärung, ob Sachfrage oder böswillige Störung,
- Beantwortung von Sachfragen sofort oder später im Zusammenhang des Referats,
- leichte Störungen ignorieren oder kurze Reaktion darauf,
- unter Umständen Fragenden bitten, aufzustehen und die Frage zu wiederholen.

Die Schlussdiskussion ist nicht die Wiederholung des Referats, sondern dessen Ergänzung.

Medien einsetzen, z. B.
- **Tafel** (Kreide-, Kunststoff- oder Magnettafel) bietet gute Möglichkeit, etwas zu entwickeln,
- bei **Flipcharts** Möglichkeit zurückzublättern, wenn Ergebnisse noch einmal gebraucht werden, oder Vorbereitung von Tabellen und Graphiken; Blätter aufbewahren, dabei groß und gut leserlich schreiben, mit Stichworten und Symbolen arbeiten, den Text mitsprechen und dem Zuhörer nicht zu lange den Rücken zuwenden,
- beim **Tageslichtprojektor** nie den Rücken dem Publikum zukehren; Einsatz von vorbereiteten Folien nacheinander oder schichtweise, erste Folie vor Einschalten des Geräts auflegen, Folien kommentieren, nicht vorlesen und lange genug aufliegen lassen, längere Texte abschnittsweise aufdecken, Texte sollten nicht zu umfangreich sein; Tabellen und Diagramme sind besonders geeignet für diese Art der Projektion; sorgfältige Beschriftung oder Markierung von Folien während des Vortrags; dünnen Stab oder Plexiglasstab verwenden, um auf bestimmte Stellen hinzuweisen,
- **Dias** nummerieren und Anzahl begrenzen, auf große Projektionsfläche achten und Hilfe einer zweiten Person für den Projektor beanspruchen,
- Einsatz eines **Beamers** für Videoprojektion bei größeren Gruppen.

Projektideen

Rednerschule

- Schreiben Sie eine Festrede anlässlich der Preisverleihung bei einer der folgenden Veranstaltungen an Ihrer Schule: Handballturnier, Schachturnier, erfolgreiche Theateraufführung, Preisvergabe im Zusammenhang mit »Jugend forscht«. Halten Sie Ihre Rede vor Ihrem Kurs und achten Sie dabei auf den Adressatenbezug. Wählen Sie dazu eines der Aufbaumuster und nutzen Sie die rhetorischen Muster.
- Notieren Sie innerhalb des Kurses auf getrennten Zetteln je ein Thema, das etwas mit Sport zu tun hat (z. B.: *Fußball, Radsport, Wettkampf, Preisgelder, Doping, Publikum, Fitness, Freizeit*). Jeder zieht einen der verdeckten Zettel und hat fünf Minuten Vorbereitungszeit für eine einminütige Rede.
- Schreiben Sie eine nach dem dialektischen Fünfschritt aufgebaute Rede zu einem Nonsens-Thema. Achten Sie dabei stets darauf, dass Aufbau und Ausführung Ihrer Rede (verbal und körperlich) konsequent ernst bleiben. Das Thema kann wiederum aus dem Bereich Sport gewählt werden, es sollte paradox formuliert werden, aber so, dass sich ein aktueller Bezug herstellen lässt (z. B. Sollten die Fußballspieler der Bundesliga auf Lebenszeit ernannt werden? Sollen Spitzenfunktionäre turnusmäßig die Rolle ihrer Spieler übernehmen? Sollte vor dem Hintergrund der immer wieder aufgedeckten Skandale Doping zur Pflicht werden? Diskutieren Sie die Vor- und Nachteile des Tragens von Pappnasen beim 100 m Hürdenlauf. Sollte man der allgemeinen Tendenz zur Ritualisierung des Sports nicht dadurch Rechnung tragen, dass man die Stadien in Kathedralen umwandelt?).
- Verfassen Sie eine ernsthafte Rede zu einem der folgenden Themen:
  - *Der Sport als Beitrag zur Gesundheitserziehung*
  - *Leistungssport im Jugendalter*
  - *Die Rolle des Publikums bei Großveranstaltungen des Sports*
  - *Sport als Abbau von Aggression*
  - *Koedukation im Sportunterricht*

  Diese Themen lassen sich sehr gut im Fächerverbund mit Sport bearbeiten.

Friedrich Dürrenmatt Rede des Lehrers an die Bürger von Güllen

Die Jugendliebe Ills, eines der Bürger Güllens, kehrt nach fünfundzwanzig Jahren als schwerreiche Witwe in ihren Heimatort zurück, um Rache an ihrem Verführer zu nehmen, der sie und ihr gemeinsames Kind verleugnet und sie damit in die Prostitution getrieben hat. Sie bietet dem Ort 500 Millionen und 500 Millionen den Bürgern unter der Bedingung, dass sie Ill töten.

DER BÜRGERMEISTER: Ich gebe dem Lehrer das Wort.
Der Radioreporter nähert sich mit dem Mikrophon dem Lehrer.

DER LEHRER: Güllener. Wir müssen uns klar sein, daß Frau Claire Zachanassian mit dieser Schenkung etwas Bestimmtes will. Was ist dieses Bestimmte? Will sie uns mit Geld beglücken, mit Gold überhäufen, die Wagnerwerke sanieren, die Platz-an-der-Sonnehütte, Bockmann? Ihr wißt, daß dies nicht so ist. Frau Claire Zachanassian plant Wichtigeres. Sie will für ihre Milliarde Gerechtigkeit, die Gerechtigkeit. Sie will, daß sich unser Gemeinwesen in ein gerechtes verwandle. Diese Forderung läßt uns stutzen. Waren wir denn nicht ein gerechtes Gemeinwesen?

DER ERSTE: Nie!

DER ZWEITE: Wir duldeten ein Verbrechen!

DER DRITTE: Ein Fehlurteil!

DER VIERTE: Meineid!

EINE FRAUENSTIMME: Einen Schuft!

ANDERE STIMMEN: Sehr richtig!

DER LEHRER: Gemeinde von Güllen! Dies der bittere Tatbestand: Wir duldeten die Ungerechtigkeit. Ich erkenne nun durchaus die materielle Möglichkeit, die uns die Milliarde bietet; ich übersehe keineswegs, daß die Armut die Ursache von so viel Schlimmem, Bitterem ist, und dennoch: Es geht nicht um Geld, – *Riesenbeifall* – es geht nicht um Wohlstand und Wohlleben, nicht um Luxus, es geht darum, ob wir Gerechtigkeit verwirklichen wollen, und nicht nur sie, sondern auch all die Ideale, für die unsere Altvordern gelebt und gestritten hatten und für die sie gestorben sind, die den Wert unseres Abendlandes ausmachen – *Riesenbeifall!* Die Freiheit steht auf dem Spiel, wenn die Nächstenliebe verletzt, das Gebot, die Schwachen zu schützen, mißachtet, die Ehe beleidigt, ein Gericht getäuscht, eine junge Mutter ins Elend gestoßen wird – *Pfuirufe.* Mit unseren Idealen müssen wir nun eben in Gottes Namen Ernst machen, blutigen Ernst – *Riesenbeifall.* Reichtum hat nur dann Sinn, wenn aus ihm Reichtum an Gnade entsteht: Begnadet aber wird nur, wer nach der Gnade hungert. Habt ihr diesen Hunger, Güllener, diesen Hunger des Geistes, und nicht nur den anderen, profanen, den Hunger des Leibes? Das ist die Frage, wie ich als Rektor des Gymnasiums ausrufen möchte. Nur wenn ihr das Böse nicht aushaltet, nur wenn ihr unter keinen Umständen in einer Welt der Ungerechtigkeit mehr leben könnt, dürft ihr die Milliarde der Frau Zachanassian annehmen und die Bedingung erfüllen, die mit dieser Stiftung verbunden ist. Dies, Güllener, bitte ich zu bedenken. *Tosender Beifall.*

DER RADIOREPORTER: Sie hören den Beifall, meine Damen und Herren. Ich bin erschüttert. Die Rede des Rektors bewies eine sittliche Größe wie wir sie heute –

leider – nicht mehr allzuoft finden. Mutig wurde auf Mißstände allgemeiner Art hingewiesen, auf Ungerechtigkeiten, wie sie ja in jeder Gemeinde vorkommen, überall, wo Menschen sind. [...]

DER BÜRGERMEISTER: Ich schreite zur Abstimmung. *Stille. Nur das Surren der Filmapparate, das Aufblitzen der Blitzlichter.*

DER BÜRGERMEISTER: Wer reinen Herzens die Gerechtigkeit verwirklichen will, erhebe die Hand. *Alle außer Ill erheben die Hand.*

DER RADIOREPORTER: Andächtige Stille im Theatersaal. Nichts als ein einziges Meer von erhobenen Händen, wie eine gewaltige Verschwörung für eine bessere, gerechtere Welt. Nur der alte Mann sitzt regungslos, vor Freude überwältigt. Sein Ziel ist erreicht, die Stiftung dank der wohltätigen Jugendfreundin errichtet.

DER BÜRGERMEISTER: Die Stiftung der Claire Zachanassian ist angenommen. Einstimmig. Nicht des Geldes,

DIE GEMEINDE: Nicht des Geldes,

DER BÜRGERMEISTER: Sondern der Gerechtigkeit wegen.

DIE GEMEINDE: Sondern der Gerechtigkeit wegen.

DER BÜRGERMEISTER: Und aus Gewissensnot.

DIE GEMEINDE: Und aus Gewissensnot.

DER BÜRGERMEISTER: Denn wir können nicht leben, wenn wir ein Verbrechen unter uns dulden.

DIE GEMEINDE: Denn wir können nicht leben, wenn wir ein Verbrechen unter uns dulden.

DER BÜRGERMEISTER: Welches wir ausrotten müssen.

DIE GEMEINDE: Welches wir ausrotten müssen.

DER BÜRGERMEISTER: Damit unsere Seelen nicht Schaden erleiden.

DIE GEMEINDE: Damit unsere Seelen nicht Schaden erleiden.

DER BÜRGERMEISTER: Und unsere heiligsten Güter.

DIE GEMEINDE: Und unsere heiligsten Güter.

ILL *schreit auf*: Mein Gott!

Alle stehen feierlich mit erhobenen Händen da, doch nun hat es bei der Kamera der Filmwochenschau eine Panne gegeben.

DER KAMERAMANN: Schade, Herr Bürgermeister. Die Beleuchtung streikte. Bitte die Schlußabstimmung noch einmal.

DER BÜRGERMEISTER: Noch einmal?

DER KAMERAMANN: Für die Filmwochenschau.

DER BÜRGERMEISTER: Aber natürlich.

- Untersuchen Sie die Rede hinsichtlich ihres manipulativen Charakters. Belegen Sie Ihre Aussagen unter Berücksichtigung des Aufbaus, der Verwendung der Stilfiguren und der Satzstruktur.

- Untersuchen Sie den Adressatenbezug und die Gestaltung der Zuhörerreaktion.

Klausurtraining

Alfred Krupp **Ein Wort an meine Angehörigen**

Ich richte diese Ansprache an die Angehörigen meiner gewerblichen Anlagen, der Gussstahlfabrik, der Gruben und der Hüttenwerke, vertraulich und ausdrücklich beschränkt auf den Verband von Arbeitern, Meistern und Beamten des obigen Privatbesitzes. Wenn eine Gefahr sich erhebt, so soll man nicht leichtsinnig sie verachten oder feige vor ihr sich zurückziehen, sondern mit offenen Augen Ursprung, Wesen und Gang derselben verfolgen und aufmerksam und tätig die Abwehr bereiten. Zu ähnlichem Zwecke richtete ich an euch das letzte Mal die Ermahnung zu Frieden und Verträglichkeit trotz jeder Glaubensverschiedenheit und, wie ich glaube, nicht ohne Erfolg. Jetzt handelt es sich um die so genannte Sozialdemokratie. In der gemäßigten Form und in den mildesten Grenzen wollen ihre Vertreter, dass jedermann zur Arbeit berechtigt und verpflichtet sei unter einem allgemeinen Gesetz und einer oberen Verwaltung. Besitz und Verfügung des Privaten sollen damit aufgehoben werden. [...] Die Verfechter der neuen Lehre für Glückseligkeit der Völker werden sich aber auch nicht mit diesem bloßen Anfange der Umwälzung begnügen, sie werden weitergehen von Stufe zu Stufe. Sie wollen keinen Thron, keine Regierung, keine Religion, kein Eigentum und kein Erbe, auch ebensowenig Zucht, Scham und Sitte anerkennen und gelten lassen. Was Jahrhunderte an Gutem geschaffen, veredelt und geheiligt haben, soll vernichtet werden, und selbstverständlich geht das nicht ohne Feuer und Schwert. Was eine fleißige, sparsame Familie, was eine Generation ehrlich erworben hat, soll der Faule, Liederliche sich aneignen dürfen, und wenn er einmal seinen Teil verzehrt hat, so teilt er nachher wiederholt mit denjenigen, welche inzwischen durch Fleiß und Sparsamkeit sich wieder etwas erworben haben. [...] Genießet, was euch beschieden ist. Nach getaner Arbeit verbleibt im Kreise der eurigen, bei den Eltern, bei der Frau und den Kindern und sinnt über Haushalt und Erziehung. Das sei eure Politik, dabei werdet ihr frohe Stunden erleben. Aber für die große Landespolitik erspart euch die Aufregung. Höhere Politik treiben, erfordert mehr freie Zeit und Einblick in die Verhältnisse, als dem Arbeiter verliehen ist. Ihr tut eure Schuldigkeit, wenn ihr durch Vertrauenspersonen empfohlene Leute erwählt. Ihr erreicht aber sicher nichts als Schaden, wenn ihr eingreifen wollt in das Ruder der gesetzlichen Ordnung.

- Erstellen Sie eine einleitende Zusammenfassung mit Angaben zur Textsorte, zum Thema, zu Kernaussagen, Ort, Zeit und zum Adressat.
- Geben Sie den Inhalt mit eigenen Worten wieder.
- Erarbeiten Sie den gedanklichen Aufbau der Argumentation, die sprachlichen Mittel sowie deren Funktion und Wirkung.
- Nehmen Sie Stellung zu folgender Passage: »Genießet, was euch beschieden ist... frohe Stunden erleben.« (Zeile 23–25)

Methodenlexikon

Analyse von Sachtexten

Bestandteile einer Sachtextanalyse sind die einleitende Zusammenfassung, die Textwiedergabe, die Textbeschreibung sowie die Texterörterung.

Einleitende Zusammenfassung

Vorstellen des Textes mit Angaben zur Textsorte, zum Thema, zur Kernaussage, zur Intention und zum Adressaten:
- Wovon handelt der Text? Markieren Sie die Schlüsselwörter.
- Welche hauptsächliche Aussage wird vertreten? Welche Position nimmt der Verfasser zum thematisierten Tatbestand oder Problem ein? Schauen Sie insbesondere auf Anfang und Schluss des Textes.
- Was will der Verfasser? Die präzise Kennzeichnung der Intention ist von großer Bedeutung für das Gelingen der Gesamtanalyse – soll ein Problembewusstsein geweckt werden? Beklagt er einen Missstand? Stellt er Forderungen? Mit welchem Ziel?
- An wen richtet sich der Text? Überlegen Sie, welcher Voraussetzungen es bedarf, um Thema, Hauptthese(n) und Absicht überhaupt zu verstehen.

Textwiedergabe

Kürzung der Vorlage auf ca. ein Drittel des Umfanges bei klarer und maßstabgerechter Herausarbeitung der Kerngedanken. Sachliches Referieren: Sinnzusammenhang nicht ändern, entstellen oder interpretieren. Um eine bloße Paraphrase zu vermeiden,
- geben Sie den Inhalt mit eigenen Worten wieder,
- distanzieren Sie sich von der Vorlage; geben Sie zu erkennen, dass jemand anders den Text geschrieben hat,
- fassen Sie zusammen, ohne die Sinnabschnitte zu verändern,
- schreiben Sie im Präsens (bei Vorzeitigkeit im Perfekt).

Textbeschreibung

Grob charakterisiert, geht die Textbeschreibung auf das »Wie?« der Vorlage ein, d. h. auf den gedanklichen Aufbau, auf die Argumentationsstruktur und auf die sprachlichen Mittel sowie deren Funktion und Wirkung.
- Gliedern Sie den Text in Sinnabschnitte.

Die »klassische« Dreiteilung (These, Argumentation, Schlussfolgerung) wird häufig umgestellt, durch Beispiele ergänzt oder gar ersetzt, durch Reihungen oder Wiederholungen erweitert.
- In welchem Sinnzusammenhang stehen die einzelnen Abschnitte zueinander?

Die Untersuchung der sprachlichen Mittel und der Argumentationsstruktur müssen aufeinander bezogen werden.

- Für eine gedankliche Ordnung eignet sich z. B. eine Tabelle nach dem Muster »Sprachmittel – Argumentationselemente«. Sammeln Sie Ihre Beobachtungen, setzen Sie Pfeile, um Beziehungen und Abhängigkeiten zwischen den beiden Seiten herzuleiten.
- Fragen Sie sich, wie die Intention des Autors gedanklich und sprachlich umgesetzt wird.

Texterörterung

Die kritische Auseinandersetzung mit der Vorlage erfordert eine schlüssige Argumentation.

- Greifen Sie nicht wahllos Einzelaussagen aus dem Gesamtkontext heraus, sondern befassen Sie sich mit grundsätzlichen Aspekten: Überprüfen Sie die Prämissen des Textes, seine Begrifflichkeit, die Logik der Ausführungen.
- Beziehen Sie nach Möglichkeit eigene Erfahrungen, Unterrichtsergebnisse (etwa durch einen Vergleich mit anderen Ihnen bekannten Positionen zum Thema) mit ein.
- Verstehen Sie »Kritik« nicht nur im negativen Sinne. Erweitern Sie die angedeutete Problemstellung. Führen Sie alternative konstruktive Gedankengänge ein, die den Sachverhalt in einem neuen Licht erscheinen lassen.

Selbstzweifel und Lebensentwürfe – Texterschließung

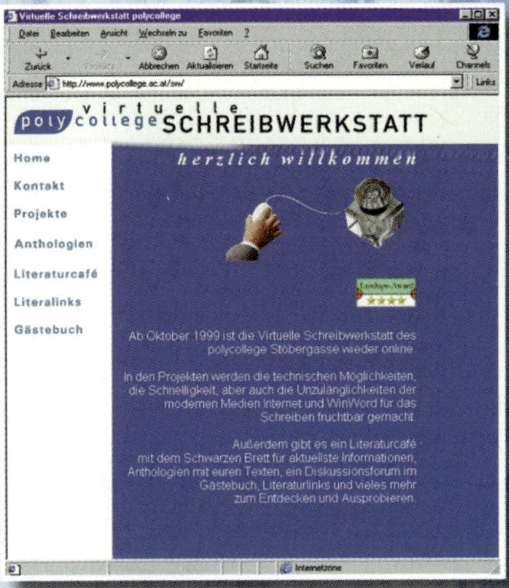
Virtuelle Schreibwerkstatt polycollege
Datei Bearbeiten Ansicht Wechseln zu Favoriten ?
Zurück Abbrechen Aktualisieren Startseite Suchen Favoriten Verlauf Channels
Adresse http://www.polycollege.ac.at/sw/
Links
poly college virtuelle SCHREIBWERKSTATT
herzlich willkommen
Home
Kontakt
Projekte
Anthologien
Literaturcafé
Literalinks
Gästebuch
Ab Oktober 1999 ist die Virtuelle Schreibwerkstatt des polycollege Stöbergasse wieder online.
In den Projekten werden die technischen Möglichkeiten, die Schnelligkeit, aber auch die Unzulänglichkeiten der modernen Medien Internet und WinWord für das Schreiben fruchtbar gemacht.
Außerdem gibt es ein Literaturcafé mit dem Schwarzen Brett für aktuellste Informationen, Anthologien mit euren Texten, ein Diskussionsforum im Gästebuch, Literaturlinks und vieles mehr zum Entdecken und Ausprobieren.
Internetzone

Epik: Perspektiven in Umbruchzeiten

Über das Schreiben

Max Frisch Stichworte

Warum schreibe ich? Ich möchte antworten: aus Trieb, aus Spieltrieb, aus Lust. Ferner aus Eitelkeit; man ist ja auch eitel. Aber das reicht nicht für eine Lebensarbeit: das verbraucht sich an Misserfolgen. [...] Also, ich schreibe aus Bedürfnissen, nicht der Gesellschaft, sondern meiner Person. Möglicherweise aus jener Angst, die schon Höhlenbewohner zu Bildnern machte: Man malt die Dämonen an die Wand seiner Höhle, um mit ihnen leben zu können.

Christa Wolf Neuerschaffung der Vergangenheit

Ein neues Bedürfnis läßt sich nicht abweisen: sich früherer Erfahrungen zu versichern. Damit verquickt sich der Wunsch, Vergangenes möge nicht vergangen, nicht tot sein, es möge sich nicht ein für allemal verfestigen. Das Mittel dagegen ist die Neuerschaffung der Vergangenheit, die allerdings auch nicht zu jedem beliebigen Zeitpunkt möglich ist, sondern nur in genau jenem Moment, da die undurchsichtige Gegenwart so weit zurückgetreten ist, um durchsichtig, dem Erzähler verfügbar zu sein; aber noch nah genug, daß man nicht damit fertig ist.

Uwe Timm Erzählen und kein Ende

Für mein Erzählen, mein Schreiben gibt es viele Triebkräfte, edle und weniger edle: um wahrgenommen zu werden, weil mir etwas den Atem verschlägt, aus Angst, aber auch aus Wut, weil ich mir über gesellschaftliche Probleme Klarheit verschaffen will, aus der Lust heraus, spielerisch die Wirklichkeit umzubauen, damit etwas Neues, noch nie Dagewesenes entsteht. Denn meine Erfahrungen sind, wie die jedes anderen, in bestimmten Bereichen ganz unteilbar und einmalig, und das, denke ich, kann auch interessieren. Erzählend entsteht eine neue Wirklichkeit, die durchaus Gültigkeit haben kann, wenn sie in sich konzis[1] ist.

- Warum schreiben die Autoren? Welche Aspekte nennen sie?
  Was könnten für Sie Anlässe sein, über die Sie erzählen oder schreiben wollen?
- Setzen Sie sich in einer Kleingruppe zusammen. Wählen Sie jeweils eine Situation oder eine Begegnung aus Ihrem Leben, die Sie besonders beeindruckt oder verändert hat und bei der Sie als Beobachter oder Teilnehmer anwesend waren. Erzählen Sie den anderen davon. Nachdem alle Gruppenmitglieder ihre Geschichte erzählt haben, sollten Sie in einem zweiten Schritt Ihre Geschichte aufschreiben. Vergleichen Sie die mündlichen Erzählungen mit der Verschriftlichung der Geschichte: Was ist anders?

[1] bündig, kurz

Über das Lesen

Jean Paul Sartre **Was ist Literatur?**

Mit einem Wort: Lesen ist gelenktes Schaffen. Einerseits hat das literarische Objekt tatsächlich keine andere Substanz als die Subjektivität des Lesers: die Erwartung Raskolnikoffs[2] ist *meine* Erwartung, die ich ihm leihe; ohne diese Ungeduld des Lesers blieben nur nichtssagende Schriftzeichen übrig; [...] dieser Hass macht ihn lebendig, er ist sein Fleisch und Blut. Andererseits sind die Wörter gleichsam Schlingen, um unsere Empfindungen zu wecken und wieder gegen uns zu richten; jedes Wort ist ein Weg zur Transzendenz, es bezeichnet unsere Neigungen, nennt sie mit Namen, legt sie einer imaginären Figur zu, die es auf sich nimmt, sie an unserer Statt zu erleben, und die keine andere Substanz hat als eben diese geliehenen Leidenschaften; es gibt ihnen Gegenständlichkeit, Perspektive und einen Horizont. So bleibt für den Leser noch alles zu tun, und doch ist schon alles getan; das Werk existiert nur genau auf der Ebene seiner Fähigkeiten; während er liest und schafft, weiß er, dass er in seiner Lektüre immer weiter gehen, dass er immer tiefgründiger schaffen könnte; und deshalb kommt das Werk ihm unerschöpflich und undurchdringlich vor wie ein Ding.

Umberto Eco **Das offene Kunstwerk**

So hat man in der Ästhetik über die »Geschlossenheit« und »Offenheit« eines Kunstwerks diskutiert: Diese beiden Termini meinen einen Aspekt des Kunstgenusses, den wir alle aus eigener Erfahrung kennen, und den zu bestimmen wir uns oft gedrungen fühlen: Einerseits ist das Kunstwerk nämlich ein Objekt, in dem sein Schöpfer ein Gewebe von kommunikativen Wirkungen derart organisiert hat, dass jeder mögliche Konsument (über das als Stimulans von Sensibilität und Intellekt empfundene Spiel von Antworten auf die Konfiguration der Wirkungen) das Werk selbst, die ursprünglich vom Künstler imaginierte Form nachverstehen kann. In diesem Sinne produziert der Künstler eine in sich geschlossene Form und möchte, dass diese Form, so wie er sie hervorgebracht hat, verstanden und genossen werde; andererseits bringt jeder Konsument bei der Reaktion auf das Gewebe der Reize und dem Verstehen ihrer Beziehungen eine konkrete existenzielle Situation mit, eine in bestimmter Weise konditionierte Sensibilität, eine bestimmte Bildung, Geschmacksrichtungen, Neigungen, persönliche Vorurteile, dergestalt, dass das Verstehen der ursprünglichen Form gemäß einer bestimmten individuellen Perspektive folgt.

- Vergleichen Sie die Aussagen Sartres und Ecos.
- Tauschen Sie sich in Ihrem Kurs über Ihre Leseerfahrungen aus und stellen Sie ausgewählte Texte vor.

[2] Protagonist in Dostojewskis Roman »Schuld und Sühne«

Identitätssuche junger Menschen zu Beginn des 20. Jahrhunderts

Hermann Hesse **Demian**

Ich wollte ja nichts als das zu leben versuchen, was von selber aus mir heraus wollte. Warum war das so sehr schwer?

Um meine Geschichte zu erzählen, muß ich weit vorn anfangen. Ich müßte, wäre es mir möglich, noch viel weiter zurückgehen, bis in die allerersten Jahre meiner Kindheit und noch über sie hinaus in die Ferne meiner Herkunft zurück.

Die Dichter, wenn sie Romane schreiben, pflegen so zu tun, als seien sie Gott und könnten irgendeine Menschengeschichte ganz und gar überblicken und begreifen und sie so darstellen, wie wenn Gott sie sich selber erzählte, ohne alle Schleier, überall wesentlich. Das kann ich nicht, so wenig wie die Dichter es können. Meine Geschichte aber ist mir wichtiger als irgendeinem Dichter die seinige; denn sie ist meine eigene, und sie ist die Geschichte eines Menschen – nicht eines erfundenen, eines möglichen, eines idealen oder sonstwie nicht vorhandenen, sondern eines wirklichen, einmaligen, lebenden Menschen.

Thomas Mann **Tonio Kröger**

Die Wintersonne stand nur als armer Schein, milchig und matt hinter Wolkenschichten über der engen Stadt. Naß und zugig war's in den giebeligen Gassen, und manchmal fiel eine Art von weichem Hagel, nicht Eis, nicht Schnee.

Die Schule war aus. Über den gepflasterten Hof und heraus aus der Gatterpforte strömten die Scharen der Befreiten, teilten sich und enteilten nach rechts und links. Große Schüler hielten mit Würde ihr Bücherpäckchen hoch gegen die linke Schulter gedrückt, indem sie mit dem rechten Arm wider den Wind dem Mittagessen entgegen ruderten; kleines Volk setzte sich lustig in Trab, daß der Eisbrei umherspritzte und die Siebensachen der Wissenschaft in den Seehundsränzeln klapperten. Aber hie und da riß alles mit frommen Augen die Mützen herunter vor dem Wotanshut und dem Jupiterbart eines gemessen hinschreitenden Oberlehrers...

»Kommst du endlich, Hans?« sagte Tonio Kröger, der lange auf dem Fahrdamm gewartet hatte; lächelnd trat er dem Freunde entgegen, der im Gespräch mit anderen Kameraden aus der Pforte kam und schon im Begriffe war, mit ihnen davonzugehen ... »Wieso?« fragte er und sah Tonio an... »Ja, das ist wahr! Nun gehen wir noch ein bißchen.«

Tonio verstummte, und seine Augen trübten sich. Hatte Hans es vergessen, fiel es ihm erst jetzt wieder ein, daß sie heute mittag ein wenig zusammen spazierengehen wollten? Und er selbst hatte sich seit der Verabredung beinahe unausgesetzt darauf gefreut!

»Ja, adieu, ihr!« sagte Hans Hansen zu den Kameraden. »Dann gehe ich noch ein bißchen mit Kröger.« – Und die beiden wandten sich nach links, indes die anderen nach rechts schlenderten.

Hans und Tonio hatten Zeit, nach der Schule spazierenzugehen, weil sie beide Häusern angehörten, in denen erst um vier Uhr zu Mittag gegessen wurde. Ihre Väter waren große Kaufleute, die öffentliche Ämter bekleideten und mächtig waren in der Stadt. Den Hansens gehörten schon seit manchem Menschenalter die weitläufigen Holzlagerplätze drunten am Fluß, wo gewaltige Sägemaschinen unter Fauchen und Zischen die Stämme zerlegen. Aber Tonio war Konsul Krögers Sohn, dessen Getreidesäcke mit dem breiten schwarzen Firmendruck man Tag für Tag durch die Straßen kutschieren sah; und seiner Vorfahren großes altes Haus war das herrschaftlichste der ganzen Stadt... Beständig mußten die Freunde, der vielen Bekannten wegen, die Mützen herunternehmen, ja, von manchen Leuten wurden die Vierzehnjährigen zuerst gegrüßt...

Beide hatten die Schulmappen über die Schultern gehängt, und beide waren sie gut und warm gekleidet; Hans in eine kurze Seemanns-Überjacke, über welcher auf Schultern und Rücken der breite, blaue Kragen seines Marineanzuges lag, und Tonio in einem grauen Gurtpaletot. Hans trug eine dänische Matrosenmütze mit kurzen Bändern, unter der ein Schopf seines bastblonden Haares hervorquoll. Er war außerordentlich hübsch und wohlgestaltet, breit in den Schultern und schmal in den Hüften, mit freiliegenden und scharf blickenden stahlblauen Augen. Aber unter Tonios runder Pelzmütze blickten aus einem brünetten und ganz südlich scharfgeschnittenen Gesicht dunkle und zart umschattete Augen mit zu schweren Lidern träumerisch und ein wenig zaghaft hervor... Mund und Kinn waren ihm ungewöhnlich weich gebildet. Er ging nachlässig und ungleichmäßig, während Hansens schlanke Beine in den schwarzen Strümpfen so elastisch und taktfest einherschritten...

Tonio sprach nicht. Er empfand Schmerz. Indem er seine etwas schräg stehenden Brauen zusammenzog und die Lippen zum Pfeifen gerundet hielt, blickte er seitwärts geneigten Kopfes ins Weite. Diese Haltung und Miene war ihm eigentümlich. Plötzlich schob Hans seinen Arm unter Tonios und sah ihn dabei von der Seite an, denn er begriff sehr wohl, um was es sich handelte. Und obgleich Tonio auch bei den nächsten Schritten noch schwieg, so ward er doch auf einmal sehr weich gestimmt. »Ich hatte es nämlich nicht vergessen, Tonio«, sagte Hans und blickte vor sich nieder auf das Trottoir, »sondern ich dachte nur, daß heute doch wohl nichts daraus werden könnte, weil es ja so naß und windig ist. Aber mir macht das gar nichts, und ich finde es famos, daß du trotzdem auf mich gewartet hast. Ich glaubte schon, du seist nach Hause gegangen, und ärgerte mich...« Alles in Tonio geriet in eine hüpfende und jubelnde Bewegung bei diesen Worten.

Robert Musil Die Verwirrungen des Zöglings Törleß

Denn die kleine Stadt lag weitab von der Residenz, im Osten des Reiches, in spärlich besiedeltem, trockenem Ackerland. Der Grund, dessentwegen Frau Törleß es dulden musste, ihren Jungen in so ferner, unwirtlicher Fremde zu wissen, war, dass sich in dieser Stadt ein berühmtes Konvikt befand, welches man schon seit dem vorigen Jahrhundert, wo es auf dem Boden einer frommen Stiftung errichtet worden war, da draußen beließ, wohl um die aufwachsende Jugend vor den verderblichen Einflüssen einer Großstadt zu bewahren.

Denn hier erhielten die Söhne der besten Familien des Landes ihre Ausbildung, um nach Verlassen des Instituts die Hochschule zu beziehen oder in den Militär- oder Staatsdienst einzutreten, und in allen diesen Fällen sowie für den Verkehr in den Kreisen der guten Gesellschaft galt es als besondere Empfehlung, im Konvikte zu W. aufgewachsen zu sein.

Vor vier Jahren hatte dies das Elternpaar Törleß bewogen, dem ehrgeizigen Drängen seines Knaben nachzugeben und seine Aufnahme in das Institut zu erwirken. Dieser Entschluss hatte später viele Tränen gekostet. Denn fast seit dem Augenblicke, da sich das Tor des Institutes unwiderruflich hinter ihm geschlossen hatte, litt der kleine Törleß an fürchterlichem, leidenschaftlichem Heimweh. Weder die Unterrichtsstunden, noch die Spiele auf den großen üppigen Wiesen des Parkes, noch die anderen Zerstreuungen, die das Konvikt seinen Zöglingen bot, vermochten ihn zu fesseln; er beteiligte sich kaum an ihnen. Er sah alles nur wie durch einen Schleier und hatte selbst untertags häufig Mühe, ein hartnäckiges Schluchzen hinabzuwürgen; des Abends schlief er aber stets unter Tränen ein.

Er schrieb Briefe nach Hause, beinahe täglich, und er lebte nur in diesen Briefen; alles andere, was er tat, schien ihm nur ein schattenhaftes, bedeutungsloses Geschehen zu sein, gleichgültige Stationen wie die Stundenziffern eines Uhrblattes. Wenn er aber schrieb, fühlte er etwas Auszeichnendes, Exklusives in sich; wie eine Insel voll wunderbarer Sonnen und Farben hob sich etwas in ihm aus dem Meere grauer Empfindungen heraus, das ihn Tag um Tag kalt und gleichgültig umdrängte. Und wenn er untertags, bei den Spielen oder im Unterrichte, daran dachte, dass er abends seinen Brief schreiben werde, so war ihm, als trüge er an unsichtbarer Kette einen goldenen Schlüssel verborgen, mit dem er, wenn es niemand sieht, das Tor von wunderbaren Gärten öffnen werde. Das Merkwürdige daran war, dass diese jähe, verzehrende Hinneigung zu seinen Eltern für ihn selbst etwas Neues und Befremdendes hatte. Er hatte sie vorher nicht geahnt, er war gern und freiwillig ins Institut gegangen, ja er hatte gelacht, als sich seine Mutter beim ersten Abschied vor Tränen nicht fassen konnte, und dann erst, nachdem er schon einige Tage allein gewesen war und sich verhältnismäßig wohl befunden hatte, brach es plötzlich und elementar in ihm empor.

- Welchen der drei Romane würden Sie gerne lesen?
- Was erfahren Sie von und über Probleme Jugendlicher zu Beginn des 20. Jahrhunderts? Gibt es Gemeinsamkeiten und Unterschiede zur Situation Jugendlicher heute?
- Vergleichen Sie die drei Auszüge aus den Romananfängen in Bezug auf die unterschiedlichen Erzählformen sowie sprachlichen Besonderheiten.
- Überprüfen Sie die Leistung der unterschiedlichen Erzählhaltungen, indem Sie eine andere Erzählform und Perspektive ausprobieren als die im Originaltext. Erzählen Sie z. B. den Abschied von den Eltern aus der Sicht des jungen Törleß (Ich-Form) oder die Begegnung zwischen Tonio und Hans aus der Perspektive von Hans. Wie wirken die Texte jeweils auf den Leser?

Analyse epischer Texte anhand von Erzählhaltung und Erzählperspektive

Jeder Autor erschafft einen fiktiven Erzähler, der nicht identisch mit dem Autor des epischen Textes ist. Dieser Erzähler tritt mehr oder weniger deutlich im epischen Text zu Tage und bietet dem **impliziten** oder **realen Leser** die Geschichte dar. Für diesen Erzähler wählt der Autor bestimmte Erzählkategorien aus.

Erzählhaltung

Der Erzähler in einem epischen Text zeigt immer eine mehr oder weniger stark ausgeprägte Erzählhaltung, die sich an seinem Verhältnis zu den von ihm erzählten Figuren orientiert. Diese drei Grundformen der Erzählhaltung kommen selten in Reinform vor, sondern werden oft vermischt. In der **Ich-Erzählhaltung** steht der Erzähler als Haupt- oder Nebenfigur innerhalb der fiktiven Welt und zwar in einer Doppelrolle als erlebendes und als erzählendes Ich. Sein Blickfeld ist relativ eingegrenzt. Sowohl die Ich-Form als auch die Er-/Sie-Form des Erzählers können eine **auktoriale Erzählhaltung** einnehmen. Der Erzähler weiß immer mehr als die Figur des Textes, er kann in sie hineinblicken, er kennt ihr Inneres. Er führt den Leser durch den Text, d. h., er mischt sich mehr oder weniger in den Erzählvorgang ein, indem er vorgreift oder zurückblickt, Geschehnisse und Verhaltensweisen der Figuren kommentiert, allgemeine Reflexionen anstellt, wertet, Missfallen oder Mitleid zeigt, sich direkt an den Leser wendet etc. Bei der **personalen Erzählhaltung** nimmt der Erzähler den Standpunkt/die Sichtweise einer oder mehrerer Figuren des Textes ein, er schlüpft in deren Rolle. Er weiß damit nur so viel oder wenig wie die von ihm erzählte Figur. Diese Erzählhaltung erscheint als die objektivste, denn der Leser hat den Eindruck, dass kein Erzähler vorhanden sei.

Erzählperspektive

Der Erzählhaltung entspricht oft ein bestimmter **Standort des Erzählers**, der das räumliche Verhältnis des Erzählers zu Figuren und Vorgängen beschreibt. Er kann sie aus großer Nähe oder aus großer Entfernung beschreiben, wobei die Nähe einerseits zwar eine Detailbeschreibung ermöglicht, andererseits jedoch den Blickwinkel stark eingrenzt.

- Wählen Sie eine Situation Ihres Lebens, die noch nicht allzu lange zurück liegt, z. B. Ihre erste Tanzstunde / Fahrstunde. Schreiben Sie diese Situation in der Ich-Form, wie Sie sie selbst erlebt haben. Nehmen Sie in einem zweiten Schritt eine andere Erzählhaltung, eine andere Erzählperspektive ein, schlüpfen Sie in den Kopf einer beteiligten Person und schildern Sie dieselbe Situation mit ihren Augen als auktorialer Erzähler bzw. personaler Erzähler. Vergleichen Sie Ihre drei Texte miteinander: Was hat sich geändert?

Thomas Mann **Tonys Abschied von Travemünde**

berichtende Erzählerrede
kommentierende Erzählerrede
beschreibende Erzählerrede

Als der Wagen die letzten Häuser zurückließ, beugte Tony sich vor, um noch einmal den Leuchtturm zu sehen; dann lehnte sie sich zurück und schloß die Augen, die müde und empfindlich waren. Sie hatte in der Nacht fast nicht geschlafen vor Erregung, war früh aufgestanden, um ihren Koffer in Ordnung zu bringen, und hatte nicht frühstücken mögen. In ihrem ausgetrockneten Munde hatte sie einen faden Geschmack. Sie fühlte sich so hinfällig, daß sie es nicht einmal versuchte, die Tränen zurückzudrängen, die jeden Augenblick langsam und heiß in ihren Augen emporstiegen.

Kaum hatte sie ihre Lieder geschlossen, als sie sich wieder in Travemünde in der Veranda befand. Sie sah Morten Schwarzkopf leibhaftig vor sich, wie er zu ihr sprach, sich nach seiner Art dabei vorbeugte und hie und da einen anderen gutmütig forschend ansah; wie er lachend seine schönen Zähne zeigte, von denen er ersichtlich gar nichts wußte... und es wurde ihr ganz ruhig und heiter dabei zu Sinnen. Sie rief sich alles ins Gedächtnis zurück, was sie in vielen Gesprächen von ihm gehört und erfahren hatte, und es bereitete ihr eine beglückende Genugtuung, sich feierlich zu versprechen, daß sie dies alles als etwas Heiliges und Unantastbares in sich bewahren wollte. [...] Sie lächelte zufrieden vor sich hin... Aber da, plötzlich, vernahm sie in dem Geräusch der Räder mit vollkommener, mit unglaublich lebendiger Deutlichkeit Mortens Sprache; sie unterschied jeden Laut seiner gutmütigen, ein wenig schwerfällig knarrenden Stimme, sie hörte mit leiblichem Ohr, wie er sagte: »Heute müssen wir beide auf den Steinen sitzen, Fräulein Tony...«, und diese kleine Erinnerung überwältigte sie. Ihre Brust zog sich zusammen vor Wehmut und Schmerz, ohne Gegenwehr ließ sie die Tränen hervorstürzen... In ihren Winkel gedrückt, hielt sie das Taschentuch mit beiden Händen vors Gesicht und weinte bitterlich. Thomas, seine Zigarette im Munde, blickte ein wenig ratlos auf die Chaussee hinaus. »Arme Tony!« sagte er schließlich, indem er ihre Jacke streichelte. »Du tust mir herzlich leid... ich verstehe dich so gut, siehst du! Aber was ist da zu tun? Dergleichen muß durchgemacht werden. Glaube mir nur... ich kenne das auch...« »Ach, du kennst gar nichts, Tom!« schluchzte Tony. »Na, sage das nicht. Jetzt steht es zum Beispiel fest, daß ich Anfang nächsten Jahres nach Amsterdam gehe. Papa hat eine Stelle für mich... bei van der Kellen & Comp... Da werde ich Abschied nehmen müssen für lange, lange Zeit...« »Ach, Tom! Ein Abschied von Eltern und Geschwistern! Das ist gar nichts!« »Ja -!« sagte er ziemlich langgedehnt. [...] »Und es dauert ja nicht lange«, fing er nach einer Weile wieder an. »Das gibt sich. Man vergißt...« »Aber ich will ja gerade nicht vergessen!« rief Tony ganz verzweifelt. »Vergessen... ist das denn ein Trost?« –

Figurenrede

- Kopieren Sie den Textauszug und markieren Sie – wie im Text vorgegeben – Figurenrede und Erzählerrede (dabei zwischen berichtender, beschreibender, kommentierender und reflektierender Darstellungsweise differenzieren) in unterschiedlichen Farben und untersuchen Sie deren Funktion.
- Verfassen Sie einen Tagebucheintrag Tony Buddenbrooks, in dem ihre Gefühle bei der Trennung von Morten Schwarzkopf deutlich werden.

Arthur Schnitzler **Fräulein Else**

Edvard Munch: *Madonna, 1894/95*

»Nun, Fräulein Else?« – Sein Monokel baumelt. Dumm sieht das aus. Soll ich ihm antworten? Ich muss ja. Also geschwind, damit ich es hinter mir habe. Was kann mir denn passieren? Er ist ein Freund von Papa. »Ach Gott, Herr von Dorsday, Sie sind ja ein alter Freund unseres Hauses.« Das habe ich sehr gut gesagt. »Und es wird Sie wahrscheinlich nicht wundern, wenn ich Ihnen erzähle, dass Papa sich wieder einmal in einer recht fatalen Situation befindet.« Wie merkwürdig meine Stimme klingt. Bin das ich, die da redet? Träume ich vielleicht? Ich habe gewiss jetzt auch ein ganz anderes Gesicht als sonst. – *»Es wundert mich allerdings nicht übermäßig. Da haben Sie schon Recht, liebes Fräulein Else, – wenn ich es auch lebhaft bedauere.«* – Warum sehe ich denn so flehend zu ihm auf? Lächeln, lächeln. Geht schon. – *»Ich empfinde für Ihren Papa eine so aufrichtige Freundschaft, für Sie alle.«* – Er soll mich nicht so ansehen, es ist unanständig. Ich will anders zu ihm reden und nicht lächeln. Ich muss mich würdiger benehmen. »Nun, Herr von Dorsday, jetzt hätten Sie Gelegenheit, Ihre Freundschaft für meinen Vater zu beweisen.« Gott sei Dank, ich habe meine alte Stimme wieder. »Es scheint nämlich, Herr von Dorsday, dass alle unsere Verwandten und Bekannten – die Mehrzahl ist noch nicht in Wien – sonst wäre Mama wohl nicht auf die Idee gekommen. – Neulich habe ich nämlich zufällig in einem Brief an Mama Ihrer Anwesenheit hier in Martino Erwähnung getan – unter anderm natürlich.« *»Ich vermutete gleich, Fräulein Else, dass ich nicht das einzige Thema Ihrer Korrespondenz mit Mama vorstelle.«* – Warum drückt er seine Knie an meine, während er da vor mir steht. Ach, ich lasse es mir gefallen. Was tut's! Wenn man einmal so tief gesunken ist. – »Die Sache verhält sich nämlich so. Doktor Fiala ist es, der diesmal dem Papa besondere Schwierigkeiten zu bereiten scheint.« – *»Ach, Doktor Fiala.«* – Er weiß offenbar auch, was er von diesem Fiala zu halten hat. »Ja, Doktor Fiala. Und die Summe, um die es sich handelt, soll am fünften, das ist übermorgen um zwölf Uhr mittags, – vielmehr, sie muss in seinen Händen sein, wenn nicht der Baron Höning – ja, denken Sie, der Baron hat Papa zu sich bitten lassen, privat, er liebt ihn nämlich sehr. »Warum red' ich denn von Höning, das wär' ja gar nicht notwendig gewesen.« – *»Sie wollen sagen, Else, dass andernfalls eine Verhaftung unausbleiblich wäre?«* – Warum sagt er das so hart? Ich antworte nicht, ich nicke nur. »Ja.« Nun habe ich doch ja gesagt. – *»Hm, das ist ja – schlimm, das ist ja wirklich sehr – dieser hochbegabte geniale Mensch. – Und um welchen Beitrag handelt es sich denn eigentlich, Fräulein Else?«* – Warum lächelt er denn? Er findet es schlimm und er lächelt. Was meint er mit seinem Lächeln? Dass es gleichgültig ist wieviel? Und wenn er nein sagt! Ich bring' mich um, wenn er nein sagt. Also, ich soll die Summe nennen. »Wie, Herr von Dorsday, ich habe noch nicht gesagt,

wieviel? Eine Million.« Warum sag' ich das? Es ist doch jetzt nicht der Moment zum Spaßen? Aber wenn ich ihm dann sage, um wieviel weniger es in Wirklichkeit ist, wird er sich freuen. Wie er die Augen aufreißt? Hält er es am Ende wirklich für möglich, dass ihn der Papa um eine Million – »Entschuldigen Sie, Herr von Dorsday, dass ich in diesem Augenblick scherze. Es ist mir wahrhaftig nicht scherzhaft zumute.« – Ja, ja, drück' die Knie nur an, du darfst es dir ja erlauben. »Es handelt sich natürlich nicht um eine Million, es handelt sich im Ganzen um dreißigtausend Gulden, Herr von Dorsday, die bis übermorgen Mittag um zwölf Uhr in den Händen des Herrn Doktor Fiala sein müssen. Ja, Mama schreibt mir, dass Papa alle möglichen Versuche gemacht hat, aber wie gesagt, die Verwandten, die in Betracht kämen, befinden sich nicht in Wien.« – O Gott, wie ich mich erniedrige. – »Sonst wäre es dem Papa natürlich nicht eingefallen, sich an Sie zu wenden, Herr von Dorsday, respektive mich zu bitten –« – Warum schweigt er? Warum bewegt er keine Miene? Warum sagt er nicht ja? Wo ist das Scheckbuch und die Füllfeder? Er wird doch um Himmels willen nicht nein sagen? Soll ich mich auf die Knie vor ihm werfen? O Gott! O Gott –

Analyse epischer Texte anhand der Figurenrede

In modernen epischen Texten werden vor allem die Technik der **erlebten Rede** und des **inneren Monologs** verwandt, um das Innere einer Figur wie Gedanken, Gefühle, Ängste etc. besonders hervorzuheben. Die erlebte Rede steht in der 3. Person Singular, meistens im Präteritum. Dieser Technik bedient sich häufig die personale Erzählhaltung, um die subjektive Innen-Schau einer oder mehrerer Figuren darstellen zu können, ohne dass der Erzähler seine Distanz aufgeben muss, da er ja die Er- bzw. Sie-Form benutzt. Der innere Monolog steht in der 1. Person Singular, meistens im Präsens. Er gibt noch unmittelbarer die Innenwelt einer Figur wieder, zumal der Erzähler völlig zurücktritt und nur die Figur sprechen lässt. Umgangssprachliche und dialektale Formulierungen sind hier nicht selten. Hierbei kann eine größtmögliche Identifikation des Lesers mit einer Figur stattfinden.
Die radikalste Form dieser Erzähltechnik hat die englische Literatur – vor allem James Joyce – entwickelt, den **Bewusstseinsstrom** (»stream of consciousness«). Hier wird nicht nur das, was sich im Bewusstsein der Figur abspielt, wiedergegeben, sondern auch das Unbewusste fließt in Form von Assoziationen, Konnotationen, Erinnerungen, Gedankenfetzen, Gefühlsregungen etc. gleichzeitig mit ein, frei von grammatischer oder syntaktischer Korrektheit. Der innere Monolog kann zerfallen zu Satzfetzen, elliptischen Ausdrücken, leitmotivischen Wiederholungen. Die Zeit wird hier oft übermäßig gedehnt.
Die Übergänge zwischen den einzelnen Formen sind häufig fließend.

- Wählen Sie einen Textauszug (z. B. Zeile 1 bis Zeile 20) aus dem inneren Monolog Fräulein Elses und formulieren Sie ihn in erlebte Rede um. Was leisten die beiden Formen der Figurenrede?

Erinnerungsräume in der Literatur nach 1945

Wolfgang Borchert **Bleib doch, Giraffe**

Er stand auf dem windüberheulten nachtleeren Bahnsteig in der großen grauverrußten mondeinsamen Halle. Nachts sind die leeren Bahnhöfe das Ende der Welt, ausgestorben, sinnlos geworden. Und leer. Leer, leer, leer. Aber wenn du weitergehst, bist du verloren.

Dann bist du verloren. Denn die Finsternis hat eine furchtbare Stimme. Der entkommst du nicht und sie hat dich im Nu überwältigt. Mit Erinnerung fällt sie über dich her – an den Mord, den du gestern begingst. Und mit Ahnung fällt sie dich an – an den Mord, den du morgen begehst. Und sie wächst einen Schrei in dir an: niegehörter Fischschrei des einsamen Tieres, den das eigene Meer überwältigt. Und der Schrei zerreißt dein Gesicht und macht Kuhlen voll Angst und geronnener Gefahr darin, dass die andern erschrecken. So stumm ist der furchtbare Finsternisschrei des einsamen Tieres im eigenen Meer. Und steigt an wie Flut und rauscht dunkelschwingig gedroht wie Brandung. Und zischt verderbend wie Gischt.

Er stand am Ende der Welt. Die kalten weißen Bogenlampen waren gnadenlos und machten alles nackt und kläglich. Aber hinter ihnen wuchs eine furchtbare Finsternis. Kein Schwarz war so schwarz wie die Finsternis um die weißen Lampen der nachtleeren Bahnsteige.

Ich hab gesehen, dass du Zigaretten hast, sagte das Mädchen mit dem zu roten Mund im blassen Gesicht.

Ja, sagte er, ich hab welche.

Warum kommst du dann nicht mit mir?, flüsterte sie nah.

Nein, sagte er, wozu?

Du weißt ja gar nicht, wie ich bin, schnupperte sie bei ihm herum.

Doch, antwortete er, wie alle.

Du bist eine Giraffe, du Langer, eine sture Giraffe! Weißt du denn, wie ich ausseh, du?

Hungrig, sagte er, nackt und angemalt. Wie alle.

Du bist lang und doof, du Giraffe, kicherte sie nah, aber du siehst lieb aus. Und Zigaretten hast du. Junge, komm doch, es ist Nacht.

Da sah er sie an. Gut, lachte er, du kriegst die Zigaretten und ich küss dich. Aber wenn ich dein Kleid anfasse, was dann?

Dann werde ich rot, sagte sie, und er fand ihr Grinsen gemein.

Ein Güterzug johlte durch die Halle. Und riss plötzlich ab. Verlegen versickerte sein sparsames verschwimmendes Schlusslicht im Dunkeln. Stoßend, ächzend, kreischend, rumpelnd – vorbei. Da ging er mit ihr.

Dann waren Hände, Gesichter und Lippen. Aber die Gesichter bluten alle, dachte er, sie bluten aus dem Mund und die Hände halten Handgranaten. Aber da schmeckte er die Schminke und ihre Hand umgriff seinen mageren Arm. Dann stöhnte es und ein Stahlhelm fiel und ein Auge brach.

Du stirbst, schrie er.

Sterben, jauchzte sie, das wär was, du.

Da schob sie den Stahlhelm wieder in die Stirn. Ihr dunkles Haar glänzte matt.

Ach, dein Haar, flüsterte er.

Bleibst du?, fragte sie leise.

Ja.

Lange?

Ja.

Immer?

Dein Haar riecht wie nasse Zweige, sagte er.

Immer?, fragte sie wieder.

Und dann aus der Ferne: naher dicker großer Schrei. Fischschrei, Fledermausschrei, Mistkäferschrei. Nie gehörter Tierschrei der Lokomotive. Schwankte der Zug voll Angst im Geleise vor diesem Schrei? Nie vernommener neuer gelbgrüner Schrei unter erblasstem Gestirn. Schwankten die Sterne vor diesem Schrei?

Edvard Munch: *Der Schrei, 1893*

Da riss er das Fenster auf, dass die Nacht mit kalten Händen nach der nackten Brust griff und sagte: Ich muss weiter.

Bleib doch, Giraffe! Ihr Mund schimmerte krankrot im weißen Gesicht.

Aber die Giraffe stelzbeinte mit hohlhallenden Schritten übers Pflaster davon. Und hinter ihm sackte die mondgraue Straße wieder stumm geworden in ihre Steineinsamkeit zurück. Die Fenster sahen reptiläugig tot wie mit Milchhauch verglast. Pendelten weiß, weich und winkten wehmütig hinter ihm her.

Der Fensterflügel miaute. Und es fror sie an der Brust. Als er sich umsah, war hinter der Scheibe ein zu roter Mund. Giraffe, weinte er.

- Informieren Sie sich über den zeitgeschichtlichen Hintergrund des Textes und den Autor Wolfgang Borchert.
- Markieren Sie die Textaussagen, die den Bahnhof charakterisieren. Welche Bedeutung hat dieser Ort für die Handlung in Wolfgang Borcherts Kurzgeschichte?
- Machen Sie ein Cluster zu dem Ort »Bahnhof«. Wählen Sie die Assoziationen aus, die für Sie am ehesten Stimmung und Atmosphäre dieses Raumes wiedergeben. Entwerfen Sie die Szenerie Ihres Bahnhofs: Was könnte sich hier abspielen, welche Figuren halten sich hier auf?

Günter Grass Die Blechtrommel

Meine Großmutter Anna Bronski saß an einem späten Oktobernachmittag in ihren Röcken am Rande eines Kartoffelackers. Am Vormittag hätte man sehen können, wie es die Großmutter verstand, das schlaffe Kraut zu ordentlichen Haufen zu rechen, mittags aß sie ein mit Sirup versüßtes Schmalzbrot, hackte dann letztmals den Acker nach, saß endlich in ihren Röcken zwischen zwei fast vollen Körben. Vor senkrecht gestellten, mit den Spitzen zusammenstrebenden Stiefelsohlen schwelte ein manchmal asthmatisch auflebendes, den Rauch flach und umständlich über die kaum geneigte Erdkruste hinschickendes Kartoffelkrautfeuer. Man schrieb das Jahr neunundneunzig, sie saß im Herzen der Kaschubei, nahe bei Bissau, noch näher der Ziegelei, vor Ramkau saß sie, hinter Viereck, in Richtung der Straße nach Brenntau, zwischen Dirschau und Karthaus, den schwarzen Wald Goldkrug im Rücken saß sie und schob mit einem an der Spitze verkohlten Haselstock Kartoffeln unter die heiße Asche.

Wenn ich soeben den Rock meiner Großmutter besonders erwähnte, hoffentlich deutlich genug sagte: Sie saß in ihren Röcken – ja, das Kapitel »Der weite Rock« überschreibe, weiß ich, was ich diesem Kleidungsstück schuldig bin. Meine Großmutter trug nicht nur einen Rock, vier Röcke trug sie übereinander. Nicht etwa, daß sie einen Ober- und drei Unterröcke getragen hätte; vier sogenannte Oberröcke trug sie, ein Rock trug den nächsten, sie aber trug alle vier nach einem System, das die Reihenfolge der Röcke von Tag zu Tag veränderte. Was gestern oben saß, saß heute gleich darunter; der zweite war der dritte Rock. Was gestern noch dritter Rock war,

Günter Grass: *David als Oskar, 1978*

war ihr heute der Haut nahe. Jener ihr gestern nächste Rock ließ heute deutlich sein Muster sehen, nämlich gar keines: die Röcke meiner Großmutter Anna Bronski bevorzugten alle denselben kartoffelfarbenen Wert. Die Farbe muß ihr gestanden haben.

Außer dieser Farbgebung zeichnete die Röcke meiner Großmutter ein flächenmäßig extravaganter Aufwand an Stoff aus. Weit rundeten sie sich, bauschten sich, wenn der Wind ankam, erschlafften, wenn er genug hatte, knatterten, wenn er vorbei ging, und alle vier flogen meiner Großmutter voraus, wenn sie den Wind im Rücken hatte. Wenn sie sich setzte, versammelte sie ihre Röcke um sich.

Neben den vier ständig geblähten, hängenden, Falten werfenden oder steif und leer neben ihrem Bett stehenden Röcken besaß meine Großmutter einen fünften Rock. Dieses Stück unterschied sich in nichts von den vier anderen kartoffelfarbenen Stücken. Auch war der fünfte Rock nicht immer derselbe fünfte Rock. Gleich seinen Brüdern – denn Röcke sind männlicher Natur – war er dem Wechsel unterworfen, gehörte er vier getragenen Röcken an und mußte gleich ihnen, wenn seine Zeit gekommen war, an jedem fünften Freitag in die Waschbütte, sonnabends an die Wäscheleine vors Küchenfenster und nach dem Trocknen aufs Bügelbrett. [...]

Wie habe ich diese im Zeitungspapier Hitze speichernden und spendenden Ziegelsteine beneidet! Noch heute wünsche ich mir, als solch backwarmer Ziegelstein unter den Röcken meiner Großmutter, immer wieder gegen mich selbst ausgetauscht, liegen zu dürfen. Sie werden fragen: Was sucht Oskar unter den Röcken seiner Großmutter? Will er seinen Großvater Koljaiczek nachahmen und sich an der alten Frau vergehen? Sucht er Vergessen, Heimat, das endliche Nirwana? Oskar antwortet: Afrika suchte ich unter den Röcken, womöglich Neapel, das man bekanntlich gesehen haben muß. Da flossen die Ströme zusammen, da war die Wasserscheide, da wehten besondere Winde, da konnte es aber auch windstill sein; da rauschte der Regen, aber man saß im Trocknen, da machten die Schiffe fest oder die Anker wurden gelichtet, da saß neben Oskar der liebe Gott, der es schon immer gerne warm gehabt hat, da putzte der Teufel sein Fernrohr, da spielten Engelchen blinde Kuh; unter den Röcken meiner Großmutter war immer Sommer, auch wenn der Weihnachtsbaum brannte, auch wenn ich Ostereier suchte oder Allerheiligen feierte. Nirgendwo konnte ich ruhiger nach dem Kalender leben als unter den Röcken meiner Großmutter.

- Die Röcke der Großmutter sind ein Leitmotiv im Roman »Die Blechtrommel« von Günter Grass. Welche Bedeutung haben die Röcke als Raum für die Hauptfigur Oskar Matzerath? Analysieren Sie die ausgewählten Textstellen.

- Suchen Sie jeweils einen Raum Ihrer Kindheit auf, einen Ort, an dem Sie sich gern aufgehalten haben. Versuchen Sie, Geräusche, Gegenstände, Gerüche, Farben so genau wie möglich aufzunehmen, auf sich wirken zu lassen. Beschreiben Sie ausführlich die Atmosphäre des Ortes und Ihre persönliche Stimmung. Tauschen Sie Ihre Beschreibungen untereinander aus.

Analyse epischer Texte anhand von Zeit und Zeitstruktur

Jeder epische Text weist zum einen mehr oder weniger deutlich einen **historischen Zeitbezug** auf, der wichtig für das Geschehen sein kann (s. Zeitroman), zum anderen einen **Zeitablauf**, in dem das Erzählte vom Erzähler präsentiert wird. Beim konventionellen Erzählen ist dieser Zeitablauf chronologisch angeordnet, sodass es dem Leser leicht fällt, das Geschehen in der dargebotenen Ordnung zu verfolgen. Diese chronologische Erzählweise (etwa im Bildungs- oder Entwicklungsroman) kann durch **Rückblenden** oder **Vorgriffe** durch den Erzähler, **Rückerinnerungen** oder **Vorahnungen** einer Figur unterbrochen werden, jedoch bleibt die zeitliche Grundstruktur des Textes ein sukzessives, einförmiges Erzählen.

Erzählzeit (die zum Erzählen bzw. Lesen benötigte Zeit) und **erzählte Zeit** (der Zeitraum, über den sich die erzählte Handlung erstreckt) sind grundsätzliche Elemente von epischen Texten. Dabei gibt es drei Möglichkeiten:

– die *Zeitdeckung*, d. h., Erzählzeit und erzählte Zeit sind annähernd deckungsgleich;
– die *Zeitraffung*, d. h., die Erzählzeit ist kürzer als die erzählte Zeit;
– die *Zeitdehnung*, d. h., die Erzählzeit ist länger als die erzählte Zeit.

Moderne Zeitstrukturen eines epischen Textes folgen nicht unbedingt dieser linearen, auf ein Ordnungssystem hin ausgerichteten Erzählweise, sondern thematisieren das Zeitproblem auch inhaltlich, sodass unterschieden werden kann zwischen der messbaren »objektiven« und der subjektiv empfundenen Zeit einer oder mehrerer Romanfiguren. Im Bewusstsein der Figur können die zeitlich nacheinander ablaufenden Tempora der Vergangenheit, Gegenwart und Zukunft miteinander verschmolzen sein, d. h., das subjektive Zeitempfinden kann in Sprüngen organisiert sein oder die unterschiedlichen Zeitebenen können im Bewusstsein einer Figur gleichzeitig präsent sein. Eine Verschmelzung dieser Zeitebenen kann auch durch verschiedene Erzähltechniken, z. B. durch die **Polyperspektivität** des Erzählens, durch nacheinander erzählte, aber gleichzeitig stattfindende **Parallelhandlungen**, durch eine **Mischung verschiedener Erzähl- und Zeitebenen** im Bewusstsein des Erzählers oder einer Figur dargestellt werden. Diese **Montagetechnik**, die vielfach das Prinzip der Kontinuität durchbricht, hat die moderne Epik vor allem dem Medium Film abgeschaut.

- Probieren Sie in Partnerarbeit Zeitraffung und Zeitdehnung selbst an einer Situation aus: Sie befinden sich mit anderen Menschen in einem Aufzug, der in den zehnten Stock eines Hochhauses fährt. Beobachten Sie Ihr Verhalten und das der Mitfahrenden, zum einen während der Aufzug ganz langsam – wie in Zeitlupe – nach oben fährt, zum anderen, wenn er nach oben rast. Schreiben Sie jeweils Ihre Beobachtungen auf und vergleichen Sie Ihre Texte.

- A. Döblin, J. Joyce und die Vertreter des Nouveau Roman haben sich in ihren Texten mit dem Phänomen der Zeit besonders beschäftigt. Suchen Sie passende Textstellen heraus und stellen Sie diese in Ihrem Kurs vor.

Christa Wolf Nachdenken über Christa T.

Sie hat sich treiben lassen. Noch dreizehn Jahre. Vier Wohnorte. Zwei Berufe. Ein Mann, drei Kinder. Eine Reise. Krankheiten, Landschaften. Ein paar Menschen bleiben, ein paar kommen hinzu. Dafür reicht die Zeit. Was ihr fehlte, war Zeit. Wie aber könnte man das mit Gewißheit sagen?

Zum Glück treibt das Leben selbst die Romanhandlungen an, allerdings nur infolge der seltsamen Inkonsequenz unserer Seele. Ein romantisches Motiv aus ihren Studententagen: Kostja, so nannte sie ihn, Kostja oder die Schönheit. [...]

Aber das Grundmuster schimmert durch: Hingabe, was immer daraus folgt. Mangel an Vorsicht und Zurückhaltung. Das Erlebnis bis auf seinen dunklen Rest. Wenn schon Spiel, dann mit hohem Einsatz. Nun hab' ich dich durchschaut, sagt er eines Tages, welche Komödie spielst du mir vor! Da weiß sie, daß er fürchtet, sich selbst zu begegnen, die Komödie seiner Eitelkeit zu durchschauen, die sie liebt – das ist das Wort: liebt – und nicht verlieren kann, da lacht sie: Wenn ich spiele – was kümmert's dich? Und hat ihm die Leichtigkeit zurückgegeben, die Unverantwortlichkeit, die Bestätigung seiner Makellosigkeit, die er braucht. Seine Moral als Waffe, seine Keuschheit als Panzer, weil die ganze Welt ihn mit unendlichen Farben und Formen und Gerüchen bedroht, die er nicht aushielte. Sie aber, waffenlos, ausgeliefert, hält stand, lächelnd, spielend, verwundet von Liebe.

Bettinen, sagt er, und Anetten gibt es nicht mehr, solltest du das nicht wissen?

Das heißt? fragt sie ihn.

Daß du unzeitgemäß bist.

Ja, sagt sie. Das kann sein. Dann werde ich nicht lange leben. Du aber, mein lieber Kostja, wirst sehr alt werden, das soll kein Vorwurf sein. Lach doch. Ich lach' ja auch. [...] Da stützt er sich auf den Ellenbogen, da sagt er: An einem Tag im schönen Mond September... Die ganze Geschichte von einer gewissen Maria A., halblaut, mit einem Lächeln, das weiß, was es tut und sich entschuldigt und noch Verständnis verlangt, daß es nicht anders kann. Du aber, wenn du mein Gesicht nicht mehr weißt, wirst wissen, dieses Gedicht hab' ich ihr aufgesagt, da und da, an einem blauen Tag im September. Und der Dichter, der dir einfiel, hat vor langen Jahren für dich mit allen deinen Mädchen geschlafen, auch mit mir, ach Kostja... Alles, alles hast du in deinen Büchern schon erlebt, die Wirklichkeit könnte dich nur noch beschmutzen. Ich aber weiß nichts, ehe ich es nicht probiert habe. [...]

Zehn Jahre später wird er ihr einen Brief schreiben. Sie wird schon krank sein, der Gedanke an den Tod wird sie schon berührt haben, aber noch ist Hoffnung, der Tag am Stausee ist allerdings sehr fern. Sie wird den Brief lesen wie eine alte, fast vergessene Geschichte, und ich werde seinen Brief mit ihren übrigen Papieren bekommen. Er möge mir verzeihen, ich habe ihn gelesen. Das würde ich wieder tun, mit und ohne Verzeihung, mit und ohne Recht dazu. Nicht ohne Schuldgefühl, nicht ohne den Wunsch, mein Eindringen zu bezahlen. Mit Gerechtigkeit, soweit das möglich ist.

- Untersuchen Sie den Romanauszug hinsichtlich des Phänomens »Zeit« und hinsichtlich der Zeitstrukturen des Erzählsubjekts (Innen-/Außenperspektive).

Standortbestimmungen in der Literatur nach 1989

Bernhard Schlink Der Vorleser

Manchmal denke ich, dass die Auseinandersetzung mit der nationalsozialistischen Vergangenheit nicht der Grund, sondern nur der Ausdruck des Generationenkonflikts war, der als treibende Kraft der Studentenbewegung zu spüren war. Die Erwartungen der Eltern, von denen sich jede Generation befreien muss, waren damit, dass diese Eltern im Dritten Reich oder spätestens nach dessen Ende versagt hatten, einfach erledigt. Wie sollten die, die die nationalsozialistischen Verbrechen unter sich toleriert oder sogar akzeptiert hatten, ihren Kindern etwas zu sagen haben. Aber andererseits war die nationalsozialistische Vergangenheit ein Thema auch für Kinder, die ihren Eltern nichts vorwerfen konnten oder wollten. Für sie war die Auseinandersetzung mit der nationalsozialistischen Vergangenheit nicht die Gestalt eines Generationskonflikts, sondern das eigentliche Problem. [...]

Das aber, was andere aus meinem sozialen Umfeld getan hatten und womit sie schuldig geworden waren, war allemal weniger schlimm, als was Hanna getan hatte. Ich musste eigentlich auf Hanna zeigen. Aber der Fingerzeig auf Hanna wies mich zurück. Ich hatte sie geliebt. Ich hatte sie nicht nur geliebt, ich hatte sie gewählt. Ich habe versucht, mir zu sagen, dass ich, als ich Hanna wählte, nichts von dem wusste, was sie getan hatte. Ich habe versucht, mich damit in den Zustand der Unschuld zu reden, in dem Kinder ihre Eltern lieben. Aber die Liebe zu den Eltern ist die einzige Liebe, für die man nicht verantwortlich ist. Und vielleicht ist man sogar für die Liebe zu den Eltern verantwortlich. Damals habe ich die anderen Studenten beneidet, die sich von ihren Eltern und damit von der ganzen Generation der Täter, Zu- und Wegseher, Tolerierer und Akzeptierer absetzten und dadurch, wenn nicht ihre Scham, dann doch ihr Leiden an der Scham überwanden. Aber woher kam die auftrumpfende Selbstgerechtigkeit, die mir bei ihnen so oft begegnete? Wie kann man Schuld und Scham empfinden und zugleich selbstgerecht auftrumpfen? War die Absetzung von den Eltern nur Rhetorik, Geräusch, Lärm, die übertönen sollten, dass mit der Liebe zu den Eltern die Verstrickung in deren Schuld unwiderruflich eingetreten war? Das sind spätere Gedanken. Auch später waren sie kein Trost. Wie sollte es ein Trost sein, dass mein Leiden an meiner Liebe zu Hanna in gewisser Weise das Schicksal meiner Generation, das deutsche Schicksal war, dem ich mich nur schlechter entziehen, das ich nur schlechter überspielen konnte als die anderen. Gleichwohl hätte es mir damals gut getan, wenn ich mich meiner Generation hätte zugehörig fühlen können.

- Informieren Sie sich über den Inhalt des Romans: Wer ist Hanna und in welchem Verhältnis steht der Ich-Erzähler zu ihr?
- Klären Sie den Begriff der Schuld mithilfe verschiedener Lexika.
- Erörtern Sie, warum ein Autor in einem Roman der neunziger Jahre die Frage nach der Schuld an den Nazi-Verbrechen aufgreift und sie auf eine Generation überträgt, die nach 1945 geboren wurde.

Judith Hermann **Ende von Etwas**

Sophie sieht sich um. In dieser Stunde zwischen dem späten Nachmittag und dem Abend ist das Café ganz leer, auf den Tischen, an denen niemand sitzt, brennen Kerzen, die Kellnerin lehnt am Tresen, raucht eine Zigarette und hat die Augen halb geschlossen. »Hört sie uns zu?«, flüstert Sophie, zieht ihren Stuhl näher an den Tisch heran, stützt das Gesicht in beide Hände. Die Kellnerin regt sich nicht. Gegen die Fensterscheiben schlägt der Regen, von draußen kommt das Wintergeräusch eines Automotors, der nicht anspringen will. Sophie sagt entschlossen: »Meine Großmutter verdächtigte in diesem letzten Jahr die ganze Welt. Sah Männer in der Ecke hinter dem Ofen stehen und versteckte ihr Portemonnaie unter der Matratze, im Nachtschrank, im Kissenbezug. ›Pack aus, was du da eingepackt hast!‹, schrie sie, wenn meine Mutter in der Küche das Essen warm machte, und dann zählte sie auf, was mein Vater jeden Morgen aus der Wohnung hinausschaffen würde – Pelze und Silber und Schmuck und die Orden der Großväter, Geld und Sparbücher und Töpfe und Kannen. Sie zerrte an der Jacke meiner Mutter herum und sagte: ›Klaujacke‹ und keuchte und rief nach der Polizei, und meine Mutter stand vor ihr, guckte nur, sagte nichts. Und meine Großmutter schob sich mit dem Gehgestell in die Küche, überprüfte Schränke und Schubladen, brach dann in Tränen aus und sagte: ›Ich will nicht mehr.‹ Aber sie lag den ganzen Tag im Bett und wartete.«

»Weißt du«, sagt Sophie, »das ist auch nicht leicht. Sich die Erinnerung zurückzuholen, Stück für Stück. Ich vergesse so schnell. Gesichter vor allem, ich vergesse immer Gesichter, ich vergesse sie eigentlich sofort, auch an das Gesicht meiner Großmutter kann ich mich nicht mehr erinnern. Sie fror immer. Trug auch unter den Federdecken Wolljacken, Schals, dicke Strümpfe. Sagte trotzdem: ›Ich will frische Luft‹, selbst im Winter mussten im Schlafzimmer alle Fenster offen stehen. Aber im Wohnzimmer standen kleine Heizlüfter um das Sofa herum und pusteten ihr heiße Luft ins Gesicht, und sie sagte: ›Ich weiß nicht, mir ist noch immer kalt.‹ Ihre Haare waren weiß. Sie ließ am Morgen das Eigelb über das Brot laufen und trank Tee schwarz, ohne Zucker. Es gab ein Telefon im Wohnzimmer und eines im Schlafzimmer, und manchmal rief der Sohn an und erkundigte sich aus der lichten Ferne seiner Vorstadtvilla nach der Gesundheit und der Schwester. Meine Großmutter lag in ihrem Urin und hatte Schmerzen und holte tief Luft, hielt sich mit leuchtenden Augen den Hörer ans Ohr und sagte ins Zimmer hinein: ›Gut, alles ist gut.‹«

Sophie steht viel zu schnell auf und geht auf die Toilette. Sie ist so dünn, ihre Beine in dicken Wollstrümpfen wie kleine Stöckchen. Sie geht ganz gerade, Schultern hochgezogen, im Rücken steif. [...] Sophie kommt zurück, setzt sich wieder, zündet sich eine Zigarette an, inhaliert tief, schaut dem Rauch hinterher. Sie sieht müde aus.

- Welches Bild der Großmutter entwirft Sophie und wie steht sie selbst zu diesem Bild? Beziehen Sie den Textauszug auf den Titel.
- Entwerfen Sie eine Skizze zu einer Person Ihrer Kindheit, die Ihnen eindringlich in Erinnerung geblieben ist.

Thomas Brussig Am kürzeren Ende der Sonnenallee

Einmal, in einer echten Zwangslage, hat Micha dann doch versucht, Miriams Aufmerksamkeit auf sich zu lenken. Die »Zwangslage« bestand darin, dass er zu einem Diskussionsbeitrag verdonnert worden war. Sein Freund Mario hatte die Parole DIE PARTEI IST DIE VORHUT DER ARBEITERKLASSE, die in großen Lettern im Foyer der Schule prangte, an der richtigen Stelle um ein A bereichert. Mario wurde dafür verpetzt; eine Petze, die jeden verpetzte, fand sich immer. Leider stand Mario auf so einer Art Abschussliste. »Noch so'n Ding, und du bist fällig«, hieß es beim letzten Mal, und da wurde er nur beim Rauchen erwischt. Und jetzt war er fällig – was immer das heißen sollte. Mario wollte Abitur oder mindestens eine Lehrstelle als Kfz-Mechaniker, aber plötzlich blühte ihm eine Karriere als Betonbauer, Zerspaner oder Facharbeiter für Umformtechnik. Doch als Marios Freund hat nun Micha das mit dem A auf sich genommen; vielleicht spielte dabei auch eine Rolle, dass sie gerade Schillers *Bürgschaft* durchgenommen hatten. Ganz sicher jedoch hätte Micha gern in dem Ruf gestanden, verwegene Taten zu vollbringen. Und ein A an der richtigen Stelle in einer roten Parole anzubringen war eine verwegene Tat. Leider wusste weder Mario noch Micha, dass die Parole auf Lenin zurückging. Der Strick, der einem Übeltäter um den Hals gelegt werden sollte, wurde wie folgt gedreht: Wer Lenin beleidigt, beleidigt die Partei. Wer die Partei beleidigt, beleidigt die DDR. Wer die DDR beleidigt, ist gegen den Frieden. Wer gegen den Frieden ist, muss bekämpft werden – und wie es aussah, hatte Micha Lenin beleidigt. Deshalb wurde er von seiner Direktorin, die mit dem Namen Erdmute Löffeling gestraft war, zu einem Diskussionsbeitrag verdonnert. Diskussionsbeiträge waren eine echte Strafe, obwohl sie eigentlich eine echte Ehre waren. Niemand wollte einen Diskussionsbeitrag halten. Jeder redete sich heraus. Dabei musste durchklingen, dass man wirklich gern würde, aber leider, leider durch widrige Umstände daran gehindert sei. »Ich habe Hemmungen vor so vielen Menschen.« »Es gibt bestimmt Bessere.« »Mir fällt nichts ein, was würdig genug wäre.« »Ich bin kein guter Redner.« »Ich hab keine Zeit, um mich vorzubereiten, meine Mutter ist krank.« »Ich durfte schon im letzten Jahr.« »Ich bin bestimmt heiser.« Micha allerdings konnte sich nicht herausreden. Er hatte gesündigt und musste Reue zeigen. Sein Diskussionsbeitrag sollte heißen »Was uns die Zitate der Klassiker des Marxismus-Leninismus heute sagen.« Miriam hatte noch nie mit Micha zu tun gehabt. Er befürchtete, für Miriam »der mit der roten Rede« zu werden, wenn sie ihn ausgerechnet mit dieser Rede das erste Mal wahrnimmt.

- Unterstreichen Sie die Gestaltungselemente, z. B. Anspielungen und Versatzstücke, und erläutern Sie ihre Funktion.

- Entwerfen Sie einen Diskussionsbeitrag bzw. eine Rede zu dem Thema »Was uns die Literatur der Klassiker heute noch sagt«.

- Informieren Sie sich im Buchhandel und in Bibliotheken über die so genannte Literatur zur Wende und erstellen Sie eine Leseecke mit ausgewählten Texten zusammen.

Projektideen

Literarisches Leben

»So viel Buch gab es noch nie«, konstatierte Kulturstaatsminister Dr. Michael Naumann bei der Eröffnung der Frankfurter Buchmesse 1999. Die Zahl der ausgestellten Titel und Neuerscheinungen ist gegenüber den Vorjahren weiter gewachsen.

Literarisches Leben am Ort

Informieren Sie sich über das literarische Leben/den literarischen Markt in Deutschland. Gehen Sie dabei zunächst von sich selbst aus: Woher bekommen Sie Anregungen für interessante Bücher? Welche weiteren Möglichkeiten gibt es, sich zu informieren? Erkundigen Sie sich bei der Stadtbücherei, bei der Volkshochschule und/oder beim Kulturamt Ihrer Stadt über Literaturhäuser, Lesezirkel und Autorenlesungen. Präsentieren Sie Ihre Ergebnisse in Form einer Wandzeitung.

Literatur-Café

Organisieren Sie ein Literatur-Café. Sorgen Sie für entsprechende Räumlichkeiten und statten Sie diese aus. Überlegen Sie sich eine interessante Eröffnungsveranstaltung. Wählen Sie z. B. eines der folgenden Themen: »Caféhaus-Literatur«; »Essen und Trinken in der Literatur«; »Reisen in der Literatur«...
Recherchieren Sie passende Texte zu Ihrem Thema, wählen Sie Auszüge und bringen Sie diese in eine Reihenfolge; präsentieren Sie Ihre Ergebnisse, z. B. in Form einer szenischen Lesung oder einer Rezitation.
Wenn Sie Ihr Literatur-Café als Institution einrichten wollen, müssen Sie eine fortlaufende Betreuung organisieren und einen Veranstaltungskalender entwickeln: Sie können z. B. Autoren/Autorinnen Ihrer Umgebung zu einer Lesung einladen.

Modernes Literarisches Leben: Literatur im Internet

Informieren Sie sich über die so genannte »Web-Literatur«, die Literatur im Internet (z. B. Textmaschinen und virtuelle Schreibwerkstätten). Nutzen Sie eine der nachfolgenden Ideen für Ihre Schul-Homepage:

- Initiieren Sie Ihre eigene Schreibwerkstatt. Wählen Sie eine Textsorte aus, die sich als Ausgangspunkt für Fortsetzungen besonders eignet (z. B. einen Kriminalroman). Schreiben Sie einen Einleitungstext, den Sie als Startseite vorgeben und der dann jeweils von Besuchern Ihrer Homepage (per E-Mail) als Fortsetzungsgeschichte ausgestaltet werden kann. Bestimmen Sie einen Herausgeber, der die eingegangenen Textbeiträge sichtet und als Fortsetzung veröffentlicht.
- Verfassen Sie ein Cybertagebuch. Im Mittelpunkt kann ein Held/eine Heldin stehen, deren Erlebnisse rund um eine fiktive Schule gestaltet wird: Unterrichtserlebnisse, Konflikte mit Lehrern/Mitschülern etc.

Methodenlexikon

Analyse epischer Texte

Begriffsklärung: Unter einer **Interpretation** (lat. »Auslegung«) wird die **Textanalyse** und **Textdeutung** eines fiktionalen Textes verstanden als Resultat eines Verstehensprozesses. Bei der Analyse (gr./m-lat.: »Auflösung«) zerlegt man den Text in seine einzelnen Elemente, um diese zu untersuchen und in einen Zusammenhang zu stellen. Auf der Basis der Textanalyse wird eine zusammenfassende Textdeutung vorgenommen, die Aussagen des Textes zu entschlüsseln versucht.

Arbeitsschritt I – Textverständnis klären

- mehrfaches Lesen des Textes und Klärung unbekannter Begriffe und Namen;
- Markieren von zentralen Textstellen und Schlüsselwörtern;
- Anfertigung von Randnotizen: Bewusstmachen des ersten Leseeindrucks durch Formulierung einer oder mehrerer Deutungshypothesen, dabei auch die Aspekte berücksichtigen, die in der Aufgabenstellung genannt sind.

Arbeitsschritt II – Erarbeitung des Textes (Detailanalyse und Textdeutung)

Entwicklung von Untersuchungskriterien anhand der Arbeitshypothese; Berücksichtigung inhaltlicher und sprachlicher Kriterien (Stichwörter notieren):

- Erzähler (Erzählform, Erzählhaltung, Erzählperspektive, Erzählerrede);
- Figuren (Charakterisierung, Figurenrede, Figurenkonstellation);
- Handlung (Nebenhandlungen, äußere – innere Handlung);
- Zeit (Erzählzeit – erzählte Zeit, historischer Zeitbezug, Montage);
- Raum (Ort, Milieu, Atmosphäre);
- Leser (impliziter – realer Leser).

Sichtung und Gliederung der Untersuchungskriterien mit Blick auf die eigene Schwerpunktsetzung: Zusammenstellen zusammengehöriger Aspekte, Streichung von Wiederholungen.

Arbeitsschritt III – Anfertigung einer Gliederung für die schriftliche Ausarbeitung

Einleitung: Angabe zu den äußeren Textmerkmalen (Autor, Titel, Textsorte, Entstehungszeit/-ort); Nennung des Themas; bei einem Auszug aus einer Ganzschrift: knappe Inhaltsangabe und evtl. knappe inhaltliche sowie funktionale Einordnung in den Handlungsverlauf; Formulierung des ersten Leseeindrucks.

Hauptteil: Analyse und Deutung inhaltlicher und formaler Besonderheiten auf der Basis der erarbeiteten Notizen mit Blick auf die Arbeitshypothese; wichtig: Alle Aussagen müssen durch Zitate/Textbelege abgesichert sein, inhaltliche und sprachliche Besonderheiten müssen sich aufeinander beziehen.

Schluss: Zusammenfassung der Ergebnisse im Sinne einer Gesamtdeutung mit Blick auf die Arbeitshypothese; evtl. Aufzeigen von Zusammenhängen mit anderen Texten der Autorin/des Autors; Versuch einer persönlichen Stellungnahme bzw. Wertung.

Lyrik: Liebeslust und Liebesleid

Dû bist mîn

Dû bist mîn, ich bin dîn:
des solt dû gewis sîn.
dû bist beslozzen
in mînem herzen:
verlorn ist daz slüzzelîn:
dû muost immer drinne sîn.

Karoline von Günderode Hochroth

Du innig Roth,
Bis an den Tod
Soll meine Lieb Dir gleichen,
Soll nimmer bleichen,
Bis an den Tod,
Du glühend Roth,
Soll sie Dir gleichen.

Karin Kiwus Straight Flush

Wenn du Glück hast
mit uns und dieses stille
Leuchten in deinem Gesicht
übergreift auf mich,

dann möchte ich wieder
einfach zusammenfallen
wie ein Haus
an der Kartenstraße
Herz.

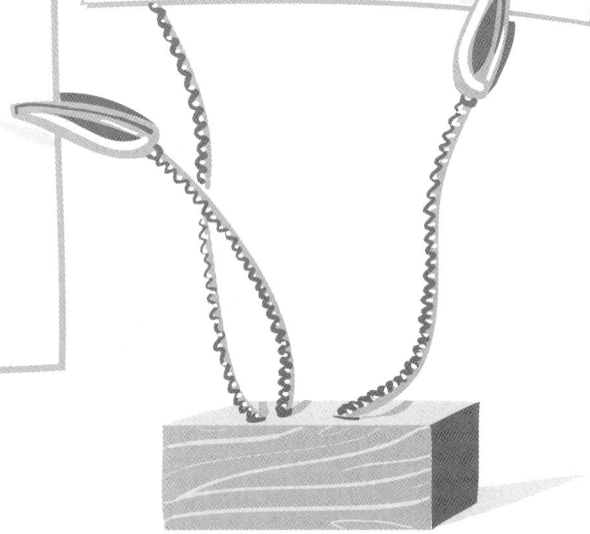

- Entscheiden Sie für sich, welches dieser Liebesgedichte Ihrer Vorstellung von Liebe am nächsten kommt.
- Suchen Sie in den Liebesgedichten dieses Unterkapitels und/oder in Lyrikanthologien nach Verszeilen oder einer Strophe, die sich als Motto für eine Lyriksammlung zum Thema »Liebe« eignen könnten.

Erich Fried **Freiraum**

Jedes Mal
wenn ich jetzt an dich denke
entsteht in meinem Kopf
ein freier Raum
eine Art Vorraum zu dir
in dem sonst nichts ist

Ich stelle fest am Ende jedes Tages
dass viel mehr freier Raum
in meinem Kopf
übrig gewesen sein muss
als ich sonst glaubte.

Doris Runge **fliegen**

meine flügel ließ ich dir
du rupftest sie
für unser daunenbett
nun träume ich nachts
vom fliegen

Variante I: Freiraum

Jedes Mal
wenn ich
jetzt an dich
denke

entsteht
in meinem Kopf
ein freier Raum eine Art Vorraum
zu dir
in dem sonst
nichts ist

Ich
stelle fest am Ende
jedes Tages dass viel mehr
freier Raum in meinem Kopf
übrig gewesen sein muss
als ich sonst
glaubte.

Analyse der Versanordnung eines Gedichts

Lyrische Texte unterscheiden sich von Prosatexten durch ihre Anordnung in Verszeilen. Die jeweilige Anordnung (z.B. Zusammenfassung einzelner Verse zu Strophen, der Gebrauch kurzer oder langer Verszeilen, die Anordnung um eine Mittelachse, das Einrücken einzelner Verse, die Isolation einzelner Wörter in einem Vers) setzt Sinnakzente und ist für das Verständnis des jeweiligen Gedichts wichtig. Die Auseinandersetzung mit der Versanordnung ist eine Möglichkeit, lyrische Texte zu analysieren und zu interpretieren. Das gilt insbesondere für Gedichte, die in freien Rhythmen, d.h. ohne festes Metrum, geschrieben sind. Der Interpret kann produktiv andere Möglichkeiten des Versumbruchs erkunden und von da aus den Sinngehalt des Gedichts erschließen oder analytisch die vorgegebene Versanordnung untersuchen (vgl. Aufgabenstellung) und entsprechende Rückschlüsse für seine Deutung des Gedichts ziehen.

- Vergleichen Sie das Originalgedicht von Erich Fried mit der vorgestellten Variante. Experimentieren Sie in ähnlicher Weise mit dem Gedicht von Doris Runge.
- Suchen Sie in Zeitungen und Zeitschriften nach Heiratsannoncen. Wählen Sie eine, die Ihnen besonders auffällt, aus und brechen Sie sie in freie Rhythmen um. Versuchen Sie, durch Ihre Versaufteilung eine bestimmte inhaltliche Aussage besonders zu betonen.

Johann Wolfgang von Goethe

Neue Liebe, Neues Leben

Herz, **mein** Herz, was soll das geben,
Was bedränget **dich** so sehr?
Welch ein fremdes neues Leben –
Ich erkenne **dich** nicht mehr!
Weg ist alles, was **du** liebtest,
Weg worum **du dich** betrübtest,
Weg **dein** Fleiß und **deine** Ruh –
Ach, wie kamst **du** nur dazu?

Fesselt **dich** die Jugendblüte,
Diese liebliche Gestalt,
Dieser Blick voll Treu und Güte
Mit unendlicher Gewalt?
Will **ich** rasch **mich ihr** entziehen,
Mich ermannen **ihr** entfliehen,
Führet **mich** im Augenblick
– Ach – mein Weg zu **ihr** zurück.

Und an diesem Zauberfädchen,
Das sich nicht zerreißen lässt,
Hält das liebe lose Mädchen
Mich so wider Willen fest.
Muss in **ihrem** Zauberkreise
Leben nun auf **ihre** Weise;
Die Verändrung ach, wie groß!
Liebe, Liebe, lass **mich** los!

Johann Wolfgang von Goethe

An Belinden

Warum ziehst **du mich** unwiderstehlich
Ach in jene Pracht?
War **ich** guter Junge nicht so selig
In der öden Nacht?

Heimlich in **mein** Zimmerchen verschlossen
Lag im Mondenschein,
Ganz von Schauerlicht umflossen,
Und **ich** dämmert' ein.

Träumte da von vollen goldnen Stunden
Ungemischter Lust;
Ahndungsvoll hatt' **ich dein** Bild empfunden
Tief in **meiner** Brust.

Bin **ich**'s noch, den **du** bei so viel Lichtern
An dem Spieltisch hältst?
Oft so unerträglichen Gesichtern
Gegenüberstellst?

Reizender ist **mir** des Frühlings Blüte
Nun nicht auf der Flur,
Wo **du** Engel bist, in Lieb' und Güte,
Wo **du** bist Natur.

- Vergleichen Sie die Beziehung des lyrischen Subjekts zu seinem jeweiligen Gegenüber in den beiden Gedichten. Verfolgen Sie zunächst den Gebrauch der Personalpronomina und ihrer Ableitung (s. Fettdruck) und ziehen Sie von da aus Rückschlüsse auf die jeweils dargestellte Liebesbeziehung. Überprüfen Sie, inwieweit die Leserlenkung durch den Gebrauch der Personalpronomina und ihrer Ableitungen der inhaltlichen Aussage des Gedichts entspricht.
- Verändern Sie die Sprecherperspektive in dem Gedicht »An Belinden«, indem Sie das lyrische Subjekt tilgen und durch die Personalpronomen »er« bzw. »sie« und ihre Ableitungen ersetzen. Vergleichen Sie die Wirkungen beider Fassungen.

Joseph von Eichendorff Der Blick

Schaust du mich aus deinen **Augen**
Lächelnd wie aus Himmeln **an**.
Fühl ich wohl, dass keine **Lippe**
Solche Sprache führen **kann**.

Könnte sies auch wörtlich **sagen**,
Was dem Herzen tief **entquillt**,
Still den Augen **aufgetragen**,
Wird es süßer nur **erfüllt**.

Und ich seh des Himmels **Quelle**,
Die mir lang verschlossen **war**,
Wie sie bricht in reinster **Helle**
Aus dem reinsten **Augenpaar**.

Und ich öffne still im **Herzen**
Alles, alles diesem **Blick**,
und den Abgrund meiner **Schmerzen**
Füllt er strömend aus mit **Glück**.

Karoline von Günderode Die eine Klage

Wer die tiefste aller Wunden
Hat in Geist und Sinn empfunden
Bittrer Trennung Schmerz;
Wer geliebt was er verloren,
Lassen muss was er erkoren,
Das geliebte Herz,

Der versteht in Lust die Thränen
Und der Liebe ewig Sehnen
Eins in Zwei zu sein,
Eins im Andern sich zu finden,
Dass der Zweiheit Gränzen schwinden
Und des Daseins Pein.

Wer so ganz in Herz und Sinnen
Konnt' ein Wesen lieb gewinnen
O! den tröstet's nicht
Dass für Freuden, die verlohren,
Neue werden neu gebohren:
Jene sind's doch nicht.

Das geliebte, süße Leben,
Dieses Nehmen und dies Geben,
Wort und Sinn und Blick,
Dieses Suchen und dies Finden,
Dieses Denken und Empfinden
Giebt kein Gott zurück.

- Versuchen Sie, das Gedicht von Joseph von Eichendorff ausgehend von seinen Endreimen zu entschlüsseln. Berücksichtigen Sie sowohl inhaltliche Elemente (z.B. Wortfelder) als auch formale Aspekte (Reimform, Kadenzen). Auf welche inhaltlichen Aussagen lassen die Endreime schließen?
Stellen Sie einen Zusammenhang zwischen dem Titel des Gedichts und den Endreimen her. Untersuchen Sie, inwieweit die Reime die Aussage des Gedichts unterstützen.
Erproben Sie Möglichkeiten und Grenzen dieser Methode an dem Gedicht von Karoline von Günderode oder wählen Sie selbst ein Gedicht mit Endreim aus.

Friederike Roth **Wir beide**

Draußen bei den stillen, den schönen
Lippenblütlern, ach dieses Wort
(weißt du noch die alte Mühle?)
hab ich von dir, Lippenblütler
sagen gelernt. Du hast
was weiß ich
erzählt von blassen von ins Traurigzart
getauchten Farben.

Ich hab nicht zugehört.
Bloß deine Lippen mir
die weichen angesehen
So dünnhäutig damals so zart
ach, wie denn
verschwindet warum so eine Lippen-
kleinigkeit?

Geh nicht fort.
Ich find dir den Ort.

Geschichten hast du erzählt
von Wolken vom herabgefallenen
Mond
vom alleinigen Wind
und von der Kraft der Wörter der Töne
der Farben.

Dann waren
wie denn verschwinden warum
eingezogen die Lippen ein Schnitt.

Hier steh ich. Hier
neben dir
erloschenem Bündel aus Narben.

Beide lachen wir
lange schon nicht mehr über die Kraft
der Farben.

Analyse lyrischer Texte mithilfe von Wortfeldern und Leitmotiven

Gedichte werden u.a. durch die Verwendung von Wortfeldern bzw. Leitmotiven zu einer Einheit strukturiert. Um den Sinngehalt eines Textes zu erfassen, kann es hilfreich sein, das Gedicht auf die Wörter bzw. Wortfelder zu reduzieren, die das Leitmotiv bilden und von da aus eine Deutungshypothese aufzustellen.
In literarischen Texten kann ein Leitmotiv nicht nur durch die Wiederholung eines Wortes bzw. einer Wortfolge oder der Ableitungen eines Wortes bestimmt sein (z.B. Liebe, verliebt, Liebeskummer...), sondern auch durch Wortfelder, die in einem semantischen Zusammenhang stehen (z.B. lieben, küssen, Sehnsucht...).

- Welches Leitmotiv stellen Sie in dem Gedicht fest? Reduzieren Sie den Text auf Formulierungen, die das Leitmotiv bilden. Welche Aussagen lassen sich aus den Formulierungen über die Liebesbeziehung ableiten?
- Versuchen Sie, selbst ein Liebesgedicht zu schreiben, das durch die Verwendung eines Leitmotivs inhaltlich und formal strukturiert wird. Wählen Sie z.B. eines der folgenden Wörter: »Fliegen«, »Wunde«, »Luft« und fertigen Sie ein Cluster an: Alle Wörter Ihres Clusters sollten entweder das gewählte Wort oder eine Ableitung aufweisen oder semantisch eng mit ihm verbunden sein. Schreiben Sie ausgehend von Ihrem Cluster ein Liebesgedicht in freien Rhythmen.

Heinrich Heine
Auf Flügeln des Gesanges

Auf Flügeln des Gesanges,
Herzliebchen, trag ich dich fort,
Fort nach den Fluren des Ganges,
Dort weiß ich den schönsten Ort.

Dort liegt ein rotblühender Garten
Im stillen Mondschein;
Die Lotusblumen erwarten
Ihr trautes Schwesterlein.

Die Veilchen kichern und kosen,
Und schaun nach den Sternen empor;
Heimlich erzählen die Rosen
Sich duftende Märchen ins Ohr.

Es hüpfen herbei und lauschen
Die frommen, klugen Gazelln;
Und in der Ferne rauschen
Des heiligen Stromes Welln.

Dort wollen wir niedersinken
Unter dem Palmenbaum,
Und Liebe und Ruhe trinken,
Und träumen seligen Traum.

Stefan George
Entführung

Zieh mit mir geliebtes kind
In die wälder ferner kunde
Und behalt als angebind
Nur mein lied in deinem munde.

Baden wir im sanften blau
Der mit duft umhüllten grenzen:
Werden unsre leiber glänzen
Klarer scheinen als der tau.

In der luft sich silbern fein
Fäden uns zu schleiern spinnen ·
Auf dem rasen bleichen linnen
Zart wie schnee und sternenschein.

Unter bäumen um den see
Schweben wir vereint uns freuend ·
Sachte singend · blumen streuend ·
Weisse nelken weissen klee.

Machen Sie klar, welches Motiv/Thema in den Gedichten von Heinrich Heine und Stefan George entfaltet wird.
Untersuchen Sie zunächst die Bilder in Heines Gedicht, indem Sie die Tabelle fortsetzen. Überprüfen Sie, ob und inwieweit sich das Verfahren der Bildanalyse auch auf das Gedicht von Stefan George anwenden lässt.
Ziehen Sie für die Erklärung Ihrer Ergebnisse den Text von Hugo Friedrich (S. 171f.) über die dichterische Metapher heran.

Heinrich Heine

Verwendete Bilder/ Bildspender	Tatbestände der Wirklichkeit/Bildempfänger	Vergleichspunkte zw. Bildspender u. -empfänger
»Flügeln des Gesanges«	schöne Melodie	akustisch angenehme sinnliche Erfahrung
»Fluren des Ganges«	Fluss / Asien, nach ma. Weltbildvorstellungen einer der Paradiesflüsse	paradiesischer, weit entfernter Ort

Else Lasker-Schüler
Ein Liebeslied

Aus goldnem Odem
Erschufen uns Himmel
O, wie wir uns lieben...

Vögel werden Knospen an den Ästen,
und Rosen flattern auf.

Immer suche ich nach deinen Lippen
Hinter tausend Küssen.

Eine Nacht aus Gold,
Sterne aus Nacht....
Niemand sieht uns.

Kommt das Licht mit dem Grün,
Schlummern wir;
Nur unsere Schultern spielen noch
wie Falter.

Else Lasker-Schüler
Mein Liebeslied

Wie ein heimlicher Brunnen
Murmelt mein Blut,
Immer von dir, immer von mir.

Unter dem taumelnden Mond
Tanzen meine nackten, suchenden
Träume,
Nachtwandelnde Kinder,
Leise über düstere Hecken.

O, deine Lippen sind sonnig...
Diese Rauschedüfte deiner Lippen...
Und aus blauen Dolden silberumringt
Lächelst du... du, du.

Immer das schlängelnde Geriesel
Auf meiner Haut
Über die Schulter hinweg –
Ich lausche...

Wie ein heimlicher Brunnen
Murmelt mein Blut.

Gustav Klimt: *Adam und Eva, 1917/18 (Ausschnitt)*

Lesen Sie die Liebesgedichte von Else Lasker-Schüler. Wählen Sie ein Gedicht aus und stellen Sie fest, welche Bilder die Autorin benutzt, um ihre Liebeserfahrung darzustellen.
Schreiben Sie das von Ihnen gewählte Gedicht in einen bildfreien Text um. Vergleichen Sie Original und Umschrift und diskutieren Sie die Leistung von Metaphern in lyrischen Texten.
Reflektieren Sie Ihr Vorgehen: Entspricht Ihre Umgestaltung in einen bildfreien Text dem Verstehensprozess, wie er üblicherweise beim Lesen von Metaphern/Bildern abläuft?

Gabriele L. Rico Metaphern

Eine Metapher ist die Verknüpfung eines Bildes mit etwas äußerlich ganz anderem, die wörtlich genommen unmöglich ist. [...] Die neuen metaphorischen Verknüpfungen erzeugen Spannung und Lebendigkeit und enthüllen uns gleichzeitig Zusammenhänge, die wir vorher nicht gesehen hatten.

Bilder verstärken die Eindringlichkeit und Komplexität unserer Sprache. Sie beziehen alle unsere Sinne in das Erleben ein. Wenn wir ein Bild in einen überraschenden Zusammenhang stellen, der mit seiner wörtlichen Bedeutung nichts zu tun hat, schaffen wir ein neues Verknüpfungsmuster – eine Metapher –, das eine intensive bildhafte Aussage vermittelt. Wenn beispielsweise ein Skilehrer einem Anfänger erklärt [...]: »Der Berg ist eine Portion Vanilleeis und Sie sind heiße Schokoladensoße – fließen Sie den Hang hinunter«, ruft er im Schüler ein Bild des Gleitens und der Verbundenheit hervor und vermittelt ihm damit grundlegende Erkenntnisse über die Beziehung zwischen Skiläufer und Piste. Vergleichen Sie diese Anweisung mit ihrem an das begriffliche Denken gerichteten Gegenstück, das ungefähr folgendermaßen lauten könnte:

Setzen Sie jetzt den rechten Stock ein, gehen Sie tiefer und schwingen Sie Ihren Körper und Ihre Ski um ihn herum, wobei Sie die Ski parallel führen und Ihr Gewicht während des Umsteigens auf den Talski verlagern. Gleiten Sie, um wieder Schwung zu holen, einige Meter mit parallel geführten Ski bergabwärts, setzen Sie dann den linken Stock ein, gehen Sie wieder tiefer und schwingen Sie um Ihren Stock herum. Achten Sie dabei auf die parallele Skiführung und verlagern Sie das Gewicht auf Ihren rechten Ski, den Talski.

Natürlich ist der Berg keine Portion Eis und ein Mensch keine heiße Schokoladensoße, und doch vermittelt diese Anweisung das richtige Gefühl beim Skilaufen – das »Feeling« für die ununterbrochene »flüssige« Bewegung – viel direkter als jede sorgfältig strukturierte Sequenz technisch korrekter Instruktionen.

Hugo Friedrich Metapher und Vergleich

Nach Aristoteles ist die Metapher die übertragene Verwendung eines Wortes für eine andere Sache oder für einen Begriff: »Abend« für Alter, daher »Lebensabend«; »Dürre« für Unfruchtbarkeit des Geistes, daher »dürrer Gedanke«. In solcher Bestimmung ist die Meinung enthalten, dass die Metapher die »uneigentliche« Bezeichnung eines »Eigentlichen« sei. [...]

Die Grenze der Aristotelischen Theorie liegt darin, dass er die Metapher zu sehr einschränkt auf ihren Erkenntnisgrad, der sich durch das Wahrnehmen von Analogien ergibt. [...] Denn in der dichterischen Metapher erhält nicht nur die Sache, sondern auch das metaphorische Bild eine zugleich gesteigerte wie präzise Bedeutung. Spricht eine Poesie vom »dunklen Schaum der Wälder«, so ist das ein anderer Schaum als der von Gewässern oder von Laugen. Es ist einer, den es nur im Augenblick dieser Metapher gibt, wie auch der Wald mittels des »dunklen Schaumes« sich in etwas Einzigartiges verwandelt hat. Beide Glieder also, durch erfundene Ähnlichkeit einander nahe gebracht, gewinnen eine neue Bildfülle oder auch nur Tönung, die sie getrennt nicht haben. »Das unendliche Lächeln des Meeres«: Da gerät nicht allein das Meer in eine beseelte Schönheit, sondern auch das Lächeln in einen raumweiten Glanz, den es auf dem Menschenantlitz nicht hat. In der Metapher ist der produktive Anteil des Erfindens weit größer als der reproduzierende der Wahrnehmung. [...]

Die antiken Theorien, und nicht allein diejenigen des Aristoteles, waren dadurch beengt, dass sie in der Metapher die addierte Zweiheit ihrer Glieder sahen. Faktisch aber entsteht eine neue Einheit mit Vorstellungsinhalten, die an Zahl wie Art mehr sind als die beiden Glieder, wie ja auch der Akkord oder Diskord mehr und anders ist als die zwei Töne, aus denen er bestehen kann. Schließlich muss widersprochen werden, wenn, nach antikem Vorbild, die Metapher aufgefasst wird als ein verkürzter Vergleich. Der Vergleich ist ein provisorisches Nebeneinanderstellen und macht mit der Formel »wie« oder »als ob« auf die Andersartigkeit des Verglichenen und auf die Unverbindlichkeit des Vergleichs aufmerksam. Die Metapher hingegen braucht nicht erst »wie« zu streichen, weil sie es von vorneherein gar nicht denkt. Sie vollbringt eine umweglose Identifikation, hat bilddefinitorischen Charakter und auch die Wirkung des Definitiven, während im Vergleich – und noch mehr im Gleichnis – die Sache und das Gleichende einander begegnen, um hernach auseinander zu treten. »Der Mensch gleicht einem denkenden Schilfrohr«: Zwischen diesem Satz, den es von niemandem gibt, und dem anderen von Pascal »Der Mensch ist ein denkendes Schilfrohr«, liegt eine Welt. Übrigens belegt dieser Satz das oben schon Bemerkte: Die Metapher muss nicht auf einer vorhandenen Analogie beruhen, sondern kann sie frei erschaffen; ein denkendes Schilfrohr gibt es ja nur in dieser Metapher, die es zur Präzisierung einer menschlichen Paradoxie erfunden hat.

- Erarbeiten Sie, worin Gabriele Rico die Leistung einer metaphorischen gegenüber einer exakt-begrifflichen Sprache sieht. Überprüfen Sie Ricos These anhand folgender Aufgabenstellung: Verliebtsein wird häufig bildhaft beschrieben, z.B. »auf Wolken gehen«, »die Welt durch eine rosarote Brille sehen«, »Flugzeuge im Bauch haben« etc. Untersuchen Sie – ähnlich wie die Autorin in ihrem Bild zum Bereich ›Skilaufen‹ – was diese, oder auch eine von Ihnen gewählte bildhafte Beschreibung des Verliebtseins, im Unterschied zu einer sachlich beschreibenden Darstellung leisten.
- Erkunden Sie den Unterschied zwischen Alltagsmetaphern und poetischen Metaphern.
- Was versteht Hugo Friedrich unter einer bildhaften Metapher?
  Wählen Sie ein Gedicht von Else Lasker-Schüler (S. 270) aus und überprüfen Sie seine Behauptung, dass in der dichterischen Metapher »beide Glieder... eine neue Bildfülle oder auch nur Tönung (gewinnen), die sie getrennt nicht haben.« (Z. 13-15)

Walther von der Vogelweide **Under der linden**

»Under der linden
an der heide,
dâ unser zweier bette was,
Dâ mugt ir vinden
schône beide
gebrochen bluomen unde gras.
Vor dem walde in einem tal,
tandaradei,
schône sanc diu nahtegal.

Ich kam gegangen
zuo der ouwe:
dô was mîn friedel komen ê.
Dâ wart ich enpfangen,
hêre frouwe,
daz ich bin sælic iemer mê.
Kuste er mich? wol tûsenstunt:
tandaradei,
seht wie rôt mir ist der munt.

Dô het er gemachet
alsô rîche
von bluomen eine bettestat.
Des wirt noch gelachet
inneclîche,
kumt iemen an daz selbe pfat.
Bî den rôsen er wol mac,
tandaradei,
merken wâ mirz houbet lac.

Daz er bî mir læge,
wessez iemen
(nu enwelle got!), sô schamt ich mich.
Wes er mit mir pflæge,
niemer niemen
bevinde daz wan er und ich –
Und ein kleinez vogellîn,
tandaradei,
daz mac wol getriuwe sîn.«

Reiner Kunze
Dein Kopf auf meiner Brust

Mit meinem rechten schlüsselbein
schließen wir uns ein
in den schlaf

Sollte ich's im traum
verlegen, nehmen wir, uns wachzuschließen,
das linke

Mich nur, mich halte fest,
der schlaf hat schloß und klinke

- Vergleichen Sie, wie Walther von der Vogelweide und Reiner Kunze die Liebesbeziehung darstellen. Welche Textsignale erhalten Sie hinsichtlich der Frage, ob das lyrische Ich männlich oder weiblich ist? Diskutieren Sie Ihr Ergebnis vor dem zeitlichen Entstehungsgrund beider Gedichte.

- Untersuchen Sie beide Gedichte im Hinblick auf den strophischen Aufbau. Durch welche inhaltlichen und formalen Elemente werden die einzelnen Strophen zu Sinneinheiten geformt? In welchem Zusammenhang stehen sie zum gesamten Gedicht?

Sibylla Schwarz ISt Lieb ein Feur

ISt Lieb ein Feur / und kan das Eisen schmiegen /
bin ich voll Feur / und voller Liebes Pein /
wohrvohn mag doch der Liebsten Hertze seyn?
wans eisern waͤr / so wuͤrd eß mir erliegen /
Wans guͤlden waͤr / so wuͤrd ichs koͤnnen biegen
Durch meine Gluht; solls aber fleischern seyn /
so schließ ich fort: Eß ist ein fleischern Stein:
doch kan mich nicht ein Stein / wie sie / betriegen.
Ists dan wie Frost / wie kalter Schnee und Eiß /
wie presst sie dann auß mir den Liebesschweiß?
Mich deucht: Ihr Herz ist wie die Loorberblaͤtter /
die nicht beruͤhrt ein starcker Donnerkeil /
sie / sie verlacht / Cupido / deine Pfeil;
und ist befreyt fuͤr deinem Donnerwetter.

Barbara Köhler Guten Tag

immer hinterher im regen stehen
gelassen bleiben als ob gehen
die frage sei: dahingestellt
& was aus allen wolken fällt

mir zu betrifft mich offenherzig
verheult verlacht den rest verschmerz ich
vergeh verkomme auf dich zu
entferne mich was bleibt bist du

bei trost bei dir beizeiten
JUST TRAVELLIN' es kommt nicht an
auf sprüche soviel ist versprochen

und haltlos was ich sagen kann
verstummt verspielt zwischen uns beiden
der regen nass bis auf die knochen

- Das Sonett ist die klassische Gedichtform, die seit dem 13. Jahrhundert in vielen Ländern Europas Verbreitung gefunden hat. Informieren Sie sich in einem Fachlexikon über die Entstehungsgeschichte des Sonetts und sein Weiterleben in der Literatur bis heute. Setzen Sie die besondere inhaltliche und formale Gestaltung des Sonetts in eine Modellskizze um.

- Übertragen Sie das Gedicht von Sibylla Schwarz in die Sonettform und überprüfen Sie, inwieweit die Autorin dem inhaltlichen und formalen Aufbau des Sonetts gerecht wird. Untersuchen Sie, wie die zeitgenössische Autorin Barbara Köhler die klassische Sonettform aufgreift. Erproben Sie verschiedene Lesarten der Verszeilen, indem Sie neue – Ihrem Textverständnis entsprechende – Zäsuren setzen und damit in die Sonettform eingreifen. Vergleichen Sie die unterschiedlichen Fassungen mit dem Original und erörtern Sie, was die Sonettform für die Textaussage leistet. Diskutieren Sie, warum moderne Autoren bis heute auf die Sonettform für ihre Gedichte zurückgreifen.

- Das Sonett erlebte in vielen europäischen Kulturen eine Blütezeit. Stellen Sie einen Reader oder eine Wandzeitung zum Thema »Das europäische Sonett und seine Blütezeit in der europäischen Kultur« zusammen. Ihr Reader oder Ihre Wandzeitung können ausgewählte Texte in Originalsprache und Übersetzung sowie Informationen zu Geschichte und Kultur der Zeit wie auch zu einzelnen Autoren enthalten. Arbeiten Sie mit den Fremdsprachen sowie mit den Fächern Musik, Kunst und Geschichte zusammen.

Analyse lyrischer Texte

Arbeitsschritt I: Erarbeitung eines ersten Textverständnisses

- Lesen des Gedichts (leise und evtl. laut im Sinne eines rezitierenden Lesens);
- Markieren der (zunächst) unverständlichen oder auffallenden Textstellen;
- Festhalten erster Eindrücke / Arbeitshypothese aufstellen: Worum geht es?

Arbeitsschritt II: Analyseskizze und Gliederung/detaillierte Textuntersuchung

Zentrale Fragestellung: Wie kommt die Arbeitshypothese bzw. Deutungshypothese zustande? (=Überprüfung des ersten Textverständnisses)

Beobachtungspunkte:

- Sprecher im Gedicht: lyrisches Ich, Rollenfigur, gestaltloser Sprecher? Sprechweise: sachlich, emotional, appellativ;
- Aufbau und Struktur des Gedichts: Gedichtform, Strophengliederung, Vers, Metrum, freie Rhythmen, Sprechrhythmus, Reim, Kadenzen;
- inhaltliche Entfaltung des Themas: Einzelaussagen, Verknüpfung der Aussagen, Zusammenspiel von Thema und Unterthemen, Bedeutung des Titels;
- Sprachgestaltung: Syntax: Satzformen, Wortstellung im Satz, Vergleich mit möglicher Prosafassung, Enjambements;
  Wortwahl: Funktion von Substantiven, Adjektiven, Verben als Bedeutungsträger;
- Bilder und Leitmotive: semantische und formale Wortnetze (Wortschatz), Alltagsmetaphern, Motive, Vergleiche, dichterische Metaphern, Chiffren;
- Lautgestaltung: Betonung bestimmter Wörter durch gleichklingende Laute bzw. Lautkombinationen, Verwendung heller und dunkler Vokale und ihre Wirkung.

TIPP: zu den einzelnen Untersuchungsaspekten Notizen in Form von Stichworten; für jeden Einzelaspekt ein eigenes Blatt benutzen; Schwerpunkte setzen.

Arbeitsschritt III: Anfertigen einer Gliederung für die Textanalyse

Die Gliederung orientiert sich an folgendem Aufbauschema:

Einleitung: Angabe zu äußeren Textmerkmalen (Textsorte, Titel, Autor, Entstehungszeit/-ort, Epochenzugehörigkeit); Formulierung des Themas; bei längeren Gedichten knappe Inhaltsangabe; grundlegende Angaben zur Form: Gedichttyp, Strophenform und -zahl, Metrum etc.

Hauptteil: detaillierte Textanalyse auf der Basis der erarbeiteten Notizen im Hinblick auf eine oder mehrere Deutungshypothesen; Sichtung der Notizen im Hinblick auf die Arbeitshypothese: Schwerpunktsetzungen, Streichung von Wiederholungen, Aufzeigen von Zusammenhängen.

Wichtig: Inhaltliche und formale Analyse müssen miteinander verknüpft sein.

Schlussteil (Reflexion): kurze Zusammenfassung der Ergebnisse mit Rückbezug auf die Arbeitshypothese; evtl. Vergleich mit anderen Gedichten desselben Autors, der Epoche oder derselben Thematik.

Arbeitsschritt IV: Ausformulierung

Je nach Anlage der Gliederung erfolgt eine lineare, dem Textablauf folgende oder eine vernetzte, an inhaltlichen und formalen Schwerpunkten ausgerichtete Analyse.

Bertolt Brecht Entdeckung an einer jungen Frau

Des Morgens nüchterner Abschied, eine Frau
Kühl zwischen Tür und Angel, kühl besehn.
Da sah ich: eine Strähn in ihrem Haar war grau
Ich konnt mich nicht entschließen mehr zu gehn.

Stumm nahm ich ihre Brust, und als sie fragte
Warum ich Nachtgast nach Verlauf der Nacht
Nicht gehen wolle, denn so war's gedacht
Sah ich sie unumwunden an und sagte:

Ist's nur noch eine Nacht, will ich noch bleiben
Doch nütze deine Zeit; das ist das Schlimme
Daß du so zwischen Tür und Angel stehst.

Und laß uns die Gespräche rascher treiben
Denn wir vergaßen ganz, daß du vergehst.
Und es verschlug Begierde mir die Stimme.

Alfred Behrmann »Denn wir vergaßen ganz, daß du vergehst«.

Zu Brechts Sonett Entdeckung an einer jungen Frau

An Leidenschaft im Sinne tieferer Bewegung war bei dem nächtlichen Zusammensein von beiden Seiten nicht gedacht, der Abschied ist »nüchtern« (1), die Frau steht ebenso »Kühl zwischen Tür und Angel«, wie sie »kühl besehn« (2) wird. Dann erfolgt die »Entdeckung«, und der Abschiednehmende, eben noch ganz gelassen, ist sofort in ihrem Bann. Die Temperatur, bezeichnet im zweimaligen »Kühl« des Eingangs, schlägt um; vom Besehn der Frau – »wie ein Ding« – über das Sehn der grauen Strähne bis zum Ansehn – »unumwunden« (8) – vollzieht sich ein Vorgang von höchster Intensität. »Was eben noch selbstverständlich war, der Abschied, der ›um ein Haar‹ ganz ohne Zögern geschehen wäre, bedarf auf einmal eines Entschlusses; ja, weit mehr; der Mann ist nicht mehr imstande, diesen Entschluss zu fassen«. Alles geht vor sich ohne ein Wort. »Stumm nahm ich ihre Brust« (5). Auch die Rede der Frau, ihre verwunderte Frage, warum der Nachtgast nach Verlauf der Nacht nicht gehen wolle, lässt sich, wie Hella Sachs bemerkt, als bloßer fragender Blick verstehn.

Die Antwort ist äußerst bezeichnend; sie liefert den Schlüssel zum Verständnis des ganzen Gedichts. Der Frau in direkter Rede entgegengesprochen, geht sie dennoch über die Frau hinweg. »Unumwunden« wie der Blick, den die Antwort gleichsam in Rede übersetzt, verhehlt sie nicht, dass sie im Grunde ein Monolog ist, ganz aus dem ungeteilten und unteilbaren Erleben des Mannes kommt und eine momentan intensivere, keineswegs aber, wie einige Interpreten gemeint haben, tiefere, d. h. persönliche Beziehung zu dem Partner für »nur noch eine Nacht« (9) begehrt. [...]

»Ist's nur noch eine Nacht, will ich noch bleiben« (9). Die Zeile klingt, als werde ein Zugeständnis gemacht, eins von genau bemessenem Umfang. Es ist auch ein

Zugeständnis, nämlich des Mannes, der mehr Zeit aufwendet, als er vorgesehen hatte, an sich selbst; denn die Frau, erstaunt, dass er nicht gehen will, kann ihn nicht gebeten haben, »noch« zu »bleiben«. Etwas unvermittelt fährt er fort: »Doch nütze deine Zeit« (10). Oberflächlich scheint es, als mahne der Mann die Frau, ganz im Sinn des Horazischen Carpe diem, die Frist zu nützen, die ihr für die Liebe noch bleibt. Dass sie »zwischen Tür und Angel« (11) steht, also auf der Schwelle, und dies etwas »Schlimmes« (10) ist, kann nur bedeuten, dass sie, vielleicht ohne es zu wissen, vom Schatten des Alterns bedroht wird. In dieser Lesart stimmen alle Deutungen überein, und sie ist wohl auch richtig. Eine Schwierigkeit allerdings bietet das »Doch«, mit dem die Mahnung »nütze deine Zeit« dem eben erklärten Zugeständnis angeschlossen wird. Im Verein mit dem Imperativ rückt die adversative Konjunktion die Mahnung in die Nähe einer weiteren Bedingung; zumindest stellt sie eine enge logische Beziehung zum Vorangehenden her. Die Frau soll das Zugeständnis des Mannes, das er nicht ihr, sondern sich selbst gemacht hat, rechtfertigen, indem sie ihr Erleben intensiviert. [...]

»Denn wir vergaßen ganz, daß du vergehst« (13). Man hätte hier erwarten können: dass *wir* vergehn. Das entspräche dem reinen vitalen Reflex, von dem soeben die Rede war; »daß du vergehst« greift darin ein; es stellt noch einmal, diskret, doch beharrlich, die zweite Ebene her: die, auf der das Vergehen als Vergessen erscheint. Der Dichter will ihm entgegenwirken, bei sich, im Hinblick auf die Frau. Es heißt aber nicht: Denn *ich* vergaß, sondern: »Denn wir vergaßen ganz, daß du vergehst«. Was dem ›Vergehen im Gedächtnis‹ entgegengesetzt werden kann, ist allein eine neue körperliche Vereinigung. Deren Intensität hängt von beiden Partnern in gleichem Maße ab, wenn auch nur einer, der Mann, die Erinnerung daran festhält und später noch – im Gedicht – von ihr zeugt. [...]

Der erste fassbare Keim des Gedichts ist eine Notiz: »sonett: das weiße Haar« (*Bertolt-Brecht-Archiv*). [...] Der Bau folgt streng der Teilung in Oktett und Sextett. Das erste Quartett entwickelt die Situation, das zweite bereitet mit der Frage die Antwort vor, aus der das Sextett besteht. Der Hälftung des ersten Quartetts in skizzierte Situation (1f.) und Umschlag aufgrund der »Entdeckung« (3f.) mit dem Kreuzen der männlichen Reime folgt im zweiten ein einziges geschlossnes Gefüge, durchdrängt von der Bewegung des Mannes, die auf neue Umarmung zielt, mit umarmendem weiblichen und männlichen Reim. Das Sextett, in strengem Zeilenstil, geht Schritt für Schritt dem Höhepunkt des letzten Verses zu, indem es präzis und doch durchpulst von innerer Erregung einen seiner Gründe um den anderen setzt. Das erste Terzett entfaltet den Reim in einfacher Folge (efg), das zweite scheint die Folge aufzunehmen (e), überstürzt sich dann aber und kehrt sie um (gf), wie der Mann, der ruhig gehen wollte, erregt wird und umkehrt.

Formulieren Sie stichwortartig eigene Deutungsansätze zu Brechts Liebesgedicht. Arbeiten Sie die zentralen Deutungsansätze Behrmanns heraus. Inwieweit wird die Interpretation Behrmanns Ihrem persönlichen Textverständnis gerecht? Zeigen Sie Übereinstimmungen und Unterschiede auf.

Bertolt Brecht Über das Zerpflücken von Gedichten

Der Laie hat für gewöhnlich, sofern er ein Liebhaber von Gedichten ist, einen lebhaften Widerwillen gegen das, was man das Zerpflücken von Gedichten nennt, ein Heranführen kalter Logik, Herausreißen von Wörtern und Bildern aus diesen zarten blütenhaften Gebilden. Demgegenüber muß gesagt werden, daß nicht einmal Blumen verwelken, wenn man in sie hineinsticht. Gedichte sind, wenn sie überhaupt lebensfähig sind, ganz besonders lebensfähig und können die eingreifendsten Operationen überstehen. Ein schlechter Vers zerstört ein Gedicht noch keineswegs ganz und gar, so wie ein guter es noch nicht rettet. Das Herausspüren schlechter Verse ist die Kehrseite einer Fähigkeit, ohne die von wirklicher Genußfähigkeit an Gedichten überhaupt nicht gesprochen werden kann, nämlich der Fähigkeit, gute Verse herauszuspüren. Ein Gedicht verschlingt manchmal sehr wenig Arbeit und verträgt manchmal sehr viel. Der Laie vergißt, wenn er Gedichte für unnahbar hält, daß der Lyriker zwar mit ihm jene leichten Stimmungen, die er haben kann, teilen mag, daß aber ihre Formulierung in einem Gedicht ein Arbeitsvorgang ist und das Gedicht eben etwas zum Verweilen gebrachtes Flüchtiges ist, also etwas verhältnismäßig Massives, Materielles. Wer das Gedicht für unnahbar hält, kommt ihm wirklich nicht nahe. In der Anwendung von Kriterien liegt ein Hauptteil des Genusses. Zerpflücke eine Rose und jedes Blatt ist schön.

Andreas Thalmayr Gedichte lesen

Die Lust, Gedichte zu lesen ist uns einfach abhanden gekommen. Vielleicht sind die Dichter Schuld? [...] Oder liegt es an uns? Warum kommt es uns manchmal so vor, als haftete der ganzen Sache, der Lyrik, etwas Trübes, Zähes, Dumpfes, Muffiges an? Aber war da nicht irgendwann, irgendwo was Anderes? Ein Lufthauch? Eine Verführung? Ein Versprechen? Ein freies Feld? Ein Spiel?...

Die einzig richtige Art, ein Gedicht zu lesen, gibt es nicht. Sie ist nur ein pädagogisches Phantom. So viele Köpfe, so viele Lesearten, eine richtiger als die andere. Damit soll nichts gegen die Arbeit der Philologen gesagt sein und gegen die zuverlässigen, die kritischen, die »gesicherten« Texte, die sie verspricht; ganz im Gegenteil. Aber ihre Treue ist nur eine unter den vielen Möglichkeiten, die wir haben, einen Autor beim Wort zu nehmen. Man kann ihn auch nacherzählen oder rückwärts lesen, oder verspotten, oder bestehlen, oder weiterdichten, oder übersetzen... Lesen heißt immer auch: zerstören – wer das nicht glauben will, möge die Gehirnforscher fragen –; zerstören und wieder zusammensetzen. Dabei entsteht allemal etwas Neues. Ein Klassiker ist ein Autor, der das nicht nur verträgt; er verlangt es; er ist nicht totzukriegen durch unsere liebevolle Roheit, unser grausames Interesse.

Vergleichen Sie die Position von Brecht und Thalmayr über den Umgang mit Gedichten. Welche Aufgabenstellungen in diesem Kapitel würden dem »alternativen Lesen« von Gedichten im Sinne von Thalmayr entsprechen? Experimentieren Sie mit den vorgeschlagenen Lesarten.

Doris Runge Tauben

die Füße beringt
damit wir uns wiederfinden
nach den unterschiedlichen botschaften
die wir hinausfliegen
in den raubvogelhimmel
hier lernen wir
sie zu vergessen
pfeile fliegen
gegeneinander
und ohne stimme
mit dem wind
färbt sich das federkleid
laub auf der schwinge
das alte zeichen

Bertolt Brecht Die Liebenden

Sieh jene Kraniche im großen Bogen!
Die Wolken, welche ihnen beigegeben
Zogen mit ihnen schon, als sie entflogen
Aus einem Leben in ein andres Leben.
In gleicher Höhe und mit gleicher Eile
Scheinen sie alle beide nur daneben.
Daß so ein Kranich mit der Wolke teile
Den schönen Himmel, den sie kurz befliegen
Daß also keines länger hier verweile
Und keines anders sehe als das Wiegen
Des andern in dem Wind den beide spüren
Die jetzt im Fluge beieinander liegen
So mag der Wind sie in das Nichts entführen
Wenn sie nur nicht vergehen und sich bleiben
So lange kann sie beide nichts berühren
So lange kann man sie von jedem Ort vertreiben
Wo Regen drohen oder Schüsse schallen.
So unter Sonn und Monds wenig verschiedenen Scheiben
Fliegen sie hin, einander ganz verfallen.
Wohin ihr? – Nirgendhin. – Von wem davon? – Von allen.
Ihr fragt, wie lange sind sie schon beisammen?
Seit kurzem. – Und wann werden sie sich trennen? – Bald.
So scheint die Liebe Liebenden ein Halt.

Vergleichen Sie die Verwendung des Vogelmotivs in den Gedichten von Bertolt Brecht und Doris Runge. Legen Sie eine Vergleichsskizze an, z. B.:

	D. Runge	B. Brecht
Thema/Motiv	Erlebniswelt eines Liebespaares in der Gesellschaft	Kurze gemeinsame Wegstrecke eines Liebespaares
Aufbau allgemein	1 Strophe, freie Rhythmen, 14 Verse häufig durch Enjambements verbunden	1 Strophe, in Terzinen verfasst, Enjambement
Titel	Tiermetapher bereits im Titel aufgegriffen; Tauben: Hinweis auf Alltagsvögel	Metaphorik im Titel nicht aufgenommen, Sachhälfte der Metapher im Titel dargelegt
Sprecher...	Lyrisches Ich, das in Wir-Form spricht...	Beobachter von außen, der auf ein Schauspiel am Himmel verweist...

Der von Kürenberg **Ich zôch mir einen valken**

»Ich zôch mir einen valken mêre danne ein jâr.
dô ich in gezamete als ich in wolte hân
und ich im sîn gevidere mit golde wol bewant,
er huop sich ûf vil hôhe und floug in anderiu lant.
Sît sach' ich den valken schône fliegen:
er fuorte an sînem fuoze sîdîne riemen,
und was im sîn gevidere alrôt guldîn.
got sende si zesamene die gerne geliep wellen sîn !«

»Ich erzog mir einen Falken länger als ein Jahr.
Als ich ihn gezähmt hatte wie ich ihn haben wollte,
und ich ihm sein Gefieder mit Gold wohl geziert hatte,
schwang er sich hoch und flog in andere Lande.

Danach sah ich den Falken herrlich fliegen.
Er trug an seinem Fuß seidene Bänder,
und sein Gefieder war ihm ganz rotgolden.
Gott führe die zusammen, die gerne einander lieben wollen.«

(Übersetzung von Peter Wapnewski)

Sarah Kirsch **Raubvogel**

Raubvogel süß ist die Luft
So kreiste ich nie über Menschen und Bäumen
So stürz ich nicht noch einmal durch die Sonne
Und zieh was ich raubte ins Licht
Und flieg davon durch den Sommer

- Untersuchen Sie, wie das Bild des Vogels – hier des Falken – in der Liebeslyrik des Mittelalters verwendet wird. Beziehen Sie die Abbildung aus der Manessischen Liederhandschrift in Ihre Überlegungen ein.
- Vergleichen Sie die Darstellung des Falken im Gedicht des Kürenbergers mit der Darstellung des Raubvogels im Gedicht von Sarah Kirsch.
- Ein immer wieder verwendetes Motiv zur Darstellung von Liebesbeziehungen ist das Bild der Rose. Suchen Sie in Lyrik-Anthologien zum Themenkreis Liebe oder in modernen Songtexten nach Beispielen und stellen Sie diese den anderen Kursmitgliedern vor.

Gedichtvergleich

Gedichte lassen sich u.a. im Hinblick auf folgende Aspekte vergleichen: Thema, Motive, Symbolik, Bilder, Aufbau etc. Dabei kann man in einem **synchronen** Vergleich themengleiche Gedichte einer literarischen Epoche oder in einem **diachronen** Verfahren themengleiche Gedichte verschiedener Epochen vergleichen.
Ein Gedichtvergleich sollte die inhaltlichen Aussagen und die formalen Gestaltungsmittel gegenüberstellen. Dabei sollten die Vergleichspunkte entsprechend der Aufgabenstellung oder der eigenen Schwerpunktsetzung aufgegliedert werden. Grundsätzlich können dabei folgende Fragen hilfreich sein:
- Was ist das den zu vergleichenden Gedichten zugrunde liegende Thema/Motiv?
- Wie wird das Motiv in den jeweiligen Gedichten entfaltet?
- Was sind immer wiederkehrende, was epochen- bzw. zeittypische, was individuelle Ausprägungen des Themas/Motivs?

Alternative methodische Vorgehensweisen im Hinblick auf die Darstellung:

Linearer Textvergleich: Der Interpret wendet sich zunächst einem der zu vergleichenden Gedichte zu und analysiert dieses im Hinblick auf die zentralen Aspekte und wendet sich in einem nächsten Schritt dem zweiten Gedicht zu. Dabei beschränkt er sich auf die Erarbeitung der zu vergleichenden Elemente.
Vorteil: Gliederung der Textanalyse vorgegeben; roter Faden erkennbar; Eigenart der jeweiligen Einzeltexte wird detailliert berücksichtigt.
Nachteil: Gefahr der inhaltlichen und sprachlichen Wiederholung, da im Zusammenhang der Textinterpretation von Gedicht 1 erarbeitete Aspekte bei der Darstellung von Gedicht 2 zu ausführlich wiederholt werden; Vernetzung und damit vergleichende Untersuchung ist durch das additive Vorgehen für Fremdleser nicht immer leicht ersichtlich.

Vernetzter Textvergleich: Der Interpret analysiert die beiden Gedichte parallel im Hinblick auf die jeweilige Fragestellung. Die Vergleichsaspekte bilden den roten Faden für die Gliederung.
Vorteil: Vergleich steht im Vordergrund, damit werden Unterschiede und Gemeinsamkeiten auch für Fremdleser ersichtlich.
Nachteil: Gefahr der Unübersichtlichkeit, wenn Vergleichsaspekte nicht klar benannt werden; wichtige Einzelaspekte eines Gedichts bleiben evtl. unberücksichtigt.

Unabhängig von der methodischen Erarbeitung sollte der Vergleich mit einem **Reflexionsteil** abschließen, der die wesentlichen Ergebnisse zusammenfasst und zu einer literarischen Wertung führt, z. B. anhand folgender Fragestellungen:
- Ist das Thema in den Gedichten für den Leser überzeugend entfaltet worden?
- Wenn es sich um themengleiche Gedichte einer Epoche handelt, welche Gemeinsamkeiten bzw. individuellen Schwerpunkte sind festzustellen?
- Wenn es sich um themengleiche Gedichte verschiedener Epochen handelt, inwieweit greift das spätere Gedicht auf Elemente des früheren inhaltlichen und formal zurück bzw. variiert sie?

Klausurtraining

Ulla Hahn Anständiges Sonett

Komm beiß dich fest ich halte nichts
Vom Nippen. Dreimal am Anfang küss
Mich wo's gut tut. Miss
Mich von Mund zu Mund. Mal angesichts

der Augen mir Ringe um
und lass mich springen unter
der Hand in deine. Zeig mir wie's drunter
geht und drüber. Ich schreie ich bin stumm.

Bleib bei mir. Warte. Ich komm wieder
zu mir zu dir dann auch
»ganz wie der Kehrreim schöner alter Lieder«

Verreib die Sonnenkringel auf dem Bauch
mir ein und allemal. Die Lider
halt mir offen. Die Lippen auch.

- Analysieren Sie das Gedicht.
  Berücksichtigen Sie dabei besonders den formalen Aufbau und seine Funktion für die Deutung des Gedichts.

Sarah Kirsch Meine Worte gehorchen mir nicht

Meine Worte gehorchen mir nicht / kaum hör ich sie wieder mein Himmel / dehnt sich will deinen erreichen / bald wird er zerspringen ich atme / schon kleine Züge mein Herzschlag / ist siebnfach geworden schickt unaufhörlich / und kaum verschlüsselte Botschaften aus

- Brechen Sie das Gedicht – unabhängig von den Vorgaben der Autorin – ausgehend von Ihrem eigenen Textverständnis in Verse um.
  Erläutern Sie einem Fremdleser, welche Deutungsansätze Ihrer Gedichtgestaltung zugrunde liegen.

Methodenlexikon

Handwerkszeug für die Analyse lyrischer Texte

Laut und Klangfiguren

Alliteration und **Anapher** (s. S. 129)

Assonanz: ähnlicher Klang; gleiche Vokale treten als Reimelement im Innern eines Verses oder am Ende auf (Gegenbegriff: Dissonanz)

Reim: Gleichklang von der letzten betonten Silbe an; gibt es als Binnen- und als Endreim, z.B. **Paarreim** (aabb), **Kreuzreim** (abab), **umarmender Reim** (abba), **Schweifreim** (aabcc), **Terzinen** (aba/bcb/cdc...); Waise: ein Vers ohne Partner

Metrum, Vers und Strophe

Vers: Druckzeile in einem lyrischen Text

Metrum (gr.: Maß): Versmaß; wird gekennzeichnet durch eine bestimmte Reihenfolge von betonten und unbetonten Silben, z.B. **Jambus:** x x́; **Trochäus:** x́ x; **Daktylus:** x́ x x; **Anapäst:** x x x́ (Je nach Anzahl der betonten und unbetonten Silben unterscheidet man bestimmte Versformen, z.B. **Blankvers:** fünffüßiger Jambus ohne Reim, häufig im klassischen Drama; **Knittelvers:** vierhebiger Jambus in Paarreimform, **Alexandriner:** sechshebiger Jambus mit Zäsur nach der dritten Hebung; **Hexameter:** aus sechs Daktylen bestehender antiker Vers)

Freie Rhythmen: in Verse umgebrochene Texte; metrisch ungebunden

Kadenzen: Versenden; Verse, die mit unbetonter Silbe enden, heißen klingend oder weiblich (klingen/singen); Verse, die mit betonter Silbe enden, werden als stumpf oder männlich bezeichnet (Horn/Dorn)

Sprechrhythmus: Sprechtempo und Betonung, die das Versmaß überlagern

Zäsur: Ruhepause im Vers

Enjambement: Zeilensprung am Vers-/Strophenende; ein Satz oder eine grammatische Einheit greift von einem Vers in den nächsten über

Strophe: Sinneinheit im Gedicht aus einer oder mehreren Verszeilen; klassische Strophenformen sind z.B. Quartett und Terzett, bestehend aus 4 bzw. 3 Verszeilen

Sonett: traditionelle Gedichtform aus zwei Quartetten (häufig Reimschema abba/abba) und zwei Terzetten (Reimschema cdc/dcd oder cde/cde); Quartette und Terzette bilden meist auch inhaltlich eine Einheit

Refrain: ein oder mehrere Verse werden regelmäßig wiederholt

Bilder

Metapher: (gr.: Übertragung): sprachliches Bild; im Unterschied zum begrifflichen Sprechen werden Wortbedeutungen im übertragenen Sinn benutzt; man unterscheidet zwischen dem Bild als Bildspender und dem Aspekt der Realität als Bildempfänger; auch die Alltagssprache enthält Metaphern

Allegorie: Verbildlichung von etwas Abstraktem, meist als Personifikation; bedarf der Entschlüsselung

Symbol: Bild als verabredetes Geheimzeichen; autonomes Sinnbild im Unterschied zu seiner Erscheinung; dient der Darstellung einer Idee

Drama: Gewissen und Verantwortung

Hallo und Adieu

Gehen Sie zügig durch den Raum, nehmen Sie nur den Raum – und noch nicht die Mitschüler – wahr, konzentrieren Sie sich mit festem Kontakt der Füße zum Boden ganz auf das Gehen. Erstarren Sie auf ein von außen gegebenes Signal und lösen Sie die Spannung, um sich stärker bewusst und damit präsent zu werden. Nehmen Sie in einem zweiten Schritt die Mitschülerin oder den Mitschüler wahr und begrüßen Sie sie/ihn wortlos durch eine einfache Geste wie Nicken, Handheben oder Handschlag. Verstärken Sie im nächsten Schritt bei genauer Beachtung von Gestik und Mimik die Begrüßung durch das Wort »Hallo«, das ohne weitere Zusätze verwandt wird. Spielen Sie nun dieses Begrüßungszeremoniell durch, abgestuft von »freundlich« über »distanziert«, »kühl« und »ablehnend« und wieder zurück bis zu »freundlich« und nunmehr »überschwenglich«.
Verfahren Sie ähnlich mit dem Wort »Adieu«, wobei immer streng darauf zu achten ist, dass Körperhaltung, Gestik und Mimik stets der verbalen Äußerung entsprechen. Erst, wenn Sie etwas sicherer sind, können Sie kontrastiv spielen und alle möglichen Varianten ausprobieren.

Reinhard Lettau **Auftritt**

Ein Herr tritt ein.
HERR: Ich bins.
WIR *rufen*: Versuchen Sie es noch einmal.
Der Herr tritt erneut ein.
HERR: Hier bin ich.
WIR *rufen*: Es ist nicht viel besser.
Wieder betritt er das Zimmer.
HERR: Es handelt sich um mich.
WIR *rufen*: Ein schlechter Anfang.
Er tritt wieder ein.
HERR *ruft*: Hallo! *Er winkt.*
WIR: Bitte nicht.
Er versucht es wieder.
HERR *ruft*: Wiederum ich!
WIR *rufen*: Beinahe!
HERR: Der Langerwartete.
WIR *rufen*: Wiederholung!

Aber ach, nun haben wir zu lange gezögert, nun bleibt er draußen, will nicht mehr kommen, ist weggesprungen, wir sehen ihn nicht mehr, selbst wenn wir die Haustüre öffnen und links und rechts die Straße schnell hinunterschauen.

- Setzen Sie das Minidrama in eine Spielszene um. Experimentieren Sie mit den methodischen Anregungen oben auf der Seite.

William Shakespeare: »Romeo und Julia«

Luise und Ferdinand in »Kabale und Liebe« von Friedrich Schiller

Elisabeth und Maria in »Maria Stuart« von Friedrich Schiller

- Wählen Sie aus den Bildvorlagen eine Szene aus und stellen Sie diese nach. Entwickeln Sie daraus eine Begrüßungs- bzw. Abschiedsszene.
- Informieren Sie sich über Inhalt und Problematik des Theaterstücks, aus der die dargestellte Szene stammt.

Die Figur des Wissenschaftlers im Drama

Standbilder

Bilden Sie Kleingruppen und ziehen Sie einen aus einem Stapel von vorbereiteten Zetteln, die einen der nachfolgenden Begriffe enthalten: »Macht«, »Angst«, »Verantwortung«, »Isolation«... Diskutieren und erproben Sie in der Gruppe, wie mögliche Standbilder zu Ihrem Begriff aussehen könnten. Entscheiden Sie sich für eine Lösung. Wählen Sie ein Mitglied Ihrer Gruppe, das von außen den Aufbau des Standbildes leitet. Halten Sie Ihr fertiges Standbild im Foto fest. Betrachten Sie anschließend gemeinsam Ihre Ergebnisse und lassen Sie die Mitglieder der anderen Gruppen den von Ihnen dargestellten Begriff erraten. Diskutieren Sie die verschiedenen Ideen, nehmen Sie Anregungen aus den anderen Gruppen und Vorschläge zur Verbesserung Ihrer eigenen Gestaltung für eine Neugestaltung auf. Standbilder eignen sich auch dazu, die Figurenkonstellation in einem Drama und ihre Entwicklung im Laufe der Handlung zu untersuchen.

Szenische Annäherung an ein Drama: Figurenkonstellation und Konflikt

Wählen Sie nacheinander eine Schülerin und drei Schüler aus Ihrem Kurs, die als Schaufensterpuppe fungieren. Gestalten Sie im Kurs mithilfe vorbereiteter aber verdeckt gehaltener Requisiten die folgenden Charaktere durch Körperhaltung, Gestik und Mimik:

1. Ein Mann, Mitte vierzig, Typ Naturwissenschaftler, nobelpreiswürdig.
2. Ein Mann, Mitte dreißig, unauffällig wie der Agent einer westlichen Macht.
3. Ein Mann, Mitte dreißig, unauffällig wie der Agent einer östlichen Macht.
4. Eine Frau, Mitte fünfzig, etwas mütterlich, Typ Ärztin.

Korrigieren Sie die Haltung der vier Mitschüler solange nonverbal, bis sie nach Meinung des Kurses der Vorgabe entsprechen. Jede der vier Figuren ist isoliert von den anderen zu betrachten.

Lassen Sie gleichsam als Schatten nun hinter jede männliche Figur eine weibliche und hinter die weibliche eine männliche treten, die zu der betreffenden Person einen auf einem vorbereitetem Blatt fixierten Satz spricht:

Zu 1: »Ich muss die Welt vor dem Schlimmsten bewahren.«
Zu 2: »Ich muss ihn für unsere Seite gewinnen.«
Zu 3: »Ich muss ihn für unsere Seite gewinnen, bevor es der anderen gelingt.«
Zu 4: »Nutzt alles nichts. Ich habe bereits alle Informationen.«

Korrigieren Sie nun die Haltung und Mimik der Figuren, indem Sie sich eine Handlung vorstellen, die alle vier Personen auf Grund ihrer typischen Sätze in eine Beziehung zueinander setzt.

Schreiben Sie einen kurzen Handlungsabriss. Diskutieren Sie Ihre unterschiedlichen Entwürfe auf ihre Plausibilität hin.

Friedrich Dürrenmatt Die Physiker

MÖBIUS: Wir sind drei Physiker. Die Entscheidung, die wir zu fällen haben, ist eine Entscheidung unter Physikern. Wir müssen wissenschaftlich vorgehen. Wir dürfen uns nicht von Meinungen bestimmen lassen, sondern von logischen Schlüssen. Wir müssen versuchen, das Vernünftige zu finden. Wir dürfen uns keinen Denkfehler leisten, weil ein Fehlschluß zur Katastrophe führen müßte. Der Ausgangspunkt ist klar. Wir haben alle drei das gleiche Ziel im Auge, doch unsere Taktik ist verschieden. Das Ziel ist der Fortgang der Physik. Sie wollen ihr die Freiheit bewahren, Kilton, und streiten ihr die Verantwortung ab. Sie dagegen, Eisler, verpflichten die Physik im Namen der Verantwortung der Machtpolitik eines bestimmten Landes. Wie sieht nun aber die Wirklichkeit aus? Darüber verlange ich Auskunft, soll ich mich entscheiden.

NEWTON: Einige der berühmtesten Physiker erwarten Sie. Besoldung und Unterkunft ideal, die Gegend mörderisch, aber die Klimaanlage ausgezeichnet.

MÖBIUS: Sind diese Physiker frei?

NEWTON: Mein lieber Möbius. Diese Physiker erklären sich bereit, wissenschaftliche Probleme zu lösen, die für die Landesverteidigung entscheidend sind. Sie müssen daher verstehen –

MÖBIUS: Also nicht frei.

Er wendet sich Einstein zu.

MÖBIUS: Joseph Eisler. Sie treiben Machtpolitik. Dazu gehört jedoch Macht. Besitzen Sie die?

EINSTEIN: Sie mißverstehen mich, Möbius. Meine Machtpolitik besteht gerade darin, daß ich zu Gunsten einer Partei auf meine Macht verzichtet habe.

MÖBIUS: Können Sie die Partei im Sinne Ihrer Verantwortung lenken oder laufen Sie Gefahr, von der Partei gelenkt zu werden?

EINSTEIN: Möbius! Das ist doch lächerlich. Ich kann natürlich nur hoffen, die Partei befolge meine Ratschläge, mehr nicht. Ohne Hoffnung gibt es nun einmal keine politische Haltung.

MÖBIUS: Sind wenigstens Ihre Physiker frei?

EINSTEIN: Da auch sie für die Landesverteidigung...

MÖBIUS: Merkwürdig. Jeder preist mir eine andere Theorie an, doch die Realität, die man mir bietet, ist dieselbe: ein Gefängnis. Da ziehe ich mein Irrenhaus vor. Es gibt mir wenigstens die Sicherheit, von Politikern nicht ausgenützt zu werden.

EINSTEIN: Gewisse Risiken muß man schließlich eingehen.

MÖBIUS: Es gibt Risiken, die man nie eingehen darf: Der Untergang der Menschheit ist ein solches. Was die Welt mit den Waffen anrichtet, die sie schon besitzt, wissen wir, was sie mit jenen anrichten würde, die ich ermögliche, können wir uns denken. Dieser Einsicht habe ich mein Handeln untergeordnet. Ich war arm. Ich besaß eine Frau und drei Kinder. Auf der Universität winkte Ruhm, in der Industrie Geld. Beide Wege waren zu gefährlich. Ich hätte meine Arbeiten veröffentlichen müssen, der Umsturz unserer Wissenschaft und das Zusammenbrechen des wirtschaftlichen Gefüges wären die Folgen gewesen. Die Verantwortung zwang mir einen anderen Weg auf. Ich ließ meine akademische Karriere fahren, die Industrie fallen und überließ meine Familie ihrem Schicksal. Ich wählte die Narrenkappe. Ich gab vor, der König Salomo erscheine mir, und schon sperrte man mich in ein Irrenhaus.

NEWTON: Das war doch keine Lösung!

MÖBIUS: [...] Es gibt für uns Physiker nur noch die Kapitulation vor der Wirklichkeit. Sie ist uns nicht gewachsen. Sie geht an uns zugrunde. Wir müssen unser Wissen zurücknehmen, und ich habe es zurückgenommen. Es gibt keine andere Lösung, auch für euch nicht.

EINSTEIN: Was wollen Sie damit sagen?

MÖBIUS: Ihr müßt bei mir im Irrenhaus bleiben. [...]

FRL. DOKTOR: Es ist sinnlos, Möbius, sich auf mich zu stürzen. So wie es sinnlos war, Manuskripte zu verbrennen, die ich schon besaß.

Möbius wendet sich ab.

FRL. DOKTOR: Was euch umgibt, sind nicht mehr die Mauern einer Anstalt. Dieses Haus ist die Schatzkammer meines Trusts. Es umschließt drei Physiker, die allein außer mir die Wahrheit wissen. Was euch in Bann hält, sind keine Irrenwärter: Sievers ist der Chef meiner Werkpolizei. Ihr seid in euer eigenes Gefängnis geflüchtet. Salomo hat durch euch gedacht, durch euch gehandelt, und nun vernichtet er euch. Durch mich.

Schweigen.

FRL. DOKTOR: Ich aber übernehme seine Macht. Ich fürchte mich nicht. Meine Anstalt ist voll von verrückten Verwandten, mit Schmuck behängt und Orden. Ich bin die letzte Normale meiner Familie. Das Ende. Unfruchtbar, nur noch zur Nächstenliebe geeignet. Da erbarmte sich Salomo meiner. Er, der tausend Weiber besitzt, wählte mich aus. Nun werde ich mächtiger sein als meine Väter. Mein Trust wird herrschen, die Länder, die Kontinente erobern, das Sonnensystem ausbeuten, nach dem Andromedanebel fahren. Die Rechnung ist aufgegangen. Nicht zugunsten der Welt, aber zugunsten einer alten, buckligen Jungfrau.

Sie läutet mit einer kleinen Glocke. Von rechts kommt der Oberpfleger.

OBERPFLEGER: Boß?

FRL. DOKTOR: Gehen wir, Sievers. Der Verwaltungsrat wartet. Das Weltunternehmen startet, die Produktion rollt an.

Sie geht mit dem Oberpfleger nach rechts hinaus. Die drei Physiker sind allein. Stille. Alles ist ausgespielt. Schweigen.

NEWTON: Es ist aus.

Er setzt sich aufs Sofa.

EINSTEIN: Die Welt ist in die Hände einer verrückten Irrenärztin gefallen.

Er setzt sich zu Newton.

MÖBIUS: Was einmal gedacht wurde, kann nicht mehr zurückgenommen werden.

- Vergleichen Sie die Figuren, wie sie sich in dieser Szene darstellen, mit Ihren Entwürfen. Diskutieren Sie, was die produktive Vorarbeit für das Verständnis dieser Szene geleistet hat.
- Stellen Sie eine Strichfassung der Szene her, indem Sie die Vorlage so kürzen, dass die Grundproblematik erhalten bleibt.

Friedrich Dürrenmatt Über Tragödie und Komödie

Die Tragödie setzt Schuld, Not, Maß, Übersicht, Verantwortung voraus. In der Wurstelei unseres Jahrhunderts, in diesem Kehraus der weißen Rasse, gibt es keine Schuldigen und auch keine Verantwortlichen mehr. Alle können nichts dafür und haben es nicht gewollt. Es geht wirklich ohne jeden. Alles wird mitgerissen und bleibt in irgendeinem Rechen hängen. Wir sind zu kollektiv schuldig, zu kollektiv gebettet in die Sünden unserer Väter und Vorväter. Wir sind nur noch Kindeskinder. Das ist unser Pech, nicht unsere Schuld: Schuld gibt es nur noch als persönliche Leistung, als religiöse Tat. Uns kommt nur noch die Komödie bei. Unsere Welt hat ebenso zur Groteske geführt wie zur Atombombe, wie ja die apokalyptischen Bilder des Hieronymus Bosch auch grotesk sind. Doch das Groteske ist nur ein sinnlicher Ausdruck, ein sinnliches Paradox, die Gestalt nämlich einer Ungestalt, das Gesicht einer gesichtslosen Welt und genau so wie unser Denken ohne den Begriff des Paradoxen nicht mehr auszukommen scheint, so auch die Kunst, unsere Welt, die nur noch ist, weil die Atombombe existiert: Aus Furcht vor ihr.

Doch ist das Tragische immer noch möglich, auch wenn die reine Tragödie nicht mehr möglich ist. Wir können das Tragische aus der Komödie heraus erzielen, hervorbringen als einen schrecklichen Moment, als einen sich öffnenden Abgrund, so sind ja schon viele Tragödien Shakespeares Komödien, aus denen heraus das Tragische aufsteigt.

Nun liegt der Schluß nahe, die Komödie sei der Ausdruck der Verzweiflung, doch ist dieser Schluß nicht zwingend. Gewiß, wer das Sinnlose, das Hoffnungslose dieser Welt sieht, kann verzweifeln, doch ist diese Verzweiflung nicht eine Folge dieser Welt, sondern eine Antwort, die er auf diese Welt gibt, und eine andere Antwort wäre sein Nichtverzweifeln, sein Entschluß etwa, die Welt zu bestehen. [...]

Die Brechtsche These, die er in seiner Straßenszene entwickelt, die Welt als Unfall hinzustellen und nun zu zeigen, wie es zu diesem Unfall gekommen sei, mag großartiges Theater geben, was ja Brecht bewiesen hat, doch muß das meiste bei der Beweisführung unterschlagen werden: Brecht denkt unerbittlich, weil er an vieles unerbittlich nicht denkt.

Endlich: Durch den Einfall, durch die Komödie wird das anonyme Publikum als Publikum erst möglich, eine Wirklichkeit, mit der zu rechnen, aber die auch zu berechnen ist. Der Einfall verwandelt die Menge der Theaterbesucher besonders leicht in eine Masse, die nun angegriffen, verführt, überlistet werden kann, sich Dinge anzuhören, die sie sich sonst nicht so leicht anhören würde. Die Komödie ist eine Mausefalle, in die das Publikum immer wieder gerät und immer noch geraten wird. Die Tragödie dagegen setzt eine Gemeinschaft voraus, die heute nicht immer ohne Peinlichkeit als vorhanden fingiert werden kann: Es gibt nichts Komischeres etwa, als in den Mysterienspielen der Anthroposophen als Unbeteiligter zu sitzen.

- Stellen Sie Dürrenmatts Sicht der Tragödie und der Komödie dar und nehmen Sie vor dem Hintergrund Ihrer eigenen Theatererfahrung Stellung.

Rollenbiografie

Die Rollenbiografie bietet die Möglichkeit, sich ausgehend vom Text ein eigenes Bild von der Figur zu machen. Stellen Sie zunächst fest, welche Angaben der Text über die von Ihnen ausgewählte Person macht. Überlegen Sie dann, wie Sie sich die Person in diesem Textzusammenhang genauer vorstellen. Beginnen Sie mit allgemeinen Angaben und nähern Sie sich dann Ihrer Figur immer weiter an.

Allgemeines
- Wie heißen Sie? Wie alt sind Sie? Wo wohnen Sie?
- Wie sind Ihre Lebensbedingungen?

Äußeres
- Wie ist Ihr Äußeres? Größe, Körperbau, Gesicht, Haare, Kleidung
- Wie drücken Sie sich aus? Gang, Gestik, Mimik, Stimme

Herkunft
- Aus welchem Milieu kommen Sie?
- Wer waren Ihre Eltern?
- Welches frühere Erlebnis hat Sie nachhaltig geprägt?

Innere Haltung
- Was ist für Sie wichtig? Beruf/Arbeit, Familie, Religion
- Was freut Sie?
- Was ängstigt Sie?
- Wovon träumen Sie?
- Was beschäftigt Sie am meisten?

Beziehung zu anderen
- Mit wem leben Sie zusammen?
- Wer sind Ihre Freunde?
- Was bedeutet Ihnen die Gesellschaft?
- Wo stehen Sie politisch?

Beziehen Sie auch den Sprachgebrauch Ihrer Figur (rhetorische Mittel, Wortschatz etc.) in Ihre Überlegungen ein.

Bertolt Brecht Das Leben des Galilei

SAGREDO: Hast du allen Verstand verloren? Weißt du wirklich nicht mehr, in was für eine Sache du kommst, wenn das wahr ist, was du da siehst? Und du es auf allen Märkten herumschreist: daß die Erde ein Stern ist und nicht der Mittelpunkt des Universums.

GALILEI: Ja, und daß nicht das ganze riesige Weltall mit allen Gestirnen sich um unsere winzige Erde dreht, wie jeder sich denken konnte!

SAGREDO: Daß da also nur Gestirne sind! – Und wo ist dann Gott?

GALILEI: Was meinst du damit?

SAGREDO: Gott! Wo ist Gott?

GALILEI *zornig*: Dort nicht! So wenig wie er hier auf der Erde zu finden ist, wenn dort Wesen sind und ihn hier suchen sollten!

SAGREDO: Und wo ist also Gott?

GALILEI: Bin ich Theologe? Ich bin Mathematiker.

SAGREDO: Vor allem bist du ein Mensch. Und ich frage dich, wo ist Gott in deinem Weltsystem?

GALILEI: In uns oder nirgends!

SAGREDO *schreiend*: Wie der Verbrannte gesagt hat?

GALILEI: Wie der Verbrannte gesagt hat!

SAGREDO: Darum ist er verbrannt worden! Vor noch nicht zehn Jahren!

GALILEI: Weil er nichts beweisen konnte! Weil er es nur behauptet hat! Frau Sarti!

SAGREDO: Galilei, ich habe dich immer als einen schlauen Mann gekannt. Siebzehn Jahre in Padua und drei Jahre in Pisa hast du Hunderte von Schülern geduldig das Ptolemäische System gelehrt, das die Kirche verkündet und die Schrift bestätigt, auf der die Kirche beruht. Du hast es für falsch gehalten mit dem Kopernikus, aber du hast es gelehrt.

GALILEI: Weil ich nichts beweisen konnte.

SAGREDO *ungläubig*: Und du glaubst, das macht einen Unterschied?

GALILEI: Allen Unterschied! Sieh her, Sagredo! Ich glaube an den Menschen, und das heißt, ich glaube an seine Vernunft! Ohne diesen Glauben würde ich nicht die Kraft haben, am Morgen aus meinem Bett aufzustehen.

SAGREDO: Dann will ich dir etwas sagen: ich glaube nicht an sie. Vierzig Jahre unter den Menschen haben mich ständig gelehrt, daß sie der Vernunft nicht zugänglich sind. Zeige ihnen einen roten Kometenschweif, jage ihnen eine dumpfe Angst ein, und sie werden aus ihren Häusern laufen und sich die Beine brechen. Aber sage ihnen einen vernünftigen Satz und beweise ihn mit sieben Gründen, und sie werden dich einfach auslachen.

GALILEI: Das ist ganz falsch und eine Verleumdung. Ich begreife nicht, wie du, so etwas glaubend, die Wissenschaft lieben kannst. Nur die Toten lassen sich nicht mehr von Gründen bewegen!

SAGREDO: Wie kannst du ihre erbärmliche Schlauheit mit Vernunft verwechseln!

GALILEI: Ich rede nicht von ihrer Schlauheit. Ich weiß, sie nennen den Esel ein Pferd, wenn sie ihn verkaufen, und das Pferd einen Esel, wenn sie es einkaufen wollen. Das ist ihre Schlauheit. Die Alte, die am Abend vor der Reise dem Maulesel mit der harten Hand ein Extrabüschel Heu vorlegt, der Schiffer, der beim Einkauf der Vorräte des Sturmes und der Windstille gedenkt, das Kind, das die Mütze aufstülpt, wenn ihm bewiesen wurde, daß es regnen kann, sie alle sind meine Hoffnung, sie alle lassen Gründe gelten. Ja, ich glaube an die sanfte Gewalt der Vernunft über die Menschen. Sie können ihr auf die Dauer nicht widerstehen. Kein Mensch kann lange zusehen, wie ich – *er läßt aus der Hand einen Stein auf den Boden fallen* – einen Stein fallen lasse und dazu sagen: er fällt nicht. Dazu ist kein Mensch imstande. Die Verführung, die von einem Beweis ausgeht, ist zu groß. Ihr erliegen die meisten, auf die Dauer alle. Das Denken gehört zu den größten Vergnügen der menschlichen Rasse.

- Wie sehen Sagredo und Galilei ihre Verantwortung als Wissenschaftler?
- Entscheiden Sie sich für eine der beiden Figuren und schreiben Sie eine Rollenbiografie.
- Informieren Sie sich über die verschiedenen Fassungen der Szene 14 in Brechts Stück und zeigen Sie auf, wie die wissenschaftliche und politische Entwicklung Einfluss auf das Theater nimmt.

Bertolt Brecht Die Straßenszene

Während der ersten anderthalb Jahrzehnte nach dem Weltkrieg wurde auf einigen deutschen Theatern eine verhältnismäßig neue Spielwiese ausprobiert, die sich wegen ihres deutlich referierenden, beschreibenden Charakters und weil sie sich kommentierender Chöre und Projektionen bediente, *episch* nannte. Vermittels einer nicht ganz einfachen Technik distanzierte sich der Schauspieler von der Figur, die er spielte, und stellte die Stücksituationen in einen solchen Sehwinkel, daß sie Gegenstand der Kritik der Zuschauer werden mußte. Die Verfechter dieses epischen Theaters führten ins Feld, daß die neuen Stoffe, die sehr komplizierten Vorgänge der Klassenkämpfe im Augenblick ihrer entsetzlichsten Zuspitzung, auf solche Art leichter zu bewältigen seien, weil die gesellschaftlichen Prozesse in ihren kausalen Zusammenhängen damit dargestellt werden könnten. Jedoch ergaben sich für die Ästhetik angesichts dieser Versuche eine ganze Reihe beträchtlicher Schwierigkeiten.

Es ist verhältnismäßig einfach, ein Grundmodell für episches Theater aufzustellen. Bei praktischen Versuchen wählte ich für gewöhnlich als Beispiel allereinfachsten, sozusagen »natürlichen« epischen Theaters einen Vorgang, der sich an irgendeiner Straßenecke abspielen kann: Der Augenzeuge eines Verkehrsunfalls demonstriert einer Menschensammlung, wie das Unglück passierte. Die Umstehenden können den Vorgang nicht gesehen haben oder nur nicht seiner Meinung sein, ihn »anders sehen« – die Hauptsache ist, daß der Demonstrierende das Verhalten des Fahrers oder des Überfahrenen oder beider in einer solchen Weise vormacht, daß die Umstehenden sich über den Unfall ein Urteil bilden können. [...]

Ein wesentliches Element der *Straßenszene*, das sich auch in der *Theaterszene* vorfinden muß, soll sie episch genannt werden, ist der Umstand, daß die Demonstration gesellschaftlich praktische Bedeutung hat. Ob unser Straßendemonstrant nun zeigen will, daß bei dem und dem Verhalten eines Passanten oder des Fahrers ein Unfall unvermeidlich, bei einem andern vermeidlich ist, oder ob er zur Klärung der Schuldfrage demonstriert – seine Demonstration verfolgt praktische Zwecke, greift gesellschaftlich ein. [...]

Ein weiteres wesentliches Element der *Straßenszene* ist, daß unser Demonstrant seine Charaktere ganz und gar aus ihren Handlungen ableitet. Er imitiert ihre Handlungen und gestattet dadurch Schlüsse auf sie. Ein Theater, das ihm hierin folgt, bricht weitgehend mit der Gewohnheit des üblichen Theaters, aus den Charakteren die Handlungen zu begründen, die Handlungen der Kritik zu entziehen, daß sie als aus den Charakteren, die sie vollziehen, unhinderbar, mit Naturgesetzlichkeit hervorgehend dargestellt werden.

- Stellen Sie die wesentlichen Aussagen Brechts zum epischen Theater zusammen. Versuchen Sie eine szenische Gestaltung der von Brecht genannten Möglichkeiten.
- Worin besteht der wesentliche Unterschied zum klassischen Drama (s. S. 62ff.)?

Grundbegriffe zur Analyse des Dramas

Der Konflikt,

der zwischen dem Spieler, dem Protagonisten, und dem Gegenspieler, dem Antagonisten, in Form von verbaler oder auch tätlicher Aktion und Reaktion ausgetragen wird, ist das tragende Element jeder Handlung im Drama.

Der Dialog

ist die gängige Form der verbalen Auseinandersetzung zwischen den Figuren.

Der Monolog

ist das Gespräch einer Figur mit sich selbst, bei dem sie sich entweder offenbart, ihre Lage bzw. die der Welt reflektiert oder das Für und Wider einer Entscheidung abwägt.

Die Handlung

kann als Haupthandlung durch Nebenhandlung unterbrochen oder begleitet werden, sie kann auch, wie bei Shakespeare, ihre Spiegelungen auf einer zweiten sozialen Ebene erfahren. Um eine solche Fülle auf der Bühne zu organisieren, haben sich im Laufe der Zeit bestimmte Formen entwickelt, die man mit Volker Klotz grob in geschlossene und offene unterteilt. Hier erscheint das klassische Drama mehr in der geschlossenen Form und das moderne in mehr offener.

Die Einheit von Handlung, Raum und Zeit

bedeutet in ihrer strikten Anwendung, dass sich nur ein Geschehen in nur einem Raum ohne Zeitsprünge in etwa der gleichen Zeit abspielt, die für das Sprechen des Dialogs benötigt wird.

Der Botenbericht

bietet die Möglichkeit, zum Beispiel die Vorgeschichte oder räumlich wie zeitlich fernab liegende Ereignisse in knapper Form auf die Bühne zu bringen.

Die Mauerschau oder Teichoskopie

bietet die Möglichkeit, Ereignisse, die zur selben Zeit ablaufen, ohne großen Aufwand zu vermitteln. So zum Beispiel Schlachten oder Naturkatastrophen.

Die Szene

ist die kleinste Einheit, in der sich die Handlung auf der Bühne zeigt. Im klassischen Drama ist sie bestimmt durch Auf- oder Abtritt einer Person und fest eingefügt in die größere Einheit des Aktes, im modernen Drama ist sie oft das einzige Strukturmerkmal und in ihrer Position durchaus variabel.

Grundbegriffe zur Analyse des Dramas

Der Akt

ist vor allem im klassischen Drama die große Struktureinheit, die meist einen Ort umfasst. Die Szene ist ihm untergeordnet.

Das klassische Drama

hat nach Aristoteles einen dreistufigen Aufbau: die Exposition als die Entwicklung der Handlung, die Peripetie als den Umschlag der Handlung, die Katastrophe als das Ende der Handlung.

Nach Gustav Freytag hat es einen fünfstufigen Aufbau: die Exposition als Einführung in Ort, Zeit und Atmosphäre; die steigende Handlung mit dem sie erregenden Moment und der Verwicklung; der Höhepunkt der Handlung, in dem sich das Schicksal der Hauptfigur entscheidet; die fallende Handlung mit dem sie scheinbar aufhaltenden retardierenden Moment; die Katastrophe als der Lösung der Handlung und oft dem Untergang des Protagonisten, wobei die Idee, für die er eingetreten ist, unverändert ihre Gültigkeit zeigt.

Das Entfaltungsdrama bzw. Zieldrama

entwickelt zielgerichtet ein Ereignis, das sich für alle Figuren erstmals im Laufe der Handlung zeigt und erfüllt somit in seinem Aufbau die von Gustav Freytag gestellten Forderungen des klassischen Dramas.

Das Enthüllungsdrama bzw. analytische Drama

rollt anhand von Indizien Fakten auf, deren Ursache in einer vor Beginn des Stückes liegenden Handlung zu finden sind. Erst gegen Schluss wird die ganze Tragweite des Geschehens deutlich.

Die geschlossene Form des Dramas

stellt jedes Element in einen festen, hierarchisch geordneten Rahmen und lässt es repräsentativ für das Ganze stehen. Spiel und Gegenspiel finden sich in einem ausgewogenen Verhältnis. Die in zielstrebigem Dialog schlüssig geführte Handlung führt ohne große Ablenkungen und oft unter der Wahrung wenigstens der Einheit von Handlung und Zeit auf ein unausweichliches Ende hin. Es ist die Form des klassischen Dramas in Frankreich (17. - 19. Jhd.), in Deutschland (18. u. 19. Jhd.).

Die offene Form des Dramas

lässt jedem Teil seine Selbstständigkeit und bietet das Ganze in fragmentarischen Ausschnitten. Der Protagonist sieht sich in seinen Gegenspielern der Fülle der Welt gegenüber. Die Vielfalt der Handlung und die Auflösung der Einheit von Raum und Zeit gibt dem Augenblick und damit dem Strukturmerkmal der Szene eine alles überragende Bedeutung. Es ist die Form des modernen Dramas des 19. Jhd. aber vor allem des 20. Jhd.

Johann Wolfgang von Goethe **Faust I**

WAGNER: Ach! wenn man so in sein Museum gebannt ist,
Und sieht die Welt kaum einen Feiertag,
Kaum durch ein Fernglas, nur von weiten,
Wie soll man sie durch Überredung leiten?
FAUST: Wenn ihr's nicht fühlt, ihr werdet's nicht erjagen,
Wenn es nicht aus der Seele dringt
Und mit urkräftigem Behagen
Die Herzen aller Hörer zwingt.
Sitzt ihr nur immer! Leimt zusammen,
Braut ein Ragout von andrer Schmaus,
Und blast die kümmerlichen Flammen
Aus eurem Aschenhäufchen 'raus!
Bewundrung von Kindern und Affen,
Wenn euch darnach der Gaumen steht –
Doch werdet ihr nie Herz zu Herzen schaffen,
Wenn es euch nicht von Herzen geht.
WAGNER: Allein der Vortrag macht des Redners Glück;
Ich fühl' es wohl, noch bin ich weit zurück.
FAUST: Such' Er den redlichen Gewinn!
Sei Er kein schellenlauter Tor!
Es trägt Verstand und rechter Sinn
Mit wenig Kunst sich selber vor;
Und wenn's euch Ernst ist, was zu sagen,
Ist's nötig, Worten nachzujagen?
Ja, eure Reden, die so blinkend sind,
In denen ihr der Menschheit Schnitzel kräuselt,
Sind unerquicklich wie der Nebelwind,
Der herbstlich durch die dürren Blätter säuselt!
WAGNER: Ach Gott! die Kunst ist lang,
Und kurz ist unser Leben.
Mir wird, bei meinem kritischen Bestreben,
Doch oft um Kopf und Busen bang.
Wie schwer sind nicht die Mittel zu erwerben,
Durch die man zu den Quellen steigt!
Und eh' man nur den halben Weg erreicht,
Muss wohl ein armer Teufel sterben.
FAUST: Das Pergament, ist das der heil'ge Bronnen,
Woraus ein Trunk den Durst auf ewig stillt?
Erquickung hast du nicht gewonnen,
Wenn sie dir nicht aus eigner Seele quillt.
WAGNER: Verzeiht! es ist ein groß Ergetzen,
Sich in den Geist der Zeiten zu versetzen;
Zu schauen, wie vor uns ein weiser Mann gedacht,
Und wie wir's dann zuletzt so herrlich weit gebracht.
FAUST: O ja, bis an die Sterne weit!
Mein Freund, die Zeiten der Vergangenheit
Sind uns ein Buch mit sieben Siegeln.
Was ihr den Geist der Zeiten heißt,
Das ist im Grund der Herren eigner Geist,
In dem die Zeiten sich bespiegeln. […]
WAGNER: Allein die Welt! des Menschen Herz und Geist!
Möcht' jeglicher doch was davon erkennen.
FAUST: Ja, was man so erkennen heißt!
Wer darf das Kind beim rechten Namen nennen?
Die wenigen, die was davon erkannt,
Die töricht gnug ihr volles Herz nicht wahrten,
Dem Pöbel ihr Gefühl, ihr Schauen offenbarten,
Hat man von je gekreuzigt und verbrannt.

- Zeigen Sie, wie Faust und Wagner die unterschiedlichen Sichtweisen vom Wissenschaftler im Dialog entwickeln. Klären Sie dabei auch Fausts Beziehung zu Wagner.
- Entwerfen Sie ein Bühnenbild und einen Stellplan für diese Szene und begründen Sie Ihre Konzeption.

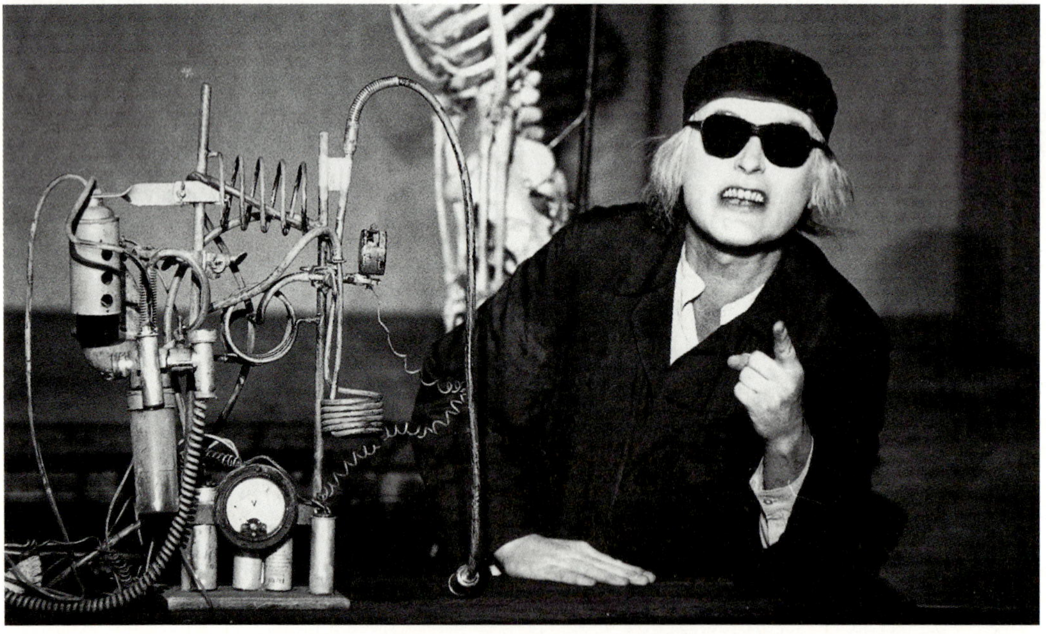

Vergleichen Sie die verschiedenen Bühnenräume mit Blick auf das Verständnis der Faustfigur als Wissenschaftler aus der Sicht des jeweiligen Regisseurs.

Szenisches Interpretieren
(nach Günter Waldmann)

Einen Dramentext erlesen

Setzen Sie sich in einem Kreis zusammen und lesen Sie reihum den Text der Szene, sodass jeder einen Satz bzw. eine Satzgruppe (auch Szenenbemerkungen) liest. Stellen Sie nur so viele Stühle auf, wie Figuren in der Szene vorkommen, und formieren Sie diese so, dass die Beziehung der Figuren zueinander deutlich wird. Wählen Sie einen Stuhl und lesen Sie den Text der Figur, der dieser Stuhl gehört. Ein Stuhl steht abseits, von dort werden die Szenenbemerkungen gesprochen.

Eine Szene mit eigenen Worten erspielen

Verteilen Sie die Rollen. Überlegen Sie, was Ihre Figur sagt und tut, welche Absicht sie hat und wie ihre Beziehung zu den anderen Figuren ist. Spielen Sie dann die Szene frei und mit Ihren eigenen Worten.

Sprechhaltungen erarbeiten

Suchen Sie aus der Szene einen prägnanten Satz Ihrer Figur heraus. Überlegen Sie, in welcher Situation und Gemütslage er gesprochen wird und suchen Sie die dazu passende Körperhaltung, Mimik und Stimmführung aus. Spielen Sie die Szene kurz an. Suchen Sie eine Dialogstelle, verdeutlichen Sie sich die Situation und erproben Sie mit Ihrem Partner Körperhaltungen und Sprechweisen.

Stellungen von Dialogpartnern im Raum erarbeiten

Erproben Sie nun Stellungen und Bewegungen zueinander, bis Sie überzeugt sind, das für die Szene Richtige gefunden zu haben: Stehen oder sitzen die Figuren, sind sie parallel zueinander oder diagonal, Rücken an Rücken, oder einander abgewandt, gehen sie im Raum, bewegen Sie sich aufeinander zu oder voneinander weg, haben Sie Körper- oder Blickkontakt, schauen Sie ins Publikum oder kehren Sie ihm den Rücken zu?

Innere Vorgänge der Figuren bewusst machen

Wählen Sie eine Textstelle, in der eine der Figuren etwas Auffallendes oder Widersprüchliches sagt. Sprechen Sie in einer Art innerer Monolog an das Publikum gerichtet in Ihrer »privaten« Sprache, was Ihre Figur empfindet, bei dem, was sie laut Rollentext sagt. Dies kann auch auf Aufforderung aus dem Zuschauerkreis erfolgen, indem ein Beobachter »Halt!« ruft. Der Spieler erstarrt in seiner Bewegung und sagt, was er fühlt, denkt, oder welche Absicht er hat. Eine weitere Möglichkeit besteht darin, hinter die Spielfiguren einen Schatten (eine Art Hilfs-Ich) zu stellen, der die inneren Vorgänge dieser Figur artikuliert. Wenn er sich äußern will, legt er ihr die Hand auf die Schulter. Die Figur erstarrt, der Schatten nennt die inneren Beweggründe der Figur und tritt zurück. Die Figur reagiert selbst nicht auf die Äußerungen ihres Schattens.

Max Frisch **Don Juan oder die Liebe zur Geometrie**

DON RODERIGO: Denk jetzt an deine Braut! [...]

DON JUAN: Es gibt keine Wiederkehr... Wenn sie jetzt, in diesem Augenblick, noch einmal über diese Stufen käme, Wind im Gewand, und unter dem Schleier sähe ich den Glanz ihrer Augen, weißt du, was ich empfinden würde? Nichts. Bestenfalls nichts. Erinnerung. Asche. Ich will sie nicht wiedersehen. *Er reicht seine Hand.* Lebwohl, Roderigo!

DON RODERIGO: Wohin?

DON JUAN: Zur Geometrie.

DON RODERIGO: Juan, das ist nicht dein Ernst.

DON JUAN: Der einzige, der mir verblieben ist nach dieser Nacht. Bedaure mich nicht! Ich bin ein Mann geworden, das ist alles. Ich bin gesund, du siehst es, vom Scheitel bis zur Sohle. Und nüchtern vor Glück, daß es vorbei ist wie ein dumpfes Gewitter. Ich reite jetzt in den Morgen hinaus, die klare Luft wird mir schmecken. Was brauche ich sonst? Und wenn ich an einen rauschenden Bach komme, werde ich baden, lachend vor Kälte, und meine Hochzeit ist erledigt. Ich fühle mich frei wie noch nie, Roderigo, leer und wach und voll Bedürfnis nach männlicher Geometrie.

DON RODERIGO: Geometrie!...

DON JUAN: Hast du es nie erlebt, das nüchterne Staunen vor einem Wissen, das stimmt? Zum Beispiel: was ein Kreis ist, das Lautere eines geometrischen Orts. Ich sehne mich nach dem Lauteren, Freund, nach dem Nüchternen, nach dem Genauen; mir graust vor dem Sumpf unserer Stimmungen. Vor einem Kreis oder einem Dreieck habe ich mich noch nie geschämt, nie geekelt. Weißt du, was ein Dreieck ist? Unentrinnbar wie ein Schicksal: es gibt nur eine einzige Figur aus den drei Teilen, die du hast, und die Hoffnung, das Scheinbare unabsehbarer Möglichkeiten, was unser Herz so oft verwirrt, zerfällt wie ein Wahn vor diesen drei Strichen. So und nicht anders! Sagt die Geometrie. So und nicht irgendwie! Da hilft kein Schwindel und keine Stimmung, es gibt eine einzige Figur, die sich mit ihrem Namen deckt. Ist das nicht schön? Ich bekenne es, Roderigo, ich habe noch nichts Größeres erlebt als dieses Spiel, dem Mond und Sonne gehorchen. Was ist feierlicher als zwei Striche im Sand, zwei Parallelen? Schau an den fernsten Horizont, und es ist nichts an Unendlichkeit; schau auf das weite Meer, es ist Weite, nun ja, und schau in die Milchstraße empor, es ist Raum, daß dir der Verstand verdampft, unausdenkbar, aber es ist nicht das Unendliche, das sie allein dir zeigen: zwei Striche im Sand, gelesen mit Geist... Ach Roderigo, ich bin voll Liebe, voll Ehrfurcht, nur darum spotte ich. Jenseits des Weihrauchs, dort wo es klar wird und heiter und durchsichtig, beginnen die Offenbarungen; dort gibt es keine Launen, Roderigo, wie in der menschlichen Liebe; was heute gilt, das gilt auch morgen, und wenn ich nicht mehr atme, es gilt ohne mich, ohne euch. Nur der Nüchterne ahnt das Heilige, alles andere ist Geflunker, glaub mir, nicht wert, daß wir uns aufhalten darin.

- Informieren Sie sich anhand einschlägiger Lexika und einer Inhaltsangabe von Mozarts Oper »Don Giovanni« über den Don Juan-Stoff.

- Gestalten Sie die Situation durch Szenisches Lesen.

Urs Widmer **Top Dogs**

Alle. Die Schauspieler kommen einzeln auf die Bühne. Alle essen ein Gipfeli. Deér tritt auf. Er weiß noch nicht Bescheid im Ritual des Outplacement-Büros. Er wird eingekreist.

JENKINS: Jenkins.

DEÉR: Sehr erfreut. Deér.

BIHLER: Bihler.

DEÉR: Deér.

MÜLLER: Müller.

DEÉR: Deér.

NEUENSCHWANDER: Neuenschwander.

DEÉR: Deér.

KRAUSE: Krause.

DEÉR: Deér. Freut mich.

TSCHUDI: Tschudi.

DEÉR: Deér.

JENKINS: Achter Monat.

DEÉR *ohne zu verstehen*: Achter Monat?

BIHLER: Sechster Monat.

KRAUSE: Dritter Monat.

DEÉR: Aha.

MÜLLER: Drei Monate.

DEÉR: Ja.

JENKINS: Und Sie?

NEUENSCHWANDER: Fünfzehn Tage.

DEÉR: Ah ja.

TSCHUDI: 238 Stunden.

WRAGE *energisch auftretend*: Herr Deér! Sie sind also Herr Deér. Wrage.

DEÉR: Guten Tag, Frau Wrage.

WRAGE: Ich bin Beraterin der NCC, »New Challenge Company«. Sie haben sich für die erste Begegnung just unser wöchentliches informelles Treffen ausgesucht. Gut. Sehr gut. Wir nennen das die Gipfelkonferenz. Es gibt Gipfeli für alle, Sie verstehen. Gipfelkonferenz.

DEÉR: Sehr gut!

Heiterkeit. Allerdings versteht Deér nur Bahnhof.

WRAGE: Bedienen Sie sich. Es gibt auch Kaffee.

DEÉR: Danke. Die oberste Etage hat mich gebeten, mit Ihnen Kontakt aufzunehmen. Wir hatten ein ausführliches Gespräch. War gut und intensiv. Doch. Haben nochmals die ganzen Probleme durchgesprochen, wie mein Arbeitsbereich im Catering genauer definiert werden könnte. Und ich soll mich bei Ihnen kundig machen, inwieweit irgendein Synergieeffekt zwischen meiner und ihrer Arbeit herstellbar ist.

WRAGE: Nun, im Groben wissen Sie natürlich Bescheid.

DEÉR: Sehr im Groben. Sie müssen mir das mal ganz genau erklären. Das mit Ihrer NCC lag am Schluss plötzlich auf dem Tisch, ziemlich abrupt.

WRAGE: Deswegen sind Sie ja da, klar.

DEÉR: Ich sage meinen Mitarbeitern immer: Sie müssen mit der Lupe hinschauen. Der Teufel steckt im Detail. [...]

WRAGE: Was alle Damen und Herren hier verbindet: Sie sind vom Verlust ihres Arbeitsplatzes betroffen und erwarten von uns eine optimale Unterstützung bei ihrer Karrierefortsetzung in einem anderen Unternehmen.

DEÉR *nimmt die anderen wie neu wahr; als hätten sie die Lepra*: Die da, die stehen alle auf der Straße?

WRAGE: Hier ist jeder in der gleichen Lage.

DEÉR: Ja. Das kommt jetzt immer häufiger vor.

WRAGE: Sehr gut! Was leistet unsere Organisation, und wie leistet sie es? Als wir vor zehn Jahren hier in der Schweiz unsere Tätigkeit aufnahmen, waren wir ein Nischenprodukt in einer intakten Arbeitswelt. Zwar war die Hochkonjunktur am Abklingen, darum ja unsere Anstrengungen, uns auch am Schweizer Markt zu positionieren, aber in den Köpfen des mittleren und höhern Kaders gab es noch kaum irgendwelche Gedanken an einen möglichen Verlust des Arbeitsplatzes.

DEÉR: Ja, ja. Wir rekonstruieren ja auch massiv. Grad nochmals tausendzweihundert Stellen abgebaut. Aber nicht in meinem Bereich. Das Catering ist stabil.

WRAGE: Ja.

DEÉR: Einzelne Fluktuationen allenfalls.

WRAGE: Gut. – 1986 vermittelten wir ganze fünfzehn Herren! Waren bereits zwei Damen unter den Herren. *Kleine Heiterkeit.* Heute haben wir mehr als neunhundert Klientinnen und Klienten per annum, und wir haben unsre Tätigkeit auch auf nicht deutlich qualifizierte Arbeitsplätze aus dem untern Segment ausgedehnt. Wir bieten jetzt dreitägige Crash-Programme in Gruppen an, für eine erfolgreiche berufliche Neuorientierung auch im LOW-SALARY-Bereich.

DEÉR: Die da?

WRAGE: Nein, nein. Die Damen und Herren haben alle der Leitungsebene angehört. »Top Dogs«. Ihre Preisklasse, wenn ich das mal so flappsig sagen darf. Unser Kerngeschäft bleibt die intensive Arbeit mit Klienten wie Ihnen. *Deér versteht »wie ihnen«, das heißt wie mit denen da, nickt anteilnehmend.* Wir führen sogar das SENIOR-EXECUTIVE-PROGRAMM, das von Konzernchefs in Anspruch genommen wird. Stellenlos gewordene Persönlichkeiten der Führungsspitze.

DEÉR: Musste ja selber Mitarbeiter entlassen. Als wir das Catering auslagerten, neunzehnzweiundneunzig, haben wir mehr als tausend Stellen abgebaut. [...]

WRAGE: Gut. Wie im Konkreten läuft also unsre gemeinsame Arbeit ab? Wir stellen unsern Klienten hier eine Infrastruktur zur Verfügung, ähnlich der, die sie von ihrem frühern Arbeitgeber her gewöhnt sind. Computer, Fax, Telefon, Sekretariat für alle Schreibarbeiten, Fachliteratur, Kaffeemaschine und und und. Stellensuche ist ein Full-Time-Job. Das werden Sie bald feststellen.

DEÉR: Ja, sicher. *Schweigen.* Kann ich mir vorstellen. *Schweigen.* Wieso werde ich das bald feststellen?

WRAGE: Ja was denken Sie, weshalb Sie hier sind, Herr Deér?

DEÉR: Sagte ich Ihnen. Ich soll in Erfahrung bringen, inwieweit wir unsre Arbeitsbereiche füreinander nutzbar machen können.

WRAGE: Wieso wohl zahlt Ihre Firma dreißigtausend Franken dafür?

DEÉR: Wofür?

WRAGE: Sie sind entlassen worden! Herr Deér! Entlassen!

DEÉR: Ich??!

WRAGE: Ja. Sie.

DEÉR: Entlassen? – Hören Sie. Das hätte man mir gesagt.

WRAGE: Man HAT es Ihnen gesagt!

DEÉR: Wer? Wann?

WRAGE: Sie haben es nicht gehört.

DEÉR: Aber.

WRAGE: Nicht verstanden.

DEÉR: Aber das gibt es doch nicht, dass einer das nicht hört. Dass er entlassen worden ist.

WRAGE: Doch. Oft. Kopf hoch, Herr Deér: Wir haben bis heute noch jeden Klienten vermittelt. Sozusagen jeden.

- Zeigen Sie, wie durch die verdeckte Form des Dialogs die wirkliche Situation des Herrn Deér langsam enthüllt wird.
- Wählen Sie einen Teilnehmer der Gipfelkonferenz aus und schreiben Sie einen Subtext, der das wiedergibt, was die Figur fühlt, denkt oder beabsichtigt. Inwieweit hilft Ihnen der Subtext zu einem besseren Verständnis der Figuren?

Moderne Spielansätze

Augusto Boal Theater der Unterdrückten

Übungen und Spiele für Schauspieler und Nicht-Schauspieler

Zeitungstheater

Ziel des Zeitungstheaters ist es, die so genannte »Objektivität« des Journalismus zu decouvrieren: *Richtig lesen lehren und lernen.* Das Zeitungstheater stellt die Realität der Fakten wieder her, indem es die einzelne Meldung aus dem Zeitungskontext herauslöst, sie ohne verzerrende Vermittlung direkt vor den Zuschauer stellt. Es zeigt gewissermaßen die nackte Wahrheit.

Rhythmisches Lesen: Jeder Rhythmus weckt bestimmte Assoziationen. Im Samba-, Tango-, Walzer-, oder Marschrhythmus vorgetragen, erhalten Reden von Politikern plötzlich eine andere Bedeutung. Deklamatorische Elemente eignen sich ebensogut als kritischer Filter von Texten.

Pantomimisches Lesen: Diese Technik besteht darin, einen Text durch kontrastierende pantomimische Darstellung zu verdeutlichen. Ein Schauspieler verliest die Rede eines Wirtschaftsministers über den Ernst der Lage und sitzt dabei an einem reich gedeckten Tisch. So wird sinnfällig, was hinter der Rede steht: Der Ernst der Lage gilt für das Volk, nicht für den Wirtschaftsminister.

Konkretisierendes Lesen: Die tägliche Flut von Nachrichten und ihr abgenutztes Vokabular verdecken und verstellen die einzelne Information und bewirken beim Leser eher Abstumpfung als adäquate Reaktionen. Konkretisierendes Lesen heißt: Was wird wirklich berichtet? Es heißt, szenisch oder grafisch darstellen, was verbrauchte Wörter nicht mehr zeigen und nicht mehr zeigen können.

Pointiertes Lesen: Ein Text enthüllt seine wahre Bedeutung, wenn er im Stil eines anderen Genres reproduziert oder kommentiert wird. Vom Staatsbegräbnis eines ermordeten Admirals wurde im Stil der Regenbogenpresse berichtet: Die Beerdigung selbst wurde nur kurz erwähnt, dann folgte eine ausführliche Beschreibung der Garderobe der Trauergemeinde.

Unsichtbares Theater

Unsichtbares Theater ist Theater. Es handelt stets von einem aktuellen Thema, von dem mit Sicherheit ausgenommen werden kann, dass es bei den Zuschauern auf Interesse stößt. Zu diesem Thema wird gemeinsam ein Text erarbeitet und schriftlich fixiert, der, je nach den Umständen, für Korrekturen offen ist und sich an den Einwürfen der Zuschauer orientiert. Die Schauspieler spielen ihre Rollen genau wie im konventionellen Theater, aber nicht im Theater, sondern vor Zuschauern, die nicht wissen, dass sie Theaterzuschauer sind.

- Vergleichen Sie Brechts Ansatz mit dem von Augusto Boal.
- Informieren Sie sich über Boals »Unsichtbares Theater« und versuchen Sie, diese Spielweise mit Ihrem Kurslehrer auf den Schulalltag zu übertragen.

Klausurtraining

Friedrich Schiller **Wilhelm Tell**

ARMGARD: Barmherzigkeit, Herr Landvogt! Gnade! Gnade!
GESSLER: Was dringt Ihr Euch auf offner Straße mir
In Weg – Zurück!
ARMGARD: Mein Mann liegt im Gefängnis,
Die armen Waisen schrein nach Brot – Habt Mitleid [...]
GESSLER: Fort, schafft das freche Volk mir aus den Augen.
ARMGARD (*greift in die Zügel des Pferdes*):
Nein, nein, ich habe nichts mehr zu verlieren.
– Du kommst nicht von der Stelle Vogt, bis du
Mir Recht gesprochen – Falte deine Stirne,
Rolle die Augen wie du willst – Wir sind
So grenzenlos unglücklich, dass wir nichts
Nach deinem Zorn mehr fragen –
GESSLER: Weib, mach Platz,
Oder mein Ross geht über dich hinweg.
ARMGARD: Lass es über mich dahingehn – da –
Sie reißt ihre Kinder zu Boden und wirft sich mit ihnen ihm in den Weg.
Hier lieg ich
Mit meinen Kindern – Lass die armen Waisen
Von deines Pferdes Huf zertreten werden,
Es ist das Ärgste nicht, was du getan – [...]
GESSLER: Ein allzu milder Herrscher bin ich noch
Gegen dies Volk – die Zungen sind noch frei,
Es ist noch nicht ganz wie es soll gebändigt –
Doch es soll anders werden, ich gelob es,
Ich will ihn brechen diesen starren Sinn,
Den kecken Geist der Freiheit will ich beugen.
Ein neu Gesetz will ich in diesen Landen
Verkündigen – Ich will –
Ein Pfeil durchbohrt ihn, er fährt mit der Hand ans Herz und will sinken. Mit matter Stimme: Gott sei mir gnädig!
RUDOLF DER HARRAS: Herr Landvogt – Gott was ist das? Woher kam das?
ARMGARD *auffahrend*: Mord! Mord! Er taumelt, sinkt! Er ist getroffen!
Mitten ins Herz hat ihn der Pfeil getroffen!

- Analysieren und interpretieren Sie den Textausschnitt aus »Wilhelm Tell« von Friedrich Schiller unter besonderer Berücksichtigung der Konfliktsituationen.
- Verfassen Sie eine Rollenbiografie Armgards und schreiben Sie auf dieser Basis einen Monolog Armgards, der an diese Szene anschließt.

Projektideen

Projekt Programmheft

Informieren Sie sich über den Spielplan von Theatern in Ihrer Nachbarschaft. Wählen Sie daraus ein Stück und entwerfen Sie dazu ein Programmheft oder nehmen Sie ein in Ihrem Kurs behandeltes Drama.
Überlegen Sie, an welchen Adressatenkreis Sie sich richten wollen: Schülerinnen und Schüler Ihrer Altersstufe oder eine breitere Öffentlichkeit.
Wählen Sie bestimmte Informationen, wie z. B. Hintergrundwissen zum Stoff, zur Zeit, in der das Stück spielt, zur Zeit, in der es entstanden ist, und zum Autor. Entscheiden Sie sich bezüglich Umfang, Aufbau, Format und Gestalt des Heftes. Stellen Sie ein ausgewogenes Verhältnis von Bild und Text her.
Suchen Sie Material in Ihrer Stadtbibliothek, Stadtarchiv, Stadtverwaltung und Theater. Schreiben Sie eine Rezension und vergleichen Sie Ihre Ergebnisse untereinander.

Projekt Theaterspiel

Wählen Sie einen kurzen Prosatext und schreiben Sie ihn in Form eines Rollentextes (z. B. »Sie verlangen zu viel« auf S. 80).
Entwickeln Sie zunächst eine kurze Biografie für die (drei) Charaktere. Ordnen Sie ihnen die entsprechende Körperhaltung, Bewegung, Mimik, Gestik und Sprechweise zu. Entwerfen Sie ein Kostüm und suchen Sie passende Requisiten. Entwerfen Sie Bühnenbilder und bauen Sie ein Modell der Bühne. Achten Sie in beiden Fällen auf den Einsatz von Licht und Schatten. Suchen Sie für Ihr Spiel einen einfachen Raum, der sich mit wenig Mitteln gestalten lässt.
Schreiben Sie einen Rollentext.
Studieren Sie Ihren Part immer zusammen mit den anderen Spielern so ein, dass sie mit dem Text auch zugleich Ihre Position und Ihre Gänge auf der Bühne festlegen.
Ändern Sie Ihren Text ungeniert, wenn Sie merken, dass sich bestimmte Passagen nicht so sprechen und spielen lassen, wie Sie es sich gedacht haben.
Achten Sie im Spiel darauf, dass Sie zumindest schräg zum Publikum stehen und ihm nur unter ganz bestimmten Bedingungen den Rücken zukehren. Die diagonale Stellung zu den Mitspielern weckt vom optischen Eindruck her Spannung. Nur in einer Wendung an das Publikum, wie etwa im epischen Theater, können Sie auch einmal ganz vor an die Rampe treten und direkt ins Publikum sprechen. Seien Sie sparsam im Einsatz von Gestik und Mimik. Das Bühnenlicht wirkt oft wie ein Vergrößerungsglas und Übertreibung wirkt leicht lächerlich. Achten Sie auf Pausen, sowohl im Sprechen als auch beim Gang über die Bühne.

Film: »Schlafes Bruder« – ein gescheiterter Lebensweg?

Inhaltsangabe zu »Schlafes Bruder«

Elias Alder lebt zu Beginn des 19. Jahrhunderts in einem abgeschiedenen Dorf in den österreichischen Alpen. Aufgrund seines außergewöhnlichen Äußeren sowie seiner überragenden musikalischen Fähigkeiten wird er zum Außenseiter in einer engstirnigen, durch Armut und Familienzwist geprägten Dorfgemeinschaft. Aufrecht hält ihn die Liebe zu seiner Cousine Elsbeth sowie die Freundschaft zu ihrem gewalttätigen Bruder Peter, der von klein auf zu ihm hält und versucht, die Entfaltung seines musikalischen Genies zu fördern. Als Elias in der Liebe zu Elsbeth keine Zukunft sieht, da sie einem anderen versprochen ist, gibt er sich auf und verübt Selbstmord.

Robert Schneider Schlafes Bruder

DAS ist die Geschichte des Musikers Johannes Elias Alder, der zweiundzwanzigjährig sein Leben zu Tode brachte, nachdem er beschlossen hatte, nicht mehr zu schlafen.

Denn er war in unsägliche und darum unglückliche Liebe zu seiner Cousine Elsbeth entbrannt und seit jener Zeit nicht länger willens, auch nur einen Augenblick lang zu ruhen, bis dass er das Geheimnis der Unmöglichkeit seines Liebens zugrunde geforscht hätte. Tapfer hielt er bis zu seinem unglaublichen Ende bei sich, dass die Zeit des Schlafs Verschwendung und folglich Sünde sei, ihm dereinst im Fegefeuer aufgerechnet werde, denn im Schlaf sei man tot, jedenfalls lebe man nicht wirklich. Nicht von ungefähr vergliche ein altes Wort Schlaf und Tod mit Brüdern. Wie dachte er, könne ein Mann reinen Herzens behaupten, er liebe sein Weib ein Leben lang, tue dies aber nur des Tags und dann vielleicht nur über die Dauer eines Gedankens? Das könne nicht von Wahrheit zeugen, denn wer schlafe, liebe nicht.

So dachte Johannes Elias Alder, und sein spektakulärer Tod war der letzte Tribut dieser Liebe. Die Welt dieses Menschen und den Lauf seines elenden Lebens wollen wir beschreiben ...

- Lesen Sie den Roman »Schlafes Bruder« von Robert Schneider. Tauschen Sie in Ihrem Kurs Ihre Leseeindrücke aus. Wählen Sie gemeinsam Aspekte aus, die Sie an dem Roman besonders interessieren und sprechen Sie darüber.

- Welche Aspekte des Romans sind Ihrer Ansicht nach so bedeutend für den literarischen Text, dass sie bei einer Literaturverfilmung auf keinen Fall wegfallen dürfen (z. B. Schauplätze, Handlungsstränge, Figuren, Motive...)? Welche Elemente der literarischen Vorlage halten Sie für verzichtbar? Bedenken Sie, dass die literarische Vorlage in der filmischen Gestaltung nicht 1:1 umgesetzt werden kann. Halten Sie Ihre Vorstellungen auf Flipcharts fest.

- Entwerfen Sie selbst ein Kinoplakat für eine mögliche Verfilmung des Romans »Schlafes Bruder«. Berücksichtigen Sie inhaltliche und kommerzielle Gesichtspunkte.

- Besorgen Sie sich in einer Videothek, Bibliothek oder Bildstelle die Verfilmung des Romans von Joseph Vilsmaier. Sehen Sie sich den Film in Ihrem Kurs gemeinsam an. Äußern Sie in Form eines Blitzlichts Ihren ersten Eindruck.

- Welche Aspekte der Verfilmung interessieren Sie besonders? Stellen Sie gemeinsam einen Arbeitsplan zusammen, der als Leitlinie für Ihre Beschäftigung mit dem Film gelten soll. (Zu einigen ausgewählten Aspekten bieten Ihnen das vorliegende Kapitel ergänzendes Material)

- Listen Sie auf, welche grundsätzlichen Veränderungen Sie gegenüber der literarischen Vorlage feststellen und vergleichen Sie diese mit Ihren Überlegungen (s. S. 204). Greifen Sie einzelne Aspekte heraus und erörtern Sie, inwieweit die Veränderungen im Zusammenhang mit der Umsetzung in das Medium Film gesehen werden müssen.

Modell zur Analyse von Literaturverfilmungen
(nach W. Gast u.a.)

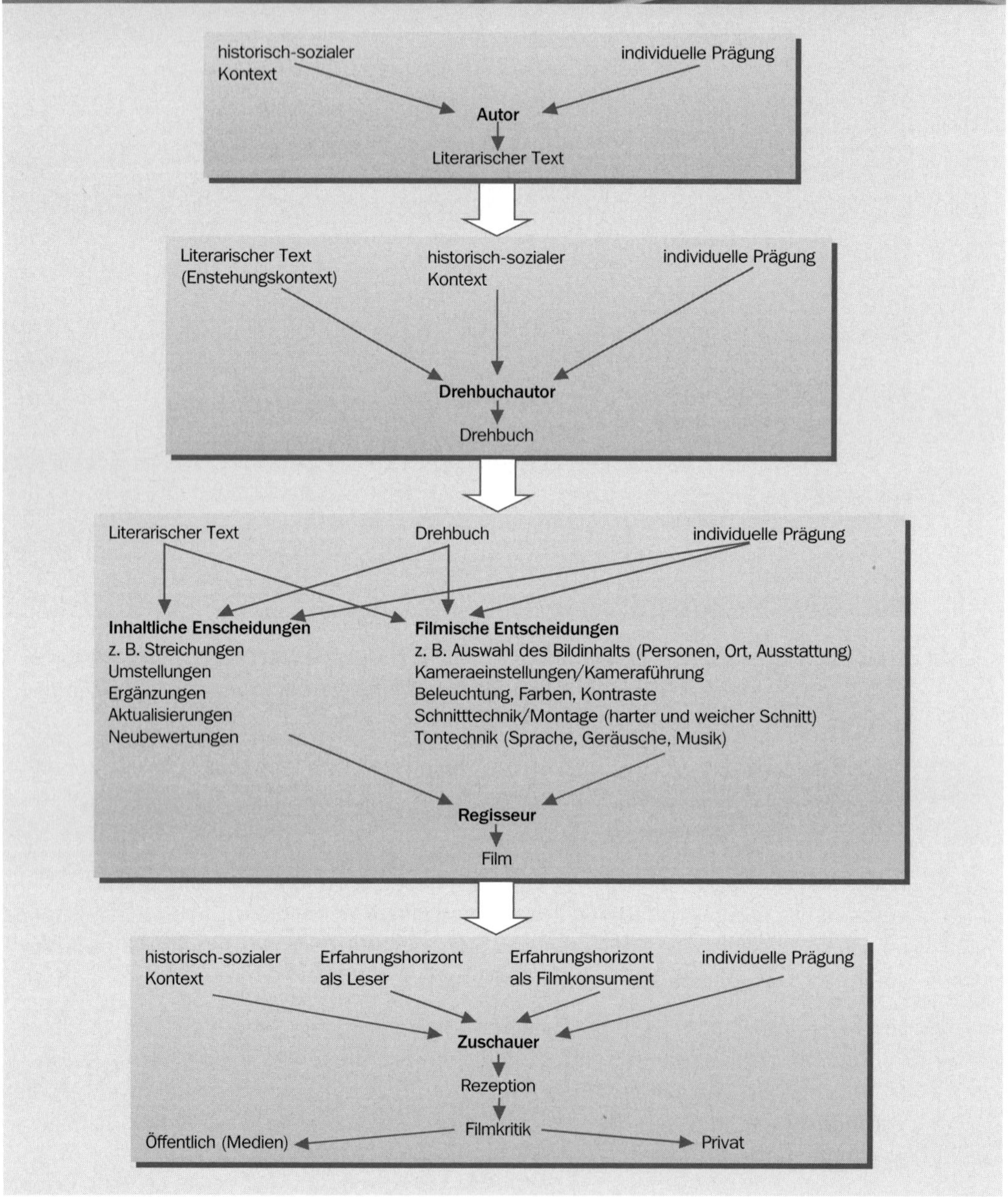

- Erläutern Sie das Modell zur Untersuchung von Literaturverfilmungen. Überprüfen Sie, inwieweit sich das Modell auf die Untersuchung der Literaturverfilmung von »Schlafes Bruder« übertragen lässt. Ergänzen Sie das Modell an den Stellen, wo es Ihnen notwendig erscheint.

Aus dem Drehbuch: Die Geburt (Szene 2)

Ort (Innen): Die Kammer des Seff und der Seffin
Tageszeit: Abenddämmerung
Jahreszeit: Sommer; ein Gewitter geht nieder
Personen: Seffin, Hebamme, Seff, Elias-Säugling

Eine so niedrige Schlafkammer, dass man sich darin beinahe bücken muss. Alles aus dunklem Holz, das Ehebett ebenfalls. Im Zimmer ist eine Leine gespannt. Daran hängt Wäsche. Es ist fast Nacht geworden. Draußen geht ein starker Wolkenbruch nieder. Blitze erhellen die durch eine Öllampe erleuchtete Kammer.

1.
Das schmerzverzerrte Gesicht der Gebärenden, deren Schrei man vorhin im ganzen Dorf gehört hat. Es ist die Seffin, die Mutter des Filmhelden, eine junge Frau mit schwarzem, jetzt schweißnassem Haar.

2.
Fliegen wandern über ihre vertrockneten Lippen.

3.
Die Tür wird aufgerissen. Das ganze Zimmer bebt. Man sieht, wie die Waschschüssel auf dem Nachtkästchen vibriert, das Öllicht zittert.

4.
Die Hebamme und Seff treten mit ihren schweren Schuhen in die Kammer. Beide sind vom Regen durchnässt.

SEFFIN *schreit durch das grobe Türöffnen und Poltern vor Schmerz auf.*

5.
Der Blick der Hebamme fällt auf das Bettlaken. Obwohl sie sieht, dass es sich allmählich mit Blut vollsaugt, verhält sie sich äußerst gelassen, stellt den Koffer auf einen Stuhl, nimmt ihr Spitzensacktuch und wischt sich umständlich die Stirn. Dann betrachtet sie verliebt ihre beiden Hände.

HEBAMME *hält ihm die beiden weißen und sehr schönen Hände unter die Nase*: Sind das Hebammenhänd'? Schau sie an du! Das sind zarte, schöne Händ'. Viel zu schön für die Hebammerei. Das hab' ich schriftlich von einem. Aber nicht von einem wie dir. *Sie blickt träumerisch zur Decke.* Der geht nämlich in die Burgershäuser ein und aus. Hat zwei Uniformen und blitzblanke Stiefel, wo man die ganze Garnison drin sieht vorbeimarschieren.

SEFF *betrachtet ängstlich das blutige Laken:* Es kommt schon auf die Welt.

6.
Die Hebamme blickt zur Seffin hinüber und ahnt, dass Eile geboten ist. Dennoch öffnet sie gemächlich ihren Koffer, kniet hin und ordnet die Utensilien. Die Kamera zeigt die merkwürdigen Instrumente, welche in früheren Jahrhunderten zur Geburtshilfe verwendet wurden: Mutterrohr, Wendungsschlinge, Nabelschnur, Klistierspritze etc.

HEBAMME *prüft ein Instrument und spricht dabei mehr mit sich als zu Seff:* Aber das schwör ich der Heiligen Jungfrau vom guten Rat: Zum letzten Mal helf ich einem Balg auf die Welt. Wirklich zum letzten Mal.

7.
Endlich wendet sie sich der Gebärenden zu, die jetzt ruhig, aber still weinend daliegt. Die Hebamme hebt das vom Blut vollgesogene Laken und beugt sich über den Bauch der Seffin.

8.
Wir sehen das Kind nicht, sondern lediglich das plötzlich erschrockene Gesicht der Hebamme.

HEBAMME: Jesus! 's ist schon aus dem Bauch heraus! *Zu Seff:* Die Nabelscher'! *Seff weiß nicht, was eine Nabelschere ist. Er gibt ihr ein falsches Instrument.* Weißt nicht, wie eine Scher' aussieht, Tölpel? *Sie holt selbst die Schere.*

9.
Man erahnt, dass sie dem Kind die Nabelschnur abschneidet. Etwas Blut bespritzt das Gesicht der Hebamme.

HEBAMME *zum Säugling, den man noch nicht sieht:* Hast's nicht erwarten können! Freust dich am End' auf diese elende Welt.

10.
Sie lauscht am Neugeborenen. Da steigt ihr plötzlich eine Ahnung ins Gesicht.

11.
Wir sehen jetzt den frischgeborenen Elias-Säugling, den späteren Helden des Films. Die Hebamme hält ihn an den Beinen in die Höhe. Sie geht zur Wäscheleine und schlägt den Säugling.

HEBAMME: Wurm, du musst mir jetzt nicht wegsterben!

12.
Sie gibt dem leichenblassen Seff den Säugling in die Arme, geht zum Koffer, nimmt ein Utensil daraus, probiert es am Säugling, nimmt ein anderes Utensil, probiert es abermals. Dann nimmt sie den Säugling wieder in ihre Hände und schlägt auf ihn ein. Sie ist jetzt völlig verzweifelt, und man sieht, dass sie ein schlechtes Gewissen hat.

HEBAMME: Heilige Jungfrau vom guten Rat! Mach, dass dem Kind das Herzschlagen anfängt! Ich fleh dich an!

13.
Die Szene erhält etwas Gespenstisches. Die Verzweiflung der Hebamme wird immer größer, sie klatscht ihre Hand auf den Säugling, sieht zur Seffin hinüber, die mit geöffneten Augen daliegt. In ihrer höchsten Ratlosigkeit fängt sie plötzlich zu singen an.

HEBAMME: Warum will der Fleischklumpen nicht zum Leben anfangen!? *Sie singt mit verzweifelter Stimme:* Te deum laudamus: Te dominum confitemur. Te aeternum patrem omnis terra veneratur. Tibi omnes angeli...

14.
Ihr Gesang wird fast bedrohlich. Dann, auf einmal, fängt der Säugling an zu schreien.

15.
Seff atmet erleichtert auf. Aber er kann sich nicht lange freuen, weil er und alle im Zimmer plötzlich etwas Merkwürdiges hören: Der Säugling hat eine entstellte Stimme. Sie klingt wie das Geschrei eines reudigen Katers, jedenfalls nicht nach dem üblichen Schreien eines Neugeborenen.

16.
Wir sehen den lebenden Säugling in den Händen der erschöpften Hebamme. Das unnatürliche Geschrei wird kräftiger.

17.
Die Hebamme streckt den Säugling von sich. Sie hat Angst und blickt den Seff an, der ebenfalls ratlos dasteht.

18.
Das erlöste Gesicht der Seffin.

SEFFIN: Gebt ihn mir! *Sie sieht das Schweigen und die Angst der beiden.* Gebt mir den Bub!

19.
Die Hebamme gibt der Seffin den Elias. Die Mutter küsst ihrem Kind die Stirn.

20.
Der Säugling hört wie auf ein Zeichen mit dem Schreien auf.

- Vergleichen Sie die Drehbuchszene mit der entsprechenden Textvorlage unter inhaltlichen und formalen Gesichtspunkten (Kap. 2 »Die Geburt«, insbesondere S. 15–19).
- Stellen Sie die Spezifika der Textsorte Drehbuch heraus, achten Sie besonders auf folgende Aspekte: Ort- und Zeitangaben, Handlungsführung, Beschreibung des Verhaltens der Personen, Redetexte, Wahrnehmungssteuerung des Drehbuch-Lesers, Funktion des Erzählers, Darstellung von Innenwelten.
- Wählen Sie einen anderen kurzen Ausschnitt aus der Textvorlage und schreiben Sie diesen in eine Drehbuchsequenz um. Vergleichen Sie Ihre Entwürfe und ziehen Sie dabei den entsprechenden Ausschnitt aus der Verfilmung heran.
- Welche Möglichkeiten und Grenzen zeigen sich bei der Umsetzung der literarischen Vorlage in eine Drehbuchsequenz als Basis für eine filmische Umsetzung?

Bildanalyse: Einstellungsgrößen – Perspektiven – Kamerabewegungen (nach Werner Kamp und Manfred Rüsel)

Einstellung: kleinste filmische Einheit (shot), Zeitraum zwischen zwei Schnitten
Einstellungsgrößen (=Abstand des abgebildeten Objekts zur Kamera):
Panorama/Weit: Landschaftsaufnahme, der Einzelne verliert sich in der Landschaft, häufig Einführungs- oder Schlussbilder;
Totale: Abbildung einer oder mehrerer Personen, wobei die Umgebung im Vordergrund steht, Ziel ist die räumliche Orientierung für den Zuschauer;
Halbtotale: Die Person ist ganz zu sehen, ausgewogenes Verhältnis von Person und Umgebung, die Person gewinnt Eigengewicht;
Halbnah: Die Person ist bis zu den Knien/Oberschenkeln sichtbar, Beziehung zu anderen Personen oder Gegenständen wird aufgebaut, Betonung der Gestik;
Amerikanisch: Die Person ist ab Hüfte aufwärts zu sehen, orientiert an amerikanischen Western, die die Personen ab Pistolengurt aufwärts zeigen;
Nah: Brustbild bzw. Darstellung der Person bis zum Bauch, Mimik und Gestik im Vordergrund, Position des Nachrichtensprechers;
Groß: Darstellung eines Gesichts, innere Befindlichkeit der Person wird gezeigt;
Detail: Abbildung eines Details, z. B. ein Auge, ein Finger, der auf den Tisch trommelt, das Detail steht für das Ganze (pars pro toto).
Perspektiven: Die Kamera gibt die Perspektive vor, unter der der Zuschauer ein Geschehen wahrnimmt; die Wahl der Perspektive bestimmt die Wirkung:
Normalsicht/Augenhöhe: Die Kamera auf der Augenhöhe des Protagonisten, entspricht am ehesten der alltäglichen Wahrnehmung;
Untersicht/Froschperspektive: Die Kamera blickt von unten nach oben; abgebildete Personen oder Gegenstände erscheinen häufig bedrohlich;
Aufsicht/Vogelperspektive: Kamera blickt von oben nach unten, abgebildete Personen und Objekte wirken je nach Kamerawinkel klein und hilflos.
Kamerabewegungen: Die Bewegung der Kamera nimmt erzählende Funktion im Film ein. Bezogen auf die Blickrichtung der Kamera unterscheidet man zwei Typen: – Die Kameraachse trifft im rechten Winkel auf die Handlungsachse. Der Zuschauer wird in das Geschehen nicht einbezogen. – Kameraachse und Bewegungsachse des Geschehens sind identisch. Der Zuschauer wird einbezogen.
Schwenk: Die Kamera behält während des Filmens ihren festen Standpunkt.
Fahrt: Die Kamera wird auf einem Kamerawagen gefahren.

Wählen Sie eine Filmszene aus und fertigen Sie ein Sequenzprotokoll an:

Einstellungsnummer	Inhalt	Einstellungsgröße	Einstellungsperspektive	Kamerabewegung	Zeit
1	Peter u. Elias vor der Orgel	Halbnah	Leichte Untersicht	Schwenk von rechts nach links	...

Werten Sie das Sequenzprotokoll mit Blick auf die Wirkung der Szene aus. Beachten Sie dabei auch die Zahl der Einstellungen.

Aus dem Drehbuch: Die Ohren des Esels (Szene 39)

Die Ohren des Esels
Ort (Innen): Nulfs Scheune
Tageszeit: Mittag
Jahreszeit: Sommer
Personen: Elsbeth, Elias

Elsbeth betritt die Scheune. Darin steht ein Esel, der friedlich an einem Heusack grast. Elsbeth will ihn aus der Scheune führen. Das Tier bockt und bleibt stur. Elsbeth wird wütend und bemerkt dabei nicht, dass Elias sie schon die ganze Zeit beobachtet.

ELSBETH: Wirst du jetzt Himmel-Herrgott-Sakrament-Nochmal vorwärts gehen! *Sie zieht aus Leibeskräften am Maulhalfter, aber der Esel rührt sich nicht von der Stelle. Elias tritt zur Scheune herein. Elsbeth scheint sich für das Fluchen zu schämen. Sie zeigt auf den Esel:* Da ist Hopfen und Malz verloren.

ELIAS: Die Ohren. *Er deutet auf die Ohren des Esels.*

ELSBETH *verdutzt:* Die Ohren?

ELIAS: 's kommt ein Gewitter. Drum legt es die Ohren. 's will hierbleiben.

ELSBETH: Ach woher! Kein Wölkchen am Himmel.

ELIAS: Das Tier hört die Wolken heraufkommen, ehe wir sie überhaupt sehen.

ELSBETH *ungläubig:* Aha.

ELIAS: Glaubst mir nicht.

ELSBETH *amüsiert:* Doch.

ELIAS *geht zum Esel hin, fasst ihn an einem Ohr und murmelt etwas Unverständliches hinein. Plötzlich tappt der Esel wie selbstverständlich hinaus. Elsbeth sieht Elias erstaunt an, blickt dem Esel ungläubig nach. Elias lächelt sie verschämt an. Elsbeth läuft dem Esel hinterdrein. Draußen bleibt das Tier wieder stehen. Elsbeth nimmt es am Halfter und schon bockt es wieder.*

Sie blickt sich schnell nach Elias um, der noch in der Scheune ist, geht nahe zum anderen Eselsohr und flüstert hinein.

ELSBETH *flüsternd:* Was er jetzt auch sagen mag, blödes Tier, du bleibst hier stehen.

ELIAS *tritt aus der Scheune, geht zum Esel, murmelt in sein Ohr, und der Esel sprengt davon. Elsbeth sieht Elias mit großen Augen an, weiß nicht, was sagen, geht dem Esel nach, bleibt stehen, will sich nach Elias umwenden, beherrscht sich aber, weil sie meint, dass er ihr nachblickt, geht einen halben Schritt, fasst sich dann und dreht sich um.*

ELSBETH: Morgen ist Tuchmarkt. Gehst mit?

Da ist Elias schon aus ihrem Blickfeld verschwunden.

- Beschreiben Sie das Verhältnis zwischen Elias und Elsbeth in dieser Drehbuchszene.
  Diese Drehbuchszene hat keine Entsprechung in der literarischen Vorlage. Diskutieren Sie, welche Funktion sie erfüllen könnte.
  Schneiden Sie mithilfe eines zweiten Videorekorders die Filmszenen aneinander, die das Verhältnis Elsbeth – Elias darstellen und legen Sie ein Sequenzprotokoll an. Analysieren Sie mithilfe des Sequenzprotokolls die Beziehung zwischen Elsbeth und Elias und ihre Entwicklung.
  Vorschlag für die Anlage eines Sequenzprotokolls:

Sequenzen Drehbuchszene	**Beziehung Elsbeth - Elias**	**Bildgestaltung**	**Ton (z. B. Redetext, Geräusche, Musik)**	**Zeit / Dauer der Sequenz**	**Buchkapitel**
Elsbeths Geburt	...	...	...	...	Die Gnadenzeit S. 51f.

- Lesen Sie in der Textvorlage die Stellen nach, die die Beziehung zwischen Elias und Elsbeth beleuchten.
  Erörtern Sie, inwieweit die Personen bzw. ihr Verhältnis zueinander durch die filmische Umsetzung eine Neubewertung erfahren.
  Versuchen Sie, die andere Akzentuierung aus dem Medium Kinofilm zu begründen. Beurteilen Sie ausgehend von Ihren Ergebnissen nochmals die Erweiterung der literarischen Vorlage um die Szene »Die Ohren des Esels«.

Analyse von Bildgestaltung – Bildkomposition/ Mise en scène

Der Betrachter eines Films nimmt – anders als z. B. im Theater – mit den Filmbildern jeweils nur einen Ausschnitt des Geschehens wahr. Er kann seinen Blick nicht zwischen verschiedenen Geschehnissen hin- und herschweifen lassen. Seine Wahrnehmung wird durch das aufbereitete Bild gelenkt. Diese Bildgestaltung während der Dreharbeiten – im Unterschied zum Filmschnitt nach Abschluss der Dreharbeiten – bezeichnet man als **Mise en scène** (frz. »in Szene setzen«). Wichtige Elemente sind neben dem Bildaufbau – d. h. die bewusste Einteilung in Bildvordergrund, Mittel- und Hintergrund – die Ausstattung des Schauplatzes, der Dekoration und der Kostüme, die Präsentation der Figuren und Gegenstände und die Gestaltung ihrer räumlichen Beziehung sowie der Umgang mit Licht und Farben. Darüber hinaus wird die Wahrnehmung des Zuschauers durch Schärfeneinstellung sowie den Einsatz von Größenverhältnissen gelenkt. Auch Einstellungen und Kameraführung bestimmen maßgeblich die Wahrnehmung des Zuschauers.

- Welcher Eindruck von Elias' Musik und ihrer Wirkung wird durch die ausgewählten Filmstandbilder erweckt? Untersuchen Sie, wie diese Wirkung jeweils zustande kommt, indem Sie den Bildaufbau und die Bildkomposition analysieren. Inwiefern unterstützt die gewählte Einstellung die Wirkung der Bilder?

Interview mit Joseph Vilsmaier

Was genau hat Sie denn so fasziniert an dem Roman?
Die Unbedingtheit, mit der hier eine wahrlich ungeheuerliche Geschichte erzählt wird. Das ist spannend, berührend, großartig. [...] Die Bilder waren unglaublich stark. Schon beim Lesen sah ich diese Bilder vor mir.
Aber Änderungen vom Roman zum Film haben sich doch ergeben?
Natürlich. Vieles lässt sich im Film nicht so komplex zeigen, der Roman besteht ja aus sehr vielen einzelnen Episoden, die vom Erzähler zusammengehalten werden. Wir haben uns gefragt, ob wir den Erzähler auch für den Film brauchen. Eine Erzählerstimme ist natürlich wunderbar, um gewisse Bögen und Zusammenhänge herzustellen. Auch kostensparend natürlich. Mit einem Erzähler kann ich beispielsweise dem Zuschauer sagen: »Da liegen zehntausend tote Kühe auf der Weide«, aber drehen kann man das selbstverständlich nicht. Ich mag es nicht, wenn dem Zuschauer immerzu etwas erklärt wird. Ich wollte, dass die Handlung von den Bewohnern getragen wird, dass sich nicht noch jemand darüber stellt, der alles ausbügelt und wegmogelt, was ich filmisch nicht bewältigt habe.

Es war großartig, dass der Autor so souverän mit seinem Stoff umgehen konnte, sich auch von Figuren und ganzen Handlungssträngen verabschieden musste. Wir mussten verdichten, sonst wäre es mindestens ein Fünf-Stunden-Film geworden. Aber Robert war immer bereit, mitzuüberlegen, zu ändern, zu probieren. Insgesamt entstanden sechs Drehbuchfassungen. [...]
Der Ton besitzt in »Schlafes Bruder« eine außerordentliche Qualität...
Und eine interessante Quantität. Es ist nämlich nicht, wie vielleicht manche erwarten, ein Musikfilm geworden. Im Gegenteil, wir sind mit Musik sehr sparsam umgegangen. Natürlich gibt es die Orgelpassagen, ansonsten aber kaum Musik – als »Teppich«, als nur illustrierendes Moment gar nicht. Es gibt sogar vollkommen stumme Szenen. Dadurch entsteht eine ganz ungeheure Wirkung, eine Spannung, die man manchmal kaum aushält. Oft ist nicht Musik zu hören, sondern ein aus einzelnen Geräuschen sehr genau zusammengesetzter Ton. Wir sind zum Beispiel mit dem Mikrofon von Baum zu Baum gegangen, um ein bestimmtes Blätterrascheln einzufangen, wir haben im Gras gelegen... Vieles davon wird der Zuschauer, wenn er den Film sieht, gar nicht bewusst im Einzelnen wahrnehmen, aber er wird es spüren. Er wird spüren, wie echt die Welt ist, die wir in unserem Film erschaffen haben.

Robert Schneider Weshalb ich mich verkauft habe

Während des Drehbuchschreibens habe ich mich oft gefragt, ob denn das noch überhaupt meine Geschichte sei. Die vielen Zugeständnisse an die vielen unterschiedlichen Geschmäcker. Ich kann es jetzt – mit Abstand – bejahen. Ja, es ist meine Geschichte. Einiges ist anders als im Roman, gewiss. Manche Figuren, die mir dort wichtig waren und die ich liebte, musste ich schweren Herzens gänzlich verschwinden lassen: Den Wanderprediger Corvinius beispielsweise, der für den Film immerhin einige Charakterzüge dem Köhler Michael geliehen hat. Auch durfte sich der Kurat Benzer im Film nicht pyromanisch betätigen. Er bleibt zwar als Figur erhalten, als eine schillernd-komische mit recht vielen Szenen sogar, musste aber ebenfalls einige Elemente an den Köhler Michael abtreten. Diese Zusammenziehungen von Figuren erwiesen sich als notwendig, weil von vorneherein feststand, dass der Film ohne Erzähler aus dem Off funktionieren sollte. Im Buch hielt der Erzähler sämtliche Fäden in der Hand, erlaubte sich ironische Kommentare, Rückblenden, Vorausblicke... Im Film mussten die Figuren die gesamte Handlung tragen. Also durften es nicht so viele sein. Auch viele Episoden des Romans fielen der Straffung zum Opfer. Die grausig-schöne mitternächtliche Szene etwa, in der Peter und Elias mit Burga ihr böses Spiel treiben, sie durch Täuschung demütigen, gibt es im Film nicht, obwohl sie vielleicht nicht ohne Reiz gewesen wäre. Dafür hat die Burga andererseits den Feldwaibel Hirsch abbekommen, den im Roman noch die Hebamme beanspruchte. Gewiss, aber was man sieht und hört, sind meine Bilder, meine Dialoge.

Vilsmaier ging mit dem gesamten Material sehr behutsam um. Das zeigte sich bei den Dreharbeiten, als er die Schauspieler immer wieder ermahnte, die Repliken genauestens zu lernen. Er ließ ihnen nichts durchgehen. Die Sätze mussten auf Punkt und Komma stimmen, wie sie das Drehbuch vorschrieb. Es war ein schönes Sich-Verkaufen an Sepp Vilsmaier. Er respektierte mich.

Literaturadaption im Spielfilm

Illustrierende Adaption: Die literarische Vorlage wird möglichst vorlagengetreu in Bilder und Szenen umgesetzt, d. h., der Film entspricht einer bebilderten Nacherzählung der Textvorlage (wenige filmische Gestaltungsmittel). Das bedeutet: weit gehende Beibehaltung der Chronologie der Handlung, Übernahme der Dialogpassagen, werkgetreue Gestaltung von Kostümen und Dekoration; häufig Einführung eines Erzählers aus dem Off zur Wiedergabe beschreibender Teile.

Interpretierende Adaption: Die literarische Vorlage wird mit den entsprechenden filmischen Mitteln subjektiv ausgelegt und dabei eventuell aktualisiert, d. h. dem historischen-kulturellen Umfeld von Drehbuchautor/Regisseur angepasst. Die literarische Vorlage erhält durch die Verfilmung eine neue individuelle Sinnzuweisung. Die Verfilmung versteht sich als eigenständiges Kunstwerk gegenüber der literarischen Vorlage.

Stofforientierte Adaption: Aus der literarischen Vorlage werden einzelne Elemente übernommen und weiterentwickelt; die literarische Textvorlage als Ganzes wird nicht aufgegriffen. Die filmische Umsetzung einzelner Aspekte hat Priorität.

- Erarbeiten Sie, wie Regisseur und Autor – in diesem Fall auch Drehbuchautor – das Verhältnis von Textvorlage und Drehbuch/Verfilmung sehen.
- Welche Art von Literaturadaption liegt bei der Verfilmung von »Schlafes Bruder« vor? Welches Modell bevorzugen Sie? Legen Sie dar, welchen Anforderungen bzw. Erwartungen Literaturverfilmungen gerecht werden können und sollen.

Hans-Dieter Seidel **Komm, o Tod und führe mich nur fort**

Gleich die erste Szene von Joseph Vilsmaiers Film *Schlafes Bruder*, die den Betrachter wie magisch in den archaisch anmutenden Mikrokosmos dieses Zeugnisses aus fremder Zeit zieht, ist ein Synonym für die außerordentlichen und im deutschen Kino rar gewordenen Anstrengungen, mit denen dem Bestsellerroman Robert Schneiders seine visuellen Entsprechungen geschaffen werden sollten. [...] Der künstlichen, in die Fantasie des Lesers konstruierten Welt des Romans muss der Film die pure Anschauung entgegensetzen, und um die nicht ins Mystische verdämmern zu lassen, hat der bayerische Regisseur, Kameramann und Produzent Vilsmaier sich für strenge Authentizität innerhalb des Fiktiven entschieden. Also Vorarlberg zu Anfang des neunzehnten Jahrhunderts, die grenzenlos enge Welt der Abgeschiedenheit eines Weilers namens Eschberg, wo inmitten von Mongoloiden, zwecks Lausabwehr geschorenen Buben und Inzüchtigen der von der Dorfgemeinschaft als Sonderling gemiedene Elias aufwächst und wegen seiner unerhörten musikalischen Begabung zum Objekt von Neid, Missgunst und Spott wird. Die Schinderei in Dreck und Kälte, die Vilsmaier seinen Schauspielern zumutet, hat sich gelohnt: Physische und psychische Verstümmelung der Eschberger sind unmittelbar nachzuempfinden, die in den Hauptfiguren aufscheinende Apotheose der Trias Tod, Liebe und Kunst wird schlüssig aus urmenschlichem Geschehen begründet. Aufgestauter Hass entlädt sich gegen Unschuldige, Unbegreifliches wird verteufelt, Andersartiges als Widersetzlichkeit verstanden. Der szenische Reichtum der Details ist immens, die Natur in ihrer Abbildung den Menschen ein Widerpart. [...] Wie gleich im ersten Satz des Romans das gespaltene Leitmotiv anklingt, so faltet auch der Film, zu dem Robert Schneider selbst das Drehbuch schreiben durfte, das Versagen des Lebens vor der Kunst und das der Kunst vor dem Leben auf. [...] Vilsmaier findet dafür ein ebenso schlichtes wie schlagendes Bild: Wenn Elias, für einen halben Tag mit Elsbeth in der Stadt Feldberg im Tal unterwegs, seiner Angebeteten heimlich eine Spieluhr kauft, sich dann aber außerstande zeigt, sie ihr tatsächlich zu schenken. So versäumt er diese ganze große Liebe. In einer Parallelmontage erlebt der Autodidakt Elias seine erste Offenbarung an der Orgel – die karge Kirche des Weilers scheint sich zur Kathedrale zu weiten –, während Elsbeth, ohne Hoffnung mehr auf Elias, sich in einer Scheune dem Bauernlümmel hingibt, dem sie von den Eltern vor langem zur Hochzeit versprochen worden war. In das Tosen der Klangwetter und Klangwüsten, die der Roman beschwört und der Film, nicht zuletzt dank der Bach-Kantate »Kömm, o Tod, du Schlafes Bruder«, grandios einlöst, bricht, verstörend für Elias, der Herzschlag Elsbeths und ihres Liebesspiels, das eher einer Vergewaltigung gleicht. Schon einmal hatte sich dieses elementare Hörwunder ereignet, als der heranwachsende Bub seine musikalische Initiation erfuhr und das Tönen des Universums sich in seiner Ohrmuschel konzentrierte: im Summen des Bluts, im Fallen eines Blatts, im Dröhnen der Gedanken, im Schall der Sonne, im Wehschrei aller Kreaturen – und als Wurzel der Liebe im Herzschlag eines noch ungeborenen Kindes, Elsbeths. Die heikle Szene meistert der Film mit Anstand und dem Geschick der Komponisten Norbert J. Schneider und Hubert von Goisern sowie dem der auf einem Dutzend Tonspuren voller nie gekannter Geräusche hexenden Techniker. In seiner Annäherung an die Kakophonie, ohne ihr zu erliegen, leistet der Film im ursprünglichen Wortsinn Unerhörtes. [...] *Schlafes Bruder,* fremd und ergreifend im Kino, gleicht einer unfrommen Liturgie, die bannt, aber auch auf Distanz hält. Vilsmaier hat das Geschehen vollkommen der fernen Zeit überantwortet. Die Analogien ins Heute sind allein dem Zuschauer aufgetragen.

Andreas Kilb **Kömm, o Kitsch!**

Dieser Film spielt hinter den sieben Bergen. Und damit man sieht, dass er hinter den sieben Bergen spielt, fährt die Kamera am Anfang gleich siebenmal rückwärts über die Bergkämme der Vorarlberger Alpen, tief hinein ins Gebirge. Hast du das verstanden, deutsches Kinopublikum? Gut. Also weiter.

Die Frau, die drunten hinter einem barfüßigen Knaben her durchs Tal marschiert, ist Hebamme; sie geht ins Dörfchen Eschberg, um den Helden des Films auf die Welt zu holen. »Sind das Hebammenhänd'?«, fragt sie den Bauern Seff, dessen Gattin gerade gebiert. »Das sind feine Händ'!« Natürlich sind das feine Hände, wer hat schon heute noch Hebammenhände? Aber Kino ist Glaube, Kino ist Illusion; weiter also.

Das Knäblein, das da ans Licht kommt, wird – man sieht es – getauft auf den Namen Johannes Elias Alder. Schon als Erstklässler fällt der kleine Johannes Elias durch seine ungewöhnliche Musikalität auf: Er singt heller und lauter als die anderen Kinder, und wenn der Lehrer (Paulus Manner) auf seinen Orgelkasten drückt, tun dem Elias die Ohren weh. Aber in Eschberg hinter den sieben Bergen ist so einem Wunderkind natürlich nicht zu helfen. Da quieken die Schweine, da muhen die Kühe, da knacken winters im Ofen die Scheite. Und was kommt nun? [...]

Wenn man aber dann den Film sieht, wundert einen gar nichts mehr. Vilsmaier hat nicht nur das Blöken und Piepsen, das Grunzen und Schnauben der Viecher und Menschen wundermild in seinen Cinemascope-Kasten geholt, er hat auch der Geschichte gerade jenen romantischen Geist ratzeputz ausgetrieben, der sie wider alle Alpenseligkeit am Leben erhält. Sein Elias ist kein glühender Schmerzensmann, sondern der allzeit wacker kasparhausernde André Eisermann, dem man seinen musikalischen Genius so wenig ansieht wie einem Boxer die Liebe zur Literatur. Und Peter, des Elias' zärtlich-grober Freund, ist der noch wackerere Ben Becker, dessen Versuche, einen Hauch Homoerotik in diese Hintersassenwelt zu bringen, auf rührende Weise an die intimen Abenteuer von Huckleberry Finn mit Tom Sawyer erinnern. Elsbeth schließlich, Elias' Angebetete, ist die unverwüstliche Dana Vávrová, die auch diesmal wieder ihre Rolle aus zwei, drei Gesten und Mienen zusammensetzt, als wären von »Herbstmilch« bis »Schlafes Bruder« alle Frauen eins und gleich. Wenn die drei auftreten, reden sie reines Hochdeutsch, so wie der Film, wenn er flott sein will, gebrochenes Amerikanisch spricht. Da schwellen die Herzen, da verlöschen pathetisch die Kerzen beim Feldberger Orgelwettbewerb, als Elias den Ruhm der großen Welt gewinnt – freilich nicht mit Bachs Choral »Kömm o Tod, Du Schlafes Bruder«, sondern mit einem pompösen Pop-Mischmasch, den der Komponist Hubert von Goisern für Vilsmaier angerichtet hat. Was sind Worte, was Buchtitel? Kömm, o Kitsch!

Rezension: Buch-/Film- und Theaterkritik

Unter einer Rezension (lat. »Musterung«) versteht man die kritisch beurteilende Besprechung eines Buchs, einer Theateraufführung, eines Konzerts oder Films. Dementsprechend gehört die Rezension zum Bereich der ästhetischen Wertung. Der Rezensent hat die Aufgabe, das interessierte Publikum auf ein künstlerisches Werk aufmerksam zu machen, indem er einerseits knapp über den Inhalt informiert und andererseits eine Bewertung vornimmt. Dabei ist es wichtig, dass er seine Beurteilungskriterien offen legt. Darüber hinaus wird das Werk in einen größeren Kontext eingeordnet, z. B. Stellenwert im bisherigen Werk des Autors bzw. Regisseurs, Bedeutung für die moderne Literatur-/Theater- oder Filmszene etc. Rezensionen zu den verschiedenen künstlerischen Werken findet man vor allem im Feuilletonteil der Zeitungen sowie in der entsprechenden Fachpresse.
Anders als bei einer Textanalyse oder Interpretation zeigt die Rezension keinen linearen Verlauf von der Inhaltsangabe über die inhaltliche und sprachliche Detailanalyse zur Deutung. Vielmehr zeichnet sie sich durch den mehrfachen Wechsel von informativer Beschreibung und Beurteilung aus. In einer Einführung wird zunächst die Neugier und Aufmerksamkeit des Lesers geweckt. Der Rezensent greift hier häufig eine besonders beeindruckende Szene auf und stimmt den Leser affektiv auf die Tendenz der folgenden Beurteilung ein. Im Anschluss daran gibt es meist einen knappen Überblick über das Gesamtwerk, bevor eine detaillierte Beurteilung erfolgt. Dabei arbeitet der Rezensent zumeist antithetisch, d. h., zunächst wird das Kunstwerk auf- bzw. abgewertet, dann folgen Belege und Beispiele. Die Reihenfolge – erst positive Einschätzung, dann negative Beurteilung bzw. umgekehrt – hängt eng mit dem Gesamteindruck des Rezensenten zusammen. Hat ihn der Text bzw. der Film insgesamt überzeugt, werden die positiven Ausführungen am Ende stehen.
Eine Rezension will ihre Leser von einem Urteil überzeugen, das geschieht sowohl durch inhaltliche Argumente als auch durch die Wahl entsprechender sprachlicher Mittel. Rezensenten arbeiten häufig mit einem bildhaften Vokabular, das vielfache Konnotationen zulässt und den Leser durch derartige Signalwörter auf die Wertung einstimmt, ohne dass diese immer explizit formuliert wird.

- Wählen Sie eine der beiden Filmkritiken aus und untersuchen Sie, mit welchen inhaltlichen und sprachlichen Mittel der Rezensent dem Leser seine Beurteilung vermittelt.

- Vergleichen Sie die Positionen der beiden Filmkritiker mithilfe einer tabellarischen Synopse. Welcher Position können Sie sich eher anschließen? Fertigen Sie eine eigene Filmkritik an, wobei Sie sich vorher auf eine eindeutig positive oder eine eindeutig negative Kritik festlegen.

James Monaco Das Verhältnis von Literatur und Film als Wechselbeziehung

Film und Roman erzählen beide lange Geschichten mit einer Fülle von Details, und sie tun dies aus der Perspektive des Erzählers, der oft eine gewisse Ironie zwischen Geschichte und Betrachter schiebt. Was immer gedruckt im Roman erzählt werden kann, kann im Film annähernd verbildlicht oder erzählt werden. [...] Die Unterschiede zwischen den beiden Künsten, von dem offensichtlichen und großen Unterschied zwischen visueller und linguistischer Erzählweise abgesehen, sind leicht zu entdecken. Zunächst einmal ist der Film begrenzt, da er in tatsächlicher Zeit stattfindet. Erfolgreiche Romane sind in den letzten Jahren ein riesiges Reservoir an Material für kommerzielle Filme gewesen. Tatsächlich ist für die Verlage die Möglichkeit, das Material eines erfolgreichen Romans als Film wiederzuverwenden, ein wesentlicher Faktor. Manchmal scheint es fast so, als existiere der populäre Roman (im Gegensatz zur elitären Prosakunst) nur als erster Entwurf für den Film. Aber der kommerzielle Film kann die zeitliche Spanne eines Romans nicht reproduzieren. Ein Drehbuch hat durchschnittlich 125 – 150 Seiten, ein Roman meist mehr als das Doppelte. Handlungsdetails gehen fast regelmäßig bei der Übertragung vom Buch in den Film verloren. [...] Muss der Film sich auf der einen Seite auf eine kürzere Erzählung beschränken, hat er andererseits visuelle Möglichkeiten, die der Roman nicht hat. Was durch Beschreibung nicht vermittelt werden kann, lässt sich ins Bild übertragen. Und hier stoßen wir auf den grundlegendsten Unterschied zwischen den beiden Erzählformen. Romane werden vom Autor erzählt. Wir sehen und hören nur, was er uns sehen und hören lassen möchte. Filme werden in gewissem Sinne auch von ihren Autoren erzählt, aber wir sehen und hören sehr viel mehr als das, was ein Regisseur notwendigerweise möchte. Es wäre eine absurde Aufgabe für einen Schriftsteller zu versuchen, eine Szene genauso detailliert zu beschreiben, wie sie im Kino vermittelt wird. [...] Wichtiger noch: Was auch immer der Romancier beschreibt, es wird durch seine Sprache, seine Vorurteile und seinen Blickwinkel gefiltert. Beim Film haben wir ein gewisses Maß an Freiheit auszuwählen, unsere Aufmerksamkeit eher auf dieses Detail und nicht auf ein anderes zu lenken. Die treibende Kraft im Roman ist die Beziehung zwischen den Materialien der Geschichte (Handlung, Personen, Milieu, Thema und so weiter) und deren Umsetzung in Sprache; in anderen Worten: die Beziehung zwischen der Geschichte und dem Erzähler. Der Film dagegen gewinnt seine treibende Kraft aus den Materialien der Geschichte und der objektiven Natur des Bildes. [...] Die Worte auf der Buchseite sind immer dieselben, aber das Bild auf der Leinwand ändert sich ständig, je nachdem, wohin wir unsere Aufmerksamkeit lenken. Der Film ist, so gesehen, eine sehr viel reichere Erfahrung.

- Worin unterscheiden sich literarisches und filmisches Erzählen?

- In den letzten Jahren hat sich eine Entwicklung durchgesetzt, die den Film als Vorlage für die literarische Gestaltung nimmt: »Das Buch zum Film«. Beschreiben Sie die Machart dieser Textsorte. Diskutieren Sie das Interesse der Leser.

Klausurtraining

Knut Hickethier Der Film nach der Literatur ist Film

Von »Literaturverfilmung« zu reden, heißt, den ersten Schritt in die falsche Richtung tun: Denn im Begriff der Verfilmung steckt bereits die erlittene Verformung des Kunstwerks, eines Originals, das dabei seine Originalität verliert. Das Ergebnis kann nur eine schlechte Kopie, ein unvollständiger Ersatz im anderen Medium sein. Die analytische Literatur zur Verfilmung ist Legion, und ihr vergleichend ermitteltes Ergebnis ist, wie kann es anders sein, mehr oder weniger immer dasselbe. Die Umarbeitung des literarischen Kunstwerks in ein Drehbuch bedeutet Verlust, gar Zerstörung des Ausgangswerkes – der Film kann, als zweitgeborener und der erstgeborenen Literatur nur nachgeahmt, für sich keine Originalität, keinen Kunstcharakter beanspruchen. Unzählig deshalb die höhnischen Kritiker-Verdikte über das Misslingen von Verfilmungen, an das hohe Original heranzureichen, so als ob sie das tatsächlich auch immer wollten. Wer aus der Kenntnis des immer schon zuvor gelesenen Buches dessen Verfilmung sieht, kann als Literaturliebhaber über den Fehltritt der Geliebten nur enttäuscht sein: Der Film ist zwangsläufig anders als die Bilder, die er davon im Kopf hat. »Verfilmung ist ein Akt der Ausschlachtung«, befand schon Günter Straschek lapidar angesichts der »jahrzehntelang hochgespielten, dissertationsgesättigten und bemerkenswert akademisch langweilenden Auseinandersetzung« zu diesem Thema. Dessen ständige Wiederkehr hat sicher auch mit einem tief im Selbstverständnis der Literaturwissenschaft als Wächterin der Literatur sitzenden Legimitations- und Abwehrmechanismus zu tun. Denn auch der neuere Ansatz, die filmische Literaturadaption als Akt der Rezeption aufzufassen, kommt aus dem Dilemma des Gefälles von der Literatur zum Film nicht heraus. [...] Der Film aber ist immer zuerst Film, und dass seinem Drehbuch, ohnehin nur eine Zwischenstufe im Arbeitsprozess, einmal ein Roman zugrunde gelegen hat, ist für das Filmische an ihm von peripherer Bedeutung. Wir verstehen den Film, auch ohne den Roman zuvor gelesen zu haben. [...] Wie jeder Text nur vor dem Hintergrund des gesamten bisherigen Geschriebenen zu denken ist, steht auch jeder Film im Kontext anderer Filme und enthält ungleich mehr Anspielungen und Verweise, unbewusst entlehnte Motive, Metaphern und assoziiert visuelle Erinnerungen, als sich in der Textvorlage erkennen lässt. Genrezusammenhänge, Verweise der Darsteller auf andere Rollen, die sie in anderen Filmen verkörpert haben, Kamera-, Regie- und Lichtstile, Architekturbedeutungen, Kleidungsstile etc. eröffnen eine Fülle anderer Bezugsebenen. Der spezielle Vergleich mit der literarischen Vorlage (noch nicht einmal mit dem Drehbuch) erscheint deshalb als eine unzulässige Verengung des Blicks.

- Analysieren Sie den Text. Klären Sie dabei insbesondere, wie der Autor das Verhältnis von literarischer Vorlage und Film einschätzt.
- Nehmen Sie zu seiner Position vor dem Hintergrund Ihrer Kenntnisse über den Roman »Schlafes Bruder« sowie über den gleichnamigen Film Stellung.

Projektideen

Literarische Texte verfilmen

Textauswahl: Bilden Sie Kleingruppen (4–6 Personen) und wählen Sie gemeinsam einen kurzen literarischen Text für eine Verfilmung aus. Klären Sie Ihr Textverständnis und entscheiden Sie, ob Sie eine eher illustrierende, interpretierende oder stofforientierte Adaption versuchen wollen.

Drehbuch: Setzen Sie den Text bzw. Ihre Ideen in ein Drehbuch um. Teilen Sie den Text in einzelne Szenen auf. Legen Sie für die einzelnen Szenen ein Storyboard an, in dem Sie die wichtigsten Angaben für die jeweilige Einstellung in Form einer Synopse festhalten (Personen, Handlung, Sprechtext/Geräusche, Kameraeinstellung ...). Das Storyboard hat die Funktion eines Drehplans.

Auswahl von Drehbuch/Rollenbesetzung: Besetzen Sie die Rollen. Achten Sie dabei darauf, dass die Schauspieler Zeit erhalten, sich mit ihren jeweiligen Rollen vertraut zu machen. Verfassen Sie kurze Rollenbiografien und stellen Sie sich diese gegenseitig vor. Wählen Sie geeignete Drehorte. Die Drehorte (ggf. Dreherlaubnis einholen) sollten der Einfachheit halber nicht zu weit voneinander entfernt liegen. Legen Sie die notwendigen Requisiten fest. Setzen Sie diese sparsam ein.

Verfilmung: Machen Sie sich mit der Videokamera und ihrer Bedienung vertraut. Wählen Sie z. B. eine Person oder einen Gegenstand und erproben Sie unterschiedliche Kameraeinstellungen und -perspektiven. Nehmen Sie sich für die Filmarbeit Zeit. Proben Sie die Einstellungen zunächst ohne Kamera. Wenn Sie an verschiedenen Tagen filmen, achten Sie auf Konstanz bei Licht- und Tonverhältnissen (Tageszeit), Kleidung und Requisiten. Achten Sie auf deutliche Aussprache und klare Gestik.

Präsentation: Führen Sie Ihr fertiges Produkt im Kurs vor. Suchen Sie auch nach Möglichkeiten, den Film einer größeren Schulöffentlichkeit zu zeigen. Betreiben Sie dafür filmspezifische Werbung (z. B. Plakate erstellen).

Zusätzliche TIPPS für das Gelingen Ihres Videofilms:

Kamerabewegungen: Verwenden Sie möglichst ein Stativ und vermeiden Sie unnötige Kamerabewegungen, z. B. durch Schwenks und Zoomen.

Assemble-Verfahren: Der Film wird entsprechend der Reihenfolge Ihres Drehbuchs bzw. des Storyboards gedreht. Eine spätere Überarbeitung durch nachträgliches Schneiden ist nicht vorgesehen (besonders für Videoanfänger).

Montage-Verfahren: Der Film wird nicht in der Reihenfolge des Drehbuchs gedreht, sondern z. B. zunächst alle Außenaufnahmen, dann alle Innenaufnahmen; von jeder Einstellung werden mehrere Bildfassungen erstellt. Der eigentliche Film wird im Rahmen einer Überarbeitung mithilfe von Videorekorder und entsprechendem Computerprogramm zusammengeschnitten.

Aufnahme: Geben Sie zu Beginn und am Ende jeder Einstellung einige Sekunden dazu, das erleichtert die Aneinanderreihung der einzelnen Einstellungen.

Aufklärung: Vorurteile und Toleranz – Projekt

Francisco Goya: *Der Traum der Vernunft gebiert Ungeheuer, 1797/98*

Daniel Chodowiecki: *Aufklärung, 1791 (Ausschnitt)*

Bist du aufgeklärt?

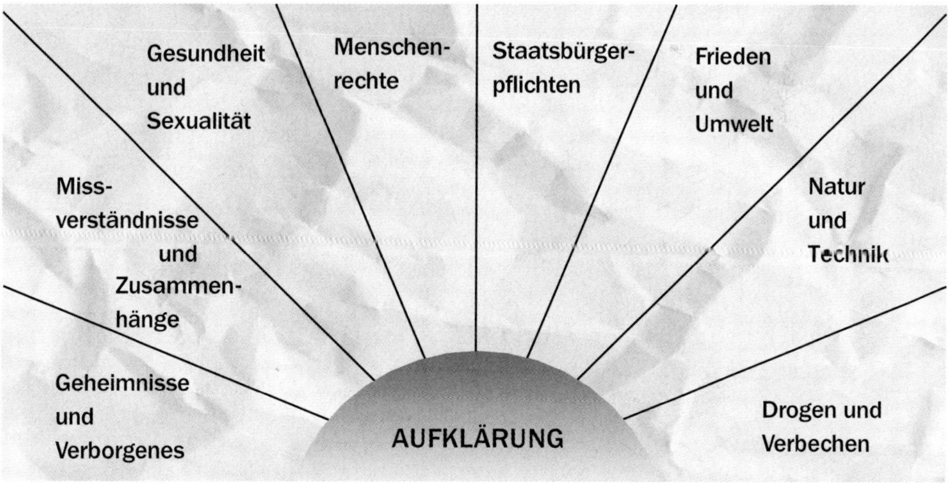

- Notieren Sie Ihre Eindrücke zu den Bildern und bringen Sie diese in Zusammenhang mit dem Begriff »Aufklärung«.
- Welche Bereiche treffen auf Sie zu? Nennen Sie Gründe für den unterschiedlichen Grad des »Aufgeklärtseins« .

Vorurteile und Toleranz heute

Gabriele Wohmann **Wirklich verrückt**

Es hatte damit angefangen, daß Gunda sagte:

– Ich habe zufällig die Badezimmertür aufgemacht, die vom Schlafzimmer, die sich nicht zuschließen läßt. Vernünftige Hausbewohner schieben die kleine Kommode vor oder klemmen die Stuhllehne unter die Klinke. Nun, da offen war, ging ich hinein, und da stand sie unter der Dusche, das Wasser schoß über sie, über die wirklich ganz gräßliche Grimasse, die sie machte. Und johlend empfing sie mich, total verrückt, es gibt keine andere Möglichkeit.

Es leuchtete ihnen allen ein. Feixend unter dem Strahl der Brause! Das war kein kindischer Übermut wie zum Beispiel Werners dröhnender Gesang, mit dem er beim Baden das Haus füllte, oder wie Luzias Waschlappenspiel, die Zelluloidfische Gustavs.

– Sie hatte ein ganz und gar irrsinniges Gesicht, berichtete kurz danach Ilse.

Sie hockte im Vorratskeller, es war einfach schrecklich.

Also: wenn man sie mal einen Augenblick allein ließ, fing sie an, sich albern aufzuführen, sich was herauszunehmen, fing sie mit Gehässigkeiten an. Schließlich waren Kinder im Haus, das Haus wimmelte von Kindern, wenigstens auf die hätte sie Rücksicht nehmen können. Oder war sie verrückt, war sie wirklich verrückt, war es Wahnsinn?

Bald häuften sich die Berichte.

– Nicht zu sagen, wie ich mich erschreckt habe, erzählte Marion, die als beherzt galt. Diesmal war's im Bügelkeller, und sie sang, sie hatte ihr komisches Haar steif hochgekratzt mit ihren Händen, die mir entgegenfuhren, als ich die Tür aufmachte, ihre Hände leer, nichts, was sie bevor ich kam, getrieben haben könnte. Aha: sie hatte also im Keller gefaulenzt; andere zogen indessen ihre Kinder auf, schrieben, rechneten, sorgten vor, putzten Silber. Sie hatte sich dort nur einfach so aufgehalten.

Man kam aber noch mit ihr ins Gespräch. Sie brachte es immer wieder fertig, zwischendurch normal zu erscheinen, so raffiniert war sie, sie bog den kleinen Finger ab, wenn sie die Teetasse an die gespitzten Lippen führte, sie räusperte sich, bevor sie sprach, sie schlug die Beine übereinander, machte alles wie die andern. Sie hatte die Frechheit zu sagen:

– Ich hab mir nichts dabei gedacht, ihr Lieben. Zugegeben: es kam mir manchmal komisch vor, Fratzenschneiderei, verrückt, aber nicht ernstzunehmen.

Immer öfter wurde sie erwischt. Die große, vieläugige Familie bewachte sie. Überall schnitt sie ihre schauderhaften Gesichter, auf den Treppen und Fluren des weiträumigen Hauses; Grimassen, die wie Gift wirkten. Ehe sie dann in das Stadium kam, in dem sie nur noch weinte, behauptete sie:

– Wirklich und wahrhaftig, es war nur Quatsch, ich hab's gemacht, um mich abzulenken.

Abzulenken! Das waren keine Ausflüchte, das war Hohn.

Dann geschah das, was niemand vorausgesehen hatte: als die Sanitäter erschienen, als sie, zwei nette, anständige Männer, den Wagen dicht vor den Hauseingang fuhren, um es ihr bequem zu machen beim Einsteigen und um die Peinlichkeit zu mildern, da riß sie sich los, da schrie sie:

– Warum habt ihr mich nicht gefragt, warum habt ihr niemals gefragt, was mit mir los ist?

Sie zerraufte sich ihr Haar, das einmal voll Glanz, schmiegsames Blond, eine Reihe von Männern hingerissen hatte. Daran erinnerten sie sich schwach, jetzt fiel es ihnen ein. Nettes, ausgesprochen hübsches Haar hatte sie gehabt. Schade drum. Und wonach denn gefragt? Sie sahen zu, wie die Sanitäter es fertigbrachten, sie mit behutsamer Gewalt ins Auto zu schaffen. Nie gefragt? Gewiß: da gab es eine Liebesaffäre. Gunda erzählte irgendwas von einem Mann, der sich erschossen hatte oder erschossen wurde oder der jemanden erschoß. Fragen? Danach etwa? Unangenehm genug, daß sie überhaupt damit zu tun gehabt hatte. Reichlich überspannt, sich nachträglich mit so etwas zu beschäftigen. Und schließlich: wenn sie diesen Kerl, Mörder, Selbstmörder oder Ermordeten je geliebt haben sollte – was anderes würde dadurch bewiesen als ihr Wahnsinn?

Bertolt Brecht **Wenn Herr K. einen Menschen liebte**

»Was tun Sie«, wurde Herr K. gefragt, »wenn Sie einen Menschen lieben?« »Ich mache einen Entwurf von ihm«, sagte Herr K., »und sorge, daß er ihm ähnlich wird.« »Wer? Der Entwurf?« »Nein«, sagte Herr K., »der Mensch.«

- Was verbinden Sie mit den Begriffen »Vorurteil« und »Toleranz«? Nutzen Sie die ABC-Methode: Schreiben Sie auf einem Blatt Papier zu jedem Buchstaben des Alphabets einen Begriff, Satz, Einfall etc. Vergleichen Sie Ihre Ergebnisse.
- Was haben die beiden Texte mit den Begriffen zu tun?

Eine erfundene Geschichte?

Hotels in deutschen Ferienorten annoncieren in einer Zeitschrift. Ein neugieriger Student macht folgendes Experiment: An alle Hotels, etwa hundert, schickt er zwei Briefe und bittet in höflicher Form um Zimmerreservierung. Einen der Briefe unterschreibt er jeweils mit »Heinrich Kunz« und einen mit »Hakan Hepaksaz.«
Hier die Ergebnisse:
»Heinrich Kunz«:
95 % der Hotels antworten.
93 % bieten Unterkunft an.
»Hakan Hepaksaz«:
52 % der Hotels antworten.
36 % bieten Unterkunft an.
Keines von den Hotels kannte H. Kunz oder H. Hepaksaz. Nach allem, was sie wussten, konnte H. Hepaksaz ein ruhiger, ordentlicher Herr sein und H. Kunz ein Raufbold und Trinker. Die Entscheidung wurde augenscheinlich nicht nach den Verdiensten der Individuen gemacht, sondern nach H. Hepaksaz' mutmaßlicher Zugehörigkeit zu einer Gruppe. Er musste Unhöflichkeit und Ablehnung *ausschließlich* seines Namens wegen erleiden, der eine Voreingenommenheit weckte, die ihn in den Augen der Hoteliers als unerwünscht erschienen ließ. So allgemein ist dieser Vorgang, dass wir Vorurteile auch so definieren könnten: Eine ablehnende oder feindselige Haltung gegen eine Person, die zu einer Gruppe gehört, einfach deswegen, weil sie zu dieser Gruppe gehört und deshalb dieselben zu beanstandenden Eigenschaften haben soll, die man dieser Gruppe zuschreibt.

Diese Definition betont die Tatsache, dass das ethnische (= volksmäßige) Vorurteil, wenn es auch im alltäglichen Umgang mit einzelnen Leuten eine Rolle spielt, doch immer auch eine unbegründete Vorstellung von einer Gruppe als ganzer umfasst.

Josianne Maas Konsequenz

Wie bitte, ob ich was bin? Gegen die Rassentrennung? Natürlich. Was können denn diese armen Menschen dafür, dass sie eine andere Hautfarbe haben? Es muss endlich mal Schluss gemacht werden mit der Diskriminierung! Aber selbstverständlich bekommen Sie meine Unterschrift. Man muss doch schließlich beweisen, dass man tolerant ist. Also, ich habe nichts gegen die Neger. Vor Gott sind alle Menschen gleich. Wenn einer zu mir an die Tür kommt? Na, hören Sie mal. Man hat doch ein Herz für diese armen Teufel. Erst gestern war noch einer hier. Ein ganz Schwarzer, sage ich Ihnen. Zuerst habe ich mich ja ein bisschen erschrocken, als ich die Tür aufmachte und er plötzlich vor mir stand. Aber er war sehr nett. Wollte Zeitungen verkaufen. Eigentlich kaufe ich ja grundsätzlich nicht an der Tür. Aber in diesem Fall... – da macht man natürlich eine Ausnahme. Er sollte ja auch nicht denken... Sicher, ich habe ihm die Hand gegeben. Na ja, ein etwas komisches Gefühl war das ja. Wie bitte? Ob ich was dagegen hätte, wenn meine Tochter... mit einem Neger? Werden Sie nicht unverschämt! Meine Tochter ist anständig. Die tut so was nicht!

Kristina Maroldt Obdachlose und ihre Geschichte

Rainer: »Aufs Sozialamt bin ich erst nach einem Jahr gegangen«

Wenn Rainer einmal wieder nicht weiß, wo er schlafen soll, kauft er sich eine Tageskarte für die Trambahn und hält sein Nickerchen zwischen Tivolistraße und Isartor: »Da können sie einen ja nicht einfach rauswerfen.« Manchmal schläft der 56-Jährige auch in Hauseingängen oder, wenn es im Winter kalt ist, im Vorraum einer Bank.

Vor gut drei Jahren war das noch anders: Da war Rainer stolzer Mieter einer 850-Mark-Wohnung, die er nach einem 18-monatigen Gefängnisaufenthalt bezogen hatte. »Ich hatte im Gefängnis gearbeitet und Geld gespart und dachte, dass ich mir die Wohnung leisten könnte.« Doch Rainer hatte sich verrechnet: Die Miete konnte er bald nicht mehr bezahlen. Ihm wurde gekündigt und er stand auf der Straße.

Erst nach einem Jahr konnte er sich dazu durchringen, zum Sozialamt zu gehen und um Unterstützung zu bitten: »Ich dachte mir, das sieht komisch aus, wenn man da hingeht und dann vielleicht auch noch jemanden trifft, den man kennt.« Bis er sich ein Herz gefasst hatte, schlug er sich mit Gelegenheitsarbeiten durch und lebte auf der Straße.

Eine Wohnung konnte ihm das Sozialamt zwar nicht vermitteln, doch wenigstens erhielt Rainer finanzielle Unterstützung und fand zeitweise Unterschlupf in Obdachlosenwohnheimen.

Mit einem richtigen Job klappt es trotzdem nicht mehr. Der 56-jährige Laborgehilfe, der später als Zugkellner durch ganz Europa gereist war, gilt wegen seines Alters als nicht mehr vermittelbar.

Helmut: »Ich liebe sie trotzdem immer noch«

»Das ist jetzt alles Stein da drinnen«, sagt Helmut und klopft sich mit der rechten Faust auf die Brust. »Aber ich liebe sie trotzdem immer noch.«

»Sie« ist die Frau, mit der Helmut 17 Jahre zusammengelebt hatte. Das gemeinsame Kind ist mittlerweile zehn Jahre alt, doch Helmut darf den Jungen nicht mehr sehen. Dem 44-Jährigen wurde der Umgang mit seinem Sohn untersagt: »Wegen dem schlechten Einfluss, haben die gemeint.« Helmut kann das nicht verstehen: »Das ist doch auch mein Kind!«

Seitdem er etwa vor acht Jahren per Gerichtsbeschluss aus der Wohnung ausziehen musste, in der er mit Frau und Sohn gelebt hatte, ist Helmut obdachlos. Er schläft auf dem Alten Südlichen Friedhof. Freunde unter den Obdachlosen hat er keine. »Auf der Straße gibt es keine richtige Freundschaft«, sagt er, »da hat doch jeder mit seinen Problemen zu tun.« Die eigenen Probleme versucht Helmut manchmal mit Alkohol zu verdrängen. »Aber nur ab und zu. So zur Beruhigung.«

Die Suche nach einem Job hat er aufgegeben. Auf dem Sozialamt ist zur Zeit gerade seine Erwerbsunfähigkeitsrente in Bearbeitung: »Ich hab's mit den Knochen.«

Nach der Trennung von seiner Frau hat Helmut jeden Willen zu einem Neuanfang verloren: »I would like to say: I wanna see heaven« (Ich möchte gerne wieder den Himmel sehen), sagt er. Englisch hat er während seiner Zeit als Hubschrauberpilot der Bundeswehr in den USA gelernt. Fast zwei Jahre war er dort, während seine Frau zu Hause in Deutschland auf ihn wartete. Auch später packte ihn immer wieder die Reiselust und er war als Fernfahrer unterwegs oder blieb einfach mal zwei, drei Tage mit ein paar Freunden von zu Hause weg. Auch ein Grund, weshalb seine Frau schließlich nicht mehr mit ihm zusammenleben wollte. »Ich war schon in gewissen Bereichen ein Arsch«, gibt er zu. »Aber ich kann sicher keine Frau mehr so lieben wie sie.«

Interview

Das Interview ist eine gezielte Form der mündlichen Befragung mit einer feststehenden Rollenverteilung: Der Interviewer vereinbart mit einem Partner einen Gesprächsgegenstand und veranlasst ihn, hierzu Aussagen zu machen.

Ziele des Interviews:

- interessante Persönlichkeiten vorstellen, deren Meinungen ergründen bzw. Motive ihres Handelns erhellen;
- Informationen über bestimmte Sachverhalte gewinnen (Interviewter als Augenzeuge oder Sachverständiger).

Das Gespräch kann einen privaten Zuschnitt haben, ist jedoch stets für die Öffentlichkeit bestimmt. Der Erfolg hängt entscheidend von einer positiven Beziehung zwischen Interviewer und Befragten ab. Daher sollte der Interviewer stets freundlich und ruhig sein, zugleich aber auch zielorientiert. Ebenso wichtig ist ein gut strukturierter, nicht zu ausführlicher und übersichtlicher Fragebogen. Die Fragen sollten einfach und eindeutig formuliert sowie adressatenbezogen sein.

Am Ende des Fragebogens stehen die Angaben, die der Interviewer vervollständigen muss: Nummer des Interviews, Datum, Dauer und Ort der Befragung.

TIPPS:

- vor der Befragung den Sinn der Fragen rekapitulieren, um ggf. in der Lage zu sein, die Fragen mit eigenen Worten zu wiederholen oder Rückfragen zu stellen;
- mit Einverständnis des Interviewers Aufnahmegerät benutzen;
- während der Befragung nur Stichwörter notieren;
- immer nur eine Frage stellen;
- Rückfragen stellen, wenn man etwas nicht versteht oder die Antworten unklar sind;
- weiterfragen, wenn sich neue Gesichtspunkte ergeben.

Recherchieren Sie, welche Mitglieder unserer Gesellschaft Opfer von Vorurteilen sind bzw. werden können. Nutzen Sie Ihre Überlegungen als Ausgangspunkt, um eigene Interviews mit Betroffenen zu führen. Werten Sie diese hinsichtlich Art und Umfang von Vorurteilen aus. Versuchen Sie, die Ergebnisse auf Ursachen zurückzuführen.

Alexander Mitscherlich Toleranz – Überprüfung eines Begriffs

Der Begriff der Toleranz ist schwammig. Das Wort wird mit sehr verschiedenen Bedeutungen befrachtet. So erscheint eine kurze Funktionsdiagnose von Toleranz erwünscht. Wir sprechen einerseits von der Belastungstoleranz einer Brücke oder Maschine, andererseits von Toleranz im Sinn besonderer Geduld angesichts einer konfliktträchtigen Situation. Toleranz hat etwas mit Gleichmut zu tun: Ertragen, Erdulden heißt, psychologisch ein Gleichgewicht gegen störende Einflüsse von außen aufrecht erhalten zu können. Außerdem gibt es noch Toleranz sich selbst gegenüber – als lasche Toleranz, z. B. sich einen Ladendiebstahl zu gestatten oder eine sexuelle Beziehung ohne jede tiefere Bindung an den Partner. Um hier nicht unsere Identität zu gefährden, müssen wir uns Versagungen aufzuerlegen fähig sein. Bei Überlastung und Überforderung bricht eine Brücke oder eine Verhaltensweise zusammen. Dann ist die Toleranzgrenze offensichtlich überschritten. Im Gegensatz zur mechanischen Überlastung, bei der die Brücke zusammenstürzt, eine Maschinenleistung zum Stillstand kommt, tritt bei seelischer Überanspruchung ein neues Verhalten an die Stelle des alten: statt Geduld z. B. ein aggressiver Ausbruch gegen den, der uns so unerträglich stört und ärgert. Endlose Vorwürfe etwa von Ehepartnern gegeneinander können die Toleranzbereitschaft unterminieren. Der eine Partner ist dann nicht mehr bereit, auch auf berechtigte Vorhaltungen des anderen einzugehen. Man wird immer tiefer in eine Atmosphäre giftiger Intoleranz abgetrieben.

Ein vorläufiger Definitionsversuch muss von der psychischen Interaktion ausgehen, die man als Toleranz klassifizieren kann. Toleranz – so lässt sich formulieren – ist das Ertragen des anderen in der Absicht, ihn besser zu verstehen. Erst aus diesem besseren Verständnis heraus sollen die Interessenkonflikte und Rechte der Gegenspieler geordnet werden. Dabei kann eine tolerante Haltung auf einem biologisch vorbereiteten Verstehen aufruhen – wie in der Beziehung zwischen Mutter und Kind; oder sie kann im Verlauf sozialen Lernens entstanden sein. Freilich lernt man in unseren Gesellschaften bis in die Gegenwart mehr Techniken des Durchsetzens mit intoleranten als mit toleranten Verhaltensweisen. [...]

Wo ein Partner sich auf die Anwendung von Macht allein eingerichtet hat, wird er nur durch eine Übermacht dazu zu bringen sein, sich Zwang anzutun. Die meisten großen Machtprobleme zwischen Staaten und Gesellschaften führen nur deshalb nicht zu permanenten Kriegen, weil das Gleichgewicht der Kräfte zur Vorsicht mahnt, nicht weil die Absicht der Opponenten friedfertige, tolerante wären. Kaum haben wir mit unseren Überlegungen begonnen, da zeigt sich schon, wie ohnmächtig allermeist Toleranz dem unaufgeklärten Machtgebrauch gegenüber ist. Wer sich selbst aus toleranten und intoleranten Episoden seines Verhaltens kennen gelernt hat, weiß, dass Toleranz aus einem überaus störbaren Lernvorgang herrührt, nämlich aus der Reflexion über unsere eigenen gewalttätigen Antriebe, die wir so ohne weiteres nicht zuzugeben bereit sind. Fügt man hinzu, dass der größte Teil unserer Gefühle unbewusster Art ist, so hat man in der Tat die Basis, von der aus eine gegenseitige Verständigung betrieben werden muss. Das heißt eine Verständigung, die von vornherein nicht auf Sieg und Niederlage angelegt ist, sondern zunächst auch auf Stufen der Selbsterfahrung und Selbstkontrolle. Sollte man für tolerantes Verhalten ein Ziel nennen müssen, so wäre es die Entwicklung von Methoden der Koexistenz, der Ebenbürtigkeit. [...]

In tolerantem Verhalten kommt eine typisch menschliche Wahlfreiheit zum Ausdruck. Sie erlöst uns ein Stück weit von aggressiven Zwängen, seien sie nun Anzeichen unmittelbarer Triebbedürfnisse oder der sozialen Überforderung von Triebwünschen, also der Ausdruck eines »Triebschicksals«. [...]

Eine weitere These über die spezifisch humane Qualität »Toleranz« ist nicht leicht zu formulieren. Indem man tolerant ist, nivelliert man nicht ein soziales Feld, wie dies bei allen Diktaturen der Fall ist, man ebnet nicht ein, sondern lässt Gegensätze bestehen. Der enorme Fortschritt der Industriezivilisation, die im Laufe von hundert Jahren in alle bestehenden tradierten Kulturverhältnisse eingedrungen ist, zerstört unablässig Strukturen – biologische, vor allem aber seelische. Sie vernichtet Traditionen. Sie tut also genau das Gegenteil von dem, was sich unter toleranteren Kulturbedingungen zutragen würde. Im Hinblick auf philosophische Strömungen formuliert würde man sagen, wir leben im Zeitalter eines globalen, sich fortwährend vervollkommnenden Positivismus. Wie wir auf der Seite politischer Entwicklung die Tendenz zum Einparteienstaat nicht zu hemmen vermochten, so in unserer denkenden Rechenschaft auch nicht das rasante Ausbreiten eines Selbstverständnisses, das sich nur noch in *einem* einheitlichen Denkstil, nämlich dem naturwissenschaftlichen, wiedererkennen mag. Deshalb ist es auch kein Wunder, dass immer mehr Autoren der Auffassung sind, der Strom der Geschichte trage uns von der Toleranz fort. Sie wird gleichsam zum Überbau, zur Paradetugend des bürgerlichen Liberalismus erklärt.

In der eigenen Klasse und im eigenen sozialen Umfeld erworbene Einsichten oder Einsichtslosigkeiten werden in der Regel nur langsam verändert. Hat uns solcher Bewusstseinswandel langsam aber sicher davon weggeführt, im Konzept der Toleranz ein politisches Ideal zu sehen, das uns Zuversicht gibt? Ist es nur Wunschdenken, auf die Entwicklung von Techniken der Toleranz zu warten, und zwar auch für kollektives und nicht nur individuelles Verhalten? Ist es statt dessen so, dass das Klima in den technisierten und bürokratisierten Großgesellschaften Toleranz als politisch mitbestimmende Kraft nicht zulässt und folgt daraus die Abkehr von Toleranz als schierer Utopie? [...]

Unsere Überlegungen verstärken den Wunsch, mehr darüber zu erfahren, ob Toleranz ein übergeschichtliches Entwicklungsziel der Menschheit darstellt oder ob sie eine mehr zufällig zustande gekommene humanitäre Errungenschaft der bürgerlichen, spezifisch der protestantisch-bürgerlichen Epoche ist, die in den Riesendimensionen menschlicher Gesellschaften, mit denen wir es am Ende dieses Jahrhunderts zu tun haben, nicht mehr aktualisiert werden kann. Robert Paul Wolff[1] ist offenbar dieser Auffassung; er hält Toleranz für unzeitgemäß. Wir bedürfen »einer neuen Philosophie des Gemeinwesens jenseits von Pluralismus und jenseits von Toleranz«. Sehr deutliche Konturen dieser kommenden Gesellschaft sind Wolffs Ausführungen zunächst noch nicht zu entnehmen. Der Grund, weshalb wir Toleranz

[1] geb. 1933, Professor für Philosophie an der Columbia University of New York; Aufsatz »Jenseits der Toleranz« (1965)

nicht ohne eine sehr genaue Vorprüfung aufzugeben bereit sind, ist einfach deutlich zu machen. Toleranz trägt zur Stärkung – zur Entwicklung und Differenzierung – der libidinösen Seite des Weltgeschehens bei. Sie entspannt und dämpft damit die aggressiven Neigungen. Wir haben allen Grund, auch noch die Strohhalme, die uns gegen die zunehmende Destruktivität in unseren Gesellschaften schützen könnten, konstruktiv aufzugreifen. Was immer auch die Empiriker und Realisten von der Toleranz halten mögen, wo sie *nicht* herrscht, wo sie nicht *mit*herrscht, liegt ein Mangel, ein bedrückender Notstand vor. Es fehlt dann ein entscheidender Beitrag zum Repertoire menschlichen Verhaltens. Wir betonen dieses Defizit und behaupten nicht umgekehrt, Toleranz sei ein Luxusgut, den Reichen vorbehalten, die sich nicht nur zwei oder mehr Autos halten, sondern auch mehrere Meinungen leisten können. Angesichts des brutalen Machtmissbrauchs, der überall die menschlichen Gesellschaften charakterisiert, lässt sich leicht ein Affekt gegen Toleranz wecken, so als handle es sich bei ihr um die Uninteressiertheit und den saturierten Egoismus der Reichen, die sich so aufspielen, als seien sie aufgeklärt und zur Toleranz fähig, während in Wahrheit Toleranz ein lebendiges Interesse an der Lebensform des anderen voraussetzt; ein Zug, der ihnen meist gerade mangelt. [...]

Es ist diese aus unbewussten Wahrnehmungen stammende Angst vor dem Ertapptwerden als Ungläubiger, die das Individuum zwingt, so heftig zu verdrängen und als Reaktionsbildung so hart und unerbittlich intolerant und konformistisch zu sein. Wir können unserer Definition von Toleranz einen neuen Aspekt anfügen: Sie gelingt aus Angstüberwindung in einem Augenblick, in dem das Angstsignal fühlbar geworden ist. Toleranz setzt also individuellen Mut voraus und damit eine relative Ichstärke, die es erlaubt, sich angesichts der Gefahrensignale besonnen zu verhalten. Denn der aktiv Tolerante weiß sehr wohl, wann er zu schweigen hat, ohne dass er deshalb seine Ziele aufgibt. Er gebärdet sich nicht als moralischer Amokläufer. [...]

Die Erfahrung der Grausamkeit von Menschen gegen Menschen erwirbt sich jeder Einzelne, und viel hat dabei die Gesellschaft verschuldet, wenn sie versäumte, die Fähigkeit der Einfühlung bei ihm zu fördern. Es ist tunlich, sich nicht nur an Extremfällen wie sozial schwer geschädigten Individuen zu orientieren. Für den Durchschnitt, den wir ausmachen, darf die »Gesellschaft« – ein zwar reales, aber zugleich nebelhaftes Wesen – nicht zum billigen Sündenbock werden.

Es bleibt uns die Aufgabe erhalten, uns mühselig um ein besseres Verständnis unserer selbst zu bemühen; und dabei verstehende Toleranz zu üben und zu lernen, sie dem anderen auch zu erweisen. Mut und Ausdauer gehören zum Gelingen dieses Unternehmens.

- Erschließen Sie das Bedeutungsspektrum des Begriffs »Toleranz« nach Mitscherlich mithilfe einer Mind-Map. Wählen Sie einen Aspekt aus und konkretisieren Sie ihn anhand Ihrer eigenen Erfahrungen.

Ursula Krechel Alle Leichtigkeit fort

Alle Leichtigkeit fort
Schnee pappt grau an den Sohlen
du liebtest eine Zwergin.
Die wuchs.

Dagmar Nick An eine diffamierte Dame

Freundin, mein schuppiges Luder,
wer wollte sich nicht an dir messen,
Erkenntnisträchtige,
bäuchlings einen Biss mit dir tauschen
und Giftbäume plündern,
um zu wissen, wo Gott wohnt!

Du hast die Erde bevölkert, Schöne,
und man hat dich verflucht,
eingefangen als Corpus delicti,
Erfindung der Erbsünder. Lache,
mein schuppiges Luder,
und räche dich an den Lechzenden,
fahre den Heuchlern ans Bein,
schlage ihnen ein Schnippchen, den Kerlen
aus Adams Geschlecht.

Renate Rasp Suffragetten[2]

Suffragetten
rissen uns ein neues Fenster auf,
und ein frischer Wind
wehte mit den Blättern
in die guten Stuben,
wirbelte den Staub von Büchern,
Sonne schien in Ecken,
die im Dunkeln lagen,
wo ein blasser Schatten
sich erhebt,
eine Frau aufsteht
und das Fenster zumacht.

[2] engl. »suffrage« = Stimmrecht; in Großbritannien und USA Kämpferinnen für die politische Gleichberechtigung der Frau

Friederike Roth **Mimosen**

Mimosen, schau!
Schon breche ich aus ins Ach
Bin ich wach? oder was
hab ich denn immer gelesen, gehört
von der Mimosenhaftigkeit.
Mich stört
dieses fast selbstbewusst kräftige Gelb.

Eine Frau
die scheinbar nie etwas anficht
die gelegentlich doch in Tränen ausbricht
erklärt mir ruhig lächelnd dann:
Der Mimosenbaum sei wie ein Schwamm
Nicht dass die Blätter bei Berührung zucken

Nicht dass die gelben Blütenstände
sonnenlos
sich ducken
sei das Mimosenhafte der Mimose.

Aber wenn es tagelang regnet
betet
vollgesogen von
sagen wir ruhig statt Regen
den Wassern des Himmels
schwer und schwerer geworden
der Mimosenbaum
sich der Erde entgegen
und reißt
mit mimosenhaft müdschwerer Kraft
die eigenen Wurzeln sich aus dem Saft.

- Analysieren Sie eines der Gedichte unter dem Aspekt des jeweiligen Rollenverständnisses. Vergleichen Sie zwei Texte Ihrer Wahl.
- Wählen Sie aus den Gedichten einzelne Sätze oder Ausdrücke, die Ihrem Rollenverständnis entsprechen oder widersprechen und setzen Sie diese zu einem neuen Gedicht zusammen. Selbstverständlich können Sie Ergänzungen vornehmen. Finden Sie einen passenden Titel für Ihr Gedicht.

Irmtraud Morgner Kaffee verkehrt

Viertes Buch, 19. Kapitel
Das die Geschichte wiedergibt, die Laura als zu wahr bezeichnet

Tamara de Lempicka: *Portrait de Madame Boucard, 1931*

Kaffee verkehrt: Als neulich unsere Frauenbrigade im Espresso am Alex Kapuziner trank, betrat ein Mann das Etablissement, der meinen Augen wohltat. Ich pfiff also eine Tonleiter rauf und sah mir den Herrn an, auch rauf und runter. Als er an unserem Tisch vorbeiging, sagte ich »Donnerwetter«. Dann unterhielt sich unsere Brigade über seine Füße, denen Socken fehlten, den Taillenumfang schätzten wir auf siebzig, Alter auf zweiunddreißig. Das Exquisithemd zeichnete die Schulterblätter ab, was auf Hagerkeit schließen ließ. Schmale Schädelform mit rausragenden Ohren, stumpfes Haar, das irgendein hinterweltlerischer Friseur im Nacken rasiert hatte, wodurch die Perücke nicht bis zum Hemdkragen reichte, was meine Spezialität ist. Wegen schlechter Haltung der schönen Schultern riet ich zu Rudersport. Da der Herr in der Ecke des Lokals Platz genommen hatte, mussten wir sehr laut sprechen. Ich ließ ihm und mir einen doppelten Wodka servieren und prostete ihm zu, als er der Bedienung ein Versehen anlasten wollte. Später ging ich zu seinem Tisch, entschuldigte mich, sagte, dass wir uns von irgendwoher kennen müssten, und besetzte den nächsten Stuhl. Ich nötigte dem Herrn die Getränkekarte auf und fragte nach seinen Wünschen. Da er keine hatte, drückte ich meine Knie gegen seine, bestellte drei Lagen Sliwowitz und drohte mit Vergeltung für den Beleidigungsfall, der einträte, wenn er nicht tränke. Obgleich der Herr weder dankbar noch kurzweilig war, sondern wortlos, bezahlte ich alles und begleitete ihn aus dem Lokal. In der Tür ließ ich meine Hand wie zufällig über eine Hinterbacke gleiten, um zu prüfen, ob die Gewebestruktur in Ordnung war. Da ich keine Mängel feststellen konnte, fragte ich den Herrn, ob er heute Abend etwas vorhätte, und lud ihn ein ins Kino »International«. Eine innere Anstrengung, die zunehmend sein hübsches Gesicht zeichnete, verzerrte es jetzt grimassenhaft, konnte die Verblüffung aber doch endlich lösen und die Zunge, also dass der Herr sprach: »Hören Sie mal, Sie haben ja unerhörte Umgangsformen.« – »Gewöhnliche«, entgegnete ich, »Sie sind nur nichts Gutes gewöhnt, weil Sie keine Dame sind.«

- Verfassen Sie einen Paralleltext zu »Kaffee verkehrt« von Irmtraud Morgner, z. B. »Geschäftsreise verkehrt« oder »Fußball verkehrt«, aber auch »Computerkauf verkehrt«.

Verfassungsaussagen zur Gleichheit von Mann und Frau vor dem Gesetz

1. Grundgesetz der Bundesrepublik Deutschland (1948)

Art. 3 [Gleichheitsgrundsatz, Gleichberechtigung] (1) Alle Menschen sind vor dem Gesetz gleich.

(2) Männer und Frauen sind gleichberechtigt.

(3) Niemand darf wegen seines Geschlechts, seiner Abstammung, seiner Rasse, seiner Sprache, seiner Heimat und Herkunft, seines Glaubens, seiner religiösen oder politischen Anschauung benachteiligt oder bevorzugt werden.

2. Verfassung der DDR (1974)

Art. 20 [Grundsatz der Gleichheit] (1) Jeder Bürger der Deutschen Demokratischen Republik hat unabhängig von seiner Nationalität, seiner Rasse, seinem weltanschaulichen oder religiösen Bekenntnis, seiner sozialen Herkunft und Stellung die gleichen Rechte und Pflichten. Gewissens- und Glaubensfreiheit sind gewährleistet. Alle Bürger sind vor dem Gesetz gleich.

(2) Mann und Frau sind gleichberechtigt und haben die gleiche Rechtsstellung in allen Bereichen des gesellschaftlichen, staatlichen und persönlichen Lebens. Die Förderung der Frau, besonders in der beruflichen Qualifizierung, ist eine gesellschaftliche und staatliche Aufgabe.

3. Bayerische Verfassung (Änderung 1998)

Artikel 118 (1) Vor dem Gesetz sind alle gleich. Die Gesetze verpflichten jeden in gleicher Weise und jeder genießt in gleicher Weise den Schutz der Gesetze.

(2) Frauen und Männer sind gleichberechtigt. Der Staat fördert die tatsächliche Durchsetzung der Gleichberechtigung von Frauen und Männern und wirkt auf die Beseitigung bestehender Nachteile hin.

Friedel Schreyögg Arbeitsfelder der Gleichstellungsstelle

Aktive Gleichstellungspolitik ist weder Spielwiese für einige verrückt gewordene Emanzen noch eine Goodwill Aktion derer, die in Deutschland politische Verantwortung tragen. Die Verfassung unseres Landes unterstreicht vielmehr ausdrücklich: »Männer und Frauen sind gleichberechtigt. Der Staat fördert die tatsächliche Durchsetzung der Gleichberechtigung von Frauen und Männern und wirkt auf die Beseitigung bestehender Nachteile hin.« Diesem verfassungsrechtlichen Auftrag sind alle gesellschaftlichen Institutionen verpflichtet.

Dennoch: Ohne Frauenbeauftragte und Gleichstellungsstellen wären wohl die meisten gesellschaftlichen Institutionen dem Verfassungsauftrag nicht gerecht geworden. Dass diese Einrichtungen geschaffen wurden, ist ein Erfolg der Frauenbewegung und eine Konsequenz aus der Veränderung der Geschlechterverhältnisse in unserer Gesellschaft. Frauen haben in Bildung und Ausbildung mit den Männern in den letzten zwei Jahrzehnten weitgehend gleichgezogen. Sie wollen eine eigene Berufskarriere und sie sind nicht mehr bereit, sich in traditionell männlich geprägte Organisations- und Verwaltungsstrukturen kritiklos einzufügen. Über 50 Prozent der Frauen im erwerbsfähigen Alter sind heute erwerbstätig, die Lebensentwürfe von Frauen sind heute unterschiedlicher denn je. Doch die Benachteiligung, insbesondere im beruflichen Bereich, ist noch immer eklatant.

Die Gleichstellungspolitik einer Kommune, die dem Verfassungsauftrag gerecht werden will, muss zwei große Linien verfolgen. Sie muss innerhalb der Verwaltung die Benachteiligungen weiblicher Beschäftigter abbauen, die einseitig auf männliche Biografien ausgerichteten Karrieremuster reformieren, Menschen mit Familienaufgaben gleiche berufliche Entwicklungschancen eröffnen und die Beteiligung von Frauen an Reformprojekten der Stadt sicherstellen. Und sie richtet sich nach außen, an die Bürgerinnen und Bürger. Kommunale Gleichstellungspolitik heißt, eine Infrastruktur zu entwickeln, die Frauen und Männer gleiche Lebenschancen ermöglicht, prüfen, ob die Angebote der Stadt die Bedürfnisse von Frauen und Männern gleichermaßen berücksichtigt, dafür Sorge zu tragen, dass bei der Verteilung von Fördermitteln an private Träger Fraueninteressen nicht zu kurz kommen.

Aktive Gleichstellungspolitik ist aber nicht nur verfassungsrechtlich geboten, sie ist auch ökonomisch sinnvoll. Eine langfristig angelegte, vorausschauende Planung städtischer Aufgaben, die gesellschaftliche Veränderungen rechtzeitig aufgreift und in die Stadtentwicklung integriert, kann erhebliche Kosten sparen. Auch betriebliche Frauenförderung rechnet sich. Diese Erkenntnis setzt sich nicht nur in den öffentlichen Verwaltungen, sondern auch in der Wirtschaft durch. Sie steigert die Motivation, verbessert das Betriebsklima, verringert die Personalfluktuation und nutzt die Fähigkeiten aller Beschäftigten, nicht nur die der männlichen.

Befragung von Experten

Um sich Informationen zu einem bestimmten Fachgebiet einzuholen, kann man Experten einladen.
Vorbereitung: im Kurs Fragen auf Karteikarten festhalten, einsammeln und systematisieren; der Experte kann sich daran orientieren; Zwischenfragen sind durchaus möglich.
Hearing: sachkundige Gäste mit kontroversen Standpunkten; knappe Statements zu Beginn mit anschließender Diskussion.

- Vergleichen Sie die Gesetzestexte im Hinblick auf unterschiedliche Akzente. Diskutieren Sie Verfassungstheorie und ihre Umsetzung.
- Veranstalten Sie ein Hearing zum Thema »Gleichstellung«.

Heinrich Böll Die verlorene Ehre der Katharina Blum

Die Erzählung des Nobelpreisträgers Heinrich Böll spielt im Umfeld der frühen 70er Jahre, als in der Bundesrepublik die RAF durch Bombenanschläge, Entführungen und Morde die politischen Verhältnisse umstürzen wollte. Bei der Verfolgung der Anhänger kam es nicht selten zu hysterischen Ausschreitungen bei Politikern und der Presse. Nicht selten gerieten auch Unschuldige in die Maschinerie einer gnadenlosen Verfolgung durch Polizei und Massenmedien. Böll kritisiert in diesem Werk mit dem Untertitel »Wie Gewalt entstehen und wohin sie führen kann« vor allem die Praktiken der Boulevardpresse, die um der sensationellen Nachricht willen über Leichen geht.

Katharina Blum lernt auf einer Party bei Frau Woltersheim Ludwig Götten kennen, der seit geraumer Zeit von der Polizei als Mitglied einer terroristischen Vereinigung observiert wird. Nach einer gemeinsamen Nacht verhilft Katharina Blum Götten zur Flucht. Ihre Wohnung wird gestürmt. Sie wird festgenommen. Die ZEITUNG heftet sich an ihre Ferse und zieht sie, ihre Freunde und Verwandten in den Schmutz. Ohne Reue tötet sie den Jornalisten der ZEITUNG, den sie mit dem Versprechen eines Interviews in die Falle lockt. Die folgenden Textausschnitte stammen aus den Kapiteln 9–11, 13, 14.

Von dem Augenblick an, da sie die Woltersheimsche Wohnung betrat, wurden die Ermittlungen erleichtert, weil Katharina von 19.25 Uhr an, ohne es zu ahnen, unter polizeilicher Beobachtung stand. Den ganzen Abend über, von 19.30 bis 22.00 Uhr, bevor sie mit diesem die Wohnung verließ, hatte sie »ausschließlich und innig«, wie sie selber später aussagte, mit einem gewissen Ludwig Götten getanzt.

Man sollte hier nicht vergessen, dem Staatsanwalt Peter Hach Dankbarkeit zu zollen, denn ihm einzig und allein verdankt man die an justizinternen Klatsch grenzende Mitteilung, dass Kriminalkommissar Erwin Beizmenne von dem Augenblick an, da die Blum mit Götten die Wohnung der Woltersheim verließ, die Telefone der Woltersheim und der Blum abhören ließ. Das geschah auf eine Weise, die man vielleicht der Mitteilung für wert halten mag. Beizmenne rief in solchen Fällen den dafür zuständigen Vorgesetzten an und sagte zu diesem: »Ich brauche mal wieder meine Zäpfchen. Diesmal zwei.«

Offenbar hat Götten von Katharinas Wohnung aus nicht telefoniert. Jedenfalls wusste Hach nichts davon. Sicher ist, dass die Wohnung von Katharina streng überwacht wurde, und als bis 10.30 Uhr am Donnerstagmorgen weder telefoniert worden war, noch Götten die Wohnung verlassen hatte, drang man, da Beizmenne die Geduld und auch die Nerven zu verlieren begann, mit acht schwerbewaffneten Polizeibeamten in die Wohnung ein, stürmte sie regelrecht unter strengsten Vorsichtsmaßregeln, durchsuchte sie, fand aber Götten nicht mehr, lediglich die »äußerst entspannt, fast glücklich wirkende« Katharina, die an ihrer Küchenanrichte stand, wo sie aus einem großen Becher Kaffee trank und in eine mit Butter und Honig bestrichene Scheibe Weißbrot biss. Sie machte sich insofern verdächtig, als sie nicht überrascht, sondern gelassen, »wenn nicht triumphierend« wirkte. Sie trug einen Bademantel aus grüner Baumwolle, der mit Margueriten bestickt war, war darunter unbekleidet, und als sie von Kommissar Beizmenne (»ziemlich barsch«, wie sie später erzählte) gefragt wurde, wo Götten geblieben sei, sagte sie, sie wisse nicht, wann Ludwig die Wohnung verlassen habe. Sie sei gegen 9.30 Uhr wach geworden, und da sei er schon weg gewesen. »Ohne Abschied?« »Ja.« […]

Die Wohnung wurde anschließend gründlich durchsucht, es wurden einige Gegenstände beschlagnahmt, vor allem Schriftliches. Katharina Blum durfte sich im Badezimmer in Gegenwart der weiblichen Beamtin Pletzer anziehen. Doch durfte die Badezimmertür nicht ganz geschlossen werden; sie wurde von zwei bewaffneten Beamten schärfstens bewacht. Es wurde Katharina gestattet, ihre Handtasche mitzunehmen, und da ihre Verhaftung nicht ausgeschlossen werden konnte, durfte sie Nachtzeug, einen Toilettenbeutel, Lektüre mitnehmen. Ihre Bibliothek bestand aus vier Liebesromanen, drei Kriminalromanen sowie aus einer Napoleonbiografie und einer Biografie der Königin Christina von Schweden. Sämtliche Bücher stammten aus einem Buchklub. Da sie dauernd fragte »Aber wieso, wieso denn, was habe ich denn verbrochen«, wurde ihr schließlich von der Kriminalbeamtin Pletzer in höflicher Form mitgeteilt, dass Ludwig Götten ein lange gesuchter Bandit sei, des Bankraubes fast überführt und des Mordes und anderer Verbrechen verdächtig.

Als Katharina Blum endlich gegen 10.15 Uhr aus ihrer Wohnung fort und zur Vernehmung geführt wurde, verzichtete man letzten Endes doch darauf, ihr Handschellen anzulegen. Beizmenne neigte zwar dazu, auf Handschellen zu bestehen, ließ sich aber nach einem kurzen Dialog zwischen der Beamtin Pletzer und seinem Assistenten Moeding herbei, darauf zu verzichten. Da wegen der an diesem Tag beginnenden Weiberfastnacht zahlreiche Hausbewohner nicht zur Arbeit gegangen und noch nicht zu den alljährlich fälligen saturnalienartigen Umzügen, Festen etc. aufgebrochen waren, standen etwa drei Dutzend Bewohner des zehnstöckigen Appartementhauses in Mänteln, Morgenröcken und Bademänteln im Foyer, und der Pressefotograf Schönner stand wenige Schritte vor dem Aufzug, als Katharina Blum, zwischen Beizmenne und Moeding, von bewaffneten Polizeibeamten flankiert, den Aufzug verließ. Sie wurde von vorne, von hinten, von der Seite mehrmals fotografiert, zuletzt, da sie in ihrer Scham und Verwirrung mehrmals ihr Gesicht zu verdecken versuchte und dabei mit ihrer Handtasche, dem Toilettenbeutel und einer Plastiktüte, in der zwei Bücher und Schreibzeug waren, in Konflikt geriet, mit zerwühltem Haar und recht unfreundlichem Gesichtsausdruck.

Günter Kunert **Zentralbahnhof**

An einem sonnigen Morgen stößt ein Jemand innerhalb seiner Wohnung auf ein amtliches Schreiben: Es liegt auf dem Frühstückstisch neben der Tasse. Wie es dahin kam, ist ungewiss. Kaum geöffnet, überfällt es den Lesenden mit einer Aufforderung.

Sie haben sich, befiehlt der amtliche Druck auf dem grauen, lappigen Papier, am 5. November des laufenden Jahres morgens acht Uhr in der Herrentoilette des Zentralbahnhofes zwecks Ihrer Hinrichtung einzufinden. Für Sie ist Kabine 18 vorgesehen. Bei Nichtbefolgung dieser Aufforderung kann auf dem Wege der verwaltungsdienstlichen Verordnung eine Bestrafung angeordnet werden. Es empfiehlt sich leichte Bekleidung, um einen reibungslosen Ablauf zu garantieren.

Wenig später taucht der solchermaßen Betroffene verzagt bei seinen Freunden auf. Getränke und Imbiss lehnt er ab, fordert hingegen dringlich Rat, erntet aber nur ernstes und bedeutungsloses Kopfschütteln. Ein entscheidender Hinweis, ein Hilfsangebot bleibt aus.

Heimlich atmet man wohl auf, wenn hinter dem nur noch begrenzt Lebendigen die Tür wieder zufällt, und man fragt sich, ob es nicht schon zu viel gewesen sei, sie ihm überhaupt zu öffnen. Lohnte es denn, wer weiß was alles auf sich zu laden für einen Menschen, von dem in Zukunft so wenig zu erwarten ist?

Der nun selber begibt sich zu einem Rechtsanwalt, wo ihm vorgeschlagen wird eine Eingabe zu machen, den Termin (5. Nov.) aber auf jeden Fall einzuhalten, um Repressalien auszuweichen. Herrentoilette und Zentralbahnhof höre sich doch ganz erträglich und vernünftig an. Nichts werde so heiß gegessen wie gekocht. Hinrichtung? Wahrscheinlich ein Druckfehler. In Wirklichkeit sei »Einrichtung« gemeint. Warum nicht? Durchaus denkbar findet es der Rechtsanwalt, dass man von seinem frisch gebackenen Klienten verlange, er solle sich einrichten. Abwarten. Und vertrauen! Man muss Vertrauen haben! Vertrauen ist das Wichtigste.

Daheim wälzt sich der zur Herrentoilette Beorderte schlaflos über seine durchfeuchteten Laken. Erfüllt von brennendem Neid lauscht er dem unbeschwerten Summen einer Fliege. Die lebt! Die hat keine Sorgen! Was weiß die schon vom Zentralbahnhof?! Man weiß ja selber nichts darüber... Mitten in der Nacht läutet es an der Tür des Nachbarn. Durch das Guckloch glotzt ihn ein Auge an, kurzfristig, ausdruckslos, bis der Klingelnde kapituliert und den Finger vom Klingelknopf löst.

Pünktlich um acht Uhr morgens betritt er am 5. Nov. den Zentralbahnhof, fröstelnd in einem kurzärmeligen Sporthemd und einer Leinenhose, das Leichteste, was er an derartiger Bekleidung besitzt. Hier und da gähnt ein beschäftigungsloser Gepäckträger. Der Boden wird gefegt und immerzu mit einer Flüssigkeit besprengt.

Durch die spiegelnde Leere der Herrentoilette hallt sein einsamer Schritt: Kabine 18 entdeckt er sofort. Er schiebt eine Münze ins Schließwerk der Tür, die aufschwingt, und tritt ein. Wild zuckt in ihm die Gewissheit auf, dass gar nichts passieren wird. Gar nichts! Man will ihn nur einrichten, weiter nichts! Gleich wird es vorüber sein und er kann wieder nach Hause gehen. Vertrauen! Vertrauen! Eine euphorische Stimmung steigt ihm in die Kehle, lächelnd riegelt er das Schloss zu und setzt sich.

Eine Viertelstunde später kommen zwei Toilettenmänner herein, öffnen mit einem Nachschlüssel Kabine 18 und ziehen den leicht bekleideten Leichnam heraus, um ihn in die rotziegeligen Tiefen des Zentralbahnhofes zu schaffen, von dem jeder wusste, dass ihn weder ein Zug jemals erreicht noch verlassen hatte, obwohl oft über seinem Dach der Rauch angeblicher Lokomotiven hing.

- Bestimmen und vergleichen Sie die literarische Verarbeitung des Begriffs »Staatsgewalt«. Informieren Sie sich über die Biografie der Autoren.

Präsentationsformen

Wandzeitung

Wandzeitungen können im Wesentlichen drei Funktionen haben, die häufig vermischt werden:
Als **Informationswand** dient sie der gezielten Visualisierung von Informationen und kann Texte, Fotos, Bilder und Grafiken beinhalten. Damit die Neugierde der Adressaten geweckt wird, muss die Wandzeitung besonders gestaltet sein, d. h.,
- das Thema muss deutlich erkennbar sein,
- die Informationen müssen ansprechend präsentiert sein: Texte nicht zu lang und gut lesbar; Grafiken, Bilder und Fotos lockern die Wandzeitung auf, Symbole erleichtern die Aufnahme von Informationen.

Als **Ergebniswand** ermöglicht sie das Festhalten der Ergebnisse einer Gruppenarbeit oder Diskussionsrunde und die Präsentation dieser Ergebnisse im Plenum. Um einen Vergleich zwischen mehreren Gruppenarbeiten zu ermöglichen, sollte vor Erstellung der Wandzeitung eine gemeinsame Gliederung erarbeitet werden. Da sich im Allgemeinen nur Stichworte und einzelne Begriffe auf der Wandzeitung befinden, ist eine Erläuterung oder Kommentierung notwendig.
Auf einer **Meinungswand** können persönliche Stellungnahmen und Äußerungen der Kursteilnehmer festgehalten werden. Sie sollte einen zentralen Platz im Kursraum einnehmen und für alle zugänglich sein.

Collage

Collagen formen aus einzelnen Fragmenten ein neues Ganzes zusammen, indem verschiedene Elemente entnommen und neu geordnet, gruppiert und ergänzt werden. Collagen können Sichtweisen ausdrücken, Begriffe erklären, Fragen stellen und Antworten geben. Es gibt verschieden Arten von Collagen, z. B.:
- eine **Bildcollage,** d. h., unterschiedliche Bilder, Fotos und Grafiken werden zu einem neuen »Bild« montiert;
- eine **Textcollage** auf der Basis von Zeitungstexten;
- eine **Toncollage** aus gesprochenen Texten, Reden und/oder Musikstücken;
- eine **Objektcollage** aus neu formierten Gegenständen.

- Erstellen Sie in Kleingruppen eine Wandzeitung zum Thema »Vorurteile und Toleranz«. Formulieren Sie Ihr Ziel. Verteilen Sie innerhalb der Gruppe die Aufgaben (Texte sammeln, geeignete Bilder und Fotos, Grafiken, Lay-out). Überlegen Sie gemeinsam in einer Endredaktion, wie das Material am besten wirkt und befestigen Sie erst im Anschluss die einzelnen Elemente.
- Gestalten Sie in Gruppenarbeit eine Collage Ihrer Wahl zum Thema »Aufklärung«. Präsentieren Sie Ihre Ergebnisse in Form einer kleinen Ausstellung. Erklären Sie im Plenum die Intention Ihrer Werke.

Die Epoche der Aufklärung

Gotthold Ephraim Lessing Die Ringparabel

Nathan: Vor grauen Jahren lebt' ein Mann in Osten,
Der einen Ring von unschätzbarem Wert'
Aus lieber Hand besaß. Der Stein war ein
Opal, der hundert schöne Farben spielte,
Und hatte die geheime Kraft, vor Gott
Und Menschen angenehm zu machen, wer
In dieser Zuversicht ihn trug. Was Wunder,
Dass ihn der Mann in Osten darum nie
Vom Finger ließ und die Verfügung traf,
Auf ewig ihn bei seinem Hause zu
Erhalten? Nämlich so: Er ließ den Ring
Von seinen Söhnen dem geliebtesten;
Und setzte fest, dass dieser wiederum
Den Ring von seinen Söhnen dem vermache,
Der ihm der liebste sei; und stets der liebste,
Ohn' Ansehn der Geburt, in Kraft allein
Des Rings, das Haupt, der Fürst des Hauses werde. –
Versteh mich, Sultan.
Saladin: Ich versteh dich. Weiter!
Nathan: So kam dieser Ring, von Sohn zu Sohn,
Auf einen Vater endlich von drei Söhnen;
Die alle drei ihm gleich gehorsam waren,
Die alle drei er folglich gleich zu lieben
Sich nicht entbrechen konnte. Nur von Zeit
Zu Zeit schien ihm bald der, bald dieser, bald
Der dritte, – so wie jeder sich mit ihm
Allein befand und sein ergießend Herz
Die andern zwei nicht teilten, – würdiger
Des Ringes; den er denn auch einem jeden
Die fromme Schwachheit hatte, zu versprechen.
Das ging nun so, solang es ging. – Allein
Es kam zum Sterben, und der gute Vater
Kömmt in Verlegenheit. Es schmerzt ihn, zwei
Von seinen Söhnen, die sich auf sein Wort
Verlassen, so zu kränken. – Was zu tun? –
Er sendet in geheim zu einem Künstler,
Bei dem er, nach dem Muster seines Ringes,
Zwei andere bestellt, und weder Kosten
Noch Mühe sparen heißt, sie jenem gleich,
Vollkommen gleich zu machen. Das gelingt

Dem Künstler. Da er ihm die Ringe bringt,
Kann selbst der Vater seinen Musterring
Nicht unterscheiden. Froh und freudig ruft
Er seine Söhne, jeden insbesondre;
Gibt jedem insbesondre seinen Segen –
Und seinen Ring – und stirbt. – Du hörst doch, Sultan?
SALADIN *der sich betroffen von ihm gewandt:*
Ich hör, ich höre! – Komm mit deinem Märchen
Nur bald zu Ende. – Wird's?
NATHAN: Ich bin zu Ende.
Denn was noch folgt, versteht sich ja von selbst. –
Kaum war der Vater tot, so kömmt ein jeder
Mit seinem Ring', und jeder will der Fürst
Des Hauses sein. Man untersucht, man zankt,
Man klagt. Umsonst; der rechte Ring war nicht
Erweislich –
Nach einer Pause, in welcher er des Sultans Antwort erwartet:
Fast so unerweislich, als
Uns itzt – der rechte Glaube.
SALADIN: Wie? das soll
Die Antwort sein auf meine Frage?...
NATHAN: Soll
Mich bloß entschuldigen, wenn ich die Ringe,
Mir nicht getrau zu unterscheiden, die
Der Vater in der Absicht machen ließ,
Damit sie nicht zu unterscheiden wären.
SALADIN: Die Ringe! – Spiele nicht mit mir! – Ich dächte,
Dass die Religionen, die ich dir
Genannt, doch wohl zu unterscheiden wären.
Bis auf die Kleidung; bis auf Speis und Trank!
NATHAN: Und nur von Seiten ihrer Gründe nicht. –
Denn gründen alle sich nicht auf Geschichte?
Geschrieben oder überliefert! – Und
Geschichte muss doch wohl allein auf Treu
Und Glauben angenommen werden? – Nicht? –
Nun, wessen Treu und Glauben zieht man denn
Am wenigsten in Zweifel? Doch der Seinen?
Doch deren Blut wir sind? doch deren, die
Von Kindheit an uns Proben ihrer Liebe
Gegeben? die uns nie getäuscht, als wo
Getäuscht zu werden uns heilsamer war? –
Wie kann ich meinen Vätern weniger
Als du den deinen glauben? Oder umgekehrt. –
Kann ich von dir verlangen, dass du deine
Vorfahren Lügen strafst, um meinen nicht

Zu widersprechen? Oder umgekehrt.
Das nämliche gilt von den Christen. Nicht? –
SALADIN: (Bei dem Lebendigen! Der Mann hat recht.
Ich muss verstummen.)
NATHAN: Lass auf unsre Ring'
Uns wieder kommen. Wie gesagt: die Söhne
Verklagten sich; und jeder schwur dem Richter,
Unmittelbar aus seines Vaters Hand
Den Ring zu haben. – Wie auch wahr! – Nachdem
Er von ihm lange das Versprechen schon
Gehabt, des Ringes Vorrecht einmal zu
Genießen. – Wie nicht minder wahr! – Der Vater,
Beteu'rte jeder, könne gegen ihn
Nicht falsch gewesen sein; und eh' er dieses
Von ihm, von einem solchen lieben Vater,
Argwohnen lass', eh' müss' er seine Brüder,
So gern er sonst von ihnen nur das Beste
Bereit zu glauben sei, des falschen Spiels
Bezeihen; und er wolle die Verräter
Schon auszufinden wissen; sich schon rächen.
SALADIN: Und nun, der Richter? – Mich verlangt zu hören,
Was du den Richter sagen lässest. Sprich!
NATHAN: Der Richter sprach: Wenn ihr mir nun den Vater
Nicht bald zur Stelle schafft, so weis' ich euch
Von meinem Stuhle. Denkt ihr, dass ich Rätsel
Zu lösen da bin? Oder harret ihr,
Bis dass der rechte Ring den Mund eröffne? –
Doch halt! Ich höre ja, der rechte Ring
Besitzt die Wunderkraft beliebt zu machen,
Vor Gott und Menschen angenehm. Das muss
Entscheiden! Denn die falschen Ringe werden
Doch das nicht können! Nun, wen lieben zwei
Von euch am meisten? – Macht, sagt an! Ihr schweigt?
Die Ringe wirken nur zurück? und nicht
Nach außen? – Jeder liebt sich selber nur
Am meisten? – O so seid ihr alle drei
Betrogene Betrieger! Eure Ringe
Sind alle drei nicht echt. Der echte Ring
Vermutlich ging verloren. Den Verlust
Zu bergen, zu ersetzen, ließ der Vater
Die drei für einen machen.
SALADIN: Herrlich! Herrlich!
NATHAN: Und also, fuhr der Richter fort, wenn ihr
Nicht meinen Rat, statt meines Spruches, wollt,
Geht nur! – Mein Rat ist aber der: Ihr nehmt

Die Sache völlig wie sie liegt. Hat von
Euch jeder seinen Ring von seinem Vater:
So glaube jeder sicher seinen Ring
Den echten. – Möglich; dass der Vater nun
Die Tyrannei des Einen Rings nicht länger
In seinem Hause dulden wollen! – Und gewiss;
Dass er euch alle drei geliebt, und gleich
Geliebt: indem er zwei nicht drücken mögen,
Um einen zu begünstigen. – Wohlan!
Es eifre jeder seiner unbestochnen,
Von Vorurteilen freien Liebe nach!
Es strebe von euch jeder um die Wette,
Die Kraft des Steins in seinem Ring' an Tag
Zu legen! komme dieser Kraft mit Sanftmut,
Mit herzlicher Verträglichkeit, mit Wohltun,
Mit innigster Ergebenheit in Gott,
Zu Hülf'! Und wenn dann der Steine Kräfte
Bei euern Kindes-Kindeskindern äußern,
So lad' ich über tausend tausend Jahre
Sie wiederum vor diesen Stuhl. Da wird
Ein weisrer Mann auf diesem Stuhle sitzen
Als ich und sprechen. Geht! – So sagte der
Bescheidne Richter.

- Geben Sie den Inhalt der Ringparabel mit eigenen Worten wieder. Deuten Sie sie im Hinblick auf das Zusammenleben der Religionen und Konfessionen.
- Beziehen Sie das von Lessing angesprochene Problem auf die Gegenwart.
- Diskutieren Sie die Grenzen von Toleranz heute. Beziehen Sie Grundgesetzartikel 20(4) ein.

Freimaurerlied

Die Zeiten, Brüder, sind nicht mehr,
Da Treu und Glaube galten.
Itzt sind die Worte glatt und leer;
So machten's nicht die Alten.
Wie mancher schwöret Stein und Bein,
Und nie stimmt seine Tat mit ein:
Wir wollen redlich sein.

Dass Vater Noah Wein erfand,
Muss jeder Zweifler glauben:
Er schnitt die Ranken mit Verstand,
Und kelterte die Trauben.
Oft, wenn sich seine Kinder freun,
Missbrauchen sie den edlen Wein:
Wir wollen mäßig sein.

Wer nach verbotnen Schätzen strebt,
Hat kein vergnügt Gewissen;
Es quälet ihn, so lang' er lebt,
Mit bösen Schlangenbissen.
Geblendet durch den falschen Schein,
Stürzt er ins Unglück tief hinein:
Wir wollen weise sein.

Die Welt bleibt doch die beste Welt;
Zur Lust ist sie geschaffen:
Den Träumer, dem sie nicht gefällt,
Muss sein Verdruss bestrafen.
Der Misanthrop mag immer schrein,
Und unsren Scherz vermaledein:
Wir wollen fröhlich sein.

Die Pflicht befiehlt, das Wohlergehn
Des Nächsten nicht zu neiden.
Man soll, wenn Arme mutlos flehn,
Sie speisen, tränken, kleiden:
Der wahre Mensch fühlt ihre Pein;
Er fühlt's, um Hülfe zu verleihn:
Wir wollen Menschen sein.

Nie darf der Freundschaft hoher Preis
Bloß auf der Zunge spielen:
Ein Freund soll ihn durch regen Fleiß
Und durch Verdienste fühlen;
Er muss, vom Eigennutze rein,
Ihr seine ganze Seele weihn:
Wir wollen Freunde sein.

Aufnahme eines Lehrlings in die Loge: Der Großmeister richtet den Aufzunehmenden auf, um ihm das Meisterwort mitzuteilen. Kupferstich, 1745.

Erschließen Sie aus dem Lied den Verhaltenscodex der Freimaurer.
Informieren Sie sich über Aufgaben und Ziele der Freimaurer heute, ggf. vor Ort.

Jean Edme Romilly Toleranz

Toleranz – Tolérance (Enzyklopädische Ordnung: Theologie, Moral, Politik): Die *Toleranz* ist im Allgemeinen die Tugend jenes schwachen Wesens, das dazu bestimmt ist, mit Wesen zusammenzuleben, die ihm gleichen. Dem Menschen, der durch seine Intelligenz so erhaben ist, sind zugleich durch seine Irrtümer und seine Leidenschaften so enge Grenzen gesetzt, dass man ihm den anderen gegenüber nicht genug von jener *Toleranz*, jener Duldsamkeit einflößen kann, deren er selbst so sehr bedarf und ohne die man auf der Erde nur Unruhe und Streitigkeiten sehen würde. Da man diese erfreuliche versöhnliche Tugend aber geächtet hat, gereichten zahlreiche Jahrhunderte den Menschen mehr oder weniger zur Schande und zum Unglück; und hoffen wir nicht, dass wir ohne sie unter uns Ruhe und Glück einmal wiederherstellen können! [...]

Allgemeine Regel: Achtet unverbrüchlich die Rechte des Gewissens in allem, was die Gesellschaft nicht beunruhigt. Spekulative Irrtümer sind für den Staat belanglos; Verschiedenheit in den Anschauungen wird immer unter Wesen herrschen, die so unvollkommen sind wie der Mensch; die Wahrheit bringt Ketzereien hervor wie die Sonne Schlacken und Flecken. Verschlimmert also nicht ein unvermeidliches Übel, indem ihr es mit Feuer und Schwert auszurotten sucht; bestraft Verbrechen, aber habt Mitleid mit dem Irrtum und verleiht der Wahrheit niemals andere Waffen als Sanftmut, Vorbildlichkeit und Überzeugungskraft. *In Dingen der Änderung des Glaubens wirken Aufforderungen stärker als Strafen; letztere haben immer nur zerstörend gewirkt.*

Diesen Prinzipien wird man die Nachteile, die sich aus der Vielzahl der Religionen ergeben, und die Vorteile der Einheitlichkeit des Glaubens in einem Staat entgegensetzen. Wir antworten darauf zunächst mit dem Verfasser des Geistes der Gesetze: »Diese Ideen von der Einheitlichkeit machen unfehlbar auf die gewöhnlichen Menschen tiefen Eindruck, weil sie darin eine Art Vollkommenheit finden, die darin nicht zu entdecken unmöglich ist: gleiche Maßstäbe in der Verfassung, gleiche Maßnahmen im Handel, gleiche Gesetze im Staate, gleiche Religion in allen seinen Teilen. Aber ist das immer und ausnahmslos günstig? Ist das Übel, etwas zu ändern, immer weniger groß als das Übel, etwas zu ertragen? Und würde die Größe des Genies nicht vielmehr darin bestehen, zu erkennen, in welchen Fällen die Einheitlichkeit und in welchen Fällen die Verschiedenheit angebracht ist?« Warum soll man denn Anspruch auf eine Vollkommenheit erheben, die mit unserer Natur unvereinbar ist? Es wird unter den Menschen immer verschiedene Meinungen geben; die Geschichte des menschlichen Geistes ist dafür ein kontinuierlicher Beweis, und das trügerischste Vorhaben wäre, die Menschen zur Einheitlichkeit in ihren Anschauungen zurückführen zu wollen. Dennoch, sagt ihr, erfordere das politische Interesse, dass man diese Einheitlichkeit schafft, dass man mit Bedacht jede Meinung verdammt, die zu den im Staate anerkannten Meinungen im Widerspruch steht; das heißt, man muss den Menschen darauf beschränken, nur noch ein Automat zu sein, nur Meinungen zu lehren, die in seinem Geburtsort gelten, ohne jemals zu wagen, sie zu untersuchen und zu erforschen, und die barbarischsten Vorurteile, etwa solche, wie wir sie bekämpfen, untertänig zu achten. Aber wie viele Übel und welche

Zwietracht hat die Vielzahl der Religionen in einem Staate zur Folge! Euer Einwand verwandelt sich in einen Beweis gegen euch, da die Intoleranz ja die Quelle dieser Übel ist; denn wenn die verschiedenen Parteien einander duldeten und sich nur durch das Vorbild, die Schicklichkeit der Sitten, die Liebe zu den Gesetzen und zum Vaterland zu bekämpfen suchten, wenn das der einzige Beweis wäre, den jede Sekte zugunsten ihres Glaubens erbrächte, so würden im Staate trotz der Verschiedenheit der Anschauungen bald Eintracht und Friede herrschen, so wie in der Musik Dissonanzen den Zusammenklang des Ganzen nicht beeinträchtigen.

Man beharrt indes auf seinem Standpunkt und behauptet, der Wechsel der Religion habe oft Umwälzungen in der Regierung und im Staate zur Folge. Darauf antwortete ich wieder, dass der Intoleranz allein das zur Last fällt, was an dieser Bezichtigung so abscheulich ist; denn wenn die Neuerer geduldet oder nur mit den Waffen des Evangeliums bekämpft würden, so würde der Staat nicht unter dieser geistigen Gärung leiden. Aber die Verteidiger der herrschenden Religion erheben sich wütend gegen die Sektierer, gehen mit Waffengewalt gegen sie vor, bringen blutige Erlasse heraus, säen in allen Herzen Zwietracht und Fanatismus und legen dreist ihren Opfern die Unruhe zur Last, die sie gestiftet haben.

Was die betrifft, die unter dem Vorwand der Religion nur versuchen, die Ruhe der Gesellschaft zu stören, Aufruhr zu schüren und das Joch der Gesetze abzuschütteln, so unterdrückt sie mit Strenge, wir sind nicht ihre Apologeten; aber verwechselt mit diesen Schuldigen nicht diejenigen, die nur Gedankenfreiheit verlangen sowie die Freiheit, sich zu dem Glauben zu bekennen, den sie für den besten halten, und die im Übrigen als treue Untertanen des Staates leben!

Aber, werdet ihr wieder einwenden, der Fürst sei doch der Verteidiger des Glaubens; er müsse ihn in seiner ganzen Reinheit erhalten und sich mit Entschiedenheit all denen widersetzen, die ihm Abbruch tun; wenn Vernunftgründe und Ermahnungen nicht fruchteten, so trüge er nicht umsonst das Schwert, sondern vielmehr deshalb, um den, der unrecht tut, zu strafen und die Aufrührer zu zwingen, in den Schoß der Kirche zurückzukehren. Was willst du denn, du Barbar? Deinen Bruder umbringen, um ihn zu retten? Aber hat Gott dich mit dieser schrecklichen Aufgabe betraut? Hat er in seine Hände die Sorge für seine Rechte gelegt? Woher weißt du, dass er geehrt sein will wie die Teufel? Geh, Unglücklicher, dieser Friedensgott missbilligt deine grässlichen Opfer; sie sind nur deiner würdig!

Wir unternehmen es nicht, hier die genauen Grenzen der *Toleranz* festzulegen, die barmherzige Duldung, wie sie Vernunft und Menschlichkeit zugunsten der Irrgläubigen verlangen, von jener verwerflichen Gleichgültigkeit zu unterscheiden, die uns alle Anschauungen der Menschen unter demselben Aspekt sehen lässt. Wir predigen die praktische *Toleranz,* nicht aber die spekulative; und man begreift wohl, welcher Unterschied zwischen der Duldung einer Religion und ihrer Billigung besteht.

Fassen Sie die Kernaussagen des Lexikonartikels in einer grafischen Darstellung zusammen. Stellen Sie diese dem Stichwort »Toleranz« in einem modernen Lexikon gegenüber.

Anna Luise Karsch an ihren Mann

Im Siebenjährigen Krieg wurde der zweite Mann der Karsch, ein Schneider, zum preußischen Heer eingezogen. Mithilfe seiner Frau, zu deren Gönnern Friedrich der Große gehörte, hoffte er, vom Militärdienst wieder freizukommen.

Mein ungeduldiger Füselier.
Es ist wahr, deine Klagen würden mich rühren, aber sie sind voll von der Sprache eines niederträchtigen Hochmuths. Ich begreife nicht, was es für ein Elend ist, über welches du so ein Geschrei machst, gleich dem Geschrei derer, die in einem finstern Kerker das Urteil des Todes erwarten. Du gibst nur gar zu schlechte Beweise deines patriotischen Herzens, mit welchem du so oft geprahlt hast, doch ich bin es schon gewohnt. Deine Redlichkeit überhaupt besteht in Worten, wer Beweise sucht, tut dir Gewalt an. Aber sag mir, woher du dir schmeicheln kannst, dass ich dich los machen würde? Ich, ein Weib, das auf die Natur zürnt, dass sie mich nicht zum Manne gemacht hat, um das stolze Vergnügen zu haben, in dem Dienste meines Monarchen mein Blut fließen zu sehen. O warum habe ich keinen Sohn, den ich in die Schlacht senden könnte! [...] Dein Leben zu kostbar, um es für das Vaterland wagen zu wollen? Wie viele Männer, die voll zärtlicher Liebe gegen ihre Weiber für sie sorgen würden, müssen in diesem weitausgedehnten Kriege mit fort! Bräutigams müssen aus den Armen der Braut dem Rufe des Krieges folgen. Die Not befiehlt es und die Not hat keine Gesetze.

Ich begreife die Art nicht, wie ich dich losbitten sollte. Man würde mich wegen der Ursache fragen und ich könnte mit gutem Gewissen nicht sagen, dass man mir den Versorger für mich und meine Kinder zurückgeben sollte. Und soll ich denn etwa gar sagen, dass es mir unmöglich sei, ohne Mann zu leben? Diese Aussage wäre ebenfalls eine Sünde wider die Wahrheit und man würde sie belachen. Deine Gründe wegen der Mühseligkeiten darf ich noch weniger anführen. Das sind Dinge, die du mit vielen Tausenden gemeinschaftlich trägst. Ich bitte dich also, verschone mich mit dieser Zumutung. Suche dich in dein Schicksal zu finden und glaube, dass es mir leid ist, dass du es zu dieser Extremität hast kommen lassen. [...]

Nach deinen Begriffen ist ein Mann ein Unding, das sich besäuft, zu Hause taumelt, und seine Gegenwart durch ein abscheuliches Poltern hören lässt. Seine ganze Pflicht und die Heiligkeit der ehelichen Gesetze wird beobachtet, wenn er nur das tierische der Wollust bei keiner anderen ausübt, er mag sonst sein ganzes Selbst an die Trinkhäuser hängen, dem Weibe die Haussorgen überlassen und niemals vernünftig sein; das schadet nichts. Er ist doch ein Mann, und das empfindet die Frau in der Stärke seiner Faust. [...] Deine Eidschwüre und deine Vorsätze sind mir bekannt; du bist weder dem einen noch dem andern getreu. Der Himmel und die Luft hörten dich ehedem schwören; ich glaubte deinen Schwüren und betrog mich. Sechs Wochen dauerte meine Glückseligkeit. Du nahmst sie mir, ich weinte, aber meine Tränen rührten dein verwildertes Herz nicht. Ich wünsche dir mit der stärksten Stimme meines Herzens Besserung, aber ich mag nichts davon profitieren, ich mag keine Zeugin davon sein. Einsam und ruhig will ich meine Tage zubringen und du sollst von mir nichts erfahren, als dass ich eine Freundin des Lasters und immer deine Freundin gewesen bin.

Christiana Mariana von Ziegler

Das männliche Geschlechte, im Namen einiger Frauenzimmer besungen

Du Weltgepriesenes Geschlechte,
Du in dich selbst verliebte Schar,
Prahlst allzu sehr mit deinem Rechte,
Das Adams erster Vorzug war.
Doch soll ich deinen Wert besingen,
Der dir auch wirklich zugehört;
So wird mein Lied ganz anders klingen,
Als das, womit man dich verehrt.

Ihr rühmt das günstige Geschicke,
Das euch zu ganzen Menschen macht;
Und wisst in einem Augenblicke
Worauf wir nimmermehr gedacht.
Allein; wenn wir euch recht betrachten,
So seid ihr schwächer als ein Weib.
Ihr müsst oft unsre Klugheit pachten,
Noch weiter als zum Zeitvertreib.

Kommt her, und tretet vor den Spiegel:
Und sprechet selbst, wie seht ihr aus?
Der Bär, der Löwe, Luchs, und Igel
Sieht bei euch überall heraus.
Vergebt, ich muss die Namen nennen,
Wodurch man eure Sitten zeigt.
Ihr mögt euch selber wohl nicht kennen,
Weil man von euren Fehlern schweigt.
[...]

Die, welche sich nur selbst erheben,
Die gerne groß und vornehm sind,
Nach allen Ehrenämtern streben,
Da doch den Kopf nichts füllt als Wind:
Die keine Wissenschaften kennen,
Und dringen sich in Würden ein,
Die kann man wohl mit Namen nennen,
Dass sie der Torheit Kinder sein.

Die Männer müssen doch gestehen,
Dass sie wie wir, auch Menschen sind.
Dass sie auch auf zwei Beinen gehen;
Und dass sich manche Schwachheit findt.
Sie trinken, schlafen, essen, wachen.
Nur dieses ist der Unterscheid,
Sie bleiben Herr in allen Sachen,
Und was wir tun, heißt Schuldigkeit.

Der Mann muss seine Frau ernähren,
Die Kinder, und das Hausgesind.
Er dient der Welt mit weisen Lehren,
So, wie sie vorgeschrieben sind.
Das Weib darf seinen Witz nicht zeigen:
Die Vorsicht hat es ausgedacht,
Es soll in der Gemeine schweigen,
Sonst würdet ihr oft ausgelacht.

Ihr klugen Männer schweigt nur stille:
Endecket unsre Fehler nicht.
Denn es ist selbst nicht unser Wille,
Dass euch die Schwachheit widerspricht.
Trag eines nur des andern Mängel,
So habt ihr schon genug getan,
Denn Menschen sind fürwahr nicht Engel,
An denen man nichts tadeln kann.

- Entwickeln Sie aus den Texten das zugrunde liegende Rollen- und Selbstverständnis der Geschlechter und vergleichen Sie es mit modernen Texten.

Sophie von La Roche An meine Leserinnen

In den Jahren 1783 und 1784 veröffentlichte Sophie von La Roche die Zeitschrift »Pomona für Teutschlands Töchter« als pädagogisches Instrument zur moralischen Erziehung der Frau.

Das Magazin für Frauenzimmer und das Jahrbuch der Denkwürdigkeiten für das schöne Geschlecht – zeigen meinen Leserinnen, was teutsche Männer uns nützlich und gefällig machen. *Pomona* – wird Ihnen sagen, was ich als Frau dafür halte – Aber ich werde Ihnen auch Auszüge und Nachrichten von Schriften geben, die in Engelland, Italien und Frankreich für uns geschrieben werden, und was mein Briefwechsel mit verschiedenen Personen, die sich in diesen Landen aufhalten, mir Neues liefern wird, sodass ein Heft immer, wie dieses erste – von teutschen Gedanken und Sachen spricht – dann eines von angenehmen französischen Nachrichten – ein anderes von englischen und auch italienischen Neuigkeiten, die meinem Geschlecht einiges Vergnügen geben können. Es sollte mich aber freuen, wenn mir, nach dem Lesen dieses ersten Hefts gesagt würde, was meine Leserinnen von *Pomona* wünschen –

Olympe de Gouges Erklärung der Rechte der Frau und Bürgerin

Präambel

Wir, Mütter, Töchter, Schwestern, Vertreterinnen der Nation, verlangen, in die Nationalversammlung aufgenommen zu werden. [...] Das an Schönheit wie Mut im Ertragen der Mutterschaft überlegene Geschlecht anerkennt und erklärt somit, in Gegenwart und mit dem Beistand des Allmächtigen, die folgenden Rechte der Frau und Bürgerin:

Artikel I

Die Frau ist frei geboren und bleibt dem Manne gleich in allen Rechten. Die sozialen Unterschiede können nur im allgemeinen Nutzen begründet sein.

Artikel II

Ziel und Zweck jedes politischen Zusammenschlusses ist der Schutz der natürlichen und unveräußerlichen Rechte sowohl der Frau als auch des Mannes. Diese Rechte sind: Freiheit, Sicherheit, das Recht auf Eigentum und besonders das Recht auf Widerstand gegen Unterdrückung.

Artikel IV

Freiheit und Gerechtigkeit bestehen darin, den anderen zurückzugeben, was ihnen gehört. So wird die Frau an der Ausübung ihrer natürlichen Rechte nur durch die fortdauernde Tyrannei, die der Mann ihr entgegensetzt, gehindert. Diese Schranken müssen durch Gesetze der Natur und Vernunft revidiert werden.

Artikel VI

Recht und Gesetz sollten Ausdruck des Gemeinwillens sein. Alle Bürgerinnen und Bürger sollen persönlich oder durch ihre Vertreter an ihrer Gestaltung mitwirken. Es muss für alle das Gleiche sein. Alle Bürgerinnen und Bürger, die gleich sind vor den Augen des Gesetzes, müssen gleichermaßen nach ihren Fähigkeiten, ohne andere Unterschiede als die ihrer Tugenden und Talente, zu allen Würden, Ämtern und Stellungen im öffentlichen Leben zugelassen werden.

Artikel VII

Für Frauen gibt es keine Sonderrechte; sie werden verklagt, in Haft genommen und gehalten, wo immer es das Gesetz vorsieht. Frauen unterstehen wie Männer den gleichen Strafgesetzen.

Artikel X

Wegen seiner Meinung, auch wenn sie grundsätzlicher Art ist, darf niemand verfolgt werden. Die Frau hat das Recht, das Schafott zu besteigen. Sie muss gleichermaßen das Recht haben, die Tribüne zu besteigen, vorausgesetzt, dass ihre Handlungen und Äußerungen die vom Gesetz gewahrte öffentliche Ordnung nicht stören.

Artikel XI

Die freie Gedanken- und Meinungsäußerung ist eines der kostbarsten Rechte der Frau, denn diese Freiheit garantiert die Vaterschaft der Väter an ihren Kindern. Jede Bürgerin kann folglich in aller Freiheit sagen: »Ich bin die Mutter eines Kindes, das du gezeugt hast«, ohne dass ein barbarisches Vorurteil sie zwingt, die Wahrheit zu verschleiern. Dadurch soll ihr nicht die Verantwortung für den Missbrauch dieser Freiheit in den Fällen, die das Gesetz bestimmt, abgenommen werden.

Artikel XIII

Für den Unterhalt der Polizei und für die Verwaltungskosten werden von der Frau wie vom Manne gleiche Beiträge gefordert. Hat die Frau teil an allen Pflichten und Lasten, dann muss sie ebenso teilhaben an der Verteilung der Posten und Arbeiten, in niederen und hohen Ämtern und im Gewerbe.

Artikel XVII

Das Eigentum gehört beiden Geschlechtern oder einzeln. Jede Person hat darauf ein unverletzliches und heiliges Anrecht. Niemandem darf es als eigentliches Erbteil vorenthalten werden, es sei denn, eine öffentliche Notwendigkeit, die rechtsmäßig ausgewiesen wurde, mache es erforderlich, natürlich unter der Voraussetzung einer gerechten und vorher festgesetzten Entschädigung.

- Erkundigen Sie sich über die Lebensgeschichte von Sophie von La Roche und Olympe de Gouges und zeigen Sie Zusammenhänge zu den Textauszügen auf.
- Inwiefern sind die Forderungen Olympe de Gouges' in heutigen Verfassungstexten verwirklicht?
- Untersuchen Sie in Gruppen das Spektrum von Frauenzeitschriften heute im Hinblick auf Themen und Zielgruppen. Präsentieren Sie Ihre Ergebnisse in Form einer Wandzeitung.

Gotthold Ephraim Lessing Der Besitzer des Bogens

Ein Mann hatte einen trefflichen Bogen von Ebenholz, mit dem er sehr weit und sehr sicher schoss und den er ungemein wert hielt. Einst aber, als er ihn aufmerksam betrachtete, sprach er: Ein wenig zu plump bist du doch! Alle deine Zierde ist die Glätte. Schade! – Doch dem ist abzuhelfen; fiel ihm ein. Ich will hingehen und den besten Künstler Bilder in den Bogen schnitzen lassen. – Er ging hin; und der Künstler schnitzte eine ganze Jagd auf den Bogen; und was hätte sich besser auf einen Bogen geschickt als eine Jagd?

Der Mann war voller Freuden. »Du verdienest diese Zierarten, mein lieber Bogen!« – Indem will er ihn versuchen; er spannt, und der Bogen – zerbricht.

Gotthold Ephraim Lessing Von einem besondern Nutzen der Fabeln in den Schulen

Ich will hier nicht von dem moralischen Nutzen der Fabeln reden; er gehört in die allgemeine praktische Philosophie: Und würde ich mehr davon sagen können, als *Wolf*[3] gesagt hat? Noch weniger will ich von dem geringern Nutzen itzt sprechen, den die alten Rhetores in ihren Vorübungen von den Fabeln zogen; indem sie ihren Schülern aufgaben, bald eine Fabel durch alle casus obliquos[4] zu verändern, bald sie zu erweitern, bald sie kürzer zusammenzuziehen etc. Diese Übung kann nicht anders als zum Nachteil der Fabel selbst vorgenommen werden; und da jede kleine Geschichte eben so geschickt dazu ist, so weiß ich nicht, warum man eben die Fabel dazu missbrauchen muss, die sich, als Fabel, ganz gewiss nur auf eine einzige Art *gut* erzählen lässt.

Den Nutzen, den ich itzt mehr berühren als umständlich erörtern will, würde man den *heuristischen*[5] Nutzen der Fabeln nennen können. – Warum fehlt es in allen Wissenschaften und Künsten so sehr an Erfindern und selbstdenkenden Köpfen? Diese Frage wird am besten durch eine andere Frage beantwortet: Warum werden wir nicht besser erzogen? Gott gibt uns die Seele; aber das *Genie* müssen wir durch die Erziehung bekommen. Ein Knabe, dessen gesamte Seelenkräfte man, so viel als möglich, beständig in einerlei Verhältnissen ausbildet und erweitert; den man angewöhnet, alles, was er täglich zu seinem kleinen Wissen hinzulernt, mit dem, was er gestern bereits wusste, in der Geschwindigkeit zu vergleichen, und Acht zu haben,

[3] Philosoph (1679–1754), der den Rationalismus kategorisierte und systematisierte; seine Lehre und Begriffe bestimmten um 1750 die deutsche Philosophie.
[4] lat.: alle abhängigen, deklinierbaren Fälle
[5] griech.: erfinderisch; Heuristik: Lehre von Methoden zur Auffindung wissensch. Erkenntnisse

ob er durch diese Vergleichung nicht von selbst auf Dinge kömmt, die ihm noch nicht gesagt worden; den man beständig aus einer Scienz[6] in die andere hinüber sehen lässt; den man lehrt, sich eben so leicht von dem Besondern zu dem Allgemeinen zu erheben, als von dem Allgemeinen zu dem Besondern sich wieder herab zu lassen: Der Knabe wird ein Genie *werden*, oder man kann nichts in der Welt *werden*.

Unter den Übungen nun, die diesem allgemeinen Plane zu Folge angestellt werden müssten, glaube ich, würde die Erfindung äsopischer Fabeln eine von denen sein, die dem Alter eines Schülers am aller angemessensten wären: Nicht, dass ich damit suchte, alle Schüler zu Dichtern zu machen; sondern weil es unleugbar ist, dass das Mittel, wodurch die Fabeln erfunden worden, gleich dasjenige ist, das allen Erfindern überhaupt das allergeläufigste sein muss. Dieses Mittel ist das *Principium der Reduction.* [...]

Doch dieses Principium der Reduction hat seine großen Schwierigkeiten. Es erfordert eine weitläufige Kenntnis des Besondern und aller individuellen Dingen, auf welche die Reduktion geschehen kann. Wie ist diese von jungen Leuten zu verlangen? Man müsste dem Rate eines neuern Schriftstellers folgen, den ersten Anfang ihres Unterrichts mit der Geschichte der Natur zu machen, und diese in der niedrigsten Klasse allen Vorlesungen zum Grunde zu legen. Sie enthält, sagt er, den Samen aller übrigen Wissenschaften, sogar die moralischen nicht ausgenommen. Und es ist kein Zweifel, er wird mit diesem Samen der Moral, den er in der Geschichte der Natur gefunden zu haben glaubt, nicht auf die bloßen Eigenschaften der Tiere, und anderer geringern Geschöpfe, sondern auf die Äsopischen Fabeln, welche auf diese Eigenschaften gebauet werden, gesehen haben.

Aber auch alsdenn noch, wenn es dem Schüler an dieser weitläufigen Kenntnis nicht mehr fehlte, würde man ihn die Fabeln Anfangs müssen mehr *finden*, als *erfinden* lassen; und die allmähligen Stufen von diesem *Finden* zum *Erfinden*, die sind es eigentlich, was ich durch verschiedene Versuche meines *zweiten* Buchs habe zeigen wollen. Ein gewisser Kunstrichter sagt: »Man darf nur im Holz und im Feld, insonderheit aber auf der Jagd, auf alles Betragen der zahmen und der wilden Tiere aufmerksam sein, und so oft etwas Sonderbares und Merkwürdiges zum Vorschein kommt, sich selber den Gedanken fragen, ob es nicht eine Ähnlichkeit mit einem gewissen Charakter der menschlichen Sitten habe, und in diesem Falle in eine symbolische Fabel ausgebildet werden könne.« Die Mühe mit seinem Schüler auf die Jagd zu gehen, kann sich der Lehrer ersparen, wenn er in die alten Fabeln selbst eine Art von Jagd zu legen weiß; indem er die Geschichte derselben bald eher abbricht, bald weiter fortführt, bald diesen oder jenen Umstand derselben so verändert, dass sich eine andere Moral darin erkennen lässt.

- Analysieren Sie Lessings theoretischen Text, indem Sie die besondere Bedeutung der Fabel in der Epoche der Aufklärung herausarbeiten.
- Überprüfen Sie, inwieweit die Fabel »Der Besitzer des Bogens« den Anforderungen gerecht wird.

[6] Wissensgebiet

Gottlieb Conrad Pfeffel Die drei Stände

Die Freiheit kam aus Penns[7] gelobtem Land,
Das alte Reich der Franken zu bereisen.
Hier fand sie einen Mann in Lumpen und in Eisen,
Der auf den Knieen lag. Zu seiner Rechten stand
Ein fetter Erzbischof im purpurnen Gewand;
Ein Ritter zeigte sich mit trotzigem Gesichte
Im Schmucke des Turniers zu seiner linken Hand.
Sie lehnten beide sich mit lästigem Gewichte
Auf ihren Märtyrer. – Stumm sah die Göttin zu,
Sah seinen Schweiß und seine Tränen fließen
Und rief zuletzt: Wie lange liegest du
Als Knecht zu deiner Brüder Füßen?
Auf! strecke das gekrümmte Knie,
Zerbrich die Fesseln deiner Glieder.
Der Sklave tats, trat neben seine Brüder
Und war so groß und größer noch als sie.

Ein schöner Anblick, Freund! Wenn nur die heilge Regel
Des Lichts und Rechts des Riesen Arm regiert;
Sonst ist es eins, ob Zepter oder Flegel,
Ob Krummstab oder Speer das Reich despotisiert.

Friedrich Wilhelm Zachariae Die Republik der Spinnen

Dem Spinnenvolke fiel es ein,
In Zukunft sicherer zu sein
Und nicht jedwedem zu vergönnen,
In ihrem Schloss herumzurennen.

Sie wohnten eben dazumal
In einem großen, wüsten Saal,
Durch dessen offne Fensterbogen
Stets Mücke, Schwalb' und Sperling flogen.
»Wir wollen«, murreten die Spinnen,
»Den Vorteil euch wohl abgewinnen.«
Und zogen in die Läng' und Quer'
Viel Fäden vor den Fenstern her.
Doch Schwalb' und Sperling kamen bald
Und fuhren dreist und mit Gewalt
Durch diese leichten Spinneweben,
Und nur die Mücken blieben kleben.

Fast so wie diese Spinnennetze
Sind oft im Staate die Gesetze.
Kein Mächt'ger wird darin gefangen,
Nur bloß der Schwache bleibt drin hangen.

- Erläutern Sie eine der beiden Fabeln und beziehen Sie diese auf die Gegenwart. Schreiben Sie eine moderne Fabel, z. B. zu einem der folgenden Themen: »Verfassung – Verfassungswirklichkeit«, »Interessengruppen im Bundestag«.

[7] William Penn (1644–1718): Gründer von Pennsylvania; in seinem »heiligen Experiment« schuf er eine Freistatt für Quäker und andere Sekten

Immanuel Kant Beantwortung der Frage: Was ist Aufklärung?

Aufklärung ist der Ausgang des Menschen aus seiner selbst verschuldeten Unmündigkeit. Unmündigkeit ist das Unvermögen, sich seines Verstandes ohne Leitung eines anderen zu bedienen. *Selbstverschuldet* ist diese Unmündigkeit, wenn die Ursache derselben nicht am Mangel des Verstandes, sondern der Entschließung und des Mutes liegt, sich seiner ohne Leitung eines andern zu bedienen. Sapere aude! Habe Mut, dich deines *eigenen* Verstandes zu bedienen! ist also der Wahlspruch der Aufklärung.

Faulheit und Feigheit sind die Ursachen, warum ein so großer Teil der Menschen, nachdem sie die Natur längst von fremder Leitung frei gesprochen (naturaliter maiorennes), dennoch gerne zeitlebens unmündig bleiben; und warum es anderen so leicht wird, sich zu deren Vormündern aufzuwerfen. Es ist so bequem, unmündig zu sein. Habe ich ein Buch, das für mich Verstand hat, einen Seelsorger, der für mich Gewissen hat, einen Arzt, der für mich die Diät beurteilt, u.s.w.: so brauche ich mich ja nicht selbst zu bemühen. Ich habe nicht nötig zu denken, wenn ich nur bezahlen kann; andere werden das verdrießliche Geschäft schon für mich übernehmen. Dass der bei weitem größte Teil der Menschen (darunter das ganze schöne Geschlecht) den Schritt zur Mündigkeit, außer dem dass er beschwerlich ist, auch für sehr gefährlich halte: dafür sorgen schon jene Vormünder, die die Oberaufsicht über sie gütigst auf sich genommen haben. Nachdem sie ihr Hausvieh zuerst dumm gemacht haben, und sorgfältig verhüteten, dass diese ruhigen Geschöpfe ja keinen Schritt außer dem Gängelwagen, darin sie sie einsperreten, wagen durften: So zeigen sie ihnen nachher die Gefahr, die ihnen drohet, wenn sie es versuchen, allein zu gehen. Nun ist diese Gefahr zwar eben so groß nicht, denn sie würden durch einigemal Fallen wohl endlich gehen lernen; allein ein Beispiel von der Art macht doch schüchtern, und schreckt gemeiniglich von allen ferneren Versuchen ab.

Es ist also für jeden einzelnen Menschen schwer, sich aus der ihm beinahe zur Natur gewordenen Unmündigkeit herauszuarbeiten. Er hat sie sogar lieb gewonnen, und ist vor der Hand wirklich unfähig, sich seines eigenen Verstandes zu bedienen, weil man ihn niemals den Versuch davon machen ließ. Satzungen und Formeln, diese mechanischen Werkzeuge eines vernünftigen Gebrauchs oder vielmehr Missbrauchs seiner Naturgaben, sind die Fußschellen einer immerwährenden Unmündigkeit. Wer sie auch abwürfe, würde dennoch auch über den schmalesten Graben einen nur unsicheren Sprung tun, weil er zu dergleichen freier Bewegung nicht gewöhnt ist. Daher gibt es nur wenige, denen es gelungen ist, durch eigene Bearbeitung ihres Geistes sich aus der Unmündigkeit heraus zu wickeln, und dennoch einen sicheren Gang zu tun.

Dass aber ein Publikum sich selbst aufkläre, ist eher möglich; ja es ist, wenn man ihm nur Freiheit lässt, beinahe unausbleiblich. Denn da werden sich immer einige Selbstdenkende, sogar unter den eingesetzten Vormündern des großen Haufens, finden, welche, nachdem sie das Joch der Unmündigkeit selbst abgeworfen haben, den Geist einer vernünftigen Schätzung des eigenen Werts und des Berufs jedes Menschen, selbst zu denken, um sich verbreiten werden.

Immanuel Kant Idee zu einer allgemeinen Geschichte in weltbürgerlicher Absicht

Fünfter Satz.

Das größte Problem für die Menschengattung, zu dessen Auflösung die Natur ihn zwingt, ist die Erreichung einer allgemein das Recht verwaltenden bürgerlichen Gesellschaft. Da nur in der Gesellschaft, und zwar derjenigen, die die größte Freiheit, mithin einen durchgängigen Antagonismus ihrer Glieder, und doch die genaueste Bestimmung und Sicherung der Grenzen dieser Freiheit hat, damit sie mit der Freiheit anderer bestehen könne –, da nur in ihr die höchste Absicht der Natur, nämlich die Entwicklung aller ihrer Anlagen, in der Menschheit erreicht werden kann, die Natur auch will, dass sie diesen, so wie alle Zwecke ihrer Bestimmung, sich selbst verschaffen solle: so muss eine Gesellschaft, in welcher *Freiheit unter äußeren Gesetzen* im größtmöglichen Grade mit unwiderstehlicher Gewalt verbunden angetroffen wird, d. i. eine vollkommen *gerechte bürgerliche Verfassung,* die höchste Aufgabe der Natur für die Menschengattung sein; weil die Natur, nur vermittels der Auflösung und Vollziehung derselben, ihre übrigen Absichten mit unserer Gattung erreichen kann. In diesen Zustand des Zwanges zu treten, zwingt den sonst für ungebundene Freiheit so sehr eingenommenen Menschen die Not; und zwar die größte unter allen, nämlich die, welche sich Menschen untereinander selbst zufügen, deren Neigungen es machen, dass sie in wilder Freiheit nicht lange neben einander bestehen können. Allein in einem solchen Gehege, als bürgerliche Vereinigung ist, tun eben dieselben Neigungen hernach die beste Würkung: so wie Bäume in einem Walde eben dadurch dass ein jeder dem andern Luft und Sonne zu benehmen sucht, einander nötigen, beides über sich zu suchen, und dadurch einen schönen geraden Wuchs bekommen; statt dass die, welche in Freiheit und von einander abgesondert ihre Äste nach Wohlgefallen treiben, krüppelig, schief und krumm wachsen. Alle Kulturen und Kunst, welche die Menschheit zieret, die schönste gesellschaftliche Ordnung, sind Früchte der Ungeselligkeit, die durch sich selbst genötigt wird, sich zu disziplinieren und so, durch abgedrungene Kunst, die Keime der Natur vollständig zu entwickeln.

- Markieren Sie die zentralen Begriffe der Texte und begründen Sie Ihre Auswahl.
- Wie rechtfertigt Kant die Notwendigkeit politischer Herrschaft? Setzen Sie sich mit seiner Auffassung auseinander. Informieren Sie sich über die zeitgenössische Biologie, an der sich Kant orientiert hat.
- Suchen Sie aus Zeitungen und Zeitschriften Texte und Bilder zum Thema »selbstverschuldete Unmündigkeit heute« heraus und fertigen Sie eine Collage an.

Georg Christoph Lichtenberg Aphorismen

Die Lüftung der Nation kommt mir zur Aufklärung derselben unumgänglich nötig vor. Denn was sind die Menschen anderes als alte Kleider? Der Wind muss durchstreichen. Es kann sich jedermann die Sache vorstellen, wie er will; allein ich stelle mir jeden Staat wie einen Kleiderschrank vor, und die Menschen als die Kleider desselben. Die Potentanten sind die Herren, die sie tragen und zuweilen bürsten und ausklopfen, und wenn sie sie abgetragen haben, die Tressen ausbrennen und das Zeug wegschmeißen. Aber die Lüftung fehlt; ich meine, dass man sie auf den Boden hängt. Wenn der Kaiser einmal seine ungarischen Schafe auf den Sand in der Mark triebe, und der König von Preußen die seinigen in Ungarn weiden ließe, was würde da nicht die Welt gewinnen!

Aufklärung in allen Ständen besteht eigentlich in *richtigen Begriffen von unsern wesentlichen Bedürfnissen.*

Man spricht viel von Aufklärung, und wünscht mehr Licht. Mein Gott was hilft aber alles Licht, wenn die Leute entweder keine Augen haben, oder die, die sie haben, vorsätzlich verschließen?

Was man von dem Vorteile und Schaden der *Aufklärung* sagt, ließe sich gewiss gut in einer Fabel vom Feuer darstellen. Es ist die Seele der unorganischen Natur, sein mäßiger Gebrauch macht uns das Leben angenehm, es erwärmt unsere Winter und erleuchtet unsere Nächte. Aber das müssen Lichter und Fackeln sein, die Straßenerleuchtung durch angezündete Häuser ist eine sehr böse Erleuchtung. Auch muss man Kinder nicht damit spielen lassen.

Ein gutes Mittel, gesunden Menschenverstand zu erlangen, ist ein beständiges Bestreben nach deutlichen Begriffen, und zwar nicht bloß aus Beschreibungen anderer, sondern so viel möglich durch eigenes Anschauen. Man muss die Sachen oft in der Absicht ansehen, etwas daran zu finden, was andere noch nicht gesehen haben; von jedem Wort muss man sich wenigstens einmal eine Erklärung gemacht haben, und keines brauchen, das man nicht versteht.

Zweifle an allem wenigstens einmal, und wäre es auch der Satz: zweimal 2 ist 4.

Kurt Tucholsky Schrei nach Lichtenberg

Was! Einen Kerl nicht wieder neu zu drucken, der einen Verstand gehabt hat wie ein scharf geschliffenes Rasiermesser, ein Herz wie ein Blumengarten, ein Maulwerk wie ein Dreschflegel, einen Geist wie ein Florett... das muß man sich bei den Antiquaren mühsam zusammensuchen? Diesen herrlichen Mann, der einen Buckel voll Witz, Sentimentalität, Klugheit, guter Laune, Lust, aus Schmerz geboren, mit sich herumzutragen hatte – das liegt brach? Es ist vielleicht kein ›Geschäft‹... ich weiß das nicht; ich bin kein Kaufmann. Aber wer Lichtenberg ist, das weiß ich. [...]

Wer die Gewohnheit hat, in Büchern etwas anzustreichen, der wird seine Freude haben, wie sein Lichtenberg nach der Lektüre aussieht. Das beste ist: Er macht gleich einen einzigen dicken Strich, denn mit Ausnahme der physikalischen und lokalen Eintragungen ist das alles springlebendig wie am ersten Tag. Nur ein wirklich frommer Mensch darf so gute Witze über die Religion machen wie dieser hier. »Die Allmacht Gottes im Donnerwetter wird nur bewundert entweder zur Zeit, da keines ist, oder hintendrein beim Abzuge.«

Das strahlt in allen Regenbogenfarben ernsthaften Witzes. Manchmal reißt er ganze Bände der Entwicklungsgeschichte in einen einzigen Aphorismus zusammen. »Es ist ein großer Unterschied zwischen etwas noch glauben und es wieder glauben. Noch glauben, daß der Mond auf die Pflanzen wirke, verrät Dummheit und Aberglaube, aber es wieder glauben, zeugt von Philosophie und Nachdenkern.«

Und der Herr Universitätsprofessor in Göttingen, der Gottfried Bürger[8] begraben geholfen hat, war zu allem andern ein Stück verschütteter Dichter. »So traurig stund er da wie das Trinckschälgen eines crepierten Vogels.« Und so hundertmal.

Von dem, was in diesen »Sudelbüchern«, wie er das genannt hat, an Witz heute verschüttet liegt, leben andre Leute ihr ganzes Leben. »Er hatte ein paar Stückchen auf der Metaphysik spielen gelernt.« Und: »Er trieb einen kleinen Finsternis-Handel.« Und so in infinitum.

Nein, die Welt ändert sich nicht, und dies ist ein sehr aktueller Schriftsteller; er ist niemals etwas andres gewesen. Die Leute zitieren immer seine Beschreibungen zu Hogarths[9] Bildern, die recht gut sind und seine Schilderung des Garrickschen[10] Hamlets, die besser ist – aber das Wesentliche dieses einzigartigen Geistes liegt in seinen Aphorismen. Und in seinen Briefen. Der Brief zum Beispiel, den er geschrieben, als ihm sein kleines Blumenmädchen, mit dem er zusammen lebte, starb, reicht an jenen Lessings heran, den der nach dem Tode seiner Frau schrieb. Lichtenberg hatte ein heißes Herz und einen kalten Verstand.

Und fand dann solche Schlussformeln wie diese, die einem Wappenspruch gleicht und einer Grabschrift und einem Satz, den man seinem Kinde mit auf den Lebensweg geben kann:

Der Weisheit erster Schritt ist: Alles anzuklagen.
Der Letzte: sich mit allem zu vertragen.

In Deutschland erscheinen alljährlich dreißigtausend Bücher. Wo ist Lichtenberg –? Wo ist Lichtenberg –? Wo ist Lichtenberg –?

- Erläutern Sie anhand der vorgelegten Beispiele, warum der Aphorismus als literarische Kurzform in der Epoche der Aufklärung eine Blütezeit erlebte.
- Suchen Sie in Tageszeitungen (v. a. im Feuilleton) oder in Kalendern Aphorismen und präsentieren Sie sie als Denkanstöße.

[8] Dichter (1747–1794); v. a. Balladen, für Vereinigung von Volks-, Natur- und Kunstpoesie
[9] englischer Maler und Kupferstecher (1697–1764)
[10] engl. Schauspieler und Theaterleiter (1716–1779); von großer Bedeutung für das Theater (realistischer Stil); seine Shakespeare-Tradition war für das deutsche Theater wichtig

Über die Fachgrenzen...

Leitideen und Protagonisten der europäischen Aufklärung

- Ergänzen Sie die Mind-Map.
  Inwiefern kann man von der Aufklärung als einer europäischen Bewegung sprechen?

Ausstellung

Gestalten Sie im Anschluss an dieses Kapitel eine multimediale Ausstellung, z. B. zu dem Thema »Die Epoche der Aufklärung«. Beziehen Sie dabei Ihre bisherigen Ergebnisse, z. B. die von Ihnen entworfenen Collagen und Wandzeitungen, mit ein. Bereiten Sie die Ausstellung interaktiv auf, d. h., beziehen Sie die Ausstellungsbesucher mit ein. Anregungen finden Sie z. B. in aktuellen Ausstellungen.
Vorüberlegungen zu Zielen der Ausstellung:
- Meinungsäußerung provozieren und Diskussion anregen;
- sachliche Informationen liefern, aber auch Emotionen sichtbar machen;
- Hintergründe klären, Fragen beantworten;
- auf Kontroversen aufmerksam machen;
- das Thema mit allen Sinnen erfahren.

Zur Konzeption:
- Thema präzisieren;
- Adressatenkreis klären;
- räumliche und technische Möglichkeiten (z. B. Lichtregie) berücksichtigen;
- Rahmen für Eröffnung und Abschluss finden;
- Öffentlichkeitsarbeit: Einladung, Werbung, Pressemitteilungen;
- variationsreiche Auswahl an Ausstellungsstücken: Text, Bilder, Objekte, Modelle.

Nutzen Sie das Know-how von Arbeitsgruppen in der Schule, z. B. Theater-AG, Redaktion der Schülerzeitung, Musik-Gruppen.

Evaluation

Es gibt verschiedene Möglichkeiten, Projekte bzw. Arbeitsprozesse zu evaluieren, d. h. rückwirkend zu betrachten und dabei auszuwerten, z. B.
- **3 mal 3:** Schreiben Sie jeweils drei positive Dinge, drei negative Dinge und drei Verbesserungsvorschläge auf einen kleinen Zettel. Die Zettel werden eingesammelt und anschließend ausgewertet.
- **Feedback-Tafeln:** Befestigen Sie in den Ecken Ihres Kursraumes Plakate, die folgende Einleitungssätze enthalten: »Mich hat gestört...«, «Mir hat gefallen...«, »Für die nächste Projektarbeit wünsche ich mir...«. Ergänzen Sie die einzelnen Plakate und diskutieren Sie die Ergebnisse im Plenum.
- **Telegramm:** Schreiben Sie ein Telegramm, das aus elf Wörtern besteht, an eine Ihnen bekannte Person und nehmen Sie darin zu dem Projekt Stellung.
- **Blitzlicht** (s. S.103)

Aufklärung – ein unvollendeter Prozess

Max Frisch Die chinesische Mauer

Mutter: Ich bin eine chinesische Bäuerin. Ich heiße Olan. Ich bin die Mutter, die niemals eine Rolle spielt in der Geschichte der Welt.

Der Heutige: (Das sagt sie natürlich nur, weil sie später, wie wir sehen werden, durchaus eine Rolle spielt, sogar eine entscheidende Rolle.)

Mutter: Wir leben in der Zeit des Ersten Erhabenen Kaisers, Tsin Sche Hwang Ti, genannt der Himmelssohn, der immer im Recht ist. Wir kommen aus dem Lande Tschau. Ein Jahr lang sind wir gepilgert. Sieben Mal kamen wir in eine Überschwemmung, dreißig Mal kamen wir unter die Soldaten, neunzig Mal verfehlten wir den Weg, weil's keinen gibt. Schau einer meine Füßchen an! Du aber bist ein redlicher Mensch, Herr, das sehen wir wohl, und wenn du uns sagst, Herr, daß wir in Nanking sind –

Der Heutige: Wir sind in Nanking.

Mutter: Wang! Hast du gehört?

Der Sohn nickt.

Wang! Wir sind in Nanking. Wang!

Die Mutter umarmt ihren Sohn.

Der Heutige: Warum weinen Sie?

Mutter: Ein Jahr lang, Herr, ein volles Jahr –

Der Heutige: – sind Sie gepilgert, ich verstehe.

Mutter: Kennst du den Jangtsekiang?

Der Heutige: Aus dem Atlas, gewiß.

Mutter: Ein Jahr lang hinauf, dann links: Eine liebliche Gegend, Herr, eine fruchtbare Gegend, du kannst mir glauben, viel Arbeit für uns, viel Ernte für den Kaiser, Hafer und Hirse, Reis und Tabak, Bambus, Baumwolle, Mohn, auch Taifune gibt es dort, Affen und Fasane –

Der Heutige: Und da kommt ihr her.

Mutter: Da kommen wir her.

Der Heutige: Was wollt ihr in Nanking?

Mutter: Wang! Hast du gehört? Er fragt, was wir in Nanking wollen. Wang! Das fragt er. Hast du gehört?

Der Sohn lacht ohne Stimme.

Wir wollen unseren Kaiser sehen! Tsin Sche Hwang Ti, genannt der Himmelssohn, der immer im Recht ist. Sie sagen, es ist nicht wahr.

Der Heutige: Was ist nicht wahr?

Mutter: Sie sagen es im ganzen Land.

Der Heutige: Was?

Mutter: Er ist kein Himmelssohn, sagen sie... Das ist mein Sohn. Mein Sohn ist stumm. Er hat es nicht von mir.

Der Heutige: Stumm?

Mutter: Vielleicht ist es ein Glück, daß er stumm ist... Wirklich, mein Sohn, wirklich! Es wird so viel dummes Zeug geredet, bloß weil die Leute reden können. Was kommt dabei heraus! Seit vierzig Jahren schon sagen sie, es müsse anders werden. Besser werden. Gerechtigkeit werden. Friede werden... Herr, hast du das Neueste gehört?

DER HEUTIGE: Noch habe ich in Nanking mit niemand gesprochen.

Die Mutter tuschelt ihm ins Ohr.

Min Ko?

MUTTER: So heißen sie ihn. Stimme des Volkes! Aber niemand hat ihn je gesehen. Man kennt nur seine Sprüche.

Man hört Trommeln.

Da kommen sie schon wieder!

Auftreten ein chinesischer Ausrufer, ein Soldat mit Trommel, ein Soldat mit Lanze, ein Soldat mit Schemel für den Ausrufer.

AUSRUFER: »Wir, Tsin Sche Hwang Ti, das aber heißt: Der Erste Erhabene Kaiser, genannt Himmelssohn, der immer im Recht ist, erlassen an die gehorsamen Völker unseres Reiches die folgende Kunde:–«

Trommelwirbel

»Der Sieg ist unser. Zerschmettert sind die hündischen Barbaren der Steppe, unsere letzten Feinde. In den Lachen ihres eignen Blutes, wie versprochen, liegen die hündischen Barbaren der Steppe, das aber heißt: Die Welt ist unser.«

Trommelwirbel

MUTTER: Heil. Heil. Heil.

Der chinesische Ausrufer blickt auf den Heutigen und wartet.

DER HEUTIGE: Heil –

Trommelwirbel

AUSRUFER: »Völker unseres Reiches! Es lebt an diesem Tag ein letzter Widersacher in unserem Land, ein einziger Mann, der sich die Stimme des Volkes nennt: Min Ko. In den hintersten Winkeln unseres Reiches werden wir ihn suchen und finden. Sein Kopf auf die Lanze! Und einem jeden, der seine Sprüche in den Mund nimmt, soll das gleiche geschehen: Sein Kopf auf die Lanze!«

Trommelwirbel

- Ordnen Sie den Textauszug in den thematischen Kontext (Aufklärung – ein unvollendeter Prozess) ein.

Günter Grass **Die Rättin**

Unser Vorhaben hieß: Nicht nur, wie man mit Messer
und Gabel, sondern mit seinesgleichen auch,
ferner mit der Vernunft, dem allmächtigen Büchsenöffner
umzugehen habe, solle gelernt werden
nach und nach.

Erzogen möge das Menschengeschlecht sich frei,
jawohl, frei selbstbestimmen, damit es,
seiner Unmündigkeit ledig, lerne, der Natur behutsam,
möglichst behutsam das Chaos
abzugewöhnen.

Im Verlauf seiner Erziehung habe das
Menschengeschlecht
die Tugend mit Löffeln zu essen, fleißig den Konjunktiv
und die Toleranz zu üben,
auch wenn das schwerfalle
unter Brüdern.

Eine besondere Lektion trug uns auf,
den Schlaf der Vernunft zu bewachen,
auf daß jegliches Traumgetier
gezähmt werde und fortan der Aufklärung brav
aus der Hand fresse.

Halbwegs erleuchtet mußte das Menschengeschlecht
nun nicht mehr planlos im Urschlamm verrückt spielen,
vielmehr begann es, sich mit System zu säubern.
Klar sprach erlernte Hygiene sich aus: Wehe
den Schmutzigen!

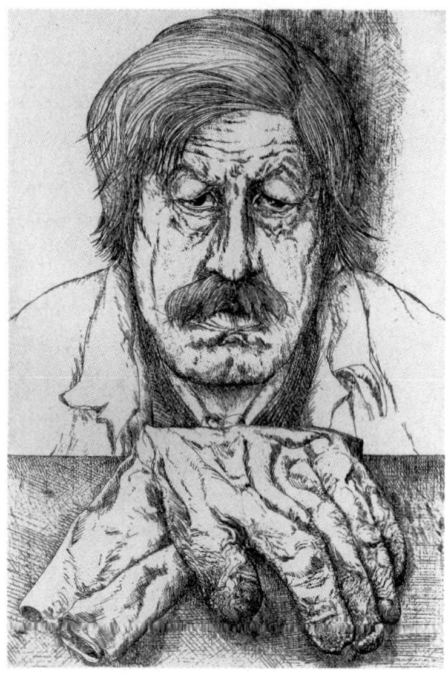

Sobald wir unsere Erziehung fortgeschritten nannten,
wurde das Wissen zur Macht erklärt
und nicht nur auf Papier angewendet. Es riefen
die Aufgeklärten: Wehe
den Unwissenden!

Als schließlich die Gewalt, trotz aller Vernunft,
nicht aus der Welt zu schaffen war, erzog sich
das Menschengeschlecht zur gegenseitigen Abschreckung.
So lernte es Friedenhalten, bis irgendein Zufall
unaufgeklärt dazwischenkam.

Da endlich war die Erziehung des Menschengeschlechts
so gut wie abgeschlossen. Große Helligkeit
leuchtete jeden Winkel aus. Schade, daß es danach
so duster wurde und niemand mehr
seine Schuhe fand.

Ein Nobelpreisträger: Günter Grass

Günter Grass bekommt 1999 den Nobelpreis für Literatur für seine Lebensleistung, die Schwedische Akademie beruft sich aber vor allem auf »Die Blechtrommel«, den großen Erfolg von 1959, inzwischen ein Werk der Weltliteratur. Grass habe »in munter schwarzen Fabeln das vergessene Gesicht der Geschichte gezeichnet« und »in der öffentlichen Debatte seines Heimatlandes ist er Kraftquelle und Fels des Ärgernisses, aber für literarische Größen draußen in der Welt ein bewunderter Vorgänger«. Günter Grass wird am 16. Oktober 1927 in Danzig-Langfuhr geboren, ist 1944–46 Luftwaffenhelfer, dann im Arbeitsdienst, schließlich Panzerschütze, wird verwundet und gerät in amerikanische Kriegsgefangenschaft. 1946/47 arbeitet er als Landarbeiter, Bergmann in einer Kali-Grube und dann 1947/48 in einem Steinmetzpraktikum. 1948-1952 studiert er Bildhauerei und Grafik an der Kunstakademie in Düsseldorf, 1953-1956 an der Hochschule für Bildende Künste in Berlin.

Günter Grass ist eine der außergewöhnlichen Doppelbegabungen der deutschen Literatur: Zuerst als Bildhauer, dann vor allem als Grafiker, später als Schriftsteller besonders erfolgreich mit Lyrik (oft in Verbindung mit Grafik) und Epik ist er immer auch ein politischer Mensch und Aufklärer im umfassenden Sinne. Er wird zu einer öffentlichen Person, die sich immer wieder engagiert für Demokratie und Minderheiten und einmischt in den Dialog zwischen Politik und Kultur, in die politischen und gesellschaftlichen Auseinandersetzungen – bis hin zum Einsatz als Wahlkampfredner für die SPD bei Bundestagswahlkämpfen. Im politischen Tagesgeschehen sucht er empört bei öffentlichen Auftritten den Streit.

Günter Grass Der Traum der Vernunft

Rede zur Eröffnung der Veranstaltungsreihe »Vom Elend der Aufklärung« in der Akademie der Künste, Berlin

Meine Damen und Herren,
bevor Voltaire, Rousseau und Diderot einander widersprechen und eine Epoche ausschreiten, deren verwirrte Nachfahren wir sind, soll eine Grafik vorgestellt werden, deren Emblematik Spekulationen zuläßt. Die Unterschrift »Der Traum der Vernunft erzeugt Ungeheuer« hat Goya einer Aquatinta-Radierung beigegeben, die einen über seinem Schreibwerkzeug schlafenden Mann zeigt, hinter dem Nachtgetier, Eulen und Fledermäuse flattern und ein Raubtier lagert: fast Luchs, noch Katze. Doch da das spanische Wort für Traum auch Schlaf bedeuten kann, könnte der Untertitel des beängstigenden Bildes auch heißen: »Der Schlaf der Vernunft erzeugt Ungeheuer.«

Und schon ist der Streit entfesselt, tritt das Elend der Aufklärung zutage, sind wir beim Thema.

Zweierlei Tätigkeit wird bildhaft der Vernunft unterstellt: Indem sie träumt, gebiert sie Ungeheuer, ihre Träume sind Ungeheuer – oder: weil die Vernunft schläft, ist den nächtlichen Ungeheuern Freiraum gegeben, macht sich Unvernunft breit, wird das mühsame Werk der Aufklärung überschattet, mit Dunkelheit überzogen, zunichte.

Die erste Deutung spricht für sich: Die Vernunft, des Menschen besondere, ihn auszeichnende Gabe, ist gleichwohl fähig, sobald sie träumt, Ungeheuer, sprich, erschreckende Visionen und Utopien als Schreckensherrschaft zu entwerfen. Vergangenheit und Gegenwart bestätigen diese Deutung, denn alle bis heute wirksamen Ideologieentwürfe sind Träume aufklärender Vernunft und haben – hier als Verelendung produzierender Kapitalismus, dort als mit Zwang herrschender Kommunismus – ihre Ungeheuerlichkeit bewiesen.

Die zweite Deutung wirft Fragen auf, die, sobald sie beantwortet werden, neue Fragen hecken. Etwa: Darf die Vernunft, weil sie schlafend den Ungeheuern, also dem Irrationalismus das Feld überläßt, niemals schlafen? Natürlich nicht, sagen wir. Wo kommen wir hin, wenn die Vernunft schläft. Nie wieder darf die Vernunft schlafen, darf uns die Vernunft einschlafen. Wehret den Anfängen! Nicht einmal ermüdet blinzeln darf sie. Eine allzeit wache Vernunft fordern wir als gebrannte Kinder einer Epoche, in der die Vernunft schlief und das Ungeheuer, Faschismus genannt, geboren wurde.

Dennoch gibt die Gegenfrage nicht Ruhe: Was ist das für eine Vernunft, die nicht schlafen, den Traum nicht zulassen darf? Ist diese immerwache Vernunft nicht gleichfalls schrecklich und tagheller Ungeheuerlichkeiten fähig? Wird diese Vernunft, die aufklären, erhellen, erleuchten soll, nicht letzten Endes – und schon tut sie es – uns alle durchleuchten, durchsichtig, gläsern, erfaßbar machen, auf daß wir ohne Geheimnis und Nachtseite sind? Hat nicht diese überwache, sich wissenschaftlich nennende Vernunft den vormals weitgefaßten Begriff von Fortschritt auf technisches Maß, auf einzig das technische Machbare reduziert? Eine Vernunft, die nicht schlafen darf, die mittlerweile, selbst wenn sie schlafen wollte, Schlaf nicht mehr fände, eine schlaflose Vernunft gibt kaltes Licht und macht frösteln; dabei wären Träume vonnöten, Nachtflüge der Einbildungskraft und Märchen, aus deren Getier – Fledermaus, Eule und Luchs – gleichwohl Vernunft spräche. [...]

Das Fortschreiben der Aufklärung setzt Zukunft voraus. Selbst wenn sich Kraft fände, ihren vernutzten Zustand wieder aufzuputzen, ihr Elend zu schmälern, bliebe dennoch die Zukunft in weiten Bereichen von Zerstörungsprozessen besetzt, die allesamt vernunftbestimmt sind. Annähernd aufgezehrt oder ruiniert ist die Zukunft: ein Abschreibeprojekt.

Untersuchen Sie anhand der Texte von Günter Grass, inwiefern die Textsorte die Behandlung des Themas bestimmt. Analysieren Sie die jeweils verwendeten sprachlichen Mittel.

Günter Grass Racine läßt sein Wappen ändern

Ein heraldischer Schwan
und eine heraldische Ratte
bilden – oben der Schwan,
darunter die Ratte –
das Wappen des Herrn Racine.

Oft sinnt Racine
über dem Wappen und lächelt,
als wüßte er Antwort,
wenn Freunde nach seinem Schwan
fragen,
aber die Ratte meinen.

Es steht Racine
einem Teich daneben
und ist auf Verse aus,
die er kühl und gemessen
mittels Mondlicht und Wasserspiegel
verfertigen kann.

Schwäne schlafen
dort wo es seicht ist,
und Racine begreift jenen Teil seines
Wappens,
welcher weiß ist
und der Schönheit als Kopfkissen dient.

Es schläft aber die Ratte nicht,
ist eine Wasserratte
und nagt, wie Wasserratten es tun,
von unten mit Zähnen
den schlafenden Schwan an.

Auf schreit der Schwan,
das Wasser reißt,
Mondlicht verarmt und Racine
beschließt,
nach Hause zu gehen,
sein Wappen zu ändern.

Fort streicht er die heraldische Ratte.
Die aber hört nicht auf, seinem Wappen
zu fehlen.
Weiß stumm und rattenlos
wird der Schwan seinen Einsatz ver-
schlafen –
Racine entsagt dem Theater.

- Analysieren Sie das Gedicht, insbesondere den Zusammenhang zwischen der Handlung, dem Wappen und dem Autor Racine sowie der Intention seiner Dichtung. Welche Auffassung von Literatur und von der Rolle des Schriftstellers hat Grass? Vergleichen Sie dazu sein Leben und seine Werke.
- Informieren Sie sich über die Vergabe des Literatur-Nobelpreises in den letzten zehn Jahren. Welche Kriterien haben dabei eine Rolle gespielt?
- Welchen Stellenwert haben Literaturpreise in Deutschland? Informieren Sie sich über den Büchner-Preis, ziehen Sie dazu auch die Reden der Preisträger heran.

Günter Kunert Aufklärung I

Dass die Aufklärung gescheitert sei, ist eine um sich greifende Erkenntnis, bald vermutlich eine Binsenweisheit, ohne dass generell klar würde, worin denn dieses Scheitern bestünde. Die Frage danach erfordert keineswegs viele Antworten: Die erste, vielleicht paradox klingende, würde heißen: An ihrem Erfolg.

Sie ist eigentlich ihr eigenes Opfer. Nachdem sie mit Vehemenz Gott und die Götter von der Weltbühne vertrieben, den Glauben zersetzt, die »Infame«[11] entmachtet und mittels ihrer Wissenschaftlichkeit alle Phänomene, die wir Selbst- und Ichsüchtigen immer auf uns bezogen, als Naturerscheinungen entlarvt hat, sodass am Ende die Spielfläche von Illusionen, Fantasmen, Aberglauben, Irrtümern und Unvernünften frei war, blieb nur noch die leere Kulisse. Die Aufklärung hatte versäumt, anstelle der von ihr ausgelöschten oder zerstörten Glaubensbilder, der ahnungsvollen Deutungen, der Visionen und Träume etwas anderes zu setzen und somit das metaphysische Bedürfnis, das den Schwund seiner Objekte immer überlebt, sich selbst überlassen: Ein dürstendes Geschöpf, dem die Quelle versiegt war.

Es scheint, dass dieses freischweifende, kein Ziel mehr findende ungestillte Verlangen nach Transzendenz jenes unbekannte Unbehagen, jene innere Trostlosigkeit hervorruft, von der gegenwärtig viele befallen sind.

Aber die Aufklärung, stolz über ihr Vernichtungswerk, zeigt sich nicht nur außerstande, es als solches zu begreifen, sondern auch, das entstandene Vakuum wieder aufzufüllen. Dem irrationalen Verlangen des Menschen ist sie nicht gewachsen: Sie, deren Grundlage die Naturwissenschaft in all ihren Formen war und ist, wäre daher, sogar bei Einsicht in ihr Versagen, nicht fähig, die abgeräumten Podeste mit »besseren« Göttern zu versehen: Das ist ihr sui generis[12] nicht gegeben. So steht sie vor einem selbstverursachten Scherbenhaufen und kann nicht ersetzen, was sie abgeschafft hat, und muss sich nun deswegen anklagen lassen. So berechtigt und wohl auch unvermeidlich ihre destruktive Arbeit gewesen ist, die Notwendigkeit, auf den freien Plätzen etwas Neues zu begründen, besteht weiter: Vermutlich wird aus den Krämpfen der Sinnlosigkeit und Langeweile etwas geboren werden, das eine ferne zweite Aufklärung, da die erste sich diskreditiert hat, kaum mehr beseitigen könnte. Das Sinken der Tötungshemmung, den Schwund der Gewissen allerorten muss sich die Aufklärung als ihren letzten Triumph zuschreiben lassen.

- Formulieren Sie mit eigenen Worten die Vorwürfe Kunerts gegenüber der Aufklärung. Sind seine Erwartungen realisierbar?
- Schreiben Sie – auch im Anschluss an die Texte von Günter Grass – eigene Utopien zu einem selbst gewählten Aspekt der Aufklärung.

[11] écrasez l'infame = zerschlagt die Niederträchtige; Ausspruch Voltaires gegen die Kirche und später Religion allgemein
[12] von Natur aus

Essay

Der Essay (aus dem Französischen *essai = Versuch*) ist eine Textsorte, die inhaltlich und gestalterisch nicht eng umgrenzt werden kann. Er setzt sich in meist kürzerem Umfang mit aktuellen Fragen, Erscheinungen, Problemen des kulturellen Lebens auseinander.

Der Essay lebt vom Spiel mit den Gedanken in lockerer, geistreicher Form und bietet so einen breiten Spielraum, individuell zu formulieren und Gedankengänge zu verbinden, statt sich strengen Regeln wissenschaftlicher Analytik und Systematik unterwerfen zu müssen.

TIPP:

Brainstorming und Blitzlicht bieten die Möglichkeiten für einen Einstieg in den Essay. Sammeln Sie zu einem vorgegebenen Begriff oder zu einer Aussage Bilder, treffende Wendungen, Zitate usw. und verbinden Sie sie assoziativ miteinander. Im Vordergrund stehen die Freude zu formulieren und, ganz persönlich geprägt, am spielerischen Umgang mit den Möglichkeiten unserer Sprache.

- Schreiben Sie einen Essay, z. B. zu einem der folgenden Themen:
  – »Über die selbstverschuldete Unmündigkeit in der modernen Gesellschaft«,
  – »Toleranz und Konkurrenz im Kurssystem der Oberstufe«.

Günter Grass: *Gegenbewegung, 1982*

Ludwig Marcuse **Im Blick auf die dritte Aufklärung**

Unaufgeklärte Aufklärer

Die großen Worte, mit denen die herrschenden Dichter und Denker regieren (und auch die anderen Vokabeln, die schon von oben in den Alltag der misera plebs abgesunken sind), verhindern: dass viele Erfahrungen vieler Einzelner in ihr Bewusstsein gelangen. Es ist wohl noch nie untersucht worden, wieweit die Schöpfer mächtiger Universalien (Hegel, Marx, Freud...), welche die Gegenwart kontrollieren, ihre Nutznießer nicht nur scharfsinnig, auch blödsinnig gemacht haben.

Man sollte vier dieser umfassenden Griffe (es gibt viel mehr) auseinander halten, gemäß der Art und Weite des Reichs, das sie umgreifen, etwa: Tisch, Aufklärung, Menschheit, Universum. Einmal ist das Vorhandensein eines Gegenstandes, der benutzt wird, gemeint: In dem Wozu hat er seine Definition. Wird es zweckentfremdet, »umfunktioniert« (wie man heute diese uralte Veranstaltung benennt), so verliert das Wort Tisch (wenn man zum Beispiel auf ihm übernachtet) jeden Sinn. Im heutigen Umfunktionieren des Vokabulars ist per Exempel, »Toleranz« – die repressive, also intolerante – eine Glanznummer.

Eine andere Art umfänglichen Sprachausdrucks hat man in »Menschheit«: die Bezeichnung für eine Kompilation aller Zweibeiner, oder, noch toller, »Universum« alles Seienden (in der extremsten Bedeutung). Und dann gibt es, zum Beispiel, dies besondere Allgemeine, die Konstante in einem geschichtlichen Prozess, der in jeder Gegenwart eine Abwandlung zeigt, ein sich wandelndes Gleiches: etwa »Aufklärung«. Der vielzitierte Kant stellte das allen Aufklärungen Gemeinsame heraus: »Hab' den Mut, dich deines Verstandes zu bedienen«; wobei anzumerken ist, dass er vielleicht auch meinte: Deiner Erfahrungen. Aber: Obwohl er den Verstand rücksichtslos examinierte, fiel er doch immer wieder zurück in die Vorstellung von einer »natürlichen Vernunft«, dem lumen naturale. Dass dies »Licht« nicht natürlich ist, sondern von sehr verschiedener Natur in diesem oder jenem Fall, macht aus der »Aufklärung« eine Reihe von Aufklärungen – und Verklärungen. Man zitiere nicht immer wieder rituell Kant: »Aufklärung ist der Ausgang des Menschen aus seiner selbstverschuldeten Unmündigkeit.« »Selbstverschuldet«? Durch den Sündenfall? Durch die Herstellung der Klassengesellschaft? Und Unmündigkeit? Das Wort »mündig« ist gerade wieder sehr en vogue. Doch: Man kann nicht nur in der Nachfolge des Aristoteles – auch des Hegel und Marx unmündig sein.

Welche unmündigen Aufklärer herrschen in diesen Tagen: in den Zeitungen und den Büchern und den Fernsehveranstaltungen der Kultur-Oligarchie, deren Jargon auch noch etwas tiefer einsickerte? Sie könnten schnell charakterisiert werden: Eine Statistik der tragenden Worte in den elitären Druckerzeugnissen und Reden könnte sie zuverlässig feststellen. Das Wort »Aufklärung« ist nur noch selten dabei. Es kam erst Mitte des achtzehnten Jahrhunderts auf und lebte keine hundert Jahre im ursprünglichen Glanz. Das fahlere Wort »Kritik« (»kritisch«) nimmt heute die freigewordene Stelle ein; aber ihre spezifische Anwendung ist nur im circle privé der Wortmacher bekannt – dort, wo man mit so hohen Einsätzen spielt, wie in Monte Carlo, doch mit besser gedeckten.

Einst war der Dreisilber »Aufklärung« in der hoch- und auch nicht ganz so hochgebildeten Schicht eine Perle des Wörterbuchs. Heute dient er nicht einmal mehr als Teufelsbeschwörung im Munde der Reaktionäre. »Aufklärung« ist nicht einmal mehr ein Schimpfwort, kein elitäres und kein populäres. Die Fatzkes der Sprach-Inquisition, die aus jeden gedankenlosen Laut die ganze Welt des Unheils hervorzaubern, sollten sich abregen – und lieber auf die Assoziationen hören, die ein bestimmtes Wort in einer bestimmten Zeit in einer bestimmten Schicht hervorruft. »Aufklärung« ruft heute (ebensowenig wie ein anderer abgelebter Star: »Moralist«) nur noch wenig herbei; ganz gewiss gehören sie weder zu den verbalen Delikatessen, noch zu den prominenten Parias: wie »Ewigkeit«, »Innerlichkeit«, »Persönlichkeit« und das von Veralberung umwitterte »Positive«. Am ehesten am Leben ist die Prominenz von einst noch in der Wendung »Zweite Aufklärung«, die sich allerdings nicht messen kann mit Fanfaren wie »Utopie«, »Heile Welt« und dem Pendant »Falsches Bewusstsein«. Die Wendung »Jahrbuch für kritische Aufklärung«, Untertitel der ›Club Voltaire‹-Bände, ist brauchbar, weil er (anders als »kritische Philosophie«) sehr unaufdringlich zugleich Kontinuität und Abweichung erkennen lässt.

Die Nummerierung »Zweite« Aufklärung berücksichtigt zwar nicht die griechischen Sophisten und Bacon und Locke, nur Franzosen des vorvorigen Säkulums – vor allem Voltaire; und ist gerichtet gegen den religiös-philosophischen Aberglauben (»Deismus«, demokritischer »Materialismus«), gegen die Einschränkung des progressiven Sexual-Ethos einer Vergangenheit (wie sie in Pierre Bayles ›*Enzyklopädie*‹ Ausdruck fand), gegen die politischen Tabus vergangener Aufklärer (»Revolution«, »Anarchie«, »Chaos«, »Gewalt«), gegen die undurchschaute gesellschaftliche Ordnung der Marktwirtschaft und die Empfehlung des aufgeklärten Despoten.

Jede lebende Aufklärung ist eine Kritik der etablierten, die wiederum Kritik an einer vergangenen war. Auf diesen Seiten soll sehr skizzenhaft umrissen werden: der aufklärerisch-kostümierte Okkultismus unserer Tage, in den vier zentralen Bezirken: Was ist Vernunft? Wie ist es mit dem höchsten Wesen? Wie steht's mit der jüngsten Sex-Moral? Welche Relation besteht zwischen Theorie und Verwirklichung? Jede vergangene und auch die gegenwärtige Aufklärung ist zu definieren durch ihre Interpretation des Mittels, mit dem sie erhellt. Jede Aufklärung arbeitet mit dem Werkzeug Radio und (nur bisweilen) mit dem Misstrauen gegen dies Instrument. Lange Zeit untersuchte man es nicht, nannte es schlicht lumen naturale, nannte es dialektische Vernunft; der Verschleiß der »Dialektik« produzierte so viel Unvernunft, dass man diesen Wort-Fetisch als Zentrum der herrschenden Aberglauben bezeichnen kann. Die Vernunftler nach Hegel und Marx unterscheiden sich von den Vorfahren nur im Vokabular: Die ewige Wahrheit hat sich in die ewig dialektische verwandelt; eine werdende (metaphysische) Wahrheit ist ebenso ein Symptom theologischer Verzweiflung wie ein werdender Gott.

- Informieren Sie sich über unbekannte Namen und Begriffe. Verfassen Sie einen Konspekt des Textes.
- Weisen Sie aus, dass der Text als eine Art Zusammenfassung des Kapitels betrachtet werden kann. Formulieren Sie Ihre Ergebnisse als Thesenpapier.

Methodenlexikon

Veranstaltung eines Themenabends

Veranstalten Sie einen Themenabend unter dem Motto »Aufklärung früher und heute«. Bilden Sie in Ihrem Kurs verschiedene Gruppen, die sich mit nachfolgenden Aspekten auseinander setzen können, dabei sollten Sie auch über das Fach Deutsch hinaus greifen:

- *Bekannte Persönlichkeiten der Aufklärung: Lichtenberg, Olympe de Gouges;*
- *Grenzen für Toleranz: Minderheiten und Extremismus;*
- *Beispiele für selbstverschuldete Unmündigkeit in der modernen Gesellschaft: Wahlrecht für Sechzehnjährige;*
- *Rolle der Naturwissenschaften: 18. und 20. Jahrhundert;*
- *Schöpfung und Evolution;*
- *Aufklärung in der Pädagogik ...*

Formen der Präsentation

- Videofilm
- Podiumsdiskussion
- Dia-Show
- Szenisches Spiel
- Lesung
- Musikdarbietung
- kaberettistische Darbietung
- Informationswände

Stellen Sie ein abwechslungsreiches Programm zusammen.
Bilden Sie ein Moderatoren-Team, das durch den Abend führt.

Epochenüberblick

Literatur im Mittelalter — 750–1400 — Mittelalterliches Kaiserreich

Hildebrandslied	**um 770**
Wessobrunner Gebet	770/790
Heliand	um 830
Otfrid von Weißenburg	9. Jhd.
Roswitha von Gandersheim	um 935 – nach 973
Hildegard von Bingen	1098 – 1179
Pfaffe Konrad *Rolandslied*	 1170
Der von Kürenberg *Früher Minnesang*	 um 1160
Walther von der Vogelweide *Hohe und niedere Minne*	**um 1168 – um 1228**
Gottfried von Straßburg *Tristan und Isolde*	**1198 – 1227** um 1210
Hartmann von Aue *Der arme Heinrich*	um 1160 – um 1210 um 1195
Wolfram von Eschenbach *Parzival*	**um 1170 – um 1220** 1200/1210
Nibelungenlied	**um 1200/1210**
Manesse-Handschrift	vor 1330
Meister Eckart *Mystische Schriften*	um 1260 – 1327
Oswald von Wolkenstein	um 1377 – 1445

768 – 814	**Karl der Große:** Pflege antiker Bildung am Hof Klöster als Kultur- und Bildungszentren
910	Gründung des Klosters Cluny
962	Kaiserkrönung Otto des Großen: **Heiliges Römisches Reich deutscher Nation**
1096	**Erster Kreuzzug**
ab 1119	Gründung der ersten Universitäten in Bologna und Paris
ab 1138	Staufische Kaiser
1152 – 1190	**Friedrich I. Barbarossa**
1189/90	**Dritter (Barbarossa-) Kreuzzug**
1212 – 1250	**Friedrich II.**
1234	Vollendung des Wormser Doms
1248	Baubeginn des Kölner Doms
1266	Th. v. Aquin: Summa theologica
1273 – 1291	**Rudolf I. von Habsburg**
1348	Prag: Erste deutsche Universität
um 1350	Pest

Weltliteratur
z. B. Dante Alighieri (Göttliche Komödie), Francesco Petrarca (Liebessonette)

Renaissance ca. 1400–1600 Wiederentdeckung der Antike/ Reformation/Gegenreformation

Johann von Tepl *Der Ackermann aus Böhmen*	1350 – 1414 um 1400	1419 – 1436	Hussitenkriege
Sebastian Brant *Das Narrenschiff*	um 1457 – 1521 1494	**1397 – 1468**	**J. Gutenberg: Buchdruck**
Volksbuch vom Eulenspiegel	**um 1510**	1453	Fall von Konstantinopel
Martin Luther *Bibelübersetzung ins Deutsche*	**1483 – 1546** 1521	1493 – 1519	Kaiser Maximilian I.
Hans Sachs *Dialoge und Schwänke*	1494 – 1576	1459	Platonische Akademie in Florenz
Meistergesang	14. – 16. Jhd.	**1492**	**Kolumbus: Entdeckung Amerikas**
Volksbuch vom Dr. Johann Faust	**1587**	1497	Leonardo da Vinci: Abendmahl
Die Schildbürger	**1598**	1513	Machiavelli: Der Fürst
		1514	**N. Kopernikus: Heliozentrisches Weltbild**
		1517	**Martin Luther: 95 Thesen**
		1519 – 1522	F. de Magellan: Weltumsegelung
		1519 – 1556	Kaiser Karl V.
		1524/1525	Bauernaufstände
		1525	A. Dürer: Perspektivische Geometrie
Weltliteratur		1555	Augsburger Religionsfriede
z. B. Thomas Morus (Utopia)		1564 – 1642	G. Galilei

Barock ca. 1600–1720 Absolutismus

Martin Opitz *Von der Deutschen Poeterey*	1597 – 1639 1624	1600	Verbrennung G. Brunos
Andreas Gryphius *Lyrik u. Dramen*	**1616 – 1664**	1609	J. Kepler: Gesetze über die Planetenbahnen
Paul Fleming	1609 – 1640	1596 – 1650 1637	R. Descartes: Discours de la méthode
Paul Gerhardt	1607 – 1676	**1618 – 1648**	**Dreißigjähriger Krieg**
Chr. Hofmann v. Hofmannswaldau	1616 – 1679	1583 – 1634	Wallenstein
H. J. Chr. von Grimmelshausen *Simplicissimus*	**um 1622 – 1676** ab 1668	1633	Inquisitionsprozess gegen Galilei
Sibylla Schwarz	1621 – 1638	1577 – 1640	P. P. Rubens
Johann Christian Günther	1695 – 1723	1606 – 1669	Rembrandt van Rijn
		1643 – 1715	**Ludwig XIV. in Frankreich: Höhepunkt des Absolutismus**
		1650	erste dt. Tageszeitung (Leipzig)
		1592 – 1670 1657	J. A. Comenius: Reform der Schulen
		1632 – 1704	J. Locke
		1643 – 1717	I. Newton
		1683	Türken vor Wien
		1689	»Glorreiche Revolution« in England; Declaration of Rights
Weltliteratur z. B. Miguel de Cervantes,		1685 – 1750	J. S. Bach
Pierre Corneille, Molière,		1685 – 1759	G. F. Händel
Jean Racine, William Shakespeare		1697	Sieg über die Türken

Aufklärung	1700–1785
Empfindsamkeit	1750–1770
Sturm und Drang	1767–1785
Weimarer Klassik	1786–1832
Romantik	1795–1840

Christiana Mariana von Ziegler	1695 – 1760
Johann Christoph Gottsched	**1700 – 1766**
Versuch einer kritischen Dichtkunst	1730
Anna Luise Karsch	1722 – 1791
Friedrich Wilhelm Zachariae	1726 – 1777
Gotthold Ephraim Lessing	**1729 – 1791**
Fabeln, Emilia Galotti	1772
Nathan der Weise	1779
Sophie von La Roche	1730 – 1807
Gottlieb Conrad Pfeffel	1736 – 1809
Georg Christoph Lichtenberg	1742 – 1799
Friedrich Maximilian Klinger	1752 – 1831
Sturm und Drang	1776
Jakob Michael Reinhold Lenz	1751 – 1792
Der Hofmeister	1774
Johann Wolfgang von Goethe	**1749 – 1832**
Götz von Berlichingen	1773/1774
Die Leiden des jungen Werther	1774
Iphigenie auf Tauris	1779/1780/1787
Faust	1773/1832
Friedrich Schiller	**1759 – 1805**
Die Räuber	1781/1782
Wallenstein	1798
Maria Stuart	1800
Wilhelm Tell	1804
Friedrich Hölderlin	1770 – 1843
Novalis	**1772 – 1801**
E. T. A. Hoffmann	**1776 – 1822**
Heinrich von Kleist	**1777 – 1811**
Clemens Brentano	1778 – 1842
Jacob Grimm	1785 – 1863
und Wilhelm Grimm	1786 – 1859
Karoline von Günderrode	1780 – 1806
Bettina von Arnim	1785 – 1859
Joseph von Eichendorff	**1788 – 1857**

Weltliteratur
z. B. Daniel Defoe, Jean-Jacques Rousseau, Voltaire

Französische Revolution und die Folgen

1646 – 1716	**G. W. Leibniz**
1712	Chr. Wolff: Vernünftige Gedanken
1712 – 1786	**Friedrich II. von Preußen**
1724 – 1804	**Immanuel Kant**
ab 1717	Schulpflicht in Preußen
1732 – 1809	J. Haydn
1755	Erdbeben von Lissabon
1756 – 1763	Siebenjähriger Krieg
1756 – 1791	W. A. Mozart
1762 – 1814	J. G. Fichte
1768	J. Watt: Dampfmaschine
1767 – 1835	W. von Humboldt
1770 – 1827	L. van Beethoven
1776	Unabhängigkeitserklärung der Vereinigten Staaten von Nordamerika
1775	Letzter Hexenprozess
1781	Erstes Dampfschiff
1783	Heißluftballon d. Brüder Montgolfier
1789	**Französische Revolution**
1740 – 1793	Olympe de Gouges
1803	Säkularisation kirchlicher Güter
1806	**Napoleon: Ende des Heiligen Römischen Reiches deutscher Nation**
1807 – 1814	Frh. v. Stein: Reformen in Preußen
1811	F. Krupp gründet Stahlwerke (Essen)
1815	**Wiener Kongress**
1817	Wartburgfest
1774 – 1840	C. D. Friedrich
1770 – 1831	J. W. F. Hegel
1797 – 1828	F. Schubert
1810 – 1856	R. Schumann
1813 – 1855	S. Kierkegaard
1820	Julirevolution in Paris
1826	Ohm'sches Gesetz entdeckt

Biedermeier 1820–1850 / Junges Deutschland/Vormärz 1830–1848 / Realismus 1848–1890 — Industrialisierung und soziale Frage

Annette von Droste-Hülshoff	1797 – 1848
Heinrich Heine	**1797 – 1856**
Eduard Mörike	1804 – 1875
Adalbert Stifter	1805 – 1868
Ferdinand Freiligrath	1810 – 1876
Georg Büchner	**1813 – 1837**
Friedrich Hebbel	1813 – 1863
Georg Herwegh	1817 – 1875
Theodor Storm	1817 – 1888
Theodor Fontane	**1819 – 1898**
Gottfried Keller	1819 – 1890
Conrad Ferdinand Meyer	1825 – 1898
Wilhelm Raabe	1831 – 1910
Wilhelm Busch	1832 – 1908

Weltliteratur
z. B. Charles Dickens, Feodor Dostojewski, Gustave Flaubert, Nikolai Gogol, Henrik Ibsen, Leo Tolstoi

1832	Hambacher Fest Verbot des »Jungen Deutschland«
1835	Erfindung der Fotografie (Daguerre) Eröffnung der Eisenbahnstrecke Nürnberg–Fürth
1836	Ch. Darwin: Evolution
1844	Weberaufstand in Schlesien
1848	**Revolutionäre Unruhen in ganz Europa:** Dt. Nationalversammlung in der Frankfurter Paulskirche
1848	K. Marx / F. Engels: Kommunistisches Manifest
1863	F. Lassalle / A. Bebel: Sozialistische Bewegung
1867	A. Nobel erfindet das Dynamit
1870/71	Deutsch-französischer Krieg
1871	**Gründung des Deutschen Reiches**
1876	Wagners »Ring« in Bayreuth
1878	Sozialistengesetze
1880	Duden: Erstes orthographisches Wörterbuch

Naturalismus und Gegenströmungen: Impressionismus Symbolismus 1880–1920 — Gründerzeit Imperialismus Jugendstil

Gerhart Hauptmann	**1862 – 1946**
Arthur Schnitzler	1862 – 1931
Fräulein Else	1924
Stefan George	1868 – 1933
Christian Morgenstern	1871 – 1914
Heinrich Mann	1871 – 1950
Hugo von Hofmannsthal	1874 – 1929
Thomas Mann	**1875 – 1955**
Buddenbrooks	1901
Rainer Maria Rilke	1875 – 1926

Weltliteratur
z. B. Charles Baudelaire, Oscar Wilde, Emile Zola

1871 – 1890	Reichskanzler O. v. Bismarck
1883	Sozialgesetzgebung
1893	Entdeckung der Röntgen-Strahlen
1888 – 1918	Kaiser Wilhelm II.
1840 – 1926	**Französische Impressionisten:** P. Cézanne, C. Monet u. a.
1900	Bürgerliches Gesetzbuch Erster Zeppelin
1856 – 1939	S. Freud
1912	Untergang der Titanic
1895 – 1910	Jugendstil: G. Klimt, G. Mucha, O. Wagner u. a.
1911	Blauer Reiter: W. Kandinsky u. a.
1915	Einsteins allgemeine Relativitätstheorie

Expressionismus	1905–1925	Erster Weltkrieg
Neue Sachlichkeit		Weimarer Republik
»Drittes Reich«	1933–1945	»Drittes Reich«
Innere Emigration		Zweiter Weltkrieg
Exil-Literatur		

Kurt Pinthus (Hrsg.) *Menschheitsdämmerung*	1919
Else Lasker-Schüler	1869 – 1945
Hermann Hesse *Demian*	1877 – 1962 1919
Alfred Döblin	**1878 – 1957**
Robert Musil *Die Verwirrungen des Zöglings Törleß*	1880 – 1942 1906
Franz Kafka	**1883 – 1924**
Gottfried Benn	1886 – 1956
Georg Trakl	1887 – 1914
Georg Heym	1887 – 1912
Kurt Tucholsky	1890 – 1935
Erich Maria Remarque	1898 – 1970
Nelly Sachs	1891 – 1970
Elisabeth Langgässer *Antigone*	1899 – 1950 1937
Thomas Mann *Doktor Faustus*	**1875 – 1955** 1947
Bertolt Brecht *Kalendergeschichten* *Das Leben des Galilei*	**1898 – 1956** 1938/44 – 45/1953
Stefan Zweig	1881 – 1942
Carl Zuckmayer	1896 – 1977
Anna Seghers	1900 – 1983
Erich Kästner	1899 – 1974
Friedrich Torberg *Der Schüler Gerber*	1908 – 1979 1930

Weltliteratur
z. B. André Breton, Federico García Lorca, Ernest Hemingway, James Joyce, Luigi Pirandello, Oscar Wilde

	Künstlerbund »Brücke«
1914 – 1918	**Erster Weltkrieg**
1917	Oktoberrevolution in Russland
1918	Allgemeines Wahlrecht für Frauen
nach 1918	Dadaismus: H. Ball, H. Arp u. a.
1919	Friedensvertrag von Versailles
ab 1920	Europäische Kulturzentren Paris und Berlin: P. Picasso, M. Chagall, S. Dali, M. Ernst u. a.
1889 – 1951	L. Wittgenstein
1922/1923	Inflation
ab 1923	Regelmäßige Rundfunk-Sendungen
1889 – 1976	M. Heidegger
1919	Bauhaus: W. Gropius, P. Klee u. a.
1921	Moderne Musik: A. Schönberg u. a.
1885 – 1977	E. Bloch
1929	**Weltwirtschaftskrise**
	Tonfilm: F. Lang, Ch. Chaplin, S. Eisenstein u. a.
1933	**Hitlers »Machtergreifung«:** Beginn der Judenverfolgung (Holocaust)
1936	Olympische Spiele in Berlin
1936 – 1939	Spanischer Bürgerkrieg
1939 – 1945	**Zweiter Weltkrieg**
1945	Atombomben auf Hiroshima und Nagasaki

Nachkriegsliteratur	1945 – 1955	Nachkriegszeit
Literatur in Ost und West	1949 – 1989	Ost-West-Konflikt
Postmoderne		
Literatur der Einheit	ab 1989	Deutsche Einheit

Wolfgang Borchert	**1921 – 1947**
Gruppe 47	1947 – 1967
Marie-Luise Kaschnitz	1901 – 1974
Günter Eich	1907 – 1972
Max Frisch	**1911 – 1991**
Die Chinesische Mauer	1947
Homo faber	1957
Alfred Andersch	1914 – 1980
Peter Weiss	1916 – 1982
Heinrich Böll	**1917 – 1985**
Die verlorene Ehre der Katharina Blum	1974
Paul Celan	1920 – 1970
Wolfdietrich Schnurre	1920 – 1989
Erich Fried	1921 – 1988
Dieter Wellershof	geb. 1925
Friedrich Dürrenmatt	**1921 – 1990**
Der Besuch der alten Dame	1956
Die Physiker	1962
Ilse Aichinger	geb. 1921
Ingeborg Bachmann	1926 – 1973
Heinar Kipphardt	1922 – 1982
Siegfried Lenz	**geb. 1926**
Deutschstunde	1968
Dagmar Nick	geb. 1926
Martin Walser	geb. 1927
Günter Grass	**geb. 1927**
Die Blechtrommel	1959
Die Rättin	1986
Hans Magnus Enzensberger	geb. 1929
Günter Kunert	geb. 1929
Christa Wolf	**geb. 1929**
Nachdenken über Christa T.	1968
Kindheitsmuster	1976
Reinhard Lettau	1929 – 1996
Thomas Bernhard	1931 – 1989
Gabriele Wohmann	geb. 1932
Reiner Kunze	geb. 1933
Irmtraud Morgner	1933 – 1990
Sarah Kirsch	geb. 1935
Renate Rasp	geb. 1935
Wolf Biermann	geb. 1936
Jurek Becker	1937 – 1997

1945	Existenzialismus: J.P. Sartre, A. Camus
1946	H. Hesse: Literatur-Nobelpreis
1948	UNO: Allg. Erklärung der Menschenrechte
1949	Gründung der Bundesrepublik und der DDR
1950	Frankfurter Schule: M. Horkheimer, Th. W. Adorno, H. Marcuse
1894 – 1971	L. Marcuse
ab 1952	Koreakrieg
	Regelmäßige Fernseh-Sendungen
1953	Arbeiteraufstand in Berlin
1956	Volksaufstand in Ungarn
1957	Römische Verträge
	Beginn des Satelliten-Zeitalters
ab 1960	PopArt: A. Warhol, R. Lichtenstein u. a.
1961	**Bau der Berliner Mauer**
1963	Deutsch-Französischer Freundschafts-Vertrag
1966	N. Sachs: Literatur-Nobelpreis
1968	Studenten-Unruhen in Deutschland
1908 – 1982	A. Mitscherlich
1969	Erste Mondlandung
1972	H. Böll: Literatur-Nobelpreis
1977	Erster »Personal-Computer«
1981	E. Canetti: Literatur-Nobelpreis
1985	M. Gorbatschow: Glasnost und Perestrojka
ab 1985	Liberalisierung Osteuropas
ab 1989	Liberalisierung in der DDR
1986	Atomreaktor-Unfall in Tschernobyl
1989	Fall der Berliner Mauer
1990	**Vereinigung Deutschlands;**
	Ende der Sowjetunion, Zerfall des Ostblocks
1991	Golfkrieg
1992	Maastricht-Verträge
1999	G. Grass: Literatur-Nobelpreis
	Erstes Klonen menschlicher Zellen
2001	Entschlüsselung menschlicher Gene
1. 1. 2002	Euro: Ablösung nationaler Währungen

Weitere moderne AutorInnen Thomas Brussig, Ulla Hahn, Peter Handke, Judith Hermann, Karin Kiwus, Barbara Köhler, Ursula Krechel, Doris Runge, Bernhard Schlink, Robert Schneider, Ingo Schulze, Botho Strauß, Patrick Süskind, Uwe Timm
Weltliteratur z. B. Samuel Beckett, Umberto Eco, Gabriel García Marquez, Pablo Neruda, John Steinbeck, Thornton Wilder

Methodenregister

Sachregister

Autoren- und Quellenverzeichnis

[R] = Texte in alter Rechtschreibung

Aischylos (525/24 v. Chr. - 456/55 v. Chr.): *Prometheus in Fesseln, S. 46.* Aus: Prometheus in Fesseln. Zweisprachige Ausgabe. Mit dem griechischen Text hrsg. und übers. von Dieter Bremer. Frankfurt a. M.: Insel 1988. S. 45ff.

Anouilh, Jean (1910 – 1987): *Antigone, S. 65.* Aus: Antigone. Übers. von F. Geiger. München/Wien: Langen-Müller 1998. S. 34 – 37, 39f.

Aristoteles (384 v. Chr. – 322 v. Chr.): *Politik, S. 117.* Aus: Politik. Hrsg. und übers. von Olaf Gigon. München: dtv 1973. S. 49.

Augustinus (354 – 430): *Bekenntnisse, S. 117.* Aus: Bekenntnisse. Übertragung und Einleitung von Hubert Schiel. Freiburg: Herder 1950. S. 11.

Behrmann, Alfred: *»Denn wir vergaßen ganz, daß du vergehst.« Zu Brechts ›Sonett Entdeckung an einer jungen Frau‹ (1983), S. 176.* Aus: Gedichte und Interpretationen. Hrsg. von Wulf Segebrecht. Band 5: Vom Naturalismus bis zur Jahrhundertwende. Stuttgart: Reclam 1983. S. 267ff.

Benning, Maria: *Schreib, wie du sprichst, S. 101.* Aus: DIE ZEIT vom 13.08.1998. Nr. 34.

Bibel; Genesis: *Moses Das Buch Genesis, S. 117.* Aus: Die Bibel. Einheitsübersetzung. Aus dem Alten Testament: Die Erschaffung der Welt 1,1 – 1,5; Der Turmbau zu Babel 11,1 – 11,9. Aus dem Neuen Testament: Johannes-Evangelium, Prolog 1,1 – 3. Freiburg: Herder 1980.

Birkenbihl, Vera F.: *Signale des Körpers, S. 92.* Aus: Signale des Körpers. Körpersprache verstehen. Landsberg am Lech: mvg-verlag im verlag moderne industrie AG 1998. S. 44f.

Bloch, Ernst (1885 – 1977): *Der unaufgeblühte Glaube an Prometheus und die tragische Liturgie: Äschylos, S. 59.* Aus: Prinzip Hoffnung. In: Gesamtausgabe. Band 5. Frankfurt a. M.: Suhrkamp 1977. S. 1430f.

Boal, Augusto (1931): *Theater der Unterdrückten. Übungen und Spiele für Schauspieler und Nicht-Schauspieler, S. 201.* Aus: Theater der Unterdrückten. Übungen und Spiele für Schauspieler und Nicht-Schauspieler. Neue Folge Band 361. Frankfurt a. M.: Edition suhrkamp 1989. S. 30ff.; S. 74; S. 83ff.

Böll, Heinrich (1917 – 1985): *Die Sprache als Hort der Freiheit. Rede, gehalten anlässlich der Entgegennahme des Eduard-von-der-Heydt-Preises der Stadt Wuppertal am 24. Januar 1959, S. 130.* Aus: Werke. Essayistische Schriften und Reden 1952 – 1963. Köln: Kiepenheuer & Witsch o. J. S. 301ff.
Die verlorene Ehre der Katharina Blum, S. 237. Aus: Die verlorene Ehre der Katharina Blum oder: Wie Gewalt entstehen oder wohin sie führen kann. Köln: Kiepenheuer & Witsch 1974. S. 22ff.

Borchert, Wolfgang (1921 – 1947): *Bleib doch, Giraffe, S. 153.* Aus: Das Gesamtwerk. Hamburg: Rowohlt 1949. S. 64f.

Brecht, Bertolt (1898 – 1956): *Die Antigone des Sophokles, S. 68; Antigone, S. 70; Neuer Prolog zur Antigone, S. 71.* Aus: Brechts Antigone des Sophokles. Hrsg. von Werner Hecht. Frankfurt a. M.: Suhrkamp 1988. S. 58 – 66; S. 7; S. 213f. [R]
Das Wiedersehen, S. 86. Aus: Gesammelte Werke in 20 Bänden. werkausgabe edition suhrkamp. Band 2. Frankfurt a. M.: Suhrkamp 1967. S. 383. [R]
Die Liebenden, S. 179; Entdeckung an einer jungen Frau, S. 176. Aus: Die Gedichte von Bertolt Brecht in einem Band. Frankfurt a. M.: Suhrkamp 1981. S. 1129f.; S. 160f. [R]
Über das Zerpflücken von Gedichten, S. 178. Aus: Gesammelte Werke in 20 Bänden. werkausgabe edition suhrkamp. Band 19. Frankfurt a. M.: Suhrkamp 1967. S. 123. [R]
Leben des Galilei, S. 190. Aus: Gesammelte Werke in 20 Bänden. werkausgabe edition suhrkamp. Band 3. Frankfurt a. M.: Suhrkamp 1967. S. 1254ff. [R]
Die Straßenszene, S. 192. Aus: Messingkauf. Gesammelte Werke in 20 Bänden. werkausgabe edition suhrkamp. Band 16. Frankfurt a. M.: Suhrkamp 1967. S. 546f. [R]
Wenn Herr K. einen Menschen liebte, S. 225. Aus: Gesammelte Werke in 20 Bänden. werkausgabe edition suhrkamp. Band 12. Frankfurt a. M.: Suhrkamp 1967. S. 386. [R]

Brenner, Gerd (1949): *Zettellawine, S. 27.* Aus: Kreatives Schreiben. Ein Leitfaden für die Praxis. Frankfurt a. M.: Scriptor 1990. S. 40.

Breton, André (1896 – 1966): *Erstes Surrealistisches Manifest, S. 14.* Aus: Als die Surrealisten noch recht hatten. Texte und Dokumente hrsg. von Günther Metken. Stuttgart: Reclam 1976. S. 26ff.

Brussig, Thomas (1965): *Am kürzeren Ende der Sonnenallee, S. 161.* Aus: Am kürzeren Ende der Sonnenallee. Berlin: Volk und Welt 1999. S. 21f.

Camus, Albert (1913 – 1960): *Die Söhne Kains, S. 58.* Aus: Der Mensch in der Revolte. Übers. von Justus Scheller. Reinbek: Rowohlt 1953. S. 25.

Czechowski, Heinz (1935): *Prometheus, S. 52.* Aus: Prometheus 1982. Unbeliebte Kunst aus der DDR. Hrsg. von Roland Rittig und Rüdiger Ziemann. Ausstellungskatalog. Halle/Zürich: Janos Stekovics 1995. S. 32.

Dahl, Jürgen (1929): *Ich erinnere mich, S. 20.* Aus: DIE ZEIT vom 4. März 1999. Nr. 10.

Dürrenmatt, Friedrich (1921 – 1990): *Rede an die Bürger von Güllen, S. 137f.* Aus: Der Besuch der alten Dame. Eine tragische Komödie. Neufassung 1980. Werkausgabe in dreißig Bänden. Band 5. Zürich: Diogenes 1980. S. 120ff. [R]
Die Physiker, S. 187. Aus: Werkausgabe in dreißig Bänden. Band 7. Zürich: Diogenes 1980. S. 72ff. [R]

Über Tragödie und Komödie, S. 189. Aus: Werkausgabe in dreißig Bänden. Band 24. Zürich: Diogenes 1980. S. 62ff. [R]

Eco, Umberto (1932): *Das offene Kunstwerk, S. 145.* Aus: Das offene Kunstwerk. Frankfurt a. M.: Suhrkamp 1973. S. 29f.

Eichendorff, Joseph von (1788 – 1857): *Der Blick, S. 167.* Aus: Werke in vier Bänden. Hrsg. von Wolfdietrich Rasch. Erster Band. München/Wien: Hanser 1981. S. 436

Enzensberger, Hans Magnus (1929): *Der Kauz und die Katze, S. 113.* Aus: Edward Lears Kompletter Nonsens. Frankfurt a. M.: Insel 1977. S. 28. [R]
Option für einen Dichter, S. 26. Aus: Leichter als Luft. Moralische Gedichte. Frankfurt a. M.: Suhrkamp 1999. S. 57. [R]

Ernst, Max (1891 – 1976): *Nähmaschine und Regenschirm, S. 10.* Aus: Als die Surrealisten noch recht hatten. Texte und Dokumente. Hrsg. von Günter Metgen. Stuttgart: Reclam 1976. S. 324.
Automatische Schreibweise, S. 15. Aus: Surrealismus in Paris. Ein Lesebuch. Hrsg. von Karlheinz Barck. Leipzig: Reclam 1990. S. 617.

Fischer, Grete: *Der Eul und die Miezekatz, S. 113.* Aus: Wie nett, Herrn Lear zu kennen. München: Heimeran Verlag 1964. S. 23f.

Fried, Erich (1921 – 1988): *Freiraum, S. 165.* Aus: Es ist was es ist. Liebesgedichte Angstgedichte Zorngedichte. Berlin: Klaus Wagenbach 1983. S. 25.

Friedrich, Hugo (1904 – 1978): *Metapher und Vergleich, S. 171.* Aus: Epochen der italienischen Lyrik. Frankfurt a. M.: Vittorio Klostermann 1964. S. 649ff.

Frisch, Max (1911 – 1991): *Don Juan oder die Liebe zur Geometrie, S. 198.* Aus: Gesammelte Werke in zeitlicher Folge. Band III: 1949 – 1956. Frankfurt a. M.: Suhrkamp 1976. S. 130ff. [R]
Die chinesische Mauer, S. 261. Aus: Gesammelte Werke in zeitlicher Folge. Band II, 1: 1944 – 1949. Frankfurt a. M.: Suhrkamp 1976. S. 141ff. [R]
Stichworte, S. 144. Aus: Stichworte. Ausges. v. Uwe Johnson. Frankfurt a. M.: Suhrkamp 1975. S. 155f. [R]

George, Stefan (1868 – 1933): *Entführung, S. 169.* Aus: Sämtliche Werke in 18 Bänden. Hrsg. v. der Stefan George-Stiftung. Bd. 4: Das Jahr der Seele. Bearb. v. Georg P. Landmann. Stuttgart: Klett-Cotta 1982.

Goethe, Johann Wolfgang von (1749 – 1832): *Prometheus, S. 48.* Aus: Goethes Werke. Hamburger Ausgabe. Band 1. Hrsg. von Erich Trunz. München: Beck 1993. S. 44 – 46, 483f.
Die Leiden des jungen Werther, S. 104. Aus: Goethes Werke. Hamburger Ausgabe. Band 6. Hrsg. von Erich Trunz. München: Beck 1993. S. 9; 11; 19.
»Name ist Schall und Rauch«, S. 124; An Belinden, S. 166; Neue Liebe, neues Leben, S. 166; Faust I, S. 195. Aus: Goethes Werke. Hamburger Ausgabe. Band 3. Hrsg. von Erich Trunz. München: Beck 1986. S. 109f.; 96f.; S. 96; S. 25f.

Gouges, Olympe de (1740 – 1793): *Erklärung der Rechte der Frau und Bürgerin, S. 250.* Aus: Ob die Weiber Menschen sind. Geschlechterdebatten um 1800. Hrsg. und mit einem Nachwort von Sigrid Lange. Leipzig: Reclam 1992. S. 112ff.

Grass, Günter (1927): *Die Blechtrommel, S. 155.* Aus: Die Blechtrommel. Frankfurt und Hamburg: Fischer Bücherei KG 1962. S. 11f.; 101f. [R]
Die Rättin, S. 263. Aus: Werkausgabe in 10 Bänden. Band VII. Hrsg. von Volker Neuhaus. [R] Darmstadt/Neuwied: Luchterhand 1987. S. 169f.
Der Traum der Vernunft, S. 264. Aus: Werkausgabe in 10 Bänden. Band IX. Hrsg. von Volker Neuhaus. Darmstadt/Neuwied: Luchterhand 1987. S. 886ff. [R]
Racine läßt sein Wappen ändern, S. 266. Aus: Werkausgabe in 10 Bänden. Band I. Hrsg. von Volker Neuhaus. Darmstadt/Neuwied: Luchterhand 1987. S. 99f. [R]

Gröndahl, Boris: *Der Computer-Jargon ist auch nur eine Fachsprache. Und besser als sein Ruf, S. 100.* Aus: DIE ZEIT vom 11.07.1997. Nr. 29.

Günderode, Karoline von (1780 – 1806): *Die eine Klage, S. 167; Hochroth, S. 164.* Aus: Der Schatten eines Traumes. Gedichte, Prosa, Briefe, Zeugnisse von Zeitgenossen. Hrsg. und mit einem Essay von Christa Wolf. Darmstadt/Neuwied: Luchterhand 1917. S. 89; S. 54.

Hagedorn, Volker: *Amerikanische Atriden. Mit dem Flugzeugabsturz Kennedys erhebt sich ein Mythos – Warum nur?, S. 32.* Aus: Hannoversche Allgemeine Zeitung vom 20. Juli 1999.

Hahn, Ulla (1946): *Anständiges Sonett, S. 182.* Aus: Herz über Kopf. Gedichte. Stuttgart: Deutsche Verlagsanstalt 1981. S. 19.

Handke, Peter (1942): *Notate aus dem Alltag, S. 19.* Aus: Das Gewicht der Welt. Ein Journal. November 1975 – März 1977. Frankfurt a. M.: Suhrkamp 1979. S. 7f. (Copyright Residenz-Verlag 1977) [R]

Heine, Heinrich (1797 – 1856): *Auf Flügeln des Gesanges, S. 169.* Aus: Werke. Erster Band: Gedichte. Ausgewählt und hrsg. von Christoph Siegrist. Frankfurt a. M.: Insel 1968. S. 41.

Hermann, Judith (1970): *Ende von Etwas, S. 160.* Aus: Sommerhaus, später. Erzählungen. Frankfurt a. M.: Fischer 1998. S. 88f.

Hesiod (um 740 – um 670 v. Chr.): *Theogonie, S. 44.* Aus: Sämtliche Gedichte. Übers. von Walter Marg. Zürich: Artemis 1984. S. 54 – 56.

Hesse, Herrmann (1877 – 1962): *Demian, S. 146.* Aus: Demian. Eine Geschichte von Emil Sinclairs Jugend. Frankfurt a. M.: Suhrkamp 1974. S. 7. [R]

Hickethier, Knut (1945): *Der Film nach der Literatur ist Film, S. 220.* Aus: Literaturverfilmungen. Hrsg. von Franz-Josef Albersmeier und Volker Rohloff. Frankfurt a. M.: Suhrkamp 1989. S. 183f.

Humboldt, Wilhelm von (1767 – 1835): *Von der Sprache, S. 118.* Aus: Sprachbau und Entwicklung des Menschengeschlechts. In: Schriften zur Sprachphilosophie. Band 3. Hrsg. von A. Flinter und

K. Giel. Darmstadt: WBG 1979. S. 418f.

Ibsen, Henrik (1828 – 1906): *Nora, S. 94.* Aus: Nora (Ein Puppenheim). Stuttgart: Philipp Reclam jun. 1988. S. 64f.

Janssen, Sabine: *Ein empfindsamer Rebell wurde vor 225 Jahren zur Kult-Figur. S. 105.* Aus: Rheinische Post vom 9. 08. 1999, Nr. 183.

Joyce, James (1882 – 1941): *Ulysses, S. 112.* Aus: Ulysses. London: Gower Ltd 1960. S. 1.

Kästner, Erich (1899 – 1974): *Über das Verbrennen von Büchern. Ansprache auf der Hamburger PEN-Tagung am 10. Mai 1958, S. 131.* Aus: Werke VI. Splitter und Balken. Publizistik. München: Hanser 1998. S. 640ff.

Kafka, Franz (1883 – 1924): *Prometheus, S. 54; Der Geier, S. 55.* Aus: Sämtliche Erzählungen. Hrsg. von Paul Raabe. Frankfurt a. M.: Fischer 1983. S. 306, 318.

Kamp, Werner; Rüsel, Manfred: *Bildanalyse: Einstellungsgrößen – Perspektiven – Kamerabewegungen, S. 210.* Aus: Vom Umgang mit... Film. Berlin: Volk und Wissen 1998. S. 14ff.

Kant, Immanuel (1724 – 1804): *Beantwortung der Frage: Was ist Aufklärung?, S. 255; Idee zu einer allgemeinen Geschichte in weltbürgerlicher Absicht, S. 256.* Aus: Werke in sechs Bänden. Band VI. Hrsg. von Wilheim Weischedel. Frankfurt a. M.: Insel 1964. S. 53ff.; 39f.

Karsch(in), Anna Luise (Louisa) (1722 – 1791): *An ihren Mann, S. 248.* Aus: Herzgedanken. Das Leben der »deutschen Sappho« vor ihr selbst erzählt. Lemgo: Societäts Verlag 1981. S. 44f.

Kilb, Andreas: *Kömm, o Kitsch. Ein Bauernkinoschmaus: Joseph Vilsmaier verfilmt Robert Schneiders Roman »Schlafes Bruder« (gekürzt), S. 217.* Aus: DIE ZEIT vom 6. Oktober 1995. Nr. 41.

Kirsch, Sarah (1935): *Gedichte schreiben, S. 18.* Aus: Erklärung einiger Dinge. Dokumente und Bilder. Reinbek: Rowohlt 1981. S. 84. [R]
Bei den weißen Stiefmütterchen, S. 18. Aus: Landaufenthalt. Gedichte. Berlin/Weimar: Aufbau-Verlag 1967. S. 11f. [R]
Raubvogel, S. 180; Meine Worte gehorchen mir nicht, S. 182. Aus: Katzenkopfpflaster. Gedichte. München: dtv 1993. S. 102; S. 83. [R]

Kiwus, Karin (1942): *Straight Flush, S. 164.* Aus: Das chinesische Examen. Gedichte. Frankfurt a. M.: Suhrkamp 1992. S. 56.

Köhler, Barbara (1959): *Guten Tag, S. 174.* Aus: Blue Box. Frankfurt a. M.: Suhrkamp 1995. S. 28.

Krechel, Ursula (1947): *Alle Leichtigkeit fort, S. 232.* Aus: Ungezürnt. Gedichte. Frankfurt a. M.: Suhrkamp 1997. S. 23. [R]

Krupp, Alfred (1812 – 1887): *Ein Wort an meine Angehörigen, S. 139.* Aus: Alfred Krupps Briefe 1826 – 1887. Hrsg. von W. Berdrow. Berlin: Reinar Hobbing 1928. S. 343ff.

Der von Kürenberg (um 1160): *Ich zôch mir einen valken, S. 180.* Aus: Deutsche Lyrik des Mittelalters. Hrsg. von Max Wehrli. Übersetzung von Peter Wapnewski. Zürich: Manesse 1955. S. 42.

Kunert, Günter (1929): *Zentralbahnhof, S. 238.* Aus: Schatten entziffern. Lyrik, Prosa 1950 – 1994. Hrsg. von Jochen Richter. Leipzig: Reclam 1995. S. 196ff.
Aufklärung I, S. 267. Aus: Verspätete Monologe. München: dtv 1984. S. 21f.

Kunze, Reiner (1933): *Dein Kopf auf meiner Brust, S. 173.* Aus: auf eigene hoffnung. Gedichte. Frankfurt a. M.: S. Fischer 1981. S. 49. [R]

La Roche, Sophie von (1730 – 1807): *An meine Leserinnen, S. 250.* Aus: Pomona für Teutschlands Töchter. 1. Jahrgang. Heft 1, 1783. Hrsg. von J. Vorderstemann. München: Saur 1987. S. 3f.

Langgässer, Elisabeth (1899 – 1950): *Die getreue Antigone, S. 72.* Aus: Ausgewählte Erzählungen. Frankfurt a. M./Berlin/Wien: Ullstein 1980. S. 241ff.

Lasker-Schüler, Else (1869 – 1945): *Ein Liebeslied, S. 170; Mein Liebeslied, S. 170.* Aus: Sämtliche Gedichte. Hrsg. von Friedhelm Kemp. München: Kösel 1977. S. 111; S. 83.

Lear, Edward (1812 – 1888): *The owl and the pussy-cat, S. 113.* Aus: The Complete Nonsense of Edward Lear. Ed. and introduced by Holbrook Jackson. London: Faber and Faber 1965. S. 61.

Lessing, Gotthold Ephraim (1729 – 1781): *Die Ringparabel, S. 241.* Aus: Nathan der Weise. Werke. Band II (1971). Hrsg. von H. G. Göpfert. München: Hanser 1971. S. 276ff.
Der Besitzer des Bogens, S. 252. Aus: Werke. Band I (1970). Hrsg. von H. G. Göpfert. München: Hanser 1970. S. 259.
Von einem besondern Nutzen der Fabel in den Schulen, S. 252. Aus: Von dem Wesen der Fabel. Werke. Band V (1973). Hrsg. von H. G. Göpfert. München: Hanser 1973. S. 415 – 418.

Lettau, Reinhard (1929): *Auftritt, S. 184.* Aus: MiniDramen. Frankfurt a. M.: Verlag der Autoren 1997. S. 18.

Lichtenberg, Georg Christoph (1742 – 1799): *Aphorismen, S. 257.* Aus: Schriften und Briefe. Bände 1 und 2: Sudelbücher. Hrsg. von Wolfgang Promies. München: Hanser 1968 und 1971. Band 1: S. 688; S. 918; Band 2: S. 168, S. 184f.; S. 443; S. 453.

Maas, Josianne: *Konsequenz, S. 226.* Aus: Beispiele Beispiele. Texte aus der Literarischen Werkstatt Gelsenkirchen. Hrsg. von H. E. Käufer. Recklinghausen: Bitter Verlag 1969.

Macheiner, Judith (1939): *Übersetzen, S. 110.* Aus: Übersetzen. Ein Vademecum. Frankfurt a. M.: Eichborn Verlag 1995. S. 6ff.

Mann, Thomas (1875 – 1955): *Tonys Abschied von Travemünde, S. 150.* Aus: Buddenbrooks. Frankfurt a. M.: Fischer 1993. S. 153f. [R]
Tonio Kröger, S. 146. Aus: Tonio Kröger. Frankfurt a. M.: Fischer 1973. S. 9f. [R]

Marcuse, Ludwig (1894 – 1971): *Im Blick auf die dritte Aufklärung, S. 269f.* Aus: Essays, Porträts, Polemiken. Ausgewählt aus vier Jahrzehnten von Harold von Hofe. Zürich: Diogenes 1979. S. 448 – 451.

Maroldt, Kristina: *Obdachlose und ihre Geschichte, S. 227.* Aus: So schnell kann's gehen. Obdachlose und ihre Geschichte. München: BISS 11/98. S. 8f.
Meier, Christian (1929): *Die politischen Gegensätze, S. 50.* Aus: Die politische Kunst der griechischen Tragödie. München: Beck 1988. S. 162, 164 – 166, 167, 168. [R]
Meyer-Büser, Susanne: *Verbalexhibitionismus, S. 96.* Aus: Talk. Show. Die Kunst der Kommunikation in den 90er Jahren. Hrsg. von Susanne Meyer-Büser und Bernhart Schwenk. Ausstellungskatalog. München: Prestel Verlag 1999. S. 21.
Mitscherlich, Alexander (1908 – 1982): *Toleranz – Überprüfung eines Begriffs, S. 229.* Aus: Toleranz. Überprüfung eines Begriffs. Ermittlungen. Frankfurt a. M.: Suhrkamp 1970. S. 7f., 9f., 11f., 13 – 15, 34.
Monaco, James: *Das Verhältnis von Literatur und Film als Wechselbeziehung, S. 219.* Aus: Film verstehen. Reinbek: Rowohlt 1980. S. 40f.
Morgner, Irmtraud (1933 – 1990): *Kaffee verkehrt, S. 234.* Aus: Leben und Abenteuer der Trobadora Beatriz, nach Zeugnissen ihrer Spielfrau Laura. Darmstadt/Neuwied: Luchterhand 1982. S. 111.
Mucke, Dieter (1936): *Panik im Olymp (Sisyphos erprobt sich als Prometheus), S. 53.* Aus: Prometheus 1982. Unbeliebte Kunst aus der DDR. Hrsg. von Roland Rittig und Rüdiger Ziemann. Ausstellungskatalog. Halle/Zürich: Janos Stekovics 1995. S. 40.
Müller, Heiner (1929 – 1995): *Die Befreiung des Prometheus, S. 56.* Aus: Zement, Stück nach Gladkow. Frankfurt a. M.: Suhrkamp 1998. S. 236ff. [R]
Musil, Robert (1880 – 1942): *Die Verwirrungen des Zöglings Törleß, S. 147.* Aus: Die Verwirrungen des Zöglings Törleß. Reinbek: Rowohlt 1978. S. 8f.
Nick, Dagmar (1926): *An eine diffamierte Dame, S. 232.* Aus: Zeugnis und Zeichen. München: Delp 1969. S. 38.
Pfeffel, Gottlieb Conrad (1736 – 1809): *Die drei Stände, S. 254.* Aus: Deutsche Gedichte des 18. Jhd. Hrsg. v. Klaus Bohnen. Stuttgart: Reclam 1987. S. 333.
Ranke-Graves, Robert von (1895 – 1995): *Der Begriff des echten Mythos, S. 42.* Aus: Griechische Mythologie. Quellen und Deutung. Band 1. Reinbek: Rowohlt 1955. S. 10ff.
Rasp, Renate (1935): *Suffragetten, S. 232.* Aus: Junges Deutschland. München/Wien: Hanser 1978. S. 58.
Ratzinger, Joseph (1927): *Der Zirkus brennt, S. 86.* Aus: Einführung in das Christentum. München: Mösel 1968. S. 76.
Rau, Johannes (1931): *Dankesrede von Johannes Rau nach seiner Wahl zum Bundespräsidenten am 23. 5. 1999, S. 127.* Aus: DIE ZEIT vom 27. Mai 1999. Nr. 22.
Rico, Gabriele L.: *Metaphern, S. 171.* Aus: Garantiert schreiben lernen. Sprachliche Kreativität methodisch entwickeln – ein Intensivkurs auf der Grundlage der modernen Gehirnforschung. Reinbek: Rowohlt 1984. S. 196f.
Romilly, Jean Edme (1739 – 1799): *Toleranz, S. 246.* Aus: Enzyklopädie. Artikel aus der von Diderot und d'Alembert hrsg. Enzyklopädie. Frankfurt a. M.: Röderberg 1972. S. 975ff.
Roth, Friederike (1948): *Wir beide, S. 168.* Aus: Schattige Gärten. Gedichte. Frankfurt a. M.: Suhrkamp 1987. S. 58.
Mimosen, S. 233. Aus: Frauen dichten anders. 181 Gedichte mit Interpretationen. Hrsg. von Marcel Reich-Ranicki. Frankfurt a. M.: Insel 1998. S. 759.
Rowohlt, Harry (1945): *Ru(h)m für Bären + Poeten, S. 21.* Aus: Pooh's Corner. Kolumnen, Berichte, Filmkritiken. Gesammelte Werke. Mit einem Nachwort von Elke Heidenreich. München: Heyne 1999. S. 138ff. (Copyright: 1993 Haffmans Verlag Ag Zürich)
Runge, Doris (1943): *fliegen, S. 165; Tauben, S. 179.* Aus: jagdlied. gedichte. Stuttgart: Deutsche Verlagsanstalt 1985. S. 7; S. 9.
Sapir, Edward (1884 – 1939): *Vom Wesen der Sprache, S. 119.* Aus: Die Sprache. Eine Einführung in das Wesen der Sprache. Übers. von Conrad P. Homberger. München: Hueber 1972. S. 13.
Sartre, Jean, Paul (1905 – 1980): *Was ist Literatur?, S. 145.* Aus: Was ist Literatur? Ein Essay. Reinbek: Rowohlt o. J. S. 40f.
Schiller, Friedrich (1759 – 1805): *Friedrich Schiller in einem Brief an Theodor Körner (Brief vom 1. 12. 1788), S. 15.* Aus: Schillers Werke. Nationalausgabe. 25. Band. Briefwechsel. Schillers Briefe 1. 1. 1788 – 28. 2. 1790. Hrsg. von Eberhard Haufe. Weimar: Hermann Böhlaus Nachfolger 1979. S. 149.
Schlink, Bernhard (1944): *Der Vorleser, S. 159.* Aus: Der Vorleser. Zürich: Diogenes 1997. S. 161f.
Schmidt, Siegfried J. (1941): *Kommunikationsmodell, S. 81.* Aus: Wir verstehen uns doch? Von der Unwahrscheinlichkeit gelingender Kommunikation. Hrsg. vom Deutschen Institut für Fernstudien an der Universität Tübingen: Funkkolleg Medien und Kommunikation, Konstruktion von Wirklichkeit, Studienbrief 1. Weinheim /Basel: Beltz-Verlag 1990. S. 59.
Schneider, Robert (1961): *Schlafes Bruder, S. 204.* Aus: Schlafes Bruder. Leipzig: Reclam 1992. S. 9. *Aus dem Drehbuch: Die Geburt (Szene 2), S. 207; Aus dem Drehbuch: Die Ohren des Esels (Szene 39), S. 211; Weshalb ich mich verkauft habe, S. 214.* Aus: Joseph Vilsmaier. Schlafes Bruder. Der Film. Leipzig: Gustav Kiepenheuer Verlag 1995. S. 62ff.; S. 68ff.; S. 13f.
Schnitzler, Arthur (1862 – 1931): *Fräulein Else, S. 151.* Aus: Casanovas Heimfahrt. Erzählungen. Frankfurt a. M.: Fischer 1973. S. 261f.
Schnurre, Wolfdietrich (1920 – 1989): *Worüber ich gern einmal schriebe, S. 12.* Aus: Der Schattenfotograf. Aufzeichnungen. Frankfurt a. M./Berlin: Ullstein 1992. S. 222ff.
Schreyögg, Friedel: *Arbeitsfelder der Gleichstellungsstelle, S. 233.* Aus: Landeshauptstadt München. Gleichstellungsstellen für Frauen.

München 1998. S. 18.

Schulz von Thun, Friedemann (1944): *Die vier Botschaften einer Nachricht, S. 84.* Aus: Miteinander reden 1. Störungen und Klärungen. Reinbek: Rowohlt 1998. S. 26f.
Das Innere Team, S. 88; Das Vier-Felder-Schema, S. 90. Aus: Miteinander reden 3. Das »Innere Team« und situationsgerechte Kommunikation. Reinbek: Rowohlt 1999. S. 22f; 38f.

Schwarz, Sibylla (1621 – 1638): *ISt Lieb ein Feur, S. 174.* Aus: Gedichte des Barock. Hrsg. von Ulrich Maché und Volker Meid. Stuttgart: Reclam 1980. S. 181.

Seidel, Hans Dieter: *Komm, o Tod und führe mich nur fort, S. 216.* Aus: Frankfurter Allgemeine Zeitung vom 5. Oktober 1995. Nr.231.

Seiffert, Helmut: *Das Wort und die Gegenstände in der Welt, S. 121.* In: Einführung in die Wissenschaftstheorie – 1. Sprachanalyse – Deduktion – Induktion in Natur- und Sozialwissenschaften. München: C.H. Beck 9. unverä. A. 1918. S. 15ff.

Simpson, George Gaylord: *Sprache in der Perspektive der Evolution, S. 115.* Aus: Biologie und Mensch. Übers. von I. Krewinkel. Frankfurt a. M.: Suhrkamp 1972. S. 140ff.

Sophokles (um 496 v. Chr. – 406 v. Chr.): *Antigone, S. 62.* Aus: Sophokles. Antigone. Tragödie. Übersetzt von Wilhelm Kuchenmüller. Stuttgart: Reclam 1955. Verse 401 – 525.

Sparschuh, Jens (1955): *Das Vertreterseminar, S. 93.* Aus: Der Zimmerspringbrunnen. Köln: Kiepenheuer & Witsch 1997. S. 38f.

Stoll, Clifford (1951): *Die Wüste Internet, S. 102* Aus: Die Wüste Internet. Frankfurt a. M.: Fischer 1998. S. 227f.

Strauß, Botho (1944): *Ihr Mann, S. 26.* Aus: Paare, Passanten. München/Wien: Hanser 1981. S. 9.

Thalmayr, Andreas (Hans Magnus Enzensberger) (1929): *Über das Lesen von Gedichten, S. 178.* Aus: Das Wasserzeichen der Poesie oder die Kunst und das Vergnügen, Gedichte zu lesen. In hundertvierundsechzig Spielarten vorgestellt von Andreas Thalmayr. Nördlingen: Greno 1985. S. Vff. [R]

Timm, Uwe (1940): *Erzählen und kein Ende, S. 144.* Aus: Erzählen und kein Ende. Versuche zur Ästhetik des Alltags. Köln: Kiepenheuer & Witsch 1993. S. 79.

Torberg, Friedrich (1908 – 1979): *Der Schüler Gerber, S. 87.* Aus: Der Schüler Gerber. München: dtv 1998. S. 15f. [R]

Tucholsky, Kurt (1890 – 1935): *Ratschläge für einen guten Redner, S. 125.* Aus: Gesammelte Werke in 10 Bänden. Band 8. Hrsg. von Mary Gerold-Tucholsky und Fritz J. Raddatz. Reinbek: Rowohlt 1960. S. 292. [R]
Schrei nach Lichtenberg, S. 257. Aus: Gesammelte Werke in 10 Bänden. Band 9. Hrsg. von Mary Gerold-Tucholsky und Fritz J. Raddatz. Reinbek: Rowohlt 1960. S.118 – 120. [R]

Vilsmaier, Joseph (1939): *Interview, S. 214.* Aus: Schlafes Bruder. Der Film. Leipzig: Gustav Kiepenheuer Verlag 1995. S. 112ff.

Walther von der Vogelweide (um 1170 – um 1230): *Under der linden, S. 173.* Aus: Gedichte. Mittelhochdeutscher Text und Übertragung. Ausgewählt, übers. und mit einem Kommentar versehen von Peter Wapnewski. Frankfurt a. M.: Fischer 1978. 2. Auflage. S. 80ff.

Watzlawick, Paul (1921): *Jeder Mensch kommuniziert – auch wenn er gar nichts sagt, S. 82.* Aus: Interview mit Paul Watzlawick. Jeder Mensch kommuniziert – auch wenn er gar nichts sagt. In: P.M.-Perspektive 2, »Kommunikation«, Heft 89/012. S. 53f.

Weck, Roger de: *Mythos als Ware, S. 32.* Aus: DIE ZEIT vom 5. September 1997. Nr. 37.

Wellershoff, Dieter (1925): *Wie literarische Motive entstehen, S. 16.* Aus: Das geordnete Chaos. Essays zur Literatur. Köln: Kiepenheuer & Witsch 1992. S. 40ff.
Augenblicke der Vergangenheit, S. 17. Aus: Die Körper und die Träume. Erzählungen. Köln: Kiepenhauer & Witsch 1986/1993. S. 140ff.

Widmer, Urs (1938): *Top Dogs, S. 199.* Aus: Frankfurt a. M.: Verlag der Autoren 1997. S. 7ff.

Wimmer, Rainer: *Politische Korrektheit (political correctness), S. 106.* In: Der Deutschunterricht. Heft 3/98. Sprachnormen. Velber: Friedrich Verlag 1998. S. 41ff.

Wohmann, Gabriele (1932): *Sie verlangen zu viel, S. 80.* Aus: Die Schönste im ganzen Land. München: Piper 1997. S. 110f. [R]
Wirklich verrückt, S. 224. Aus: Böse Streiche/Das dicke Wilhelmchen. Erzählungen. Reinbek: Rowohlt 1979. S. 87ff. [R]

Wolf, Christa (1929): *Zurück in die Kindheit, S. 22.* Aus: Kindheitsmuster. Roman. Darmstadt/Neuwied: Luchterhand 1977. S. 11ff. (Copyright Aufbau Verlag Berlin und Weimar 1976) [R]
Neuerschaffung der Vergangenheit, S. 144. Aus: Der Sinn einer neuen Sache. Lesen und Schreiben, Aufsätze und Prosastücke. Darmstadt/Neuwied: Luchterhand 1972. S. 57. [R]
Nachdenken über Christa T., S. 158. Aus: Nachdenken über Christa T. Darmstadt/Neuwied: Luchterhand. S. 64f. [R]

Wollschläger, Hans: *Ulysses, S. 112.* Aus: Ulysses. Frankfurt a. M.: Suhrkamp 1975. S. 7.

Zachariae, Just(us) Friedrich Wilhelm (1726 – 1777): *Die Republik der Spinnen, S. 254.* Aus: Deutsche Fabeln des 18. Jahrhunderts. Hrsg. von Manfred Windfuhr. Stuttgart: Reclam 1960. S. 70f.

Ziegler, Christiana Mariana von (1695 – 1760): *Das männliche Geschlecht, im Namen einiger Frauenzimmer besungen, S. 249.* Aus: Deutsche Dichterinnen vom 16. Jahrhundert bis zur Gegenwart. Hrsg. von Gisela Brinker-Gabler. Frankfurt a. M.: Fischer 1978. S. 114f.

Zimmer, Dieter E. (1934): *Ausstellung ist verpestet. Über den PC als Übersetzerlehrling, S. 108f.* Aus: DIE ZEIT vom 05.04.1996. Nr. 15.

Texte ohne Verfasserangaben und Texte unbekannter Verfasser

Bist du aufgeklärt?, S. 223. Aus: Ethik 9/10. Ein Arbeitsbuch für den Ethikunterricht. Hrsg. von Uwe Greber, Reinhold Mokrosch und Heinz Schmidt Verlag Moritz Diesterweg. Frankfurt a. M./München: Kösel-Verlag 1986. S. 154.

Brockhaus Enzyklopädie: Die Begriffe Mythos und Mythologie, S. 37. Aus: Der neue Brockhaus. Lexikon und Wörterbuch in 5 Bänden. Band 3. Wiesbaden: F. A. Brockhaus 1968. S. 586.

Die Fünf-Schritt-Lesemethode, S. 61. Nach: Heinz Klippert. Methodentraining. Weinheim/Basel: Beltz 1994. S. 97.

Die Intention und sprachlichen Mittel, S. 132. Nach: Jost Trier. Die deutsche Sprache im 20. Jahrhundert. Band 232/233/234. Göttingen: Vandenhoek & Ruprecht 1966. S. 112ff.

Die Kunst der Rede, S. 126. Originalbeitrag

Dû bist mîn (12. Jh.), S. 164. Aus: Max Wehrli (Hrsg.). Deutsche Lyrik des Mittelalters. Zürich: Manesse 1955. S. 42.

Eine erfundene Geschichte?, S. 226. Aus: Zeitlupe Nr. 17. Bundeszentrale für Politische Bildung, Bonn o. J.

Elf Regeln für eine Gesprächsrunde, S. 99. Nach: Lutz Schwäbisch, Martin Siems. Anleitung zum sozialen Lernen für Paare, Gruppen und Erzieher. Reinbek: Rowohlt 1974. S. 243ff.

Erstorientierung in geeigneten Lexikonartikeln, S. 36. Originalbeitrag

Fiktive Rede für eine Abiturfeier unter Verwendung von Goethe-Zitaten, S. 133. Originalbeitrag

Freimaurerlied, S. 245. Aus: Zeichen der Zeit. Ein deutsches Lesebuch in vier Bänden. Band1: Auf dem Wege zur Klassik. Hrsg. von Walther Killy. Frankfurt a. M.: Fischer Bücherei 1962. S. 28.

Gesprächskomponenten, S. 99. Nach: Angelika Linke, Horst Sitta. Gespräche: Miteinander reden. In: Praxis Deutsch. Heft 83. Mai 1987.S. 14ff.

Inhaltsangabe zu »Schlafes Bruder«, S.204. Originalbeitrag

Modell zur Untersuchung von Literaturverfilmungen, S. 206. Nach: W. Gast; K. Hickethier; B. Vollmers. Gegenwartsliteratur und Fernsehen. In: Praxis Deutsch 57. Seelze: Friedrich Verlag 1983. S. 16.

Recherche im Internet, S. 38. Originalbeitrag

Recherche in der Bibliothek, S. 40. Originalbeitrag

Szenisches Interpretieren, S. 197. Nach: Günter Waldmann. Produktiver Umgang mit dem Drama. Eine systematische Einführung in das Verstehen traditioneller und moderner Dramenformen und das Schreiben in ihnen. Baltmannsweiler: Schneider-Verl. Hohengehren 1996. S. 145 -156.

Verfassungsaussagen zur Gleichheit von Mann und Frau vor dem Gesetz, S. 235. Originalbeitrag

Ein Nobelpreisträger: Günter Grass, S. 264. Originalbeitrag

Bildquellenverzeichnis

10 AKG, Berlin, VG Bild-Kunst, Bonn 2000
14, 45, 53, 54, 55, 75, 123, 151, 154 VG Bild-Kunst, Bonn 2000
18, 26, 113, 167, 176, 182, 232, 233, 254 Illustrationen von A. Blau, Hamburg
20, 22 H + Z Bildagentur, Hannover
25 Magdalena Tooren-Wolff, Hannover
28/29 Magdalena Tooren-Wolff, Hannover (Hintergrund); dpa, Frankfurt; ©1998 Deutsche Verlags-Anstalt, Stuttgart; AKG, Berlin
30 li., Mitte: AKG, Berlin; re.: Bildarchiv Preussischer Kulturbesitz
36 Mit freundl. Genehmigung der Data Becker GmbH & Co. KG; F. A. Brockhaus Verlag, Mannheim; ©Gondrom Verlag GmbH, Bindlach 2000; G.v. Wilpert: Sachwörterbuch der Literatur, Bd. 231. Stuttgart: A. Kröner Verlag [7]1989; Reclams Lexikon DER ANTIKEN MYTHOLOGIE. Reclam, Stuttgart; Metzler Autoren Lexikon. Stuttgart/Weimar: Metzler 1994.
39 Thomas Hardtmann
40, 222, 223, 245, 248, 250, 252, 255, 258, 262 AKG, Berlin
49 Stiftung Weimarer Klassik, Goethe- und Schiller-Archiv GSA 25/I, 2 Bl 8–9
62 Theatermuseum Düsseldorf; re. Foto: Lore Bermbach
67, 69, 71, 95 Deutsches Theatermuseum, München; Archiv I. Buhs / J. Remmler
78/79 Mittermeier / Bavaria (Hintergrund); AKG, Berlin; Rolf Hasche, Aachen; © The Estate of Keith Haring
84, 85, 164 Illustrationen: Barbara Schaaf, Bad Soden
89 © Prof. Schulz von Thun
90 Cartoon CONCEPT GmbH, Hannover
96 re.: RTL; Foto: ; li.: Zeitbild/Lars Reimann
111 Illustrationen: Marion Goedelt, Hamburg
114, 136, 225, 271 CCC, München
125 re.ob., li.u.: AKG Berlin; li.ob.: dpa Frankfurt
127 dpa Frankfurt
142/143 AKG, Berlin (Hintergrund); dpa Frankfurt; Frankfurter Buchmesse; Homepage: Virtuelle Schreibwerkstatt des polycollege Stöbergasse (Wien)
155, 263, 268 Gerhard Steidl, Göttingen; VG Bild-Kunst, Bonn 2000
185 li.: Deutsches Theatermuseum, München; Fotografie: J.C. Schaawächter; unten: Deutsches Theatermuseum, München; Archiv I. Buhs / J. Remmler; re.: Theatermuseum Düsseldorf; Fotografie: Sonja Rothweiler
196 oben: Hamburger Theatersammlung / Archiv Rosemarie Clausen; unten: Oda Sternberg, München
203 Theater Aachen, Foto: Ludwig Koerfer
204 © Reclam Verlag Leipzig 1992, 1994; Umschlaggestaltung: Friederike Pondelik unter Verwendung von: Albert Anker, Brustbild eines Knaben (Walter Stucki). Um 1896.
205 Senator Film
209, 211, 212, 213 © Gustav Kiepenheuer Verlag GmbH, Leipzig 1995; Fotos: Petro Domenigg
234 © VG Bild-Kunst, Bonn 2000
241 Deutsches Theatermuseum, München
244 Deutsches Theatermuseum, München; Archiv: Heinz Köster
266 Buchcover zu Günter Grass: Die Blechtrommel. © für das Umschlagbild vom Autor: 1993 Deutscher Taschenbuch Verlag, München

Trotz intensiver Nachforschungen ist es uns in einigen Fällen nicht gelungen, die Rechteinhaber zu ermitteln. Wir bitten diese, sich mit dem Verlag in Verbindung zu setzen.

Textsortenverzeichnis

Textsortenverzeichnis